제3판

규제정책론

배 용 수

도서출판 대영문화사

희소한 자원의 배분과 시장정책 운용에 관해서 시장과 정부 중 어느 주체가 주도적 역할을 담당하는 것이 적절한가 하는 문제는 여전히 중요하다. 경제적 판단을 해야 할 때에 정치적 개입을 하게 되면 효율성이 떨어지고, 반대로 효율성만 기준으로 삼아 모든 판단을 하게 되면 공익을 해치는 경우가 발생한다. 현실 세계에서 많은 정책적 선택은 각각 나름대로의 결점을 가지고 있는 시장과 정부에 어느 정도 의존해야 하는지, 그리고 어떤 가치 기준에 의해 양자의 상대적 우월성과 적합성을 평가해야 하는지를 판단하는 문제이다.

시장이 성숙해지고 더욱이 경제의 세계화가 진전되면서 정부가 자국 시장을 통제할 수 있는 영역은 점점 제한되고 있다. 시장의 자율적 운영이 기본이고 정부는 그 과정에서 보조적 역할을 수행하는 것이라는 생각을 실행에 옮기기 위해서는 정부의 역할을 새로운 시대적 패러다임에 맞게 수정하는 것이 필요하다. 이것은 정부와 시장 양자의 본래적 위상을 재정립하기 위해 정부규제와 정부규제의 개혁은 시장실패와 정부실패를 모두 제거하는 방향으로 추구되어야 함을 의미한다.

이번에 다시 펴내는 이 책은 기존의 『규제정책론』을 전면적으로 개정한 것이다. 행정환경이 변하면 정부 부문도 따라서 변하지 않을 수 없다. 여러 국가를 중심으로 정부 차원에서 강력하게 추진되었던 정책 활동 중 가장 눈에 띄는 것은 정부규제와 규제의 개혁을 적절히 조화하는 것이었다. 이번 제3판 발간의 취지도 양자의 조화에서 찾을 수 있다. 이러한 취지에 부합하도록 고쳐 쓴 결과 이 책은 다음과 같이 몇 가지 특징을 갖게 되었다.

첫째, 종전의 책도 논리의 흐름에 따라 편제하긴 했으나 초심자용으로는 덜 체계적이라는 생각을 갖고 있었다. 그래서 이번 제3판에서는 더 체계적이고 더 단순하게 편제하였다. 9개 장인 점은 전과 같으나 정부규제의 기초, 규제정책의 체계와 과정, 규제정책의 유형, 정부규제의 개혁 등 크게 4부로 구성함으로써 전체 체계를 보다 쉽게 파악할 수 있게 하였다. 그리고 제1장의 제목을 '정부개입의 논리'로, 제2장의 제목은 '정부

규제의 본질'로 수정함으로써 제목이 내용을 보다 잘 표현하도록 하였다.

둘째, 내용이 여전히 어렵다는 지적을 반영하여 이해를 돕기 위해 새로운 시도를 하였다. 즉, 규제 체계와 과정, 독점 규제, 경제적 규제, 사회적 규제, 규제 개혁 등 규제정책 전 분야에 걸쳐 20여 개의 국내·외 사례를 상세히 소개하여 규제 이론과 규제제도를 훨씬 실감나게 이해할 수 있게 하였다. 다양한 사례의 분석과 그 시사점 도출은 이번 개정 작업에서 가장 역점을 두었던 부분이다.

셋째, 글로벌 금융위기와 제4차 산업혁명 등 급변한 상황을 반영하여, 최근에 선진국으로부터 도입한 포괄적 네거티브 규제 및 규제 샌드박스, 금융소비자 보호 규제, 인터넷 개인방송 규제를 새로 추가하였다. 그리고 비교적 간략히 다루었던 주요국의 규제기관, 규제감사제도, 방송·통신산업의 융합, 금융산업 규제, 산업 안전 규제, 약관 규제 및 전자상거래 규제, 자율규제 및 공동규제 등을 보완하였다.

넷째, 박근혜 정부와 문재인 정부 시기에 시행된 경제적 자유화와 규제 개혁의 실적을 추가하여 한국의 규제정책의 최근까지의 흐름을 연속성 있게 파악할 수 있게 하였다. 그리고 이 기간 동안의 규제정책과 규제 개혁의 변동 내용을 최근에 제·개정된 법령과 실증 자료를 추적하여 반영하였다.

이 책이 나오기까지 노고를 아끼지 않으신 대영문화사의 여러분께 감사의 말씀을 드린다. 그리고 강의를 하다가 느낀 점을 솔직하게 알려 주신 교수님들께도 이 기회를 빌려 깊이 감사드린다. 가을 학기부터는 코로나19 사태 때문에 한참 만나지 못했던 학생들과 다시 얼굴을 맞대고 수업할 수 있기를 바란다. 작은 결실의 기쁨을 내게 항상 위안과 행복을 주는 아내와 두 아들과 함께 가장 먼저 나누고 싶다.

2021년 여름

저자 씀

과거 우리나라 경제 발전 과정에서 정부가 주도적인 역할을 한 것이 사실이지만, 사업체를 조직하고 시장을 운용한 가장 중요한 주체가 기업이었음은 두말 할 나위가 없다. 그리고 이것을 가능케 한 원동력이 시장의 자율적 경쟁 체제였음도 주지하는 바와 같다.

그렇지만 외국의 사례에서도 알 수 있듯이 시장경제가 발전하기 위해 정부 역할을 무조건 축소해야 하는 것은 아니다. 각국 정부는 각자 처한 여건에 따라 다양한 방식으로 시장에 개입하고 있으며, 그 결과로서의 경제적 성과도 천차만별로 나타나고 있다. 따라서 무조건 정부규제를 철폐하는 것이 능사가 아니라, 시장이 제대로 운영될 수 있도록 각자의 상황에 맞게 시장에 개입하는 것이 중요하다. 우리도 시장경제 제도가 원활히 작동할 수 있도록 나름의 기준을 세워 규제정책의 방향을 정립해야 하는 것이다.

이번에 『규제정책론』 전정판을 내게 된 것은 이와 같은 문제 의식을 좀 더 명확히 하고, 그에 관한 이론적 배경을 보강하며, 이와 관련된 정책 목표와 수단을 체계화하기 위해서이다. 여기에다 책을 좀 더 이해하기 쉽게 보완해서 정확한 지식이 전달되었으면 하는 마음도 작용했다. 이러한 목적에서 다음과 같은 몇 가지 변화를 이번 전정판에 반영했다.

첫째, '시장과 정부' 장을 신설했다. 새로운 장을 통해 시장과 정부와의 관계라는 좀 더 큰 맥락에서 규제정책을 깊이 있게 고찰할 수 있는 이론적 기초를 제공코자 했다. 이를 위해 시장-정부 패러다임, 시장 중심 경제 체제와 정부개입 경제 체제, 시장경제와 정부의 개입에 관한 내용들을 체계적으로 다루었다.

둘째, 다소 단순하고 획일적이었던 편제를 좀 더 자연스럽고 세분된 편제로 바꾸었다. 그 결과 종전에 4개 장으로 구성되었던 것이 시장과 정부, 정부규제 개관, 규제정책의 체계, 규제정책의 과정, 독점 규제정책, 경제적 규제정책, 사회적 규제정책, 규제정책의 개혁, 한국 규제정책의 방향 등 9개 장으로 개편되었다.

셋째, 중요성이 떨어진다고 보아 간략히 다루었던 내용들을 상세히 서술했다. 예컨대,

규제정책의 방식으로서 정보 공개적 방식을 분리했고, 규제 실무의 위상을 강화하여 규제입법 · 규제행정 · 규제사법 항을 독립시켰으며, 사회적 규제정책에 관한 구제제도를 추가했다.

넷째, 독자들의 이해를 돕기 위해 몇 가지를 보완했다. 우선 내용이 다소 어렵다는 지적을 수용하여 표와 그림을 다수 삽입했다. 그리고 주요 산업에 대한 경제적 규제의 변동 사항을 최근의 자료를 활용하여 수정 · 보완했다. 또한 저자의 이해 부족으로 인해 부적절하게 배치되었던 항목들의 위치를 재조정했다.

다섯째, 한국 규제 개혁의 관점을 경제적 자유화와 신발전 체제로 이원화하고 그 구체화 방향을 규제 완화, 규제 강화, 체계의 효율화, 방식의 다양화, 과정의 민주화 다섯 가지로 요약했다.

저자는 이 책이 대학에서 『정부규제론』을 수강하는 학생과 관련 분야 실무자에게 규제정책에 관해 기본적으로 알아야 할 사항을 요령 있게 전달해 줄 것으로 믿는다. 아무쪼록 이 책이 급변하는 시대적 흐름 속에서 새로운 역할을 담당해야 하는 한국 정부의 정책 방향 정립에 작으나마 기여하게 되기를 기대한다. 끝으로 이 책을 전면 개정할 수 있도록 저자에게 힘을 주었던 공주대학교 학생들에게 감사의 마음을 표한다.

2013년 정초

저자 씀

차 례

contents

PART 2 규제정책의 체계와 과정

PART 3 규제정책의 유형

1

PART

정부규제의 기초

Chapter 01

정부개입의 논리

제 1 절 '시장-정부' 패러다임

1 시장-정부 패러다임의 전개

시장과 정부와의 관계는 자본주의 경제 체제가 등장한 이래 시장실패를 강조하는 정부개입의 논리와 정부실패를 강조하는 시장 자율의 논리가 상충하면서 다양한 논의가 이어져 왔다. 16세기와 17세기의 중상주의, 18세기와 19세기의 자유방임주의, 20세기 세계대공황을 계기로 강화된 정부개입주의, 그리고 20세기 말 작은정부론의 확산에 따른 신자유주의 등 양 주장의 논리는 반전을 거듭해 오고 있다.

1) 중상주의의 대두

유럽 각국에서 16세기 이전의 시기는 중농주의 시대로서 시장의 역할은 미미했다. 또한 이 시기는 사실상 봉건 영주가 지배하는 봉건주의(feudalism), 즉 지방분권적 정치체제였으므로 중앙정부의 역할도 상대적으로 미약했다. 특히 생산, 유통 등은 전통적 자급자족 방식에 의존했고 정부에 의한 경제 활동은 거의 없다시피 했다.

영국과 프랑스를 중심으로 한 유럽 선진국에서 정부의 시장개입이 본격화된 것은 절대왕정이 운영되던 16세기부터였다. 이 시대는 시장의 확대 및 상업 발달이 이루어지면서 자본주의가 움트던 때였다. 또한 이 시기에는 영토 통일과 주변 국가와의 전쟁 수행을 위해 상비군과 관료조직이 정비되면서 국왕이 절대적 권력을 확보하는 동시에 봉건 영주의 힘은 급격히 약화되었다.

이 시대의 사조를 중상주의(mercantilism)라 하는데, 부국강병을 위해 정부가 경제를 강력히 통제하면서 정부개입주의의 특성이 뚜렷이 나타났다. 따라서 이 시기에는 국가의 이익을 위해서는 개인의 자유와 이익을 통제할 수밖에 없으며, 국가 이익은 엘리트들에 의해 준수되어야 한다는 생각이 주류를 이루었다.

2) 자유주의의 등장

영국의 경우 17세기 중엽 시민혁명이 성공하여 자유주의 사조가 대중에게 알려지게 되고, 이어서 18세기에 산업혁명이 본격화하면서 자유주의와 합리주의에 기반한 근대국가 시대로 진입하게 된다. 따라서 유럽에서의 자유주의는 왕이나 귀족 계급과 같은 정치 권력자와의 투쟁을 통해 형성되었다는 특징이 있다. 자유주의란 다른 사람에게 피해를 주지 않는 한 사회구성원으로서 개인의 자유는 보장되어야 한다는 사고이다.

이와 같이 시민자본가의 투쟁에 의해 현실화된 자유주의는 나폴레옹(Napoléon Bonaparte) 등 전제 군주의 출현에 의해 위협을 받기도 했고, 독일의 경우 혁명이 불완전하여 전제 군주와 타협의 형태를 유지하기도 했다. 그러나 유럽에서의 자유주의는 시민혁명을 거쳐 시민자본가 계급 주도의 자본주의 경제 체제가 급속히 신장되는 결과를 초래했고, 이것은 다시 시장경제 체제 모형이 성립되는 계기가 되었다는 점에서 중요한 의미를 갖는다. 18세기 초부터 19세기 말까지 급속히 성장한 자본의 시대에 민간기업 간의 무한경쟁, 조세 철회 등 정부개입의 차단, 자유무역의 융성, 기업의 거대화가 진행되었다(유영철, 2006).

스미스(A. Smith) 등 자유주의 경제사상가들은 시장이 제대로 기능을 수행하면 자원이 가장 효율적으로 배분된다고 본다. 이들은 기업이나 소비자들이 각자의 이익을 추구할 때 사회 전체적으로도 최대의 이익이 발생하므로 개인의 이익과 공익은 조화를 이룬다고 보기 때문이다. 정부의 기본적 역할은 시장 기능이 원활히 수행되도록 하는 것에 국한된다. 즉, 20세기 초까지의 산업자본주의와 자유주의의 시기에는 자유방임주의가 지배적인 패러다임이었다(김승욱 외, 2004).

3) 정부개입주의의 출현

1873년부터 1896년까지 20여 년 간에 걸쳐 유럽에는 농업 불황에서 기인한 장기 경제 불황이 닥친다. 이에 유럽 각국은 각자 경제 불황에서 벗어나기 위해 자유무역을 포기하고 보호주의를 채택하게 된다. 이 시기의 소위 대불황(the Great Recession)은 유럽에서의 자유주의 사조에 심각한 도전으로 작용했다.

20세기에 들어 두 차례의 세계대전과 1930년대의 대공황(the Great Depression)을 겪으면서 전 세계 정부들은 시장경제 분야에 더욱 깊이 관여하게 된다. 이와 같이 국가의 발전을 위해 정부의 역할 강화를 통한 자본주의 육성을 도모하고자 하는 사고를 16~17세기의 중상주의와 구별하여 신중상주의라 부르기도 한다. 한편 제2차 세계대전 이후 신생국 중 상당수가 사회주의 공산권에 편입되면서 정부가 시장을 대체하는 사회주의 체제가 정착된다.

또한 산업화와 도시화의 진전으로 인해 빈부 격차, 실업, 주기적 경기 침체와 같은 자본주의의 한계가 드러났다. 여기에 사회주의의 도전에 대응하는 동시에 사회적 시민권 사상을 수용하기 위한 대안으로서 복지국가 개념이 확산하여 20세기 중반에 이르러 정부의 역할은 크게 확대되었다. 이와 같이 경제 불황과 더불어 자유주의 이념은 그 의의와 영향력이 크게 퇴색하였고, 사회주의와 서구 복지국가주의에 의해 개인의 자유를 규제하는 사조가 일반화된 것이다. 결국 정부 역할의 확대 요구는 자유주의를 대체하여 정부개입주의(government interventionism)라는 새로운 패러다임으로 자리를 잡았다.

4) 신자유주의의 대두

1970년대 두 차례 발생한 석유위기는 서구 자본주의의 발전과 정부 역할에 대해 새로운 인식을 갖게 하는 계기로 작용했다. 제2차 세계대전 이후 정점에 올랐던 세계 자본주의는 스태그플레이션(stagflation)으로 상징되는 장기적인 경기 침체를 겪게 되었다. 이것은 본질적으로 자유주의의 기본 원리를 침해하면서까지 지나치게 확대된 정부의 역할에서 비롯된 것이라는 판단을 불러일으켰다.

여기에 정부를 포함한 공공 부문의 비효율과 경직성이 시장경제의 원활한 운영을 제한했다는 정부실패의 자각이 이어졌다. 이에 따라 1870년대 유럽의 대불황 이후 확산되어 온 정부개입주의는 1980년대 이후 신자유주의(neo-liberalism)라는 새로운 자유주의 사조에 밀려 퇴조의 길을 걷게 되었다. 신자유주의는 민영화 · 분권화 · 규제 완화를 주요 전략으로 내세우면서 공공 부문의 축소와 시장 영역의 확대가 세계 경제의 성장을 가져다 줄 것이라는 주장을 편다.

이에 선진 각국 정부는 신자유주의 패러다임에 의한 다양한 공공 부문 개혁 전략을 채택하고 있다. 다만 실증적 연구는 공공 부문 개혁의 성과와 영향이 신자유주의 이념이 가지고 있는 의도와 부합하는지에 대해 일관된 결론을 보여주지 못하고 있다(안병영 외, 2007).

이상에서 살펴본 시장-정부 패러다임의 역사적 전개는 [표 1-1]과 같이 요약해 볼 수 있다.

표 1-1 시장-정부 패러다임의 역사적 전개

패러다임	시 기	시장-정부 관계
중상주의	16~17세기	정부의 시장개입 본격화
자유주의	17~19세기	시장경제 체제 정립
정부개입주의	20세기 초~1970년대	정부 기능 확대 · 강화
신자유주의	1980년대 이후	시장 기능 확대 · 강화

2 로크와 홉스의 정부관

자유주의 사상은 특히 경제 영역에 적용되어 자본주의 이념이 뿌리를 내리면서 정부가 시장에 미치는 영향에 대해 비판적이었다. 자유주의 시대의 시민과 정부와의 관계는 로크와 홉스의 사상을 주요 배경으로 하고 있다. 정부의 본질에 관해 로크는 개인 간에 발생하는 갈등을 조정하기 위한 기구로, 홉스는 약육강식의 비정한 사회가 되지 않기 위해 사회구성원들이 계약으로 설립한 필요악으로 각각 이해한다.

1) 로크의 정부관

로크와 홉스는 다 같이 계몽주의 철학자로서 인간이 이성적 존재임과 사회계약사상을 주장했으나, 그들의 이상주의적 정부관은 각각 달랐는데, 그것은 그들의 인간관이 각각 다른 데서 기인했다. 특히 시장과의 관계에서 정부에 대한 인식, 즉 근대주의적 정부관은 주로 로크(J. Locke)에게서 찾아볼 수 있다.

로크적 인간은 자기의 욕망을 이성적으로 제어하는 인간이었다. 이러한 인간관은 홉스 등의 자연법 이론에 의해 추구되었던 본연적 선에 관한 합리적 기준 대신 정치적·경제적 가치에 대한 공리주의적 이론을 등장시켰다. 이에 따라 로크는 공동체와 국가를 구별하여 정부의 운영을 자유주의적 사회계약 내에 포함시킴으로써 홉스와 반대 이론을 전개했다. 로크는 사회계약이라는 약속을 상호적인 것으로 생각해 재산의 안전을 위해 지배자(정부)가 권리와 동시에 의무를 가지며, 개인도 복종의 의무가 있다고 보았다. 정부는 시민의 기관으로서 시민에 대해 책임을 지는 대리인이므로 이 한도 내에서 시민은 정부에 복종한다는 것이다.

결국 로크의 정부는 권력을 위양 받은 것이 아니며 그 권력도 제한된 것이라 할 수 있다(김동근, 2004). 시민의 저항권은 하나의 혁명권으로 제시되었고, 이것은 프랑스와 미국의 혁명에서 그 사상적 기초가 되기도 했다. 이러한 로크의 정부관은 아래에서 볼 시장 중심 경제 체제의 논의에 많은 시사를 주고 있다.

2) 홉스의 정부관

홉스(T. Hobbes)는 인성이 이기적이기 때문에 자연 상태를 전쟁 상태로 보았고, 따라서 기본권을 개인에게 조금도 남겨두지 않고 국가에 전부 양도한 절대군주제를 선호했다. 홉스는 인성이 선할 수도 악할 수도 있다고 보았기 때문에, 자연 상태는 평화 상태가 될 수도 전쟁 상태가 될 수도 있다고 생각했다. 따라서 기본권을 국가에 일부만 양도하는 절충적인 입헌군주제를 지지했다.

'만인의 만인에 대한 투쟁(war of everyone against everyone)'으로 표현되는 자연 상태를 전쟁의 상태라 한다면, 모든 사람이 자연권의 행사를 자제하는 협조전략을 선택할 때 평화의 상태에 도달할 수 있다. 모든 사람은 전쟁의 상태를 싫어하고 평화의 상태를 원하지만, 전쟁의 상태에서 벗어나려는 자발적인 노력이 쉽게 형성되지는 않는다. 다른 사람들이 협조한다는 보장이 없는 한 모든 사람은 비협조적으로 행동하는 것이 합리적이기 때문이다.

홉스에 의하면, 이러한 난관을 벗어나기 위해 모든 사람이 서로 자신의 자연권을 양보하기로 약속하는 사회계약을 맺은 뒤 이 사회계약의 준수를 보장하기 위한 초월적 존재(Leviathan)에 공권력을 부여하게 된다. 군주(정부)는 초월적 존재로서 법을 만들고 범법자를 처벌함으로써 모든 사람들이 사회계약을 준수하도록 강제한다(이정전, 2005). 그렇지만 홉스는 군주(정부)가 그 계약을 위반하고 권력을 남용하는 것에 대해 시민들이 그 계약을 체결한 자연권의 일부로서 그 권력에 대한 저항권은 인정했다. 이러한 홉스의 정부관은 아래에서 볼 정부개입 경제 체제의 논의에 적지 않은 시사를 주고 있다.

제 2 절 시장 중심 경제 체제와 정부개입 경제 체제

희소한 자원의 배분과 경제 운용에 관해서 시장과 정부 중 어느 주체가 주도적 지위를 차지하는 것이 적절한가 하는 문제는 흔히 양자 간의 선택 문제인 것으로 간주되었다. 그렇지만 경제적 판단을 해야 할 때에 정치적 개입을 하게 되면 효율성이 떨어지고, 반대로 효율성만 기준으로 삼아 모든 판단을 하게 되면 공익을 해치는 경우가 발생한다. 여기서 시장과 정부 사이의 선택은 이분법적 선택이라기보다는 양자 간의 상이한 조합에 따른 선택이라고 보는 것이 타당하다. 대부분의 국가는 두 주체가 공존하는 혼합 체제를 유지하고 있다(김승욱 외, 2004).

1 시장 중심 경제 체제

1) 시장의 논리

시장이란 공급자와 수요자가 만나서 거래가 이루어지는 장(場)을 말한다. 따라서 시장경제(market economy)는 한정된 자원을 시장이 배분하도록 역할이 부여된 경제 체제이다. 다시 말하면, 수요와 공급에 의해 가격이 결정되며 그 가격에 의해 생산, 분배 등 경제적 결정이 이루어지는 틀이라 할 수 있다.

가격에 따라 소비자나 생산자 등 경제 주체들이 경제 활동을 하고 그 과정에서 가격이 자원배분의 역할을 수행하는 것을 가격기구(price mechanism)라 한다. 가격기구가 제대로 작동될 경우 명령기구가 개입하지 않아도 소비자와 생산자를 모두 만족시키는 자원배분을 이룩할 수 있다.

이처럼 눈에 보이지 않는 가격이 자원을 적절히 배분해 주는 역할을 수행하므로 가격을 '보이지 않는 손(invisible hand)'이라 한다. 선한 시장 주체들은 보이지 않는 손과 도덕률로써 자체적으로 충분히 질서를 유지할 수 있다. 이 상태는 정부의 간섭이 필요 없는 이상적인 사회로서 '시장의 성공(market success)' 상태이다.

시장 중심 경제 체제의 최대의 장점을 한마디로 요약하면 '상호이익의 증진'이다. 시장이란 사익추구를 공익증진으로 연결하는 장치라고 보는 견해를 수용한다면, 시장은 '자유로운 거래를 통해 상호이익을 증진하는 장'이라 할 수 있다. 이를 더 세분해서 살펴보면 다음과 같다(이정전, 2005).

첫째, 시장의 결과 측면에서 볼 때 소비자가 원하는 상품과 생산자가 원하는 생산요소를 그들의 선호에 따라 나누어주는 자원배분의 효율성을 달성할 수 있다. 따라서 다른 어떤 경제 체제보다도 인류에게 보다 큰 물질적 풍요를 안겨줄 수 있다.

둘째, 시장의 과정 측면에서 볼 때 시장은 자발성과 비인격성을 바탕으로 하므로 운영되는 과정에서 이념적 가치에 접근한다. 즉, 개인에게 선택권을 보장하므로 자유를 신장하며, 또한 사람을 차별 대우하지 않으므로 평등에 기여하는 바도 크다.

셋째, 시장의 기능 측면에서 볼 때 시장은 사회 문제를 해결할 수 있는 잠재력을 갖고 있다. 시장은 기술, 능력, 개인의 선호 등에 관한 정보를 한꺼번에 대량으로 수집하여 처리함으로써 사회 문제를 효과적으로 잘 해결할 수 있는 능력을 발휘한다.

2) 신자유주의와 시장

자유주의 시장 중심 경제 체제는 1929년 대공황 이후 1970년대 말까지 정부개입 경제 체제에 밀려 반세기 동안의 위축기를 거친다. 1980년대 들어 선진 각국에서 거의 동시적으로 정부의 비효율과 무능, 부정부패를 극복할 전략이 모색되었고 급기야 민영화, 분권화, 규제 완화를 주요 내용으로 하는 신자유주의의 물결이 일어나 이후 새로운 자유주의의 부흥기를 맞게 된다.

신자유주의는 자발적 시장 질서를 통해 누리는 개인들의 경제적 자유가 정치적・사회적 자유의 진정한 기반을 구축한다는 신념이다. 신자유주의 이념의 원천은 크게 신고전주의 경제학, 프리드먼(M. Friedman)의 통화주의, 정치적 신보수주의에서 찾을 수 있다(Nef & Robles, 2000). 신자유주의는 인간의 자유를 가장 중시한다는 점에서 뚜렷한 장점을 갖고 있으며, 동시에 평등을 추구한 사회주의권에 대응해 복지국가주의를 적용함으로써 어느 정도의 형평을 달성하는 성과도 거두었다. 그러나 신자유주의는 어쩔 수 없이 빈부 격차를 확대시키는 등 재분배 측면에서 한계를 보이고 있다.

신자유주의는 시장경제 체제로의 전환을 뜻하는 것으로서, 고전적 자유주의와 근본적으로 같은 이념 가치를 공유한다. 지나치게 거대해진 정부의 크기를 줄여야 한다고 주장한다는 점도 고전적 자유주의와 신자유주의가 동일하다(김승욱, 2004). 다만 17~19세기의 고전적 자유주의가 정부의 시장개입을 반대하는 소극적 자유주의라고 한다면, 20세기 말 이후의 신자유주의는 시장경제가 더욱 잘 작동되도록 하는 경제적 자유화를 추구하되 이 과정에서 정부가 어느 정도의 역할을 하도록 촉구하는 것이 다르다.

2 정부개입 경제 체제

1) 정부의 논리

스미스(A. Smith)와 같은 자유주의 경제학자들은 정부는 국방과 치안 유지에 치중해야 한다는 야경국가론을 주장했다. 그리고 시장경제 체제 하에서 정부의 역할은 근본적으로 시장이 원활히 작동하도록 하는 데에 국한되어야 한다는 생각을 갖고 있었다. 그럼에도 불구하고 정부가 공익 실현을 위해 시장에 개입하는 것은 불가피한 것으로 인정했다. 가장 극단적인 사례가 전쟁과 같은 비상 사태의 경우이며, 그 밖에 도로・댐・교량 건설 등 공공사업도 정부가 개입할 수 있는 경우로서 인정했다.

그러나 세계대공황을 계기로 정부의 적극적 역할을 옹호하는 케인스주의(Keynesianism)는 자본주의의 발달과 더불어 거의 주기적으로 발생하는 경기 순환에 대응해야 하며, 이를 위해 재정지출을 중심으로 한 시장개입을 통해 그 변동폭을 최대한 축소해야 한다고 주장한다. 이와 같은 경기 안정화를 통해 기업의 투자심리 위축을 방지하고 생산과 고용을 유지해 결국 저소득층의 고통을 예방해야 한다는 것이다.

시장경제와 반대되는 개념이 명령경제(command economy)이다. 극단적 명령경제 체제에서는 국가의 계획과 명령에 의해 경제적 의사결정이 이루어지며, 가격도 시장에서 결정되는 것이 아니라 정부가 임의로 결정한다. 여기서 경제를 움직이는 것은 가격이 아니라 정부이므로 보이지 않는 손과 대비하여 '보이는 손(visible hand)'이라 한다.

시장에서는 상품과 서비스의 거래가 이루어진다. 이를 통해 개인은 효용극대화를, 기업은 이윤극대화를 얻는 등 각자 사익을 추구한다. 정부가 시장에 개입하는 것이 용인되는 이유는 공익 추구를 통해 자원배분의 효율성을 높일 수 있다고 믿기 때문이다. 시장이 제대로 운용되지 않고 도덕적으로 해이해졌을 때, 즉 시장실패가 나타나는 경우 정부의 개입이 정당화된다. 이러한 상태를 시장의 성공과 대비하여 '정부의 성공(government success)'이라 표현할 수 있다.

정부개입주의는 결국 시장의 거의 모든 영역에 깊이 침투하게 되었다. 복지, 교육, 의료는 물론 상・하수도, 통신, 전력 등 대규모의 공공적 수요가 있는 분야에서는 거의 어김없이 정부의 개입이 이루어졌다. 정부는 법, 규정, 명령 등 다양한 정책 수단을 활용하여 시장에서의 조정자나 심판자, 나아가서 생산자의 역할을 수행한다.

2) 개방경제 체제와 정부

1997년의 동아시아 외환위기, 2008년의 글로벌 금융위기, 2012년의 EU 경제위기와 같이 빈발하는 경제위기 하에서 경제자유화 방식으로 영미식 시장경제 운용모형의 채택이 일반적으로 요구되고 있다. 그러나 이것은 시장 자율에 맡겨지는 경제 체제라도 시장실패를 막기 위한 다양한 시장-정부 관계가 존재할 수 있다는 것을 간과한 것이다. 예컨대, 영국과 미국은 기업에 의한 시장 주도형을 경제자유화 방식으로 채택했으나, 일본과 프랑스는 정부 주도 하에 절차와 규칙을 만드는 정부 주도형을, 그리고 독일은 자본가단체와 노동조합을 중심으로 한 협상형을 각각 채택했던 것이다(이종찬, 1998).

특히 영국은 시장 주도 경제 운용 체제를 확립하기 위해 정부의 조정자 역할을 포기하는 경쟁 지향적 이탈(pro-competitive disengagement) 방식을, 일본은 자유화 속에서 정부통제의 기능을 재조직하는 전략적 강화(strategic reinforcement) 방식을 이용했다. 따라서 영국 정부는 기업의 진입과 퇴출을 시장에 맡겼으며, 독립된 규제기관을 설립하여 규제를 엄격히 법제화했다. 이에 반해 일본 정부는 진입과 퇴출을 관리하고, 중앙집권적 규제기관을 유지하면서 행정재량권을 적극적으로 행사했다(Vogel, 1996).

그렇지만 20세기 말 이후의 신자유주의 이념의 보편화에도 불구하고 각국의 공공 부문의 규모는 크게 줄지 않았으며 오히려 확대되는 경향도 나타나고 있다. 이에 관해 최근 설명력을 인정받고 있는 연구 모형이 개방경제모형(economic openness model)이다. 이 모형은 개방경제를 정부 규모 팽창의 주요 요인으로 생각한다. 즉, 무역의존도가 높은 국가일수록 거시경제 정책에 대한 대내 통제력이 약화되므로 개방에 따른 생산, 고용 문제를 보완하기 위해 새로운 국가중상주의를 모색하고 그 결과 정부의 규모와 활동 영역이 확대된다는 것이다(Rodrick, 1996; Garrett, 1998).

특히 첨단산업인 항공, 전자, 통신, 의약품 등은 최소 효율의 규모를 달성하는 데에 필요한 생산 수준이 매우 크다. 여기서 효율성은 규모의 경제에 따르는 생산의 효율성,

고비용의 첨단기술 개발의 효율성, 기술 경쟁에 따른 첨단산업의 안정성을 포함하는 것으로서 당연히 국제무역에서의 비교 우위로 연결된다(Audretsch, 1989). 이에 미국, 영국, 독일, 일본 등 선진국 정부들은 첨단산업 분야에서의 국제 경쟁 우위를 확보하기 위해 중상주의적 역할을 확대하고 있다(마인섭, 2001). 이것은 국가 활동의 주요 영역에서 정부의 약화와 동시에 과거와는 다른 차원에서 정부 영향력의 강화가 동시에 진행되는 등 정부 기능이 재편되고 있음을 의미한다.

개방경제모형은 서구 국가들이 복지국가로 발전한 구조적 요인을 설명하는 데에도 활용된다. 즉, 개방경제 체제를 가진 국가들은 경쟁력 강화를 위해 임금 억제가 불가피해지는 것에 대응해야 하고, 또한 급격히 변화하는 세계 경제환경으로 인해 국내 근로자들의 실업 및 빈곤 문제 발생에 대응해야 하는데, 그 대응전략으로서 다양한 복지정책을 펴게 된다는 것이다. 따라서 신자유주의자들이 주장하는 것처럼 복지국가가 축소·해체되는 것이 아니라 좀 더 효율적인 방향으로 재편되고 있는 것으로 볼 수 있다(안병영 외, 2007).

제 3 절 시장경제와 정부의 개입

1 시장경제의 조건과 제도적 여건

자본주의 경제는 기본적으로 시장경제이며, 개인·기업·정부 등 경제 주체들의 상호작용에 의한 경제 활동을 통해 여러 경제 문제가 자연스럽게 해결된다. 시장경제는 단순히 수요와 공급이 만나는 장을 형성하는 것으로 끝나는 것이 아니라, 기본적으로 시장경제에 관한 신뢰가 형성되고 이를 지지하는 조건이 전제되어야 한다. 또한 시장에서의 거래가 공정하고 자유롭게 이루어지도록 보장해 주는 제도적 여건이 조성되어야 한다(공병호, 1997; 이종수, 2013: 43-45).

1) 시장경제의 조건

시장경제가 원활히 작동하려면 다음의 몇 가지 전제조건이 필요하다.

첫째, 사유재산권이다. 자본주의적 시장 질서에 있어 가장 중요한 조건은 사유재산권이라 할 수 있다. 대부분의 현대 자본주의 국가는 이와 같은 사유재산권을 헌법에 명시하고 있다.

둘째, 계약 제도이다. 시장경제의 성패는 자발적 교환이 얼마나 원활하게 이루어지는가에 달려 있다고 해도 과언이 아니다. 시장에서 무수한 교환 행위가 가능한 배경에는 계약 제도가 존재한다. 자발적 교환은 계약을 보호하려는 시장참여자의 명시적, 묵시적 동의만으로 충분히 성립될 수 있다.

셋째, 경쟁 체제의 유지이다. 경쟁은 생산구조의 변화, 조직 개혁뿐만 아니라 기술적 진보를 가져올 수 있다. 따라서 시장경제가 지속되기 위해서는 시장의 가장 큰 장점인 경쟁이 유지되어야 한다. 독점 등의 요인 때문에 경쟁이 저해된다면 효율적인 자원배분은 훼손될 수밖에 없다.

2) 시장경제의 제도적 여건

효율적 자원배분을 위해서는 시장경제 원리가 제대로 작동해야 하는데, 그러기 위해서는 사유재산권, 계약 제도, 그리고 경쟁 체제라는 조건이 충족되어야 한다. 나아가 시장이 제 기능을 발휘할 수 있는 여건이 조성되어 있어야 하는데, 여기에서의 여건이란 시장경제의 원리를 제대로 수행할 수 있는 법과 제도를 뜻한다.

시장은 시장참여자들의 권리가 보장되는 안정된 경제적 하부구조(economic infrastructure) 위에서 원활히 작동한다. 특히 시장경제는 참여자들이 충분한 정보와 지식을 갖고 거래에 임한다면 당사자 모두가 이익을 얻을 수 있다는 전제에 기초한다. 이 과정에서 수반되는 정보 비용, 의사결정 비용, 통제 비용 등 거래비용은 시장의 효율적 작동을 저해하므로, 정부는 각종 제도의 고안을 통해 시장의 불확실성과 거래비용을 감축한다. 여기서 시장의 효율적 작동이 제도적 여건에 크게 의존한다는 역설이 성립된다(Daly & Cobb, 1989).

이러한 제도적 여건의 충족 정도, 충족을 위한 방법론 등에 관해서도 앞에서 본 바와 같이 두 가지 견해가 대립할 수 있다. 시장에서 자연스럽게 가격과 물량이 결정되고 그에 의해 자원배분이 이루어지는 것이 바람직하다고 보는 시장중심론과 정부의 개입에 따라 시장이 운영되고 발전하는 것이 바람직하다고 보는 정부개입론이 그것이다. 예컨대, 시장 운용의 수단에 관해 시장중심론은 가격 메커니즘이 주가 되어야 한다고 보는 반면에, 정부개입론은 시장 규제를 위한 법과 명령 등 제도적 수단이 중요하다고 보는 경향이 있다. 따라서 시장중심론은 시장의 효율성을 강조하면서 정부의 개입 축소를 주장하는 반면, 정부개입론은 시장의 무책임성과 비도덕성을 이유로 정부의 적극적 개입을 선호하게 된다.

다만 자원배분 과정에서 정부개입이 이루어진다고 하여도 그 방식은 어디까지나 시장지향성에서 크게 벗어날 수는 없다. 여기서 시장지향성은 정책 및 제도가 ① 기업과 개인의 경제적 자유를 증진시키고, ② 시장의 형성과 유지에 도움을 주며, ③ 시장실패를 치유할 수 있어야 함을 의미한다(한국개발연구원, 2012). 이와 같이 제도적 여건 하의 시장경제는 상품이나 생산 요소와 같은 자원을 가장 효율적으로 배분할 수 있으며, 명령경제의 경우보다 신축성이 높아 시장환경의 변화에 더 잘 적응한다는 장점이 있다.

그러나 시장경제가 반드시 바람직한 시장 성과를 가져오는 것은 아니다. 인간의 효율적 경제 활동을 위해 시장기구가 도입된 이래 여러 문제가 지속적이고 보편적으로 존재해 왔다. 시장의 구조와 시장 내에서의 기업의 행위가 시장이 기대한 성과를 충분히 달성하지 못할 때 이를 시장실패(market failure)라 한다. 합리적인 정부는 시장제도를 보호하고 시장 기능을 보장하는 역할을 해야 하며, 시장실패를 치유할 능력을 가지고 있어야 한다.

2 시장실패: 정부개입의 근거

자원배분의 효율성이라는 이상적 상태는 시장에서의 완전경쟁을 전제로 한 것이다. 상품과 서비스의 자유로운 거래가 허용되는 완전경쟁시장에서는 시장 메커니즘에 의해 자원이 가장 효율적으로 배분된다. 그러나 현실적으로 독점, 자연독점, 외부성, 정보의 비대칭성 등의 요인으로 인해 완전경쟁이 달성되지 못하는데 이를 시장실패라 한다. 정부개입의 근거는 이 시장실패의 존재에서 찾을 수 있다. 정부가 시장에 개입하는 것은 시장에서의 왜곡으로 인해 사회후생이 감소하는 것을 최소화하기 위해서이다. 시장실패가 정부규제와 같은 정부개입을 곧바로 정당화할 수는 없으나 정부개입이 정당화되기 위해서는 최소한 시장실패가 존재한다는 것을 입증해야 한다.

1) 독 점

가장 일반적으로 발견되는 시장실패 현상은 독점적 사업자의 인위적 행위로 인해 시장경쟁이 불가능한 경우이다. 완전경쟁시장에서는 공급자나 수요자 모두 가격을 주어진 것으로 보고 그것에 반응하는 가격 수용자이다. 그런데 시장에는 공급량을 변동시킴으로써 가격을 설정하는 기업이 있다. 수요가 비탄력적인 상품을 생산하는 산업이나 생활에 절대 필요한 서비스를 공급하는 사업자가 여기에 해당한다. 이를 독점적 사업자라 한다. 기업들은 일방적으로 또는 공동으로 독점력을 행사할 수 있다.

독점(monopoly)은 시장 경쟁을 제한하므로 독점기업은 독점적 가격이나 차별 가격을 부과하는 한편, 생산량을 줄여 초과 이윤을 획득함으로써 배분적 효율성을 저해한다. 또한 독점기업은 경쟁 부재로 인해 흔히 경영이 방만해지거나 스스로 비용 자체를 높여 생산적 효율성을 떨어뜨린다. 예컨대, 독점기업의 경영자와 종업원은 주주의 이윤극대화를 위해 노력하기보다는 비용을 부풀리려는 강한 유인을 갖게 되며 고비용의 형태로 이윤의 일부를 은폐할 수 있다. 또한 독점 이윤을 지속하기 위해 경쟁을 의도적으로 제한하는 진입 장벽 구축에 적지 않은 자원을 낭비함으로써 그만큼의 사회후생 감소를 초래하기도 한다. 따라서 독점은 자원배분의 효율성 제고와 공공의 이익 보호라는 차원에서 제5장에서 살펴볼 독점적 규제정책의 전형적인 대상이 된다.

2) 자연독점

자연독점(natural monopoly)이란 전력, 통신, 철도, 상수도와 같이 산업의 구조적 특성에서 기인하는 경쟁상의 우위로 인해 자연적으로 발생하는 독점 상태를 말한다. 자연독점은 모든 생산 수준에서 1개 기업이 독점 생산할 경우가 2개 이상의 기업이 분할 생산하는 경우보다 생산비가 적게 소요될 때 발생한다. 자연독점 하에 있는 산업에서는 다수 기업이 각각 따로 생산하는 것보다 단일 기업이 독점적으로 생산할 때 더 낮은 평균비용으로 생산할 수 있으며, 사회 전체의 관점에서도 더욱 효율적이 된다. 즉, 생산을 하면 할수록 평균 생산비가 낮아지는 규모의 경제(economies of scale)[1)]가 존재할 때에는 생산적 효율성(productive efficiency)이 크게 개선됨으로써 가장 규모가 큰 기업이 가장 낮은 비용으로 생산을 할 수 있다. 그 밖에 통신산업에서의 주파수나 번호와 같이 자원의 희소성이라는 경제적 조건 때문에 월등히 독점적인 기업이 생겨날 수 있다. 이러한 시장 상태를 자연독점이라고 한다.

자연독점의 경우 시장 경쟁의 결과는 항상 독점적이다. 그런데 어떤 산업이 자연독점화된다면 생산적 효율성은 보장할 수 있으나 독점기업은 스스로 가격을 설정할 능력이 있어 독점 이익의 극대화를 추구할 가능성이 크므로 배분적 효율성(allocative efficiency)이 시장 기능에 의해 성취될 수 없다. 즉, 자연독점에 따른 상품이나 서비스의 가격은 완전경쟁 하에서의 가격에 비해 높아지는 반면, 생산량은 완전경쟁 하에서의 생산량보다 작아져 사회적 비용이 증가하게 된다. 이와 같이 자연독점의 문제점은 배분적 효율성과 생산적 효율성 간에 상충이 일어난다는 점이다.[2)] 이 경우 사회적 후생손실(dead-weight loss)이 발생하므로 정부가 독점기업의 가격과 생산량을 규제해야 한다.

또한 거액의 고정 투자가 수반되는 자연독점 산업을 그대로 시장 기능에 맡겨둔다면 경쟁 과정에서 중복 투자가 일어날 가능성이 매우 크다. 그런데 이러한 중복 투자는 사회 전체적 차원에서 볼 때 자원의 낭비이므로 규모의 경제가 소진되는 한도 내에서 정부가 하나의 자연독점 업체를 제외한 다른 기업의 진입을 규제하거나 기존 기업의 시설 확장을 규제함으로써 과잉 투자를 방지해야 한다.

자연독점은 제6장에서 살펴볼 경제적 규제정책의 주요 대상이 되는 시장실패 현상이

---

1) 규모의 경제란 공익산업에서 공급시설의 구축에 소요되는 막대한 고정자본으로 인해 생산량이 늘어남에 따라 단위당 생산비용이 줄어드는 현상을 말한다.

2) 생산적 효율성과 배분적 효율성의 개념에 관해서는 제2장 제2절 '정부규제의 규범'에서 상세하게 살펴볼 것이다.

라 할 수 있다.

3) 외부성

정상적인 경제 활동에서 시장 거래에 참여하는 주체는 자신이 다른 사람에게 혜택이나 손실을 주는 행위를 했을 때에는 그에 대한 대가를 받거나 지불해야 한다. 이와 같이 경제 주체들의 경제 활동에 따른 편익이나 비용이 제3의 경제 주체에도 파급되지만 그것이 시장의 가격기구에 포착되지 않을 때 외부성(externality)이 존재한다고 한다. 다시 말해, 외부성은 생산자 또는 소비자가 자신의 의사와는 관계없이 다른 사람의 생산이나 소비 활동에 대해 유리하게 또는 불리하게 영향을 주는 것을 말한다. 외부성의 문제는 시장실패의 대표적인 예로서 정부의 개입이 가장 필요한 경우라 할 수 있다.

외부성에는 사회적으로 또는 다른 경제 주체에 득을 주면서도 보상을 받지 못하는 '이로운 외부성(positive externality)'인 외부경제(external economy)와, 반대로 제3자에게 손실을 입히면서도 보상을 지급하지 않는 '해로운 외부성(negative externality)'인 외부불경제(external diseconomy)가 있다. 전자의 예로는 정부가 제공하는 공공재와 연구개발(R&D)에 대한 투자가 대표적이며, 후자의 예로는 환경오염과 교통 혼잡이 대표적이다. 외부성이 문제가 되는 것은 제3자에 대해 피해를 끼친 경우에 대가를 지불하지 않으며, 이익을 주는 경우에도 보상을 받지 못한다는 데 있다. 외부성은 시장기구를 통하지 않고 발생하기 때문에 불가피하게 사적 편익(비용)과 사회적 편익(비용) 간에 괴리가 생기게 된다.

외부경제가 극명하게 나타나는 경우가 국방이나 치안과 같은 공공재(public goods)이다. 외부경제가 있게 되면 무임승차자의 문제(free rider problem)가 발생한다. 예컨대, 다른 경제 주체가 국방이나 치안과 같은 공공재를 구입할 경우에 이에 편승해 무료로 공공재를 소비하게 되는 것이다. 또한 어떤 기업의 R&D 부문에 대한 투자가 다른 기업들에게 파급된다면 대부분의 기업들은 굳이 R&D 투자를 하려 들지 않을 것이다. 사회적 편익은 시장의 가격기구에 포착되는 가치에 의해서만 결정되므로 외부경제가 존재한다면 개별 주체에 의해 사적으로 인식되는 편익의 합계보다 과소하게 측정된다. 반면에 사적 편익의 합계에는 다른 경제 주체로부터 의도치 않게 받은 편익 부분이 포

표 1-2 외부성의 유형과 특성

특 성 \ 유 형	외부경제	외부불경제
편익 또는 비용의 평가	사회적 편익<사적 편익의 합	사회적 비용<사적 비용의 합
사례	공공재, R&D 투자	환경오염, 교통 혼잡

함되어 있으므로 시장가격으로 나타난 사회적 편익보다 상대적으로 과대하게 평가된다. 이러한 경우에 정부개입이 없다면 사회적 편익이 사적 편익의 합보다 과소 평가되어 사회적으로 필요한 것보다 과소 생산될 것이다. 만일 대부분의 경제 주체가 이런 행동을 한다면 결국 외부경제를 발생시키는 상품이나 서비스의 공급은 사회적으로 필요한 것보다 극히 부족한 양만 공급될 것이다.

한편 외부불경제가 나타날 때 정부개입이 없다면 악덕 사업자는 사회적 해악을 무시하고 가격을 결정하므로 사회적 비용이 사적 비용의 합보다 과소 평가되어 사회적으로 적정한 양보다 과대 생산된다. 사회적 비용은 시장의 가격기구에 포착되는 가치에 의해서만 결정되므로 개별 주체에 의해 사적으로 인식되는 비용의 합계보다 과소하게 측정된다. 반면에 사적 비용의 합계에는 다른 경제 주체에 의해 의도치 않게 불리하게 영향을 받은 가격기구 외적 비용 부분이 포함되어 있으므로, 시장가격으로 나타난 사회적 비용보다 상대적으로 과대하게 평가된다. 예컨대, 환경오염 업체가 생산하는 상품은 제조 원가에 환경오염 물질 제거 비용이 포함되어 있지 않다. 그러므로 오염 비용이 가격에 포함될 경우보다 낮은 가격에서 더 많은 수요가 이루어져 상품 생산이 과대하게 늘어나므로 자원배분의 효율화가 이루어지지 않는 것이다.

이와 같이 외부성에 의해 시장실패가 존재할 경우 정부가 규제 조치 등을 통해 편익과 비용을 내부화할 필요가 있다. 내부화(internalization)란 가격 체계 밖에 존재하는 편익이나 비용이 가격 체계 내에 유입되어서 보상을 받거나 지불되는 것을 말한다. 사회적 편익과 사적 편익의 합이나 사회적 비용과 사적 비용의 합 간의 격차를 줄임으로써 자원의 효율적 배분에 접근할 수 있다는 것이 정부개입의 중요한 근거가 된다.

효율적 자원배분을 위해 정부는 외부경제로 인해 자원의 과소 배분이 이루어진 경우 외부경제를 제공하는 자에게 그의 활동에 대해 보상을 해 주거나 비용을 보전해 준다. 반대로 외부불경제로 인해 자원의 과다 배분이 나타난 경우에 정부는 환경오염 비용이 생산 비용에 정확히 포함되도록 하거나 외부불경제를 야기한 자에게 사회적 비용을 부담시킨다. 대체로 산업정책이 외부경제를 창출하는 상품과 서비스의 공급에 중점을 두는 정책이라고 한다면, 제7장에서 살펴볼 사회적 규제정책은 외부불경제의 예방 및 제거에 중점을 두는 정책에 속한다고 할 수 있다.

4) 정보의 비대칭성

시장에서 완전경쟁이 제대로 작동하기 위해서는 사업자와 소비자 모두 시장에 대해 완전한 정보를 가지고 있어야 한다. 그러나 소비자가 완전한 정보를 획득하기 위해서는 비용이 들기 때문에 이것은 현실적으로 어려우며 정보란 대체로 불완전할 수밖에 없다. 또한 거래하는 경제 주체 모두에 정보가 동일하게 분포되는 경우도 거의 없다. 정보의 비대칭성(asymmetry of information)이란 이와 같이 비싼 정보 비용 때문에 사업자와 소비자 간에 그리고 사용자와 근로자 간에 양적, 그리고 질적인 면에서 정보가 불균형하게 배분된 경우를 말한다. 다시 말해, 사업자나 사용자가 가지고 있는 정보의 전부 또는 일부를 소비자나 근로자가 갖지 못할 때 정보의 비대칭성이 존재한다고 할 수 있다.

비대칭적 정보 상황은 정보를 갖지 못한 측에서 상대방이 어떤 유형의 정보를 가지고 있는지, 또는 어떤 행동을 하고 있는지를 정확하게 파악할 수 없다는 데에 문제의 본질이 있다. 경제 주체가 비대칭적 정보에 기초하여 행동한 결과 발생할 수 있는 파행적 현상으로서 역선택과 도덕적 해이가 있다. 이들 현상은 직접적으로 시장실패를 야기한다.

역선택(逆選擇, adverse selection)은 정보의 비대칭성이 존재하는 경우에 오히려 가격이 비싸거나 품질이 낮은 상품이 선택되는 현상을 말한다. 거래 당사자 중 주로 사업자 또는 사용자만이 정보를 가지고 있기 때문에 발생하는 현상으로서, 결과적으로 정상 이상의 이득을 챙기거나 타인에게 정상 이상의 비용을 전가하는 행위를 가리킨다.

도덕적 해이(moral hazard)란 정보의 비대칭성이 존재하는 상황에서 주인이 대리인의 행동을 효과적으로 통제할 수 없을 때 대리인이 과업 수행에 필요한 주의와 노력을 소홀히 하거나 자신의 효용을 극대화하는 현상을 말한다. 예컨대, 통신판매업자나 보험업자가 약관의 내용을 계약자에게 충분히 고지하지 않고 보험계약을 체결하는 것이나 의사가 진료비를 많이 타 내기 위해 과잉 진료를 하는 것 등이 여기에 해당한다.

비대칭 정보는 귀중한 자원이 효율적으로 사용되지 못하도록 한다. 정보의 비대칭성으로 인한 시장실패는 소비자나 근로자를 위한 정부개입의 근거가 되며, 기타 많은 사회적 규제가 여기에서 기인하는 경향이 있다. 이와 같은 정보의 비대칭성으로 인한 시장의 실패를 교정하기 위해 정부는 각종 상품의 가격이나 품질 등에 관한 제반 정보가 소비자 및 근로자에게 충분히 공급되도록 개입을 하게 된다. 수출품 검사 등의 규제도 정보의 비대칭성을 줄이기 위한 개입에 해당한다고 할 수 있다.

정보의 비대칭성은 제7장에서 살펴볼 사회적 규제정책의 주요 근거가 되는 시장실패 현상이라 할 수 있다.

3 정부개입의 양태와 시장 분석

1) 정부개입의 양태

시장실패는 정부의 시장개입을 정당화해 주는 근거가 된다. 즉, 정부의 개입은 시장실패를 방지 또는 치유하고 효율성을 회복하기 위해 불가피한 정부의 조치이다. 정부가 자율적인 시장의 운용에 개입하려면 적어도 논리적으로는 개입의 혜택이 특정 집단의 사익이 아닌 사회 전체의 공익에 기여한다는 정당성이 있어야 한다. 그러나 시장실패의 존재가 정부개입의 필요조건이 되는 것은 사실이지만 충분조건이 될 수는 없다는 것이 일반적 인식이다. 이것은 시장실패의 폐해가 개입의 비용보다 충분히 클 정도로 정부개입의 불가피성이 인정되어야 함을 의미한다.

이와 같이 시장이 실패하여 국민경제에 바람직하지 않은 폐해가 초래되었을 때 이것을 교정하기 위해 정부가 시장 운영에 정책적으로 개입하게 된다. 이때 정부는 크게 두 가지 방식을 통해 개입의 목적을 달성한다. 우선 미국에서 가장 전형적으로 나타나는 경우로서 시장경제가 준수해야 할 규칙을 제정하고 집행하는 역할이 그 하나이고(사적 소유에 의한 정부개입 방식), 많은 유럽 국가에서와 같이 정부가 공기업 설립 등을 통해 직접 시장에 개입하여 공급자로서의 역할을 하는 것이 다른 하나이다(공적 소유에 의한 정부개입 방식). 정부규제는 전자에 해당하는 개입 방식이다.

선진국을 제외한 많은 국가에서 아직까지 시장 및 경제에 대한 정부의 역할을 개입주의 전략에 기반하고 있는 경우가 많다. 그렇지만 시장이 성숙하고 더욱이 경제의 세계화가 진전되면서 정부가 자국 시장을 통제할 수 있는 영역은 점차 제한되고 있다. 시장의 자율적 운영이 기본이고 정부는 그 과정에서 보조적 역할을 수행한다고 보는 것이 적절하다면 정부의 역할을 새로운 시대적 패러다임에 맞게 수정하는 것이 필요하다.

2) 정부개입을 위한 시장 분석

정부가 시장에 적절히 개입하여 시장실패를 배제하고 시장의 효율성을 극대화하기 위해서는 시장의 운용이나 기능 등에 관한 실태를 정확히 분석하고 있어야 한다. 시장 분석에서의 핵심 요소는 구조, 행위, 성과이다. 그리고 이들 요소는 시장의 기초 여건에 의해 직·간접적으로 지배된다. 요컨대, 구조와 행위는 기초 여건의 제약 하에서 시장이 '어떻게' 기능하는가와 관련되며, 이에 대해 성과는 시장이 '얼마나 잘' 기능했는가와 관련된다고 할 수 있다(Greer, 1993).

기초 여건(basic conditions)이란 산출물에 본질적으로 내재하거나, 정책적 조작에 의해 쉽게 영향을 받지 않는 특질이라 할 수 있다. 전자의 예로는 수요의 가격탄력성, 구매 방식, 제품의 지속력을 들 수 있고, 후자의 예로는 성장률, 기술, 역사적 배경을 들 수 있다.

구조(structure)는 기업들의 수, 규모, 통합과 분화 등 시장이 어떻게 구성되어 있는지를 의미하는 것으로서, 단순화해서 표현하면 완전경쟁시장이냐 불완전경쟁시장이냐의 문제이다. 구조는 시간적으로 안정적인 경향이 있으나, 민간 부문이나 정부에 의해 영향을 받기도 한다. 시장의 구조적 특징을 결정하는 주요 요인은 판매자의 수와 규모, 제품차별성, 진입 장벽 등이다.

행위(conduct)는 상대 기업과 경쟁 또는 협조를 하는 것과 같이 이윤 추구를 위한 기업들의 전략적 행태를 의미한다. 정부의 개입을 초래하는 대표적인 시장 행위는 담합,

합병 등이다.

성과(performance)는 시장 내의 모든 기업이 얼마나 낮은 비용으로 생산하여 얼마나 낮은 가격으로 판매하면서 얼마나 많은 소비자의 수요를 충족시켜 주는가 하는 실적과 결과를 의미한다. 최선의 시장 성과가 달성되기 위해서는 효율성, 기술적 진보, 산출물의 질이 지켜져야 한다(김안호 · 이의영, 2003).

시장을 완전경쟁, 독과점, 불완전경쟁으로 나누고 시장의 구조, 행위, 성과를 체계적으로 분석함으로써 시장의 경쟁 상태 유지 여부를 판단하고자 한 모형으로서 시장분석모형이 있다.[3] 이 모형은 기본적으로 기존의 단순한 경제이론이 현실의 복잡한 현상을 분석하는 데 부적합하다는 입장을 갖고 있으며, 시장의 기초 여건이 구조에 영향을 미치고, 구조는 행위에, 그리고 행위는 성과에 영향을 미친다고 본다([그림 1-1] 참고).

예컨대, 기술과 성장률과 같은 기초 여건은 시장 내의 기업의 수와 규모 분포에 영향을 미칠 수 있다. 다시 기업의 수와 규모 분포와 같은 구조적 특성은 가격이나 생산 결정과 같은 행위적 특성에 영향을 미치며, 이것은 궁극적으로 효율성과 같은 성과적 특성에 영향을 미친다. 시장 구조가 독점적인 산업은 독점력을 활용하여 행위 면에서 독점가격을 책정하고 이것은 다시 자원배분의 비효율이라는 성과를 가져온다. 이와 같이 시장분석모형은 특히 구조와 행위와의 관계를 규명하여 시장의 성과에 대한 평가를 하는 데 유용하다.

3) 경제학의 한 분과인 산업조직론 체계에서 '구조-행위-성과' 패러다임은 메이슨(Edward S. Mason)과 베인(Joe S. Bain)이 정립했다고 할 수 있다. 메이슨(Mason, 1957)은 시장정책을 수립하기 위해서는 시장의 구조, 행위, 그리고 성과의 특성들을 조사해야 한다고 했으며, 베인(Bain, 1959)은 이들 요소 간의 관계를 산업별로 파악하는 등 산업조직의 연구 범위와 방법을 정리했다.

그림 1-1 | 시장분석모형

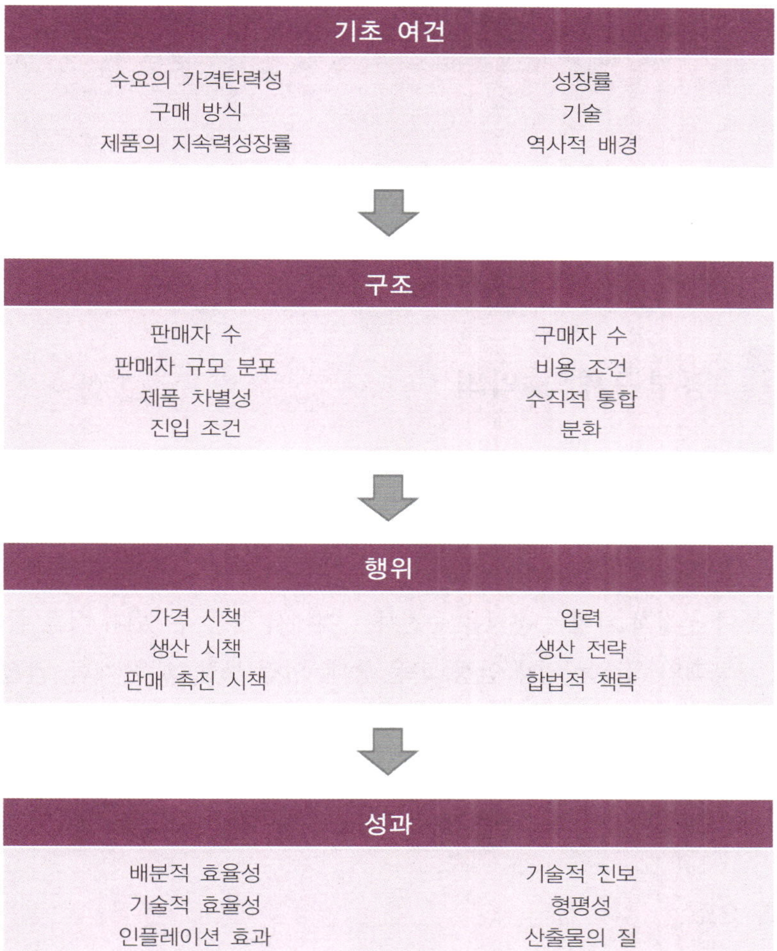

자료: Greer(1993).

Chapter

02 정부규제의 본질

제 1 절 정부규제의 의의

1 정부규제의 개념

정부 활동의 본질적 가치는 공익을 증진하는 것에서 찾을 수 있다. 이를 실현하기 위한 정책의 구체적인 목표는 경제 안정, 고용 증대, 안전 보장, 교육 개혁, 기술 혁신, 환경 개선, 복지 수준 개선 등으로 나타난다. 정부는 이와 같은 목표를 달성하기 위해 법령 등을 통해 기본적인 제도를 설정하고 다양한 정책 수단을 강구한다. 정부의 활동은 민간의 행위를 지원하거나 불가피하게 제한하는 등 다양한 영향을 미친다.

1) 개념 요소

현실 세계에서 모든 사람은 사회적 규칙에 따라 행동한다. 이 규칙에는 오랜 세월에 걸쳐 진화된 사회적 관습으로서 일반적으로 받아들여지게 된 묵시적 규칙과 정부의 법률 · 정책 등 사회가 의도적으로 선택하는 명시적 규칙이 있다. 특히 현대 사회에서 모든 인간이나 조직은 어떤 형태로든 사회로부터 주어지는 명시적 규칙에 의해 사회적 행위의 수행에 제약을 받는다. 일반적으로 규제는 "규제 대상자의 활동과 선택에 대한 재량권의 의도적 제약"으로 정의할 수 있다(Mitnick, 1980). 따라서 개략적으로 볼 때 정부가 사회구성원 사이에 존재하던 자유재량적 권리 관계를 제재의 위협을 통해 제한하거나 명시적으로 변경하는 것을 정부규제로 볼 수 있다(Reynolds, 1981; Meier, 1985; Viscusi et al., 2000).

그러나 이와 같은 인식에 의하면, 규제 개념에는 인간의 존엄성, 자유와 평등, 참정권, 프라이버시, 범죄로부터의 안전, 최저 생활을 할 권리 등 개인의 권리를 보장하는 헌법상의 정부 활동이 포함되는 모호함이 생긴다. 여기에 수많은 국가 제도의 형성과 유지 활동까지 포함되어, 사실상 대부분의 정부 기능을 모두 규제로 보게 되는 문제점이 제기된다. 물론 정부는 시장이 자유롭게 운용될 수 있도록 각종 제도적 기반을 형성하지만 이것은 헌정적(constitutional) 성격을 갖는 것이므로 정부규제라 하기에는 지나치게 방만해진다.

따라서 정부규제를 시장경제 활동과 직접적인 관계가 있는 정부의 개입에 한정하는 것이 더욱 적절하다고 본다. 즉, 개인과 기업은 시장경제 내에서 소비 및 생산 활동을 자유롭게 영위하지만 동시에 여러 가지 정부의 규제에 직면해 있다. 이와 같이 정부규제의 대상 영역을 시장으로 한정할 경우, "정부가 민간경제 주체의 자율적인 사회적 행위에 영향을 미치는 조치"를 정부규제라 할 수 있다.

일반적으로 거론되는 정부규제의 개념 요소는 다음과 같다.

첫째, 정부규제의 주체는 정부이다. 여기서 정부는 넓은 의미의 개념으로서 행정부뿐만 아니라 입법부와 사법부까지 포괄하는 것이다. 입법부는 정부규제의 입법적 기초가 되는 법률을 제정함으로써, 그리고 사법부는 법 규범의 적용 및 해석을 통해 정책 의도가 관철될 수 있도록 함으로써 정부규제에 관여하기 때문이다. 그리고 정부는 중앙정부와 지방정부를 모두 포함한다. 정부규제의 주체가 정부라는 것은 동시에 정부가 정부규제의 객체가 될 수 없음을 의미한다. 따라서 대통령이 각 행정부처에 지시하는 것은 규제가 아니며, 중앙정부가 지방정부에 지침을 시달하는 것도 규제라 할 수 없다.

둘째, 정부규제의 주체가 정부인 것처럼 그 객체는 민간에 한정된다. 민간에는 기업과 개인을 모두 포함하나, 대부분의 경우 기업을 지칭한다. 따라서 규제의 객체라는 표현보다는 피규제 산업 또는 피규제 기업이라는 용어를 흔히 사용한다. 다만 공기업의 경우에는 규제의 주체인가 객체인가의 구분이 모호하다. 우선 공기업은 정부에 의해 소유・통제되고 있고, 경우에 따라서는 정책 수단으로서의 역할을 수행한다는 점에서는 정부의 범위에 포함될 수 있다.[1)] 그러나 한편 정부와는 별도의 법인격을 가지고서 공기업 스스로의 사업과 경영 목표를 수행한다는 점에서는 민간의 범위에 속한다고 하겠다. 따라서 공기업의 규제 주체(객체)성은 사업의 구체적 성격이나 정부와의 관계에 따라 규정되어야 한다.

셋째, 자율적인 사회적 행위를 대상으로 한다는 것은 범죄에 대한 적발과 처벌은 규제 행위에서 제외됨을 의미한다. 즉, 규제는 범죄 행위에 대한 제재를 위해 행해지는 것이 아니라 정부의 개입이 사회적으로 가치 있는 경우에 한해 인정되는 것으로서, 구체적으로는 시장의 결함을 치유하는 데 불가피할 경우에만 개입해야 한다는 원칙에 근거한다.

넷째, 정부규제란 민간의 행위에 일정한 영향을 미치기 위한 공식적 조치이며 흔히 벌칙을 수반한다. 이때의 조치는 법률, 대통령령, 총리령, 부령, 조례, 규칙, 고시, 공고, 예규, 훈령 등에 규정된 것이어야 한다. 대부분의 경우 정부규제는 국가의 강제력을 배경으로 한 조치로서 실시된다. 만일 정부의 규제에 응하지 않을 경우 처벌이나 불이익이라는 수단을 동원하게 된다.

2) 개념 범위

이상과 같이 정부규제의 대상을 시장에서의 경제 활동에 국한하여 보더라도 규제의 범위를 좁게 볼 것인가 아니면 넓게 볼 것인가에 관해서 논란이 있다. 이에 따라 규제의 개념을 구체적으로 정의하고자 한다면 사회적 행위를 제한하는 조치의 범위에 따라 협의의 개념과 광의의 개념으로 구분할 수 있다.

우선 정부규제를 좁은 의미로서 파악할 경우 "정부가 민간경제 주체의 자율적인 사회적 행위를 소극적으로 제한하는 조치"로 볼 수 있다. 이 정의에 의하면, 민간경제 주체들의 특정한 사회적 행위에 대해 정부가 불이익을 주는 등 소극적으로 제한하는 조치만이 정부규제에 포함된다. 이와 같이 민간의 행위를 제한하는 정부의 조치는 처벌

1) 예컨대, 한전이나 가스공사와 같이 정부로부터 독점력을 인정받고 있는 공기업은 그 설비와 서비스의 공급에 관해 기업과 소비자에게 실질적인 규제 권한을 행사하고 있다.

등의 강제력을 통해 실효성이 확보된다. 따라서 적극적으로 민간의 자율적인 선택에 긍정적 또는 부정적 영향을 미치는 보조금이나 조세는 원칙적으로 정부규제에 포함되지 않는다. 다만 정부규제의 대상이 되는 행위와 정부규제의 정책 수단은 구분되어야 한다. 예컨대, 정부가 긍정적 유인을 제공함으로써 궁극적으로 특정 행위를 제한하는 것을 목적으로 할 경우 그것은 정부규제에 포함된다(최병선, 1992).[2]

한편 정부규제의 개념으로서 보조금 지급과 같은 적극적 유인이나 보상이 포함되는 것으로 보는 견해도 있다. 이 견해는 민간에 대한 영향의 범위에 관해 특정 행위를 제한하는 것뿐만 아니라 특정 행위를 조장하는 것까지도 규제로 보는 것이다(Meier, 1985). 넓은 의미에서 정부규제를 파악한다면 "정부가 민간경제 주체의 자율적인 사회적 행위에 소극적 또는 적극적으로 영향을 미치는 조치"라 할 수 있다. 이 정의는 지원이나 육성과 같이 사기업의 경영이나 소비 생활에 어떤 식으로든 영향을 미치는 정부 활동을 모두 포괄하는 것이다. 이와 같이 정부규제를 광의로 보는 경우에는 협의의 개념에서의 제한 조치 이외에 세제 혜택, 보조금 지급 등 적극적으로 민간의 경제 행위에 영향을 미치는 긍정적 유인도 정부규제 정책의 범위에 포함된다(Lowi & Stone, 1978).

좁은 의미의 규제 조치, 즉 규칙이나 명령을 통한 제한 조치는 금지된 활동을 배제하거나 의무로 가해진 행위를 수행할 것을 강제하기 위한 것이다. 협의의 개념의 이면에 내재된 의미는 규제를 피규제자가 택할 수 있는 선택의 수를 줄이는 것을 목적으로 하

표 2-1 정부규제의 개념 범위별 특성

특성 \ 범위	협 의	광 의
정의	소극적으로 제한하는 조치	소극적 또는 적극적으로 영향을 미치는 조치
목적	선택의 수 축소	그 대안을 선택할 확률 축소
주요 수단	금지, 격리	보조금 지급
정책	고유의 규제정책	고유의 규제정책, 산업정책

2) 예컨대, 농작물 생산의 과잉을 방지하기 위한 휴경 보상 제도는 농지를 경작하지 않을 경우 보상금과 같은 긍정적 유인을 주는 것이지만, 그 목적이 경작 행위를 제한하는 것이므로 정부규제에 포함된다고 볼 수 있다.

자는 것이다. 이에 대해 광의의 개념은 대안의 결과를 변화시킴으로써 경제 주체가 그 대안을 선택할 가능성을 감소시키는 데에 목적이 있다. 예컨대, 광의의 규제 개념에서 전형적인 정책 수단인 조세 부과나 보조금 지급은 해당 대안의 채택을 통해 얻게 되는 편익과 비용을 변경시켜 대안의 성격에 대한 피규제자의 인식을 변화시킴으로써 상대적으로 그 대안의 선택 확률에 영향을 미친다(김용우, 2010).

학계에서는 정부규제의 개념 범위에 관해 연구의 목적에 따라 협의와 광의의 개념을 혼용하여 사용하고 있다. 그러나 광의의 개념은 정부규제의 범위를 지나치게 확대함으로써 그 한계를 분명히 규정하기 어렵게 하고 후술하는 바와 같이 산업정책 등 다른 정책 분야와의 혼란을 초래하는 문제점이 있다. 또한 규제 연구가 주로 자연독점과 같은 시장실패가 있는 상황 하에서 진입 규제나 가격 규제와 같은 부정적인 형태의 규제정책을 분석하는 데 대부분의 노력을 쏟고 있음을 볼 때 정부규제를 협의의 개념으로 파악하는 것이 더 실용성이 클 것이다. 이 책에서도 협의의 개념으로 정부규제를 다루고자 한다.

2 정부규제의 효과

1) 시장실패의 교정

정부규제의 정당성의 원천은 시장실패에서 찾을 수 있다. 즉, 정부규제는 기본적으로 시장실패를 방지 또는 치유하고 효율성을 회복하기 위한 정부 노력의 결과이다. 따라서 정부규제의 가장 대표적인 효과는 시장실패의 교정이라 할 수 있다.

우선 독점의 경우 독점기업은 독점적 가격이나 차별 가격을 부과하는 한편 생산량을 줄여 초과 이윤을 획득할 수 있으므로 배분적 효율성을 저해한다. 또한 시장 내에서 경쟁이 미흡하므로 독점기업은 흔히 경영이 방만해지거나 비용을 상승시켜 생산적 효율성도 떨어뜨린다. 이와 같은 경우 정부는 독점 규제정책을 시행함으로써 자원배분의 효율성을 제고하고 공공의 이익을 보호할 수 있게 된다.

자연독점의 경우에는 생산적 효율성은 보장되나 배분적 효율성이 저해된다. 즉, 자연독점에 따른 상품이나 서비스의 가격은 완전경쟁 하에서의 가격에 비해 높아지는 반면, 생산량은 완전경쟁 하에서의 생산량보다 적어져 사회적 비용이 증가하게 된다. 이 경우 정부가 독점기업의 가격과 생산량을 규제한다면 시장실패가 제거 또는 축소되어 배분적 효율성이 다시 회복될 수 있다. 또한 자연독점 산업에서는 경쟁 과정에서 중복 투자가 일어날 가능성이 매우 큰 것이 현실인데, 정부가 하나의 자연독점 업체를 제외한 다른 기업의 진입을 규제하거나 기존 기업의 시설 확장을 규제함으로써 과잉 투자가 방지되는 효과도 기대할 수 있다.

외부성, 특히 외부불경제의 존재는 시장실패의 대표적인 경우로서 정부규제가 가장 필요한 경우이다. 즉, 외부불경제가 존재하는데도 정부규제가 없다면 경제 주체는 사회적 해악을 무시하고 가격을 결정하므로 낮은 가격에서 많은 상품 생산이 가능하게 되어 자원배분의 효율화가 이루어지지 않는다. 이때 정부가 사회적 규제정책 등을 통해 편익과 비용을 내부화할 경우 사회적 편익과 사적 편익의 합이나 사회적 비용과 사적 비용의 합 간의 격차를 줄임으로써 자원의 효율적 배분에 접근할 수 있는 것이다.

한편 비싼 정보비용으로 인해 사업자와 소비자 또는 사용자와 근로자 간에 정보의 비대칭성이 존재해도 자원배분의 효율성이 저해된다. 이러한 상황 하에서 소비자(근로자)는 사업자(사용자)가 어떤 유형의 정보를 가지고 있는지, 또는 어떤 행동을 하고 있는지를 정확하게 파악할 수 없게 된다. 이 경우 정부가 상품이나 근로조건에 관한 제반 정보가 소비자 및 근로자에게 충분히 공급되도록 사회적 규제를 실시한다면 정보의 비대칭성으로 인한 시장실패가 교정될 수 있다.

2) 산업 경쟁력의 약화

정부규제는 산업 경쟁력에 대해 부정적 영향을 미친다는 견해가 상대적으로 우세하다. 즉, 규제가 기업으로 하여금 규제 순응 비용을 부담하도록 하여 생산비를 증가시킴으로써 기업의 경쟁력을 약화시킨다는 것이다. 이 밖에 규제기관의 규제집행 및 감독 비용, 피규제 기업으로부터 방출되는 실업 발생 등 광범위한 비용이 늘어나며, 나아가 규제 기준을 파악하기 어렵고 규제정책이 자의적으로 집행되기 쉽다는 것이다.

또한 피규제 산업은 일반적으로 경쟁 산업에 비해 낮은 효율성을 보인다. 피규제 산업은 정부의 규제로 인해 경쟁이 제한되고 독점적 지위가 보장되어 있으므로 효율성을 제고하려는 유인이 결여되어 있다. 이것은 기업 내부의 X-비효율성과도 관련이 있다. X-비효율성은 경제적 규제에 따른 경쟁 부재로 인해 이윤 동기가 결여되고 나아가 지대 추구 경향 등 내부 관리적 요인에 의한 비효율성을 말한다(Leibenstein, 1966).

특히 자본 집약적인 생산 방법을 채택하고 있는 공익산업에서 수익률 규제가 실시된다면 정부규제가 과잉자본화(overcapitalization)를 가져오는 애버치-존슨 효과(Averch-Johnson effect)가 나타나기도 한다(Averch & Johnson, 1962). 즉, 규제기관은 공기업과 같은 공익산업에 대해 일정 수준의 수익률을 보장하는 수익률 규제를 실시하는 경우가 많은데, 수익률 규제의 가장 큰 문제점은 생산 비용을 최소화하여 수익의 규모를 늘리기보다는 허용된 수익률 범위 내에서 자본 규모를 늘림으로써 결과적으로 수익의 규모를 늘리려는 경향이 일반적으로 나타난다는 것이다.[3] 다시 말해, 사회적으로 적정한 생산 규모를 위해 필요한 것보다 더 많은 자본 투자가 유발되어 경제적 비효율성이 발생한다.

3) 동태적 비효율성의 발생

경제적 규제의 공통적인 목적은 경쟁을 완화하더라도 특정 시장에서의 효율성을 제고하는 것이다. 그러나 정태적 관점에서 비용과 수요를 감안할 경우에 효율적인 규제일지라도 시간이 변화함에 따라 비효율적 규제가 될 수도 있다. 예컨대, 통신산업과 같이 시장의 수요가 급격히 확대되는 산업인 경우에는 1개 기업에 의한 자연독점보다 신규 기업의 참여가 허용되어 다수 기업이 존재하는 것이 바람직하다. 이와 같은 경우에 진입 규제를 해제하고 신규 기업의 참여와 경쟁을 촉진시켜 효율 증진을 얻으려는 노력을 하지 않는다면 동태적 비효율성이 발생하게 된다.

또한 정부규제의 동태적 비효율성은 기술 진보의 지체에서도 기인한다. 정부규제는 대체로 일정 규모의 수익을 보장하고 경쟁을 저하시키므로 비용 최소화나 새로운 기술의 개발을 위한 기술 혁신 활동을 저해하는 경향이 있다. 비용을 절감시키는 기술 개발

3) 수익률 규제에 관해서는 제6장 제2절 중 '수익률 규제'를 참고할 것.

이 이루어진다 해도 독점기업은 이윤을 확대할 뿐 가격을 인하시키지 않는 경우가 많으므로 기술 개발의 효과가 산업 전체로 파급되지는 않는다.

그러나 시장 여건의 동태적 변화에도 불구하고 실제로 규제 완화가 이루어지기는 쉽지 않다. 우선 규제기관이 스스로 규제 조치를 완화하기가 어려울 뿐만 아니라, 피규제 산업이나 피규제 기업도 신규 기업의 진입 규제를 통해 지속적인 보호를 원하기 때문이다. 결국 정부의 규제는 정태적 정당성에도 불구하고 동태적 관점에서는 경쟁의 억제로 인한 기술 개발의 저해라는 기대하지 않은 효과를 얻게 된다(정갑영, 2001).

4) 소득분배의 변화

정부규제는 시장실패를 교정하여 효율성을 제고하기 위한 목적에서 시행되는 것으로서 기본적으로 소득분배의 변화를 의도하지는 않는다. 그러나 규제정책의 운영 과정에서 경제 주체 간의 이해관계를 변화시키게 되는 경우가 대부분이므로 간접적으로 또는 결과적으로 소득재분배적 효과를 초래하는 경우가 흔히 나타난다. 그러나 정부규제로 인한 소득재분배 효과는 은폐되거나 잘 인식되지 못하는 경우가 많다.

소득재분배 효과는 경제적 규제에서 좀 더 일반적으로 나타난다. 예컨대, 진입 규제는 경쟁을 제한하므로 그 결과 해당 업체(업계)가 독점적 이득을 향유하게 된다. 그리고 교통 · 철도 · 통신 등 일부 공익산업에서 보편적 서비스의 제공을 위해 한계비용에 의한 가격 결정이 아닌 이용자 집단에 따라 요금이 차등화되는 교차보조[4]가 실시될 경우 소득재분배의 효과가 나타난다. 또한 정부규제로 인해 가격이 경쟁 수준보다 높거나 낮게 책정될 경우 생산자와 소비자 간에도 소득 이전으로 인한 소득분배의 변화가 발생한다.

한편 사회적 규제도 전혀 의도하지 않은 소득재분배 효과를 유발한다. 왜냐하면 이종 기업 간 또는 동종 산업이라 하더라도 기업의 규모, 비용 구조, 지리적 위치 등에 따라 기업 간에 부담 능력 면에서 차이가 있기 때문이다. 특히 이 부담은 중소기업 및 영세기업이나 주로 노후 기술에 의존하는 기업의 경우에 더욱 과중된다. 따라서 이런 기

4) 교차보조에 대해서는 제6장 제2절 중 '진입 규제'를 참고할 것.

업의 근로자들은 정부규제로 인해 임금 저하의 위험에 처하게 된다(최병선, 1992).

제 2 절 정부규제가 지향하는 가치

어떤 형태의 사회 조류 또는 정책을 고찰할 때 우선 고려해야 할 것 가운데 가장 중요한 것이 그 사회가 구현하고자 하는 기본적 가치를 명확히 하는 것이다. 가치는 그 개념 범주와 차원을 기준으로 할 때 목적적 가치인 이념과 수단적 가치인 규범이라는 체계로 구성된다.[5]

1 정부규제의 이념

1) 공익의 개념

정부규제가 실시되면 이익을 얻는 집단과 손해를 보는 집단이 발생하는 경우가 대부분이다. 특정 규제의 가치를 논하는 것은 사실상 어느 집단의 이익이 고려되는가의 문제와 크게 다르지 않다. 따라서 정부가 민간 주체의 자유 선택에 따른 행동을 제한하기 위해서는 정부규제를 통한 이익이 특정 집단에 국한되는 사적인 것이 아닌 공적인 것이어야 한다. 다시 말해, 정부가 민간 주체의 자유로운 선택에 따른 행위를 제한하기 위해서는 규제를 통한 이익이 특정 이익집단에 국한되는 사익이 아니라 공익(public interest)이라는 근거에서만 정당성을 갖게 된다는 것이다.

사전적 의미로서의 공익은 공공의 이익, 즉 사회구성원 전체의 이익을 말한다. 공익

5) 이념이란 "인간과 사회의 가치에 관한 인식적 · 도덕적 신념과 가정의 포괄적 형태"를 지칭한다. 요약하면, 목적적 가치, 이상적 미래상을 말하는 것으로서 쉽게 변할 수 있는 것은 아니다. 이 이념에 기초하여 설정된 "가까운 미래에 실현하고자 하는 사실의 바람직한 상태"가 바로 목표이다. 여기서 이념이라는 신념적 형태를 목표라는 현실적 형태로 전환하기 위해서는 수단적 가치, 즉 규범이 필요하게 된다. 따라서 규범이란 "바람직한 행동지침" 또는 "목적적 가치의 배분 원리"라 할 수 있다.

의 개념은 역사적으로 볼 때 주로 경제적 이념 체계에 따라 변해 왔다. 현대적 의미에서의 공익은 대체로 개인의 사적 행동의 결과로서 실현되는 것으로 파악된다. 여기서 공익이 사회적 정책형성의 과정과 분리되어 선험적으로 존재하는 것이 아니라 토론이나 조정의 과정을 통해 사후적으로 결정된다고 볼 때, 공익은 바로 사회적 합의라고도 할 수 있다. 정책형성 과정에 현저한 영향을 미칠 정도로 다수가 일치된 견해를 가질 때 사회적 합의가 성립되었다고 볼 수 있다. 물론 다수라는 것이 어느 정도를 의미하는 것인지 경계가 불명확하며, 좀 더 본질적으로 과연 다수의 견해가 항상 공익과 일치하는지에 대해서는 의문이 있는 것이 사실이다.

정부규제의 이념으로서 공익 개념이 존립하고 설명력을 갖기 위해서는 규제자가 인식하는 공익의 개념에 보편타당성이 있어야 하나 실제로는 다양한 측면에서 공익 개념의 이해가 이루어졌다. 예컨대, 상충적 이익 간의 선별적 측면을 동시에 만족시키는 조화(balancing), 여러 이익의 일부를 조금씩 양보하게 함으로써 전체적으로 나은 결과를 얻는 타협(compromise), 개별 집단이 공익에 기여하는 대신 사적 혜택을 부여받는 교환(trade-off), 사회적 · 국가적 목적(social-national goal) 등이 그것이다(Posner, 1974; Mitnick, 1980).

이와 같이 공익의 실체적 개념은 추상적이므로 특정 규제의 공익에의 부합성을 판단할 수 있는 기준을 제시하지 못한다. 따라서 정부의 시장 규제라는 한도 내에서의 공익을 사실상 사회후생(social welfare)으로 파악하는 것이 현실적일 수 있다. 여기서 사회후생이란 경제 주체의 행위에서 발생하는 사회적 편익에서 그 행위로 인해 발생하는 사회적 비용을 차감한 것이다. 그리고 사회후생을 구성하는 두 요소는 소비자가 대가 없이 초과해서 얻는 효용의 금전적 가치인 소비자잉여와 기업의 순이익을 의미하는 생산자잉여이다. 사회후생의 극대화는 곧 소비자잉여와 생산자잉여의 합의 극대화를 의미한다.

소비자잉여(consumer surplus)는 소비자가 평가하는 가치와 실제 지불하는 가치와의 차이를 의미하며, 생산자잉여(producer surplus)는 총수익 중 총비용을 제외한 순이익을 말한다. 예를 들어, [그림 2-1]에서 보는 바와 같이 어떤 상품의 시장에서 공급곡선(S)과 수요곡선(D)이 만나는 X점에서 시장가격(P_m)과 시장거래량(Q_m)이 설정되어 있다

그림 2-1 | 소비자잉여와 생산자잉여

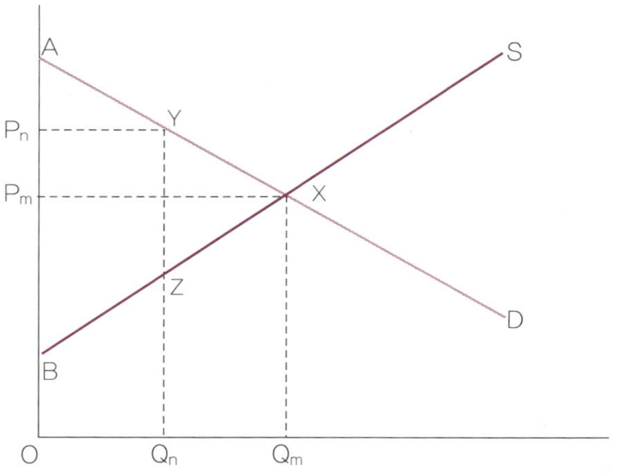

고 가정한다. 그러면 소비자는 높은 가격을 지불하고라도 소비하고 싶은 상품을 그보다 낮은 가격에 구입하게 되므로 △AP_mX의 소비자잉여를 확보하게 된다. 생산자도 총수익에서 총비용을 제외한 △BP_mX의 생산자잉여를 확보하게 된다. 따라서 이 상품의 시장에서는 △ABX의 사회후생이 실현되는 것이다.

그런데 독점과 같은 교란 요인이 이 시장에 작용하게 되면 시장가격은 P_n으로 상승하고 시장거래량은 Qn으로 감소한다. 따라서 소비자잉여는 △AP_nY로, 생산자잉여는 ▱BP_nYZ로 각각 감소하여 결국 사회후생은 ▱ABZY로 축소된다. 완전경쟁이었을 경우와 비교할 때 후생손실은 △XYZ에 달하게 된다.

이와 같이 시장 내에서 소비자잉여와 생산자잉여를 감소시키고 결국 사회후생의 손실을 초래하는 행위에 대해 정부는 규제 조치를 취하게 된다. 정부의 규제정책에 의해 시장가격과 시장거래량이 다시 P_m과 Q_m으로 회복된다면 사회후생도 △ABX로 원상 회복된다.

완전경쟁시장에서는 사회후생의 극대화가 자동적으로 달성된다. 그러나 특정 시장 내에서 완전경쟁이 이루어지지 않음으로써 소비자잉여와 생산자잉여가 감소될 때 정부는 사회후생의 극대화라는 궁극적 목적을 달성하기 위해 시장에 대한 규제를 실시하게 된다. 다시 말해, 생산과 소비에 따른 사회후생이 축소되는 시장실패가 존재하는 경우가 정부규제의 대상이 되는 것이다. 다만 어떤 정책 수단을 이용했을 때 사회적으로 가장 바람직한 최적 규제에 도달할 수 있는지가 논의의 관건이라 할 수 있다.

2) 공익과 정책 구조적 특성

공익 개념의 추상성은 여러 문제를 야기한다. 그 중 하나가 "정부는 누구를 위해 공익을 실행하려 하는가, 그리고 과연 공익을 실행하기 위해 노력하는가"에 관한 것이다. 이러한 문제점이 나타나는 것은 공익이 사회구성원을 위한 것이기는 하나 그들에 의한 직접적인 실천이 불가능하므로 정부에 의한 대리가 불가피하다는 데에서 주로 기인한다. 따라서 이 문제는 공익 실행의 주체는 과연 사회구성원인가, 그리고 실행 구조상의 특징은 무엇인가를 파악함으로써 그 본질의 규명이 가능해진다.

자본주의 회사의 주주들은 기업이 이윤 극대화의 목표를 성공적으로 수행하도록 자신들의 소유권을 최대한 행사한다. 그러나 한편 회사 조직은 자본 소유와 기업 경영의 인적·기능적 분리 또는 전문화를 소유 구조상의 특징으로 하고 있다. 이와 같은 광범위한 주식 소유의 분산으로 인해 회사는 현실적으로 주주가 아닌 전문경영인에 의해 지배될 가능성이 높다. 이처럼 회사 조직과 같이 소유와 경영이 분리되어 지배 주체가 명확히 설정되기 어려운 경우에 흔히 주인-대리인모형(principal-agent model)을 통해 기업의 행위와 성과를 분석한다(Jensen & Meckling, 1976).

경영 조직의 효율성 달성에 관한 접근 방법으로서의 대리인모형은 정부조직에도 원용될 여지가 있다. 주권자인 사회구성원은 회사의 주주와 같고 주권 대표기관인 정부는 이사회에 비유될 수 있다. 그리고 정부의 하부 조직으로서 행정기관은 회사 조직과 같다. 따라서 대리인모형은 정부 부문의 결정 구조적 특성을 파악하기 위해서도 유용하게 적용할 수 있다. 즉, 정부는 사회구성원으로부터 공익 실행에 관한 책임과 권한을 위임받은 일종의 대리인이라는 것이다.

대리인으로서의 정부조직은 다시 여러 단계의 주인-대리인 관계로 이루어진다. 즉, 사회구성원은 선거에 의해 정치인을 선출하고 정치인에 의해 정책 기구가 결정되므로, 공무원이 정책을 수행하는 과정에서 사회구성원과 정치인, 정치인과 고급관료, 고급관료와 일선 행정 조직들 간에 복잡한 대리 관계가 형성된다. 이와 같이 하여 정부는 최종 지배자로서의 사회구성원과 대리인으로서의 정부, 그리고 행정기관과 공무원으로 이루어지는 다단계 계층 구조(multiple hierarchy)와 다수의 주인 및 대리인(multiple principals and agents)이라는 구조적 특징을 지니게 된다.

그러나 이와 같은 정책 구조적 특성은 정책, 통제, 평가가 분리되는 문제를 야기한다. 따라서 정책과 통제, 정책과 평가 사이의 불일치 문제를 해결하는 것이 공익 실현에 있어 중요한 과제가 되고 있다.

2 정부규제의 규범

1) 행정 규범으로서의 효율성

앞에서 본 바와 같이 공익이라는 개념은 매우 추상적이고 또 다양하므로 그 자체로써 시장 상황을 직접 평가하거나 정책의 공익에의 부합성을 판단할 수 있는 지침의 역할을 수행하기는 어렵다. 따라서 실제적으로는 구체적인 규범적 기준을 대상으로 하여 정책의 논거를 제시하게 된다. 정책의 규범이 명확하지 못할 때 정책의 구체적 목표와 정책 수단이 합리적으로 선택될 수는 없다. 행정 이념으로서의 공익을 실현하는 데 가장 대표적인 행정 규범은 효율성과 형평성이다.

일반적으로 규제정책의 근거와 평가를 위한 기준으로는 효율성을 든다. 다시 말해, 효율성은 정부가 반드시 민간을 규제해야 하는가, 또 그 방식이 적정한가를 판단해 주는 기준으로서의 역할을 한다. 효율성(efficiency)은 최소 비용의 최대 성과를 의미하기도 하고, 자원의 최적 배분을 의미하기도 한다. 형평성(equity)은 각자의 공헌과 능력에 비례하여 가치를 배분하는 것을 말하는 것으로서, 배분적 정의와 동의어로 이해하는 것이 일반적이다. 형평성은 재분배정책과 같이 시장기구가 접근할 수 없는 영역에 해당하는 규범이라 할 수 있다. 다만 시장정책 중에서도 공정거래정책이나 재벌정책과 같이 중소기업 보호나 약자 지원을 목적으로 하는 정책 수단일 경우 형평성 규범이 해당될 수 있다.

메이어(Meier, 1985)와 같이 규제를 넓은 의미로 파악하는 경우에는 효율성을 정부규제의 여러 규범 중의 하나로 보는 경향이 있다. 규제의 현실적 목표가 사회 정의나 국민 복지의 증진에 있는 경우가 있으며, 규제는 경제적인 것보다는 정치적인 동기에 의한 경우도 있기 때문이다. 메이어는 정부규제에 대해 경제적 효율성의 논리가 개입된 것은 근래의 일이며, 규제에 관련된 여러 기준 중에서 경제적 효율성은 두 번째나 그 이하의 중요성을 가질 뿐이라고 한다. 또한 랜드(Lande, 1989)는 독점 규제정책이 소비자들로부터 독점적 대기업으로의 부(富)의 이전을 막기 위한 분배적 목적을 추구해야 한다고 주장한다. 즉, 기업들이 소비자들에게 높은 가격을 부과하지 못하도록 하여 소비자들이 경쟁 가격에 상품을 구매할 수 있도록 하는 것이 독점 규제의 목적이라는 것이다.

그러나 시장에 불가피하게 개입하는 정부규제에 사회정치적 목적이 개입되면 일관성 있는 원칙들을 도출할 수 없게 될 우려가 크다. 이는 정책의 자의성이 커질 위험을 증가시켜 정책의 신뢰성과 예측 가능성을 저하하는 요인이 될 수 있다. 선진국들의 경험에 따르면, 다양한 목표를 갖는 정책에서는 상당한 정치적 재량이 개입되어 집행이 엄격하지 못하며 하위 정책 간에 혼란의 위험이 있다.

따라서 효율성은 행정 규범으로서 가장 대표적일 뿐 아니라 규제 규범으로서 사실상 유일한 지위를 가진다고 보는 것이 타당할 것이다.

2) 효율성의 개념과 유형

미국의 경우에 셔먼(Sherman) 법 제정 이후 1960년대까지는 독점 규제의 목적이 경제적 및 정치적 힘의 분산, 경제력의 과도한 집중의 제한 등 제퍼슨적 이상주의(Jeffersonian ideal), 즉 형평성을 실천하는 데 있었다. 그러나 이와 같은 해석으로 인해 법의 예측성이 크게 저하하고, 나아가 기업의 장기계획 수립에 애로가 발생하게 되자 1970년대부터 효율성이 크게 강조되었다.[6]

전통적으로 시카고 학파는 독점 규제의 유일한 목표가 독점력에 의한 경제적 효율성

6) 1970년대에 시카고 학파의 시장경제주의가 미국의 경제학계와 법학계를 풍미한 것도 이러한 경향을 증대시켰다.

의 왜곡을 최소화하는 것이라고 보고, 소비자가 경쟁시장보다 높은 가격을 지불함으로써 나타나는 소득 이전은 경제적 효율성 차원에서 문제가 되지 않는다고 하였다(Bork, 1967). 이에 대해 하버드 학파는 독점 이윤으로 인한 소비자잉여의 감소를 사회후생의 손실로 간주한다. 이 책에서 효율성 개념은 공익의 조작적 개념으로서의 사회후생이 소비자잉여와 생산자잉여를 동질적으로 취급하는 경제적 논리를 전제로 한다. 따라서 기업 이윤도 사회후생의 요소이므로, 생산자의 후생 증가가 소비자의 후생 감소를 상쇄할 수 있다면 소비자로부터 생산자로, 그리고 근로자로부터 사용자로 이익의 이전이 사회적으로 용납될 수 있는 것으로 본다.

효율성에는 크게 두 가지 개념이 있다. 생산적 효율성(productive efficiency)은 가장 저렴한 비용으로 투입물을 결합하여 상품과 서비스를 생산했는가에 관한 것이고, 배분적 효율성(allocative efficiency)은 상품과 생산 요소 등의 경제적 자원이 가격기구를 통해 가장 높은 가치를 부여하는 구매자에게 배분되었는가에 관한 것이다.

생산적 효율성은 최소의 비용으로 최대의 생산물을 생산할 때 달성되는데, 주로 규모의 경제나 거래 비용과 같은 기술적인 의미를 강조한다. 공익산업은 규모의 경제가 존재하는 자연독점 산업이므로 소규모 기업들에 의한 경쟁 체제에 비해 생산적 효율성이 압도적이다. 또한 매몰비용[7]이 크므로 흔히 정부에 의한 진입 규제가 이루어진다. 한편 시장경제에서는 가격기구에 의해 그 사회의 경제적 자원 및 생산된 상품과 서비스를 적절히 배분한다. 시장이 완전경쟁적이라면 시장가격이 상품과 서비스를 교환하는 데 필요한 비용과 여기서 생기는 편익을 충분히 반영하여 배분적 효율성이 달성된다.

일반적으로 정부규제에서 효율성이라 하면 배분적 효율성을 의미한다. 그런데 생산적 효율성은 생산비의 저하가 반복됨으로써 장기간에 걸쳐 가치의 누적적 성장을 가능하게 하나, 배분적 효율성은 한계적 시점에서의 가치를 극대화시키는 것에 불과하다. 따라서 사회적 관점에 따라서는 생산적 효율성이 배분적 효율성보다 중요하다고 보기

7) 매몰비용(sunk cost)이란 일단 지출된 다음에는 어떤 방법으로도 다시 회수할 수 없는 비용을 말한다. 다시 말하면, 상품의 생산을 위해 특정 시장에 일단 투입되고 나면 다른 시장으로 전용할 수 없는 자산의 취득 비용이다.

도 한다. 미국의 정부규제 당국도 1980년대까지는 배분적 효율성을 중시했으나, 현재는 가격이 즉시, 그리고 직접적으로 하락하지 않더라도 생산적 효율성의 궁극적 혜택을 인정하고 있다.

시장실패가 발생할 경우 시장은 배분적 효율성을 달성하지 못하게 된다. 이때에는 가격을 제한하고 상품과 서비스의 양을 조정하는 것이 사회적으로 효율성을 제고하는 결과가 되므로 정부에 의한 규제가 필요해진다. 동시에 생산적 효율성의 제고를 위한 생산자잉여의 중시도 정부규제에서 중요한 위치를 차지한다. 따라서 정부규제가 시장개입의 방편으로서 정당화되기 위해서는 '효율성의 달성을 통한 사회후생의 극대화'를 유일한 목적으로 삼는 것이 바람직하다. 최근에는 정보통신 등의 기술집약적 산업에서 기술이 급격히 변하고 있으므로 이를 보장하기 위한 동태적 효율성에 대한 충분한 고려가 필요해지고 있다(한국경제연구원, 2001).

제 3 절 정부규제의 이론

정부규제의 근거는 앞에서 본 바와 같이 시장실패에서 찾는 것이 일반적이다. 시장실패의 개념은 특정 거래를 평가할 때 누구의 이익이 어느 정도나 고려되어야 하는가에 관한 판단을 반영한다. 즉, 정부규제가 시장실패의 교정을 위한 것이라는 것은 논리적으로 진실이나 이것이 정부규제를 완벽하게 설명해 주는 것은 아니다. 따라서 정부규제의 원인으로서 상황적 조건을 좀 더 정밀하게 바라보는 시각이 중요하다. 정부규제를 보는 시각은 크게 두 가지로 대별되는데, 그 하나는 규제를 실시하는 자의 입장으로서 공익에 부합하는 규제를 모색한다는 것이고, 다른 하나는 규제자나 피규제자의 사익에 의해 규제가 이루어진다는 것이다.

1 공익이론: 정부규제의 규범적 측면

정부규제는 정부가 주로 공익산업에 개입하여 시장실패를 교정함으로써 효율적인 시장 성과를 재현하고 궁극적으로 공익 실현을 위한 것이라는 명제가 근래에 이르기까지 주류를 형성했다. 규제의 공익이론(public interest theory)이라 칭하는 이 견해는 1950년대까지 법학계와 경제학계를 통틀어 일반적으로 받아들여졌다. 공익이론에 따르면 시장실패가 나타나는 산업은 시장에 방임할 경우 최선의 해답이 나올 수 없으므로 정부가 규제를 통해 개입함으로써 사회후생의 손실을 극소화해야 한다는 것이다. 19세기 후반 미국에서 철도산업에 대한 정부규제가 본격화된 것도 당시 공익산업을 중심으로 공익의 개념이 실체적으로 정교화되었기 때문이다. 이후 공익산업 보호를 위한 규제의 필요성이 광범위하게 인정되었다.

공익이론에서 말하는 공익 개념은 사익의 단순한 집합체도 아니고 사익들 간의 타협의 소산도 아니지만 사익과 완전히 분리된 별개의 것도 아니라는 생각에 기초하고 있다. 결국 전체 사회의 이익이 되도록 하는 정부의 행위가 곧 공익이며(Downs, 1962), 행정기관이 독립적인 입장에서 양심적으로 행동할 때 공익이 보장된다고 본다(Appleby, 1952). 따라서 공익이론은 규제 이익의 수혜자가 사회구성원이고 규제의 주체인 정치가나 관료는 공익의 대리인으로서 자신의 사익과는 무관하게 행동하므로, 정부규제의 동기와 목적에 관한 오류는 있을 수 없다는 인식을 가지고 있다. 다만 정보의 제약이나 규제 수단의 제약 등으로 인해 규제의 결과가 최선이 되지 않는 경우가 있으나 최소한 차선은 되는 것으로 전제한다.

그러나 공익이론은 1960년대 이후 정부의 개입이 시장실패를 치유한다는 검증 가능한 증거를 보여주지 못하고 단순히 가정하는 데 그쳤다는 점에서 비판을 받았다. 그리고 자연독점성이나 외부성이 없는 많은 산업, 즉 운송산업, 금융산업 등이 현실적으로 규제를 받고 있는 현상을 설명하지 못하는 점도 한계로 지적되었다(Posner, 1974). 또한 공익의 대리인인 규제기관들이 서로 다른 공익 개념을 갖고 있다면 과연 진정한 공익은 무엇인가 하는 문제도 대두되었으며, 규제가 요구되고 규제가 이루어지는 절차와 과정의 메커니즘에 대한 설명을 결여하고 있다는 비판도 집중되었다. 요컨대, 공익이론은 규제의 생성 과정을 설명하지 못하는 이론적 결함과 예측이 실증 자료와 일치하지 않는 실증적 결함을 동시에 갖는 것으로 평가되었다. 뒤에서 살펴볼 사익이론은 경제적 이해가 개인들의 동기를 유발하는 가장 중요한 요인이라고 믿었기 때문에 공익이론의 전제 자체를 부정하였다.

이상과 같은 비판에 직면하여 공익이론의 옹호자들은 "규제는 원래 시장실패를 교정하기 위해 나타났으나 규제기관에 의해 잘못 운영되어 왔다"고 항변하였다. 공익이론은 논리적으로 타당성을 갖고 있으나 그 개념의 통일성이 이루어지지 않아 이론으로서의 설명력이 미약해졌다는 것이다. 공익이론은 정부규제의 현실을 반영하는 이론이라기보다는 규제가 나아가야 할 방향을 제시하는 규범성을 그 내용으로 하는 이론이라는 점에서 그 가치가 인정되어야 한다고 주장하였다.

일부 정치학자는 개인이나 집단에 이익이 되지 않는 정책에도 경제 주체가 자발적으로 참여하여 입법 활동에 영향을 미치는 경우가 있는 점을 들어 공익이론을 옹호했다. 이것은 특정 (규제)정책에 영향을 미치는 요인으로서 경제적 이득 못지않게 공익을 포함하는 정치적 이데올로기가 중요하다는 것을 의미한다. 여기서의 이데올로기란 도의감의 형태로 추구되는 "정치 행위자들의 공익에 관한 사적 정의(political actors' personal definitions of the public interest)"로 이해된다. 이 관점에서 볼 때 이데올로기적인 것들은 경제학자들이 전통적으로 정치경제학적으로 접근했던 이론을 회의하게 만든다. 이데올로기가 중요하다는 것은 개인이나 집단에 이득이 되지 않는 정치 행위에도 사람들이 자발적으로 참여하여 입법 활동 등에 영향을 미치려는 행위에서 잘 나타난다. 예컨대, 환경단체 등 시민사회단체들이 경제적 이득이 아닌 이데올로기적 필요성에 의해 환경운동, 기업 지배구조 개선운동, 소액주주운동을 활발히 벌이는 것도 이를 입증한다 (Kau & Rubin, 1979; Kalt & Zupan, 1990; Rubin, 2001).

공익 개념에 관해 합의된 정의가 존재하지 않는다고 하여 공익이론이 전혀 부당하다고 볼 수는 없으며(김용우, 2010), 공익의 대리인으로서 정치인 및 관료와 시민사회단체의 역할을 무시할 수는 없다(이용규 · 이성로, 2002). 미국의 경우 항공, 육상 운송, 통신 등 주요 산업에서 정부규제가 더 이상 공익에 부합하지 않음이 명확해졌을 때 관료 스스로 규제 완화에 동의했던 사례도 정부규제에 대한 관료의 태도가 이기적이지만은 않고 공익이라는 이타적 동기에도 영향을 받는다는 것을 뒷받침하는 것으로 볼 수 있다(Derthick & Quirk, 1985).

2 사익이론: 정부규제의 실증적 측면

정부 활동을 실증적으로 연구하는 학자들은 정부규제는 시장실패와 그다지 큰 연관성을 보이지 않으며, 오히려 이익집단들의 세력 및 갈등에 의해 그 방향이 결정된 경우가 많다고 본다. 규제에 관한 사익이론(private interest theory) 또는 이익집단이론(interest group theory)의 요점은 규제 과정이 기본적으로 정치적 과정이기 때문에 정부규제의 원인은 정부규제에 관해 이해관계를 갖는 집단들의 상호작용을 분석함으로써 비로소 파악할 수 있다는 것이다. 사익이론은 다음과 같이 시카고 학파와 버지니아 학파의 정치경제학자들을 중심으로 전개되었다.

1) 시카고 학파의 경제이론

시카고 학파는 정치적 산물로서의 정부규제를 마치 하나의 상품으로 파악하여 그 수요와 공급의 관계를 분석하는 경제학의 일반적인 접근 방법을 채택하고 있어 흔히 그들의 이론을 규제의 경제이론(economic theory of regulation)이라 부른다.

(1) 정치시장의 분석

시카고 학파는 경쟁이라는 상황 속에서 균형에 도달하기 위해 합리적으로 행동한 결과가 제도 또는 법이라고 본다. 시카고 학파 경제학의 특징은 가격기구가 개인의 경제행위를 가장 잘 설명할 수 있는 도구이며, 시장경제가 자원배분을 가장 효율적으로 수행한다는 것이다. 따라서 정부의 시장개입은 최소에 그쳐야 한다는 믿음을 갖고 있다. 그리고 정치시장(political market)에서도 경쟁을 통해 효율성을 확보할 수 있다고 보고, 규제 연구를 위한 경제적 분석에서 한 발 더 나아가 정치행위 분석까지 다루고 있다. 예컨대, 스티글러(George J. Stigler)는 경제시장(economic market)에 대비되는 정치시장을 분석함으로써 이를 밝히고자 했다(Stigler, 1971; 1989). 따라서 규제의 경제이론은 정치시장 이론에 속한다고 할 수 있다.

정치시장에서는 특정 사안에 대해 잘 아는 사람이거나 모르는 사람이거나 모두 동등한 한 표를 행사할 권리를 갖는다. 따라서 정치시장에서의 행태는 이해관계가 있는 사람끼리만 모여 의사결정을 하는 경제시장에서의 행태와는 전혀 다르게 나타난다. 이와 같은 차이점은 거래가 실제 이루어지는 메커니즘인 민주주의 사회의 정치적 의사결정 과정을 봄으로써 알 수 있다. 예컨대, 민주정치 과정에서 매번 투표를 한다는 것은 매우 어려우며, 투표에서 개인의 선호 표명은 정확하지 않다. 따라서 유권자는 정당을 통해 자신의 선호를 표명하며 자신과 직접적인 이해관계가 없는 대부분의 정책적 판단에 관해 정보비용을 줄일 목적으로 결정 권한을 정당에 위임한다.

(2) 포획이론

정부의 경제적 규제는 피규제자에게 안정적인 초과 이익을 보장해 주나 잠재적 진입자들에게는 끊임없는 시장진입의 유인을 제공한다. 따라서 기존 업체는 이들의 진입을 막고 기득 이익을 지키기 위해 로비 활동을 전개한다. 로비 활동은 주로 건의나 여론 조성과 같이 직접적인 이익표출 형태를 띠지만, 규제자와의 우호 관계 유지, 관련 정보 제공, 정치인에 대한 기부금 제공, 규제 관료의 지위 존중 등과 같이 간접적인 형태로 이루어지는 경우도 많다. 특히 규제기관은 주요 정보를 기업에 의존한 결과 왜곡된 정보에 기초하여 규제정책을 결정 · 집행하는 경우도 생긴다. 이러한 피규제자의 로비 활동이나 영향력 행사로 인해 규제기관이 오히려 피규제자에게 포획되는 현상이 나타나기도 한다.

경제이론의 초기 형태라 할 수 있는 포획이론(capture theory)은 해당 산업의 규제에 대한 요구에 따라 규제가 행해지지만 시간이 흐름에 따라 규제 당국이 규제하고자 했던 산업에 의해 포획된다는 가설이다(Jordan, 1972). 포획이론은 규제기관이 규제 대상인 피규제 산업에 포획된 결과 이들을 규제하기보다는 이들의 입장과 주장에 동조하거나 공감함으로써 피규제 산업에 유리한 규제정책을 운용하는 것을 설명한다.[8] 즉, 규제는 정치시장에서 거래되는 일종의 상품으로서 궁극적으로 규제기관이 피규제자에게 포획되어 규제가 피규제자의 사익 추구에 봉사하는 수단으로 전락한다는 것이다. 포획이론에 의하면, 정부규제는 본질적으로 산업이나 기업의 특수이익을 보장하기 위해 일반 대중에게 비용을 전가한다. 따라서 기업의 응집력과 동질성 때문에 규제의 완화는 사실상 불가능하다는 인식이 강하다.

포획이론이 1960년대 미국에서 나타나게 된 것은 당시까지의 경험적 증거가 공익을 위해 사업자를 규제하는 것이 아니라 오히려 사업자의 이익을 위해 사업자를 옹호하는 것이라는 논리를 뒷받침하는 경향이 있었기 때문이었다. 규제에 관련한 포획의 증거는 오래전부터 있었으나, 번스타인(Bernstein, 1955)이 최초로 포획 현상을 포착했고, 스티글러(Stigler, 1971)는 다운스(Anthony Downs)의 합리적 무지(rational ignorance)와 올슨(J. Olsen)의 무임승차자 문제(free rider problem)를 계승하여 포획이론의 이론적 기초를 제시했다. 이 이론에 의하면, 경제적 규제는 시장실패를 교정함으로써 공익을 실현하는 수단으로서 실시되는 것이 아니라, 사업자단체와 같이 이해관계가 강한 소규모 집단이 자원배분의 강제력을 가진 정부를 포획하여 자원을 재배분하는 메커니즘에 의해 실시된다. 또한 이미 발효되고 있는 규제도 이 집단에 의해 포획된다.

그러나 포획이론은 "규제가 생산자를 옹호한다"는 가설만을 언급할 뿐 이에 관한 검증 가능한 예측을 제시하지 못했으며 이론성이 취약하다는 점에서 많은 비판을 받았다. 즉, 왜 규제기관이 피규제 산업에 포획되는가, 왜 규제기관은 이익집단인 소비자단체나 노동자단체에 포획되지 않고 기업이나 생산자단체에만 포획되는가, 규제가 종종 소규모 생산자들의 이익을 옹호하는 경향이 나타나는 이유는 무엇인가 등을 설명하지 못한다. 그리고 포획이론은 왜 어떤 산업은 처음에 규제를 받다가 나중에는 그 규제가 완화되었는지도 설명하지 못한다.[9] 따라서 포획이론은 '이론적 토대 없는 경험적 사실의 일반화(empirical generalization without a theoretical foundation)'라는 비판을 면치 못하였

8) 한국에서의 포획 현상은 민주주의 제도의 한계라기보다는 가부장적 행정문화가 배경이 되고 있다는 견해가 있다. 가부장적 행정문화가 뿌리 깊은 사회에서 정부에 의한 사전적이고 예방적인 개입은 포획의 계기가 되기 쉽다는 것이다(사공영호, 1998).

9) 미국의 항공규제완화법(Airline Deregulation Act)의 제정(1978년)은 포획이론의 설득력을 크게 약화시켰다.

다(Peltzman, 1976).

한편 현실적으로 볼 때 규제기관이 특정 산업에 포획되는 것은 그 기관의 생존을 위한 경우에 해당하므로 포획이론은 특수한 경우를 일반화한 왜곡된 이론이라는 비판이 나오기도 하였다(Meier, 1985). 현실적으로 사회적 규제와 같이 기업이나 생산자단체를 옹호하지 않는 규제들이 많이 있다는 점도 포획이론의 한계라 할 수 있다.

(3) 스티글러의 경제이론

스티글러는 수요와 공급이라는 경제학의 기본 개념을 이용하여 정부규제의 근원을 설명하는 경제이론을 제시했다. 정부의 규제는 하나의 상품이 되어 정치시장에서 매매가 이루어진다는 것이다. 즉, 정치시장에서 이해관계가 강한 집단은 자원배분의 권력을 가진 정부 또는 정치인과 밀착하려는 유인을 갖게 되고, 정부나 정치인도 그 대가로서 정치적 자원을 확보한다. 양자의 이해는 일치하고 양자 간의 거래는 흔히 규제를 매개로 해서 이루어진다. 다만 앞에서 본 포획이론이 포획의 주체가 피규제자인 산업이라고 본 반면에, 경제이론에서는 거래의 주체가 이익집단이며 영향력의 행사 대상이 주로 정치권이라는 점이 다르다.

정치적 결정 과정은 시장의 결정 과정과는 크게 다르다. 스티글러의 이론은 규제에 영향을 미치는 요인 중 상황적 요인보다 이해관계자의 행태를 중심으로 접근한다. 예를 들면, 이익집단들은 자기 이익의 극대화(maximize income)를 추구하며(규제의 수요), 관료나 정치인 역시 업무수행 과정에서 정치적 지원의 극대화(maximize political support)와 같은 사적인 유인에 따라 행동하는 경향이 있다고 한다(규제의 공급). 특히 정당이나 정치인은 득표의 극대화가 정치적 목표가 된다. 여기서 규제의 궁극적 공급자는 정치인이며 관료는 정치인의 대리인으로 파악된다.

정당이나 정치인은 경제 주체의 동의 없이 자원배분의 변경을 강제할 수 있다. 공급자는 자신에게 가장 큰 정치적 지원을 제공하는 이익집단에 가장 유리하게 작용하는 규제를 제공하고자 한다. 이들은 이익집단의 강한 선호를 규제정책에 반영하나 대중의 약한 선호는 무시한다. 따라서 규제는 상대적으로 잘 조직되고 규제로부터 상대적으로 더 많은 이익을 얻는 집단에게 유리하게 결정된다. 이익집단이 소규모일수록 자기의 이해를 강하게 표현하고 또 그것을 실현할 응집력이 있다. 규모가 커지면 이익집단이 조직화하는 데 드는 조직비용(organization costs)과 규제의 내용과 효과를 파악하는 데 드는 정보비용(information costs)이 크게 증가하고, 무임승차자 문제가 발생하며, 규제로 인해 획득한 이익의 할당이 적어지므로 대체로 규제는 소규모 특수 이익집단에 유리하게 이루어진다.

한편 이익집단은 이윤을 증가시키기 위해 정부의 강제력을 이용할 유인을 가지는데 이것이 규제에 대한 수요로 나타난다. 각 이익집단은 당해 이익집단의 이익을 가장 크게 증진시키는 규제를 공급하는 규제기관에 가장 큰 정치적 지지를 제공한다. 이익집단은 선거에서 투표를 제공하거나 정치 자금을 제공하는 등 득표하는 데 필요한 비용을 부담함으로써 정부규제를 구입한다.

이상에서 본 바와 같이 스티글러는 정부규제의 연구를 위해서는 이익집단 간의 상이한 능력을 고려해야 한다는 논지를 전개함으로써 규제이론의 발달에 커다란 기여를 했다. 스티글러의 궁극적 논지는 민주주의 정치 과정에서 개별 산업들은 각자의 사익을 위해 규제를 획득하고자 하며, 실제 운용되는 규제도 그 산업의 이익에 부합되도록 고안된다는 것이다. 그러나 정책적 제언에 관해 스티글러는 프리드먼(Milton Friedman)과는 다른 견해를 피력한다. 즉, 정치가는 그 자신의 득표의 극대화가 목표이므로 경제학자들이 정치가를 설득하여 경제적 후생을 높이는 방향으로 가게 할 수는 없다는 것이다. 따라서 규제 완화를 주장하는 것 외에 정치가에게 규제정책에 대한 조언을 한다는 것은 무의하다고 본다(김영룡 · 전용덕, 1992).

(4) 펠츠먼의 규제자 효용극대화론

스티글러가 규제의 수요 측면에 초점을 맞추고서 정치인이 이익집단의 요구에 수동적으로 반응하는 것으로 보았던 것과는 달리, 펠츠먼(S. Peltzman)은 규제를 공급하는 정치인의 입장에서 규제를 설명한다. 정치인이나 관료는 초과 이익의 창출을 의도적으로 조장하고 그 과정에서 사익을 추구하기 위해 정부 서비스나 자원의 공급과 관련하여 규제를 신설하거나 기존 규제를 변경한다. 정치인과 관료가 이러한 규제를 성립시키기 위해서는 여러 자원을 필요로 하는데, 가장 높은 가격을 지불하는 집단에게 규제를 판매한다. 즉, 규제를 제공한 대가로서 정치인은 득표를 극대화하고, 관료는 정부 내에서 원하는 지위를 차지하거나 조직의 효용을 극대화하는 선택을 한 결과에 의해 규제가 결정된다는 것이다(Peltzman, 1976).[10]

한편 펠츠먼은 정치가들이 단순히 지지표의 극대화만을 추구하는 것이 아니라 반대표의 극소화도 추구함으로써 결국 자기에게 호의적인 순투표를 극대화한다고 보았다. 정치인은 정치적 총효용(total political utility)을 극대화하기 위해 어느 한 집단에만 혜택을 주지 않고 가능한 한 광범위한 지지자의 연합체를 형성하고자 한다. 이로 인해 정치가들은 이익집단의 규모와 영향력에 따라 이익을 배분하는 규제를 채택하며, 경우에 따라서는 자신의 지지집단 이외에 반대집단의 이해까지도 절충할 수 있는 방식으로 결정한다는 것이다.

요컨대, 펠츠먼은 스티글러와는 달리 합리적인 규제자는 특수한 이익집단만을 위해 규제를 창출하는 것이 아니라는 점을 제시함으로써 스티글러의 이론을 더욱 정교화했다고 할 수 있다.

(5) 경제이론의 한계

시카고 학파의 경제이론이 시사하는 바는 규제 관련 문제의 근본적인 해결책은 기업이나 정부의 도덕성의 고양을 부르짖기보다는, 정부가 가지고 있는 규제 권한을 민간에게 이양함으로써 궁극적으로 작은 정부의 실현에서 찾아야 한다는 것이다. 다만 규제자로서 정치인의 행태를 세밀히 다루었으나 실제로 규제기관에 의해 시행되는 측면은 무시했다는 한계를 보이고 있다.

경제이론의 일반적 약점은 충분한 경험적 증거를 갖지 못한다는 것이다. 즉, 근로자나 소비자 보호와 같이 특정의 이익집단에 대해 경제적 부담을 주면서 다수인의 이익을 추구하는 사회적 규제나 독과점 규제에 대해서는 거의 설명력을 갖지 못한다. 그리고 교차보조와 같이 정부가 특정 산업에 대한 규제를 통해 특정 소비자집단에 낮은 가격으로 서비스를 제공하는 현상도 설명하지 못하는 한계를 보인다. 또한 규제 완화 현

10) 맥체니(McChesney, 1987)도 정치인이 단순한 중개자로서 소극적인 태도로 이익집단에게 지대를 창출해 주기보다는 정치인 스스로 지대를 창출하여 이익집단으로 하여금 반응하도록 한다고 주장했다.

상에 대해서도 설명할 수 없다는 결점을 가지고 있다.

한편 보겔(Vogel, 1996)에 의하면, 정책 산출이 이익집단 간의 경쟁의 결과라고 보는 것은 사전에 어느 집단이 어떤 정책에서 승리집단이 될 것인지를 예측할 수 없음을 의미할 뿐이다. 또한 특정 정책 사례에서 가장 강력한 이익집단이 그들의 이익을 가장 많이 반영시켰다고 말하는 것은 자기의 이익을 가장 많이 반영시킨 집단이 가장 강력한 집단이라고 말하는 것과 같으므로 순환 논리에 불과하다는 것이다. 이와 같은 한계는 일반적인 경제이론의 분석 수준이 개별 기업 등 하위 집단의 수준에 머무는 데에서 주로 기인한다.

또한 보겔(Steven K. Vogel)은 경제이론이 거의 전적으로 이익집단의 영향력에 초점을 맞추어 지나치게 경쟁의 결과에 치중하고, 나아가 승자를 규제 옹호자로, 패자를 규제 반대자로 획일화했다고 비판했다. 이익집단 간의 힘의 분포가 정책 산출에 영향을 미치는 것은 사실이지만 정책 목표 달성을 위한 정책 대안은 복수로 존재하는 것이다. 동일한 이익집단의 분포 하에서 다른 정책 산출이 나타나기도 하는 점에 비추어볼 때 이익집단이 규제정책 형성의 절대적 요소는 될 수 없다는 것이다. 그리고 어떤 규제를 통해 이익을 보는 집단이 그 규제를 반대한 경우도 있다는 점을 비판의 근거로 제시했다.

한편 베커(Becker, 1983)는 정부의 개입정책이 시장실패를 교정한다고 보는 공익이론과 정치적으로 강한 이익집단에 포획된다는 포획이론을 조합하고자 시도했다. 그에 의하면, 일단 정부개입은 시장실패가 야기하는 무익한 손실을 최소화하기 위한 것이며 결과적으로 사회후생을 증가시킨다는 것이다. 다만 이 과정에서 이익집단이 증가된 부(富)를 최대한 차지하기 위해 정치적 행위를 시작하는 것으로 보았다. 따라서 정치적 균형점은 승자와 패자가 행사하는 압력의 균형화를 반영한다는 것이다.

2) 버지니아 학파의 공공선택론

버지니아 학파는 시카고 학파보다 일찍부터 투표자, 정치가, 관료 등의 정치적 거래 행위를 시장에서의 경제 행위와 동일선상에 놓고 연구하기 시작했다. 이들에 의하면, 시장에서나 정치에서나 개인들은 개인의 범위를 벗어난 전체적 목표의 극대화를 추구하지 않으며, 그들에게 사적인 이익이 있을 때에만 선택 행위를 한다는 것이다. 주로 공공선택을 중심으로 이론을 전개하는 버지니아 학파에 의하면 정치시장에는 개별적 합리성만으로는 극복하기 어려운 요소가 흩어져 있기 때문에 효율성을 기대할 수 없고, 따라서 정부실패가 불가피하다고 한다. 예컨대, 이익집단들이 자기에게 유리한 법과 제도를 입안시키기 위해 노력하는 과정에서 지출하는 비용이 낭비로 흐를 수 있으며, 국민들도 불완전한 정보 속에서 환상에 사로잡힐 가능성이 크다는 것이다(Breton, 1993).

공공선택론(public choice theory)은 공공 부문과 민간 부문 간의 구별 없이 모든 개인은 자기 이익을 극대화하려는 경향이 있기 때문에, 공공 부문에서도 정치가 · 투표자 · 관료 모두 동일한 경제적 논리에 따라 행위를 한다고 본다. 이와 같이 공공선택론은 정부의 규모가 팽창하고 정부실패가 발생하는 원인을 미시적 차원에서 규명하려는 시도라 할 수 있다. 기존의 와그너모형이나 니스카넨모형 등은 거시적인 차원에서 정부실패를 연계시키는 반면에, 공공선택론은 조직 내부 구성원의 자기 이익을 극대화하는 합리주의적 선택의 결과로서 설명한다. 즉, 거시적 설명이 보여주지 못했던 미시적 메커니즘을 통해 공공 부문의 성장과 작동 원리를 설명코자 한 것에 의의가 있다(안병영 외, 2007).

버지니아 학파의 대표적 학자이며 자유주의자인 뷰캐넌(James Buchanan)은 정부의 시장개입은 적을수록 좋다는 입장이다. 공공재를 독점하고 있는 전통적인 관료제는 시민의 요구에 민감하게 대응할 수 없기 때문이다. 따라서 정치인과 관료의 사익추구 행위를 최대한 방지할 수 있도록 정부개혁이 이루어져야 하는데, 이를 위해 필요한 한도에서 시장 메커니즘을 도입해야 한다고 본다.

그러나 한편 헌정주의자(constitutionalist)로서 그는 정치시장의 활동을 전면적으로 부인하지는 않는다. 시장과 정부를 구분하는 사전적인 기준은 없으며, 다만 특정 기능을 시장에 맡길 것인가 정부에 맡길 것인가 하는 것을 결정하는 규칙의 제정이 중요하다고 본다. 사회가 효율적 과정을 통해 의사결정에 도달하는 기준을 적절히 마련한다면 어떤 선택도 동일하며, 오히려 공공 부문의 바람직한 역할을 기대할 수 있다는 낙관적 태도를 보이기도 한다(Buchanan, 1991).

다만 버지니아 학파에 의하면, 정치시장은 불완전성의 소지가 큰 만큼 공익을 제고할 수 있도록 헌법에 의해 정치시장의 질서를 효과적으로 재편성하여 정치인의 일탈 및 규제의 양산을 막아야 한다. 또한 정부실패를 예방하고 치유하기 위해 정치시장에 경쟁 체제를 도입할 것을 제안한다. 예컨대, 관료 권력의 분권화, 공공 부문에 민간기업의 참여 확대 등이 그 구체적 방안이다.

3) 윌슨의 정치이론

윌슨(Wilson, 1974, 1980)은 경제학자 위주의 정부규제 연구의 접근 방법을 지양하고 규제의 정치이론(political theory of regulation)이라는 명칭으로서 새로운 접근 방법을 적용했다. 그의 이론은 어떤 정치적 상황에서 어떤 정치적 원인이 어떻게 상호작용하고 있는가를 분명히 밝힐 수 있어야 한다는 주장에서 출발한다. 정치적 상황에 따라 규제 행태와 피규제 기관에 대한 영향이 달라진다는 것이다.

윌슨(J. Q. Wilson)은 규제가 가능하게 되는 정치적 상황은 정부규제에 따른 비용과 편익의 상대적 분포에 의해 결정된다고 보았다. 그리고 정부규제로부터 참여자가 느끼는 비용과 편익의 분포에 따라 규제정치의 유형을 대중정치, 고객정치, 기업가정치, 이익집단정치로 나누어 분석을 시도했다.

대중정치(majoritarian politics)는 독점 규제처럼 비용과 편익이 모두 분산되는 경우로서 정치적 논란의 여지가 크지 않다. 따라서 정치가들은 기술적·관료적 요인에 의해 규제정책의 결정이 이루어지도록 허용한다.

고객정치(client politics)는 농산물에 대한 최저가격 규제와 같이 편익은 집중되고 비용은 분산되는 경우로서 잘 동원된 지지에 비해 약한 반대가 특징이다. 편익의 수혜자는 편익의 제도화를 위해 정치적으로 지지나 압력을 가하며, 정치가들은 규제의 지지자들에게 신속하게 편익을 부여한다.

기업가정치(entrepreneurial politics)는 환경규제나 산업 안전 규제와 같이 편익은 분산되고 비용은 집중되는 경우로서 잘 동원된 반대와 약한 수준의 지지를 특징으로 한다. 따라서 정치가들은 사회문제가 정책 문제화되는 것을 회피하려는 경향이 있으나, 정치 개혁기에는 규제가 상대적으로 쉽게 이루어진다.

이익집단정치(interest-group politics)는 노사 갈등처럼 소수의 적대적 경쟁자들 간에 편익과 비용이 모두 집중된 경우이다. 잘 동원된 지지와 강력한 반대를 특징으로 하

표 2-2 비용과 편익의 상대적 분포에 따른 규제정치의 유형

편익의 분포 \ 비용의 분포	비용 분산	비용 집중
편익분산	대중정치	기업가정치
편익집중	고객정치	이익집단정치

자료: Wilson(1980).

므로 정치가들은 확실한 다수 집단이 형성될 때까지 조심스럽게 행동한다.

윌슨의 규제 정치이론은 강력한 이해관계를 가지고 있는 기업을 포함한 이익집단뿐만 아니라 공익집단들의 정치적 활동을 동일한 이론적 틀 속에서 분석할 수 있게 했다는 점에서 그 가치를 평가받고 있다. 나아가 특정한 정치적 상황 속에서 어떤 집단이 정치적 영향력을 발휘할 수 있는가를 설명·예측할 수 있게 해 준다는 점에서도 유용한 이론이라 할 수 있다.

PART 2

규제정책의 체계와 과정

Chapter

03 규제정책의 체계

제 1 절 정부규제와 규제정책

1 규제 연구의 정책론적 시각

1) 정책론적 연구의 필요성

바람직한 규제 조치를 시행하기 위해 관련 제도를 이론과 현실 양 측면에서 분석하고 바람직한 방향을 제시하는 것은 산업조직론이나 법경제론 분야에서 중요한 연구 과제로 인식된다. 특히 미국과 같이 독립규제위원회가 발달한 나라에서는 정부의 독립된 기능으로서 규제의 중요성이 일찍부터 부각되어 왔다. 그러나 정부규제를 고찰하는 접근 방법이 대부분 경제적 분석에 치우쳐 행정 및 정책 과정에서의 행태를 고찰하기에는 미흡한 점이 있었다.

또한 대륙법 체계의 나라에서는 정부규제를 입법, 사회통제 등 사회 전체적 구도와 동일시하는 경향이 있다. 이와 같이 규제를 매우 광범위한 것으로 파악하게 되면 다양한 사회과학 분야의 기존 이론의 틀과 관련하여 연구하게 되므로, 특수한 유형의 정책 과정으로서 규제에 관한 이론을 개발하려는 노력이 저해되기 쉽다(Majone, 1990). 그러나 규제 연구는 적법성이라는 의회주의적 요소뿐만 아니라 합리성과 타당성을 확보하려는 분석주의적 요소를 동시에 충족해야 하는 것이다.

이와 같이 경제학이나 법학 중심의 기존의 연구는 규제가 이루어지는 규범적 · 실증적 이론에 대해서는 비교적 정밀하게 설명하였으나 규제가 실제 발생하는 과정에 대해서는 충분히 기술하지 못하는 한계를 보이고 있다. 규제 문제에 관한 인식이나 해석, 그리고 규제에 관련된 개인이나 집단은 매우 다양하며, 따라서 정부규제의 과정은 개인이나 관련 조직 내부의 단순한 의사결정보다는 훨씬 복잡한 사회 · 정치적 과정이다. 한국의 경우에도 일상화된 행정으로서 또는 일반적 정책에 포함되어 규제가 시행되어 왔기 때문에, 독자적인 정책의 영역으로서 규제 연구가 다소 소홀히 취급되어 왔다고 볼 수 있다.

시장이 본연의 기능을 수행하고 있는지를 알기 위해서는 시장 성과를 추적해 시장실패가 일어나는지를 확인해야 한다. 시장실패의 원인은 주로 시장 자체에서 찾을 수 있으나 그 밖에 관료적이거나 정치적인 것에서도 찾을 수 있다. 정부규제의 필요성이 인정된 다음에는 시장실패를 최소화하기 위한 규제정책의 체계와 과정을 확립해야 하며, 규제정책의 실제적 운용은 규제의 영역과 부문별 특성을 감안해야 한다. 그리고 정부실패 등에서 기인하는 규제 개혁의 필요성도 항상 염두에 두어야 한다. 이와 같은 복잡하고 다양한 문제들에 접근하기 위해서는 정책론적 접근이 매우 유용한 역할을 할 수 있음을 인식할 필요가 있다.

2) 정책 유형과 정부규제

정책 과정 및 정책 성과의 이해를 증진시키고 정책 현상의 예측과 통제를 가능하게 하기 위해서는 정책의 유형을 적정하게 분류해야 한다.

앨먼드와 파월(Almond & Powell, 1966)은 정책을 성과의 측면에서 추출정책, 분배정책, 상징정책, 그리고 규제정책으로 나눈 바 있다. 이들은 규제정책을 의무와 강제를 통해 인간의 행태를 제약하는 정책으로 규정했다.

로위(Lowi, 1972)는 정책을 의사결정론에 입각하여 분배정책, 규제정책, 재분배정책, 구성정책으로 나누고, 정책의 유형이 달라짐에 따라 정책 과정도 달라진다고 했다. 분배정책은 토지정책 · 자원정책 등과 같이 수혜집단을 위한 서비스와 관련된 정책이다. 규제정책은 개인의 활동 및 사유재산에 대해 정부가 통제를 가하는 것과 관련된 정책이다. 재분배정책은 소득정책으로 볼 수 있는 것으로서 소득세, 사회보장정책 등이 여기에 속한다. 구성정책은 정책의 정책이라 볼 수 있으며 정부조직, 법률 제정, 예산 결정, 사법적 판단 등이 해당된다.

리플리와 프랭클린(Ripley & Franklin, 1986)은 국내 정책을 분배정책, 재분배정책, 경쟁적 규제정책, 보호적 규제정책으로 구분했다. 규제를 이와 같이 둘로 나눌 경우 보호적 규제에는 경제적 기업 보호와 사회적 규제가 포함되며, 경쟁적 규제에는 독점 금지가 포함된다.

정정길(1997)은 이스턴(David Easton)의 정치체제이론을 원용하여 정치 체제에 대한 투입의 유형에 따라 정책을 요구충족정책과 지지획득정책으로 분류했다. 그리고 전자에는 규제정책과 배분정책이, 후자에는 추출정책과 순응확보정책이 포함되는 것으로 보았다.

이와 같이 정책의 유형에 관해서는 여러 학자가 분류한 바 있으나, 정부의 강제력이 이행되는 수단과 정책의 대상이 되는 영역에 따라 구분하는 유형이 가장 의미가 있다. 우선 정부가 수행하는 정책은 기본적으로 강제력을 기초로 하고 있으나 강제력의 행사수단의 성격에 따라 '재정'을 통한 정책과 '기준'을 통한 정책으로 구분된다. 즉, 정부는 자원의 배분이나 소득의 분배 등 고유 기능의 수행과 공공 서비스의 공급을 주로 재정을 통해 실시한다. 그러나 그 밖의 경우에는 법령 등의 근거에 의한 기준으로서 실시한다. 한편 정부가 정책을 실시하는 대상 영역은 크게 '시장'과 시장이 아닌 '공영역(public sphere)'으로 구분해 볼 수 있다.

이와 같이 정부 강제력의 이행 수단과 정책의 대상 영역에 의해 정책 유형을 구분해 보면 [표 3-1]과 같이 배분정책, 규제정책, 재분배정책, 지지획득정책으로 분류된다.

표 3-1 이행 수단과 대상 영역에 의한 정책 유형

대상 영역 / 이행 수단	시 장	공영역
재정	배분정책	재분배정책
기준	규제정책	지지획득정책

첫째, 배분정책(allocative policy)은 정부가 자원을 전략적 · 선택적으로 할당하는 정책이다. 즉, 국민경제를 위해 유익한 사업이 원활히 시행되도록 정부가 민간 부문의 활동을 증진시키는 성격의 정책이다. 경우에 따라서는 정부가 적극적으로 국민이 필요로 하는 상품이나 서비스를 직접 생산 · 제공하기도 한다. 지방자치단체에 대한 국고보조금 지급, 신공항 건설 등이 여기에 해당한다.

둘째, 배분정책과 밀접한 관계를 갖고서 시장실패의 교정을 주요 목적으로 하는 것이 규제정책(regulatory policy)이다. 산업 진흥을 위한 배분정책이 다양해질수록 규제정책도 늘어나는 경향이 있다. 항공노선 배정과 같은 경제적 규제나 환경 규제 등 사회적 규제, 그리고 독점 규제가 여기에 해당한다.

셋째, 재분배정책(redistributive policy)은 부(富), 소득 등 이미 분배되어 있는 경제적 가치를 계층 간에 다시 이전하는 정책이다. 자원배분의 효율성을 지향하는 시장 기능의 속성은 필연적 결과로서 소득분배의 비형평성을 야기한다. 재분배정책은 흔히 조세 및 이전지출을 통한 소득의 재분배를 위한 정책 영역을 의미한다. 누진소득세 제도나 취약계층 공공근로사업을 예로 들 수 있다.

넷째, 지지획득정책(support attaining policy)은 정부가 앞에서 본 각종 정책의 산출물이나 서비스를 제공하려고 할 때 필요한 지지를 민간 부문으로부터 획득하기 위한 정책 유형이다. 지지의 크기를 좌우하는 것은 정책환경이므로 이 정책 유형은 다른 정책 성공의 제약 요소라 할 수 있다. 지지획득정책은 크게 세 가지 하위 정책으로 구성된다.[1)]

우선 정책적 목표 달성을 위해 국민에게 인적 · 물적 자원을 부담시키는 것으로서 앨먼드(Gabriel A. Almond)와 파월(G. B. Powell, Jr.)의 추출정책(extractive performance)이 여기에 해당한다. 조세, 병역 등과 관련된 제도를 예로 들 수 있다.

다음 정치 · 경제 체제에 대한 지지와 구체적 정책에 대한 순응의 획득으로서 앨먼드와 파월의 상징정책(symbolic performance)이 여기에 해당한다. 올림픽 유치, 남대문 복원을 예로 들 수 있다.

---

1) 정정길(1997)은 지지획득정책을 추출정책과 순응확보정책으로 나누고, 후자에 상징정책, 구성정책, 여론조작정책이 속하는 것으로 보았다.

그리고 헌정 질서 유지에 필요한 운영규칙, 즉 규칙의 규칙을 정하는 것도 광의의 지지획득정책에 속하는 것으로 볼 수 있는데, 로위(Theodore Lowi)의 구성정책(constituent policy)이 여기에 해당한다. 선거구 조정, 정부조직 신설을 예로 들 수 있다.

3) 규제정책의 정책 유형적 위상

(1) 배분정책과의 관계

규제정책과 배분정책은 시장에 대한 정부의 정책 수단으로서 상호 대체적인 관계에 있다고 말한다. 규제는 강제력을 전제로 민간경제 주체의 경제 활동에 개입하는 활동으로서 정부가 수행하려는 정책의 비용을 민간에 전가시키는 수단 또는 정부가 재정적 부담 없이 정책적 목적을 달성할 수 있는 수단이다. 이에 대해 시장 형성 및 확대를 촉진하기 위해 정부가 직·간접적으로 사회간접자본을 구축하거나 공공재를 공급하는 공기업정책과 특정 산업을 진흥하기 위해 지원하는 산업정책이 가장 전형적인 배분정책에 속한다.

시장 영역에서 규제정책과 함께 가장 흔히 채택되는 정책 분야가 산업정책(industrial policy)이다. 시장실패의 교정과 같은 소극적인 목적이 아니라 동태적 비교우위 산업을 적극적으로 육성하기 위해 정부가 시장에 개입하여 특정 산업의 경쟁력 제고나 공급 능력 확대 등 산업 구조를 조정하는 일련의 정책 분야를 산업정책이라고 한다. 시장실패 중에서 외부경제 현상에 대한 보상적 개입은 전형적으로 산업정책에 포함된다.

산업정책은 성장의 촉진 또는 특정 전략산업의 육성 등을 달성하기 위해 사양산업에서부터 새로운 유망산업에 이르기까지 선별적인 공급 능력의 조정을 기본 취지로 하고 있다. 구체적으로는 투자 증진, 기술 개발, 전문가 및 기능인 육성, 수출 증대 등 바람직한 산업 구조를 달성하기 위해 산업 간 자원배분에 영향을 미치는 정책들을 들 수 있는데, 무역정책, 중소기업정책, 기술정책, 지식정책 등이 여기에 포함된다. 그리고 이를 달성하기 위한 정책 수단으로는 보조금 지급, 재정 지원, 금융 지원 등 재정을 동원한 조치가 대부분을 차지한다(김세원·안세영, 1996).

규제정책은 흔히 개별 산업의 시장 구조, 기업 행위, 시장 성과를 대상으로 하여 각각에 영향을 미칠 목적으로 추진된다는 점에서도 경제 성장, 국제 경쟁력 강화 등의 목적을 달성하기 위해 산업에 대한 지원, 조정 등의 정책 수단을 사용하는 산업정책과 구별된다.

(2) 재분배정책과의 관계

정부는 소득분배의 개선을 위해 다양한 재분배정책을 실시한다. 조세 및 이전지출 기구(tax-transfer scheme)가 가장 전형적인 재분배정책의 수단이라 할 수 있다. 한편 규제정책은 의도했든 의도하지 않았든 소득분배를 변경하는 효과를 초래한다. 예컨대, 진입 규제는 특정 기업 또는 산업의 성장을 촉진함으로써 기업 또는 산업 사이에서 소득을 이전하는 결과를 초래한다. 또한 공공요금의 규제는 소비자집단 간에 소득 이전을 초래하는 경우가 많다. 많은 나라의 정부는 규제정책을 통한 간접적인 소득분배의 효과를 의도하고 있다.

그러나 규제정책은 시장 영역에서 기업 활동의 효율성을 유지함을 목적으로 하는 정책 유형이다. 따라서 저소득층을 위한 조치를 규제정책으로 파악하여 실시하는 것은 잘못된 것이다. 소득재분배 목적을 달성하기 위해 규제정책을 채택할 경우 경제적 유인체계가 규제정책에 의해 혼란을 일으키고, 이에 따라 경제 주체들의 행위도 변화하는 등 시장경제의 운용 원리와 다르게 작용한다.

예컨대, 서민들을 위한 사회정책적 목적에 따라 시내전화 요금을 한계비용보다 낮게 책정하는 규제정책보다는 한계비용대로 가격을 정하게 하되 불가피하게 발생하는 결손은 통화당 일정률의 전화세를 부과하여 얻는 세수(稅收)로써 해당 통신 회사에 보전해주는 재분배정책이 더 효율적이다. 또한 규제정책을 통한 소득재분배 기능의 도모는 수혜 대상 집단의 비적확성 등 형평성 차원에서도 적지 않은 문제를 발생시킨다(김용우, 2010; 최병선, 1998b).

나아가 재분배 효과를 얻기 위해 규제정책의 수단을 적용할 경우 경제의 효율성을 저하시키는 것은 물론 오히려 보호하려는 계층에게 불이익을 끼치게 된다. 예컨대, 최저임금제의 경우 사회적 약자인 미숙련 근로자의 경제적 형평성을 보완하기 위한 목적에서 흔히 채택된다. 그러나 이 제도에 의한 최저임금 수준은 노동시장의 수요 및 공급에 의해 결정된 균형가격보다 높게 설정되므로 고용의 한계비용을 높여 결과적으로 기업의 노동 수요를 감소시킨다. 따라서 미숙련자는 퇴출되고 잔여 근로자는 제도 시행 이전보다 더 높은 임금을 받게 되므로 소득분배는 더욱 악화될 수 있다.

그럼에도 불구하고 많은 나라의 정부는 소득재분배 목적을 규제정책을 통해 달성하려는 경향을 보이는데, 이와 같이 가격 규제 등 규제정책 수단에 의존하여 재분배 효과를 꾀하는 것은 정부의 입장에서 볼 때 규제정책이 거의 재정 지출을 수반하지 않기 때문이다. 그렇지만 동일한 수준의 소득분배 목적의 실현은 정부규제에 의하는 것보다는 조세나 이전지출에 의하는 것이 보다 타당하다.

2 규제정책의 의의

1) 규제정책의 개념과 유형

(1) 개 념

정부가 시장에 대한 정책적 개입을 위해 사용하는 정책 수단으로 가장 대표적인 것은 재정 지출과 정부규제이다. 이에 따라 시장정책은 앞에서 본 바와 같이 배분정책과 규제정책으로 나뉜다. 만일 공공재가 존재하여 시장실패가 발생한다면 그것은 규제정책이 아닌 공기업 등을 활용한 배분정책으로 해결해야 한다.

이와 같이 정부가 시장 성과를 개선하기 위해 시장 구조와 시장 행위에 의도적으로 개입하는 정책 중 비재정적인 정책이 규제정책(regulatory policy)이다. 규제정책은 공익산업 등 개별 산업에 대해 시장을 직접 규제함으로써 시장의 구조, 행위 또는 성과에 직접적으로 영향을 미치고자 하는 정책이다. 예컨대, 진입 규제는 시장 구조에, 가격 규제는 시장에서의 기업 행위에, 그리고 이윤 규제나 환경 규제는 시장 성과에 각각 직접적으로 영향을 미치는 정책 수단이다.[2)]

정부의 규제는 그 방식에 따라 크게는 간접규제와 직접규제 두 가지로 나누어 볼 수 있다(윤창호 · 이규억, 1999). 간접규제는 시장실패 현상 중 독점에 대응하여 시장에서

---

2) 규제정책의 수단에 관해서는 이 책 제4장 제1절 중 '정책 수단의 탐색 · 개발'에서 상세히 살펴볼 것이다.

의 경쟁의 유지·조성을 목적으로 개입하는 것인데 반해, 직접규제는 시장의 자연독점, 외부성, 정보의 비대칭성 등에의 대응으로서 시장실패를 직접적으로 교정하려는 개입 형태이다. 직접규제 중에서 자연독점에의 대응이 경제적 규제이며, 외부성이나 정보의 비대칭성에의 대응이 사회적 규제이다. 전형적인 정부규제는 직접규제 방식을 의미한다.

(2) 유 형

제1장에서 살펴본 바와 같이 정부규제의 근거는 시장실패에서 찾을 수 있다. 특히 환경 문제, 소비자 문제, 산업 안전 문제 등과 같은 사회적 문제들은 전형적인 시장실패 현상에서 기인하는 것으로서, 해당 규제의 이론적 및 현실적 타당성에 대해서는 논란의 여지가 거의 없다. 또한 자연독점에서 주로 기인하는 본원적인 경제 활동에 대한 규제도 이론적 타당성이 인정되고 있다. 다만 독점과 같이 시장 경쟁의 효과성을 제약하는 행위에 대한 규제의 정도와 방법에 관해서는 다양한 견해와 제도가 존재한다.

이에 따라 규제정책을 가장 좁게 본다면 그 유형은 경제적 규제정책과 사회적 규제정책으로 분류된다. 경제적 규제정책(economic regulatory policy)은 정부가 자연독점에 대응하여 기업의 경제 활동에 대해 가격, 수량, 진입, 퇴출 등을 직접 규제하는 것이다. 그리고 사회적 규제정책(social regulatory policy)은 외부성이나 정보의 비대칭성에 대응하여 환경 보호, 근로자의 안전·보건, 소비자의 권익 등 시장 운용의 결과로서 야기되는 사회적 변수들에 대해 정부가 직접 규제하는 것이다.

정부개입의 방식이라는 점에서, 경제적 및 사회적 규제정책과 독점 규제정책은 구별된다는 점에서 규제정책의 개념 범위에 관해 논란이 있는 게 사실이다. 그러나 규제정책이 본질적으로 시장실패를 교정하여 효율성을 회복하고 궁극적으로 공익을 제고하기 위해 추진된다는 점에서 볼 때 시장실패의 한 유형인 독점의 제거를 위한 간접적인 정책도 넓은 의미의 규제정책에 포함되어야 한다.

따라서 이 책에서는 정부의 규제정책을 그 목적에 따라 크게 독점 규제정책, 경제적 규제정책, 사회적 규제정책으로 분류하고자 한다.[3)]

3) 규제정책의 유형으로서 행정적 규제를 포함하는 경우가 있으나 이것은 목적으로서의 독점금지적, 경제적, 그리고 사회적 규제정책에 공통적으로 해당하는 절차적 차원의 것으로 보아야 할 것이다. 경우에 따라서는 행정적 규제를 정부의 권위주의에서 비롯된 것으로서 민간의 자율 능력과 성실성

표 3-2 규제정책의 방식과 유형

특성 \ 방식	간접규제	직접규제	
시장실패 유형	독점	자연독점	외부성, 정보의 비대칭성
규제정책 유형	독점 규제정책	경제적 규제정책	사회적 규제정책

2) 경쟁정책과의 관계

규제정책과 밀접한 관련을 갖고 있으며 종종 혼동되어 사용되는 개념으로 경쟁정책이 있다. 규제정책이나 경쟁정책 모두 정부의 시장개입을 다루며 궁극적으로는 공익 목적을 달성하려 한다는 면에서 유사하다. 다시 말해, 양자 모두 배분적 효율성을 개선시키되 그만큼 생산적 효율성이 손상되지 않도록 하여 궁극적으로 사회후생의 극대화를 달성하는 것을 목적으로 한다.

그러나 경쟁정책(competition policy)은 시장경제 내에서 경쟁을 유지하고 경쟁 시장을 조성하기 위한 기준의 총체를 말하는 것으로서, 바람직한 시장 성과가 나타날 수 있도록 경쟁과 거래의 환경을 조성하고 경쟁을 저해하는 특정 행위를 법에 의해 금지하고 위반 행위를 교정하는 것이다. 다시 말해, 규제정책이 시장에 직접적으로 영향을 미치고자 하는 것인데 비해, 경쟁정책은 간접적으로 영향을 미치고자 하는 것이다. 따라서 진입, 퇴출, 가격, 생산량 등 생산 변수에 관해 규제정책은 규제기관이 직접 결정하는 것으로 보나, 경쟁정책은 이 변수들을 기업이 스스로 결정하는 것으로 파악한다(이수복, 2001).

경쟁적 시장 구조가 형성될 수 있는 기본적인 여건이 구비되어 있어 산업 간 자원배분의 최적성이 달성된다면 시장 구조의 형성에 직접적으로 개입하는 규제정책은 불필요할 것이다. 이 경우에는 가격 기구가 기능 부전에 빠지지 않고 경쟁의 효율적인 성과가 달성될 수 있도록 시장 구조를 개선하는 경쟁정책이 더 효과적이다. 그러나 그러한 처방이 전혀 적용될 수 없고 정부의 직접적인 개입 이외에 다른 방도를 찾을 수 없다면

에 대한 불신을 전제로 한 것으로 좁게 파악하기도 한다. 이 경우 행정적 규제는 법령에 근거하지 않은 행정지도나 영향력 행사 등 관료주의에 근거한 바람직하지 않은 간섭을 의미하게 된다.

가격, 진입, 생산량 제한 등과 같은 직접적인 규제 수단을 강구할 수밖에 없다.

이와 같이 정부의 시장정책의 목적은 개별 시장에서 경쟁을 유지하고 촉진하는 환경을 조성함과 아울러 만일 이와 같은 간접적인 개입 방식으로써 경쟁이 유지되기 어렵다고 판단될 때에는 시장에 직접 개입하여 경쟁 도입의 결과를 만드는 것이다. 즉, 시장정책의 한 유형으로서 규제정책은 경쟁정책이 해결하지 못하는 대부분의 시장실패를 다룬다는 점에서 경쟁정책을 보완하는 정책이라 할 수 있다. 다만 경쟁정책이 크게 독점 규제정책, 공정거래정책, 그리고 재벌정책으로 구성된다고 볼 때, 독점 규제정책(antitrust policy)의 경우 독점이라는 시장실패를 예방 또는 교정하려 한다는 점에서 기타의 시장실패를 교정하려는 규제정책과 같은 차원에서 다루는 것이 적절하다고 볼 수 있다.4) 결국 경쟁정책의 한 유형으로서의 독점 규제정책은 동시에 넓은 의미의 규제정책의 영역에 포함되므로 양 정책 분야의 중첩 부분에 위치한다고 할 수 있다.

3) 이 책에서의 개념 범위

정부는 시장에서 경쟁을 유지하는 환경을 조성코자 한다. 만일 어떤 시장에서 독점이 발생하여 시장 경쟁이 저해되는 일이 발생하면 이에 대응하여 독점 규제정책을 실시한다. 만일 자연독점, 외부성, 정보의 비대칭성 등의 시장실패가 나타나면 좀 더 직접적인 개입 형태로서 경제적 또는 사회적 규제정책을 실시한다.

결국 이 책에서는 [그림 3-1]과 같이 효율성 규범을 준수하면서 공익이라는 이념에 도달하기 위한 규제정책 수단으로서 경제적 규제정책과 사회적 규제정책 이외에 독점 규제정책도 포함되는 것으로 보고자 한다.

---

4) 독점 규제정책이 경쟁(competition)을 보호함으로써 궁극적으로 효율성과 사회후생을 증진시키는 것을 목표로 하는 데 반해, 공정거래정책은 경쟁자(competitor)를 보호하는 데 치중하여 경쟁의 대등한 관계를 유지하는 것을 목표로 한다는 점에서 효율성뿐만 아니라 형평성을 추구한다고 할 수 있다. 재벌정책은 한국과 일본에 특유한 경제력 집중 해소를 위한 정책 분야이나 정치사회적 가치 문제를 차치할 경우 그 경제적 · 법적 타당성에 대해서는 다소의 논란이 있다. 한편 독과점의 규제, 불공정거래행위의 규제, 경제력 집중의 규제 등과 같이 '규제'라는 용어를 흔히 사용하고 있으나 경쟁정책에서 개입의 목적과 방법은 전형적인 규제정책과 상이하므로 '금지'라는 표현을 써서 구별해야 한다는 견해가 있다(이수복, 2001). 그러나 이 책에서는 정부규제를 시장실패의 교정을 위한 정부의 개입으로 파악하고 있으므로 독점 규제라는 용어로 통일해서 사용하기로 한다.

그림 3-1 | 규제정책의 가치 체계와 개념 범위

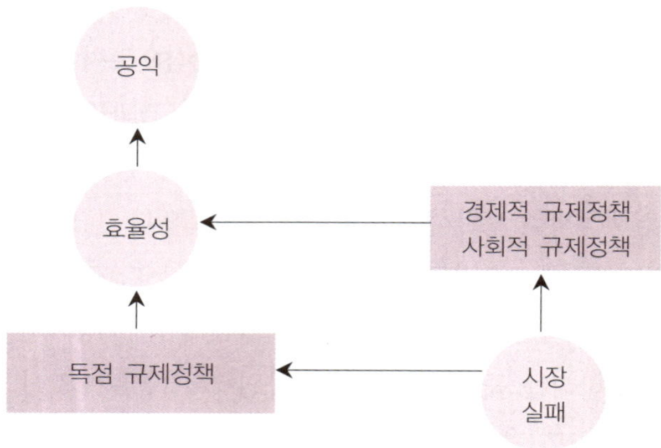

제 2 절 규제정책 운영의 방식

정부가 규제정책을 운영하면서 그 방식에 관한 검토를 신중히 해야 하는 이유는 어떤 방식을 채택하는가에 따라 규제정책 목표의 달성 여부가 달라질 수 있으며, 또한 주어진 목표를 달성하는 데에도 그 효율성이 달라질 수 있기 때문이다. 규제정책을 운영하는 데에는 다양한 방식이 있는데, 그것을 유형화하면 다음과 같다.

1 명령 지시적 방식, 시장 유인적 방식, 정보 공개적 방식

1) 명령 지시적 방식

명령 지시적 방식(command and control regulation)은 정부가 법률 등을 통해 일정한 규칙을 설정하고 이에 기초하여 강제력을 행사함으로써 민간의 규제 대상으로 하여금 이를 준수하도록 하는 방식이다. 이 방식의 극단적 수단으로는 금지와 격리를 들 수 있으나, 일반적으로는 의회나 행정기관이 개인 및 집단의 행태를 규율하는 기본적 방향을 설정하고 이에 따른 기준·규칙·형식 등을 구체적으로 명시하여 이를 강제 적용하는 방식을 활용한다.

명령 지시적 방식은 그 효과가 신속하고 가시적이라는 점에서 규제기관은 물론 정치적으로도 선호된다. 정부규제를 통해 해결해야 할 문제가 안정적이고 반복적인 경우 해결책의 표준화가 중요한데, 이 방식은 규제 대상이나 규제 행태에서 동일한 표준을 보장한다. 또한 피규제자가 무엇을 해야 하는가를 분명하게 알기 원할 때 객관적인 기준을 보여준다. 이와 같이 명령 지시적 방식은 신속성, 명료성, 확실성, 예측 가능성, 강제의 용이성 등의 장점이 있다. 그러나 동일한 방식을 여러 대상에 강제함으로써 낭비의 발생, 유연성의 결여, 포획 현상 등의 단점이 발생한다.

2) 시장 유인적 방식

시장 유인적 방식(market-oriented regulation)은 개인이나 기업에 제한을 가하되 규제정책의 중요한 수단이나 내용에 관해 경제적 유인을 활용하여 접근하는 방식을 말한다. 이 방식은 민간의 결정과 참여를 활용하는 방향성을 가지므로 개인이나 기업이 자신의 경제적 판단에 따라 합리적으로 선택할 수 있는 여지를 부여한다. 이 방식은 주어진 정책 의도를 달성하기 위해서 필연적으로 규제를 실시해야 한다 하더라도 가능하면 민간의 자율성과 창의성을 극대화하는 수단을 강구해야 한다는 사고를 반영한다.

시장 유인적 방식은 규제기관이 선택 조건을 제약하는 것이 아니라 그것을 재구성함으로써 피규제자의 행태 전환을 시도하기 때문에 피규제자는 항상 경제적으로 가장 유리한 행태를 선택한다. 시장 유인적 수단은 피규제자에게 어떤 제약을 가하되 그것을 달성하는 구체적 방법은 피규제자 스스로의 판단에 따라 자율적으로 선택할 수 있는 여지를 부여한다는 것이 특징이다. 다만 방법 선택에서 재량을 부여한다고 해도 규제정책의 목적이 약화되는 것은 아니다. 이 방식의 대표적인 예로는 부담금 제도가 있다.

명령 지시적 방식과 비교한 이 방식의 장점은 유연성이 크고, 간접비용이 작으며, 투입보다는 결과 지향적이고, 민간의 혁신을 보장해 주며, 경쟁 지향적이고, 중앙 집중성의 한계를 극복할 수 있다는 데에서 찾을 수 있다(한국행정연구원, 1999). 그러나 시장 유인적 방식의 단점은 정부가 기업이 직면하고 있는 시장 수요와 비용에 대해 정확하고 충분한 정보를 가지지 못한다는 것이다. 특히 가격 정보가 부족할 경우 이를 기업에 의존할 수밖에 없는데, 기업은 비용을 과다하게 책정하려는 유인이 있으므로 규제 가격이 필요 이상으로 상승할 가능성이 크다.

3) 정보 공개적 방식

정보 공개적 방식(information disclosure regulation)은 한편으로는 사업자에게 정보의 제공을 의무화한다는 점에서는 명령 지시적 방식에 포함되는 것으로 볼 수 있다. 그러나 다른 한편으로는 정보의 제공이 그 자체로써 소비자를 직접 보호하는 것이 아니라 공개된 정보를 소비자가 현명하게 활용함으로써 소비자 보호 효과가 발생한다는 점에서는 시장 유인적 방식에 속한다고 할 수 있다. 이와 같이 그 성격이 독특하다는 점에서 정보 공개적 방식을 별도로 구분하기로 한다.

정보 공개는 정보의 비대칭성 문제를 해결하기 위해 피규제자로 하여금 시민 등 규제 대상에게 규제와 관련된 정보를 제공하도록 요구하는 것이다. 예컨대, 규제기관은 생산자로 하여금 생산물의 속성에 관한 정보를 공개하도록 한다. 정보 공개는 직접적으로 상품이나 서비스의 공급을 규제하지는 않지만 충분한 정보를 제공하도록 하여 소비자가 자체적인 판단을 내릴 수 있도록 유도함으로써 결과적으로 규제 목적을 달성하도록 한다.

정보 공개는 규제 대상으로 하여금 규제에 관한 지식의 부족함을 탈피토록 한다는 점에서 동일하나 그 주체와 목적에 따라 두 가지 유형으로 구분된다. 정부의 규제정책에 따라 생산자가 소비자에게 정보를 공개하는 경우와 정부가 관련되는 정보를 취합하여 대중에게 공개하는 경우가 그것이다(한국행정연구원, 1999). 이 중 후자는 공공교육(public education) 프로그램에 해당하므로 정부규제와는 거리가 있다고 할 수 있다.

2 사전적 방식과 사후적 방식

적발 또는 처벌의 시점을 기준으로 하여 규제가 예방을 목적으로 하는가 또는 행위를 기준으로 하는가에 따라 사전적 방식과 사후적 방식으로 나눌 수 있다.

1) 사전적 방식

사전적 방식은 피해를 일으킬 만한 행위를 하기 전에 피해 발생의 원천적인 예방을 위해 원인이 되는 행위를 미리 규제하는 방식을 말한다. 규제 위반 행위로 인한 사회적 폐해가 상대적으로 클 경우이거나 사후적으로 적발 또는 처벌하기 위한 비용이 매우 클 경우에 우월한 방식이다. 이와 같은 예방적인 사전적 방식은 물리적이거나 그에 상응하는 권한을 상대적으로 많이 사용하여 목적을 달성한다.

사전적 방식은 균등하게 제한을 받는다는 측면에서 일반 대중이 선호하는 경우가 많다. 특히 규제기관의 중립성이나 일관성에 대한 신뢰가 미흡한 경우에는 사실상 유일한 방식이라 할 수 있다. 그러나 규제를 집행하거나 피규제자가 규제를 이행하는 데 드는 비용이 상대적으로 크다는 단점이 있다.

2) 사후적 방식

사후적 방식은 경제 행위로부터 초래되는 결과에 대한 규제로서 불법인 특정 행위가 이루어졌는가에 기준을 두고 규제하는 것을 말한다. 이 방식은 다시 예방과 행위 발생의 두 가지 경우로 구분할 수 있다. 예컨대, '자동차 사고에 의한 피해 발생의 극소화'가 규제정책의 목표라 할 때 불심 검문하여 음주 운전이면 처벌하는 것이 '예방'을 위한 사후적 규제이고, 교통질서 위반 등 사고 발생 시 음주 운전이 발견되면 처벌하는 것이 '행위' 발생에 따른 사후적 규제이다. 사후적 방식은 새로운 기술의 도입을 촉진하는 특징을 갖는다(김일중, 1994).

한편 사후적 방식의 또 하나의 경우로서 실제로 '피해'가 발생한 때에만 책임을 묻고 처벌하는 경우를 포함하여 세 가지로 구분하는 경우도 있다(Shavell, 1993). 앞의 자동차 사고의 예를 볼 때 자동차 사고로 인해 타인에게 피해가 발생했을 때 음주 운전이 발견되면 처벌하는 것이 '피해 발생에 따른 사후적 규제 방식', 즉 가장 사후적인 방식이라는 것이다. 그러나 대부분 행위 발생과 피해 발생의 상관성이 매우 높고, 행위 자체가 다른 이유로 인해 불법이 되는 경우가 많다는 점에서 행위 발생과 피해 발생을 별도로 구분하는 실익은 없다고 할 수 있다. 또한 피해 발생에 따른 사후적 규제는 민법상의 불법 행위가 발생했을 때 피해 보상을 하게 하는 것과 흡사한 것으로서 원칙적으로 사법부의 관할이므로 규제가 없는 것으로도 볼 수 있다.

3 대칭적 방식과 비대칭적 방식

1) 대칭적 방식

대칭적 방식은 각 사업자의 시장 지배력 등 여러 차이점을 고려하지 않고 일괄적으로 규제하는 방식이다. 이 방식은 규제의 일관성이라는 측면에서 좀 더 투명한 규제정책의 시행이 가능하나, 공익산업의 경우와 같이 신규 사업자의 진입 비용이 지나치게 크거나 기존 사업자의 시장 지배력이 큰 경우 대칭적 규제는 시장의 경쟁화를 가로막게 될 가능성이 있다.

2) 비대칭적 방식

비대칭적 방식은 각 사업자에 대해 그 역사적 배경이나 경쟁의 상황 등에 따라 다르게 규제하는 방식이다. 비대칭적 규제는 신규 진입자를 단기적으로 보호하여 시장 경쟁을 촉진시키려는 것이다. 그러나 신규 진입자를 어느 시점까지 보호해야 하는가가 불명확하며, 따라서 유치산업 보호를 위한 산업정책과 유사한 문제점이 발생할 가능성이 있다(정보통신정책연구원, 2000).

4 포지티브 방식과 네거티브 방식

1) 포지티브 방식

과거 규제 방식은 대체로 포지티브 형태를 취하였다. 포지티브 방식은 법률에서 할 수 있는 것을 열거해 놓는 것으로서, 원칙적으로 금지이고 예외적으로 허용하는 방식이다. 열거된 이외의 행위를 하면 불법이므로 처벌의 대상이 된다. 대체로 대륙법계 국가와 한국, 일본 등은 포지티브 방식을 원칙으로 하고 있다.

2) 네거티브 방식

기술 혁신이 가속화되면서 세계적으로 기술경쟁이 격렬히 이루어짐에 따라 네거티브 방식을 채택하는 나라가 크게 늘어나고 있다. 네거티브 방식은 법률에서 할 수 없는 것을 열거해 놓는 것으로서 원칙적으로 허용하고 예외적으로 나열된 것만 금지하는 방식이다. 금지한 항목이 아니면 불법으로 규정되기까지는 합법이므로 추후 문제가 될지라도 위법행위로서 처벌받지 않는다. 대체로 영·미계 나라에서 네거티브 방식을 채택하고 있다.

네거티브 규제 방식은 기술 및 산업 간 경쟁을 촉진하여 진입 규제를 완화할 수 있으며, 입법 절차가 필요 없이 새로운 기술의 사업화가 용이하다는 장점이 있다. 그러나 규제부문이 정해져 있지 않아 규제관리의 대상과 범위가 불명확해지며, 이로 인해 환경·보건·안전 등의 분야에서는 규제의 사각지대가 발생할 수 있다는 한계를 내포한다.

한국의 폐기물 재활용 네거티브 규제 사례

■ 배 경

기존에는 폐기물관리법에 규정된 재활용 용도 및 방법만으로 폐기물을 재활용하도록 규제하였다. 이러한 포지티브 방식의 재활용 인정 방법은 재활용에 대한 무분별한 인·허가를 방지하고 인체 또는 환경에 대한 유해성 관리를 보다 엄격히 관리하기 위해 도입되었다. 포지티브 방식의 기존법령은 허용 내용을 열거해야 했기 때문에, 법령을 읽고 해석하는 것이 복잡했다. 또한 포지티브 방식의 특성상 새로운 재활용 용도 및 방법은 추가적인 기술적·환경적 검토를 거치고 시행규칙의 개정을 통해 허용될 수 있었다. 법에 규정된 재활용 방법 및 용도 이외에 다른 가능한 방법이 있어도 사용할 수 없었으며, 이로 인해 새로운 재활용 기술의 도입과 개발이 억제되었다.

■ 내 용

이러한 문제점을 해소하고자 개정 폐기물관리법이 2016년 7월부터 시행되었다. 폐기물의 재활용 원칙 및 준수사항을 새로 설정하여 위반하지 않는 경우에는 재활용이 가능하도록 규제방식을 변경하는 것이 골자였다. 이와 같이 네거티브 규제로의 전환으로 기존에 재활용이 불가능한 폐기물의 자유로운 활용이 가능해졌다. 폐기물의 대상과 재활용 유형을 더욱 세분화하고 각 유형에 맞는 최소기준을 설정하여 이 기준을 충족하는 경우에는 재활용을 원칙적으로 허용하도록 하였다. 다만 폐기물 재활용 제품에 대한 안전성을 확보하기 위해 기존보다 안전성 기준을 강화하였고, 새로운 유형의 폐기물이 발생했을 때 이에 대한 원칙과 최소기준을 설정하기 위한 재활용 환경성평가제도를 도입하였다.

■ 효 과

네거티브 방식으로 전환한 이후 재활용이 가능한 폐기물의 종류가 약 1.9배로 증가하였다. 그리고 새로운 기술에 대한 활용 가능성이 높아져 피규제자의 자율성이 확대되고 신기술의 시장진입이 보다 자유로워졌다. 재활용 규제에 관한 정부의 역할도 위험을 예방하는 것에서 기준을 관리하고 환경영향을 평가하는 것으로 바뀌었다.

자료: 이슬기(2017: 42-82).

제 3 절 규제정책의 참여자

정책은 여러 개인이나 집단 간의 상호작용을 통해 형성되는 정치적 성격을 띤다. 즉, 정책이 논의되고 추진되는 동안에는 다양한 정책 대안이 나타났다가 사라지며, 그 과정에서 정책 참여자를 중심으로 한 정치적 상황이 중요한 역할을 한다. 여기서 정책 참여자란 정책 과정에 공식적 또는 비공식적으로 관여하는 행위자를 말한다. 이 책에서는 정책환경의 영향력을 감안하기 위해 규제정책의 운영에 관련되는 주요 참여자로서 대통령, 의회, 행정부, 규제기관, 사법부, 지방자치단체, 이익집단, 정당, 전문가, 언론기관, 시민 및 시민사회단체를 선정했다.5)

1 공식적 참여자

공식적 정책 참여자는 법적 권위에 의해 정책 과정에 관여하는 주체로서 광의의 정부가 여기에 해당한다. 정부는 정책 과정을 통해 민간 주체에게 영향을 미친다. 민간 주체들은 자신들의 이익을 위해 이 과정에 참여하고자 하나 대의민주주의 체제 하에서는 민간의 정책 과정에의 참여 기회는 매우 한정되어 있다. 즉, 선거에 의해 정부의 담당자인 대통령이 선출되고 의회가 구성되므로, 이들과 이들의 지휘·감독을 받는 행정부가 공식적으로 정책 과정에 참여한다. 또한 근래에 들어서는 신분 보장을 받는 법관으로 구성되는 사법부도 정책 과정에서 중요한 역할을 담당하고 있다.

1) 대통령

규제 또는 규제 개혁 정책은 강력한 의지와 리더십을 필요로 한다. 특히 한국과 같이 대통령의 권한이 큰 경우에 대통령의 정치 이념은 정치적 상황을 결정적으로 좌우할 수 있으며, 사실상 집권당을 장악함으로써 국회를 통제하고 거의 모든 정책결정 기능을 독점할 수 있다. 대통령이 정책 과정에서 강력한 영향력을 행사할 수 있는 요인은 의제의 통제, 인사권, 예산권 등이다. 의회가 지역적, 그리고 집단적 이익에 대해 관심을 기울이는 반면에, 정책결정의 주체로서 대통령은 사회적 이슈가 전체 유권자에게 어떤 영향을 미치는가에 대해 관심을 기울인다(Rothenberg, 1994).

미국의 경우 1970년대 이후의 규제정책을 볼 때 역대 대통령의 경제적 인식이 규제개혁의 추진에 가장 중요한 요인이 되었음은 잘 알려진 사실이다. 한국의 경우에도 민

5) 정책 참여자의 영향력을 파악하기 위해 이 책에서 원용한 로텐버그(Rothenberg, 1994)의 이론에 의하면, 규제정책에 큰 영향을 미치는 주체로는 의회, 대통령, 사법부, 규제기관, 이익집단, 유권자가 있다.

영화를 포함한 규제 완화는 주로 대통령의 의지와 결단에 힘입은 바 컸다.

2) 의 회

입법권을 포함한 정책형성 기능은 한 사회의 정치적 갈등을 식별하여 최소화하는 과정이다. 또한 의회의 정책 과정은 행정부의 그것과 비교할 때 공개적인 성격으로 인해 이익집단들의 경쟁적인 영향력 행사의 일차적 대상이 된다. 특히 위원회 중심의 정책 심의는 전문성을 높일 수 있다는 장점이 있는 반면, 이익집단의 집중적인 공략 대상이 되기도 한다.

의회에서의 정책형성은 공익적 관점뿐만 아니라 지역구의 지역적 이익의 관점에서 이루어진다. 재선을 원하는 의원들은 공익이나 지역구의 이익보다는 강력한 이익집단의 특수이익을 위해 이기적으로 활동하는 경우도 흔히 있다. 따라서 의회의 의원을 포함한 정치인들은 대체로 정치적 이익의 극대화를 위해 투표권을 갖고 있는 이익집단에 의해 규제정책에 수동적으로 관여한다. 정치인들이 규제정책의 형성 시에 흔히 자발적이지 않은데, 이것은 규제정책의 결과를 예측할 수 없으므로 정치적 손실을 가져올 위험성이 크다고 보기 때문이다.

또한 의회는 입법 권한을 행정부에 위임하는데 이것은 의원 개개인이 얻을 수 있는 이점에서도 상당 부분 기인한다(Fiorina, 1988). 예컨대, 행정위임은 의원들의 결정 비용을 경감할 수 있고, 입법에 따르는 정치적 책임을 전가할 수 있으며, 위임의 결과 오히려 감독 기능을 강화할 수 있는 기회가 생기기도 한다.

3) 행정부

현대 사회에서는 많은 정책 정보를 보유하고 있는 행정부가 입법 과정의 주도권을 사실상 확보하고 있다. 정책형성에서 공식적으로 가장 중요한 주체는 의회이지만 실질적인 입법 기능 중 많은 부분이 행정부에 위임되고 있다. 이것은 근본적으로 정책환경의 불확실성과 전문성의 부족에서 기인한다.

다만 규제정책 과정에서 행정부의 기능 강화는 관료 이익의 확대를 위한 목적으로서 정치적 합리성을 배제하고 기술적인 합리성을 지나치게 강조함으로써 정부규제의 증가를 초래할 수 있다(McKenzie & Macaulay, 1980). 따라서 각국 정부는 정부규제의 무분별한 확대를 막기 위해 다양한 장치를 두고 있는데, 행정부 내의 규제기관의 역할을 강화하는 것도 그 방안 중의 하나이다. 예컨대, 한국에서는 정부규제 중 경쟁 제한적 법령을 제정 또는 개정하는 경우에는 미리 공정거래위원회와 협의해야 한다. 즉, 공정거래위원회는 경쟁 제한적 규제에 관해 사전 심사 기능을 갖는다고 할 수 있다.

4) 규제기관

행정기관은 그들의 정보적 이점과 조직적 지위를 이용해 정책 과정에서 적지 않은 역할을 수행한다. 특히 정책의제 설정 과정은 대체로 정치인들에 의해 지배되지만, 정책 대안의 구체화 단계에서는 행정 관료들의 영향력이 커지고 이에 따라 이들 사이에 갈등이 생길 수 있다. 그리고 행정기관이 대안을 구체화하는 것은 집단의 이익을 대변하는 경우와 조직의 규범에 따르는 경우 등 매우 다양한 동기에 의해 좌우된다. 따라서 행정기관이 단순히 정치 세력의 대리인에 불과하다고 볼 수는 없으며, 그들이 정책을 집행하는 과정에서 전문성과 구조적 지위를 행사함으로써 중대한 역할을 담당한다.

규제기관(regulatory agency)은 규제정책을 집행함을 목적으로 하는 행정기관이지만, 또한 정책적 차원에서 스스로 규제의 주창자가 되기도 하고 정치인이나 이익집단의 강력한 요구에 의해 규제를 형성하기도 한다. 정부규제는 불가피하게 경제 주체 사이의 이해관계를 변화시킨다. 따라서 규제기관은 정부규제가 필요한 경우에 각 규제에 관련되어 있는 집단들 간의 균형을 잡고서 규제를 집행하는 것을 목적으로 한다. 규제가 영향력 행사의 수단이라고 볼 때 규제기관이 규제정책에 대해 갖는 관심은 매우 크다고 할 수 있다.

5) 사법부

전통적으로 사법부는 정책결정에 포괄적으로 영향을 미치지 않는다고 보는 견해가 일반적이다. 이것은 사법부가 일정한 형식의 소(訴)가 제기되어야 정책에 일정한 영향을 발휘할 수 있는 제한적 위치에 있기 때문이다. 또한 판사가 기술적이고 전문적인 정책 문제를 다루는 데 지식과 전문성이 부족할 뿐만 아니라 시간과 자원의 한계로 인해 정책 과정에 관여하는 것을 자제하기 때문이다. 그러나 궁극적으로 사법부는 판결을 통해 제도의 영향력이나 이익집단들의 이해를 조정하는 권위를 행사함으로써 정책 과정에서 커다란 잠재력을 갖고 있다.

실제로 사법부는 각종 정책에 대한 판결과 법 해석을 통해 정책 과정에서 적지 않은 영향력을 행사한다. 특히 입법부와 행정부가 대립하는 결과 정책적 이슈가 법률적 이슈로 변해서 사법부의 판결에 의존하는 경우가 크게 늘고 있으며, NGO들도 소송 등 법률적 기회를 시민운동의 전략으로 활용하는 경향이 있어 사법부의 정책 관여가 늘어나기도 한다(주성수, 2003). 그 밖에 UN, WTO, EU 등 국제기관이나 지역연합체의 권고로 정부와 집단 간에 분쟁이 발생할 때 법원의 판결에 의해 해결되는 경우도 있다.

6) 지방자치단체

지역의 특성에 부합하는 규제를 선별적으로 집행하는 것이 중앙정부에 의한 획일적인 규제보다 타당성 면에서 우월할 경우 지방자치단체가 규제기관으로서의 역할을 수행할 수 있다. 지역 실정에 맞는 분권화정책을 구현하기 위해 이를 실행할 수 있게 해주는 조례나 규칙의 운영을 통해 좀 더 적실한 규제정책이 운영될 수 있도록 규제 권한을 위임함이 바람직하다. 규제 권한의 지방분권은 또한 규제의 융통성을 늘리고 과도한 규제를 예방하는 등의 효과도 가져다 줄 수 있다(김용우, 2010; 김재홍 · 홍성종, 1993).

2 비공식적 참여자

앞에서 본 공식적인 정책형성자를 제외한 다른 이해 당사자는 비공식적인 참여자로 포괄할 수 있다. 여기에는 이익집단, 정당, 전문가, 언론기관, 시민 및 시민사회단체가 포함된다. 비공식적 참여자는 정책 과정에 공식적으로 참여할 법적 권위를 인정받지 못하기 때문에 직접적으로 정책을 결정하는 데 관여할 수는 없으나 정보를 제공하고, 압력을 행사하며, 설득하는 역할을 수행한다.

1) 이익집단

이익집단(interest group)은 구성원들의 공통 이익을 증진함을 목적으로 여러 가지 활동을 한다. 규제정책의 경우에는 대체로 공익과 사익의 구별이 쉽지 않을 뿐만 아니라 시민들은 무임승차함으로써 참여의 비용을 부담하지 않으려는 경향이 있다. 또한 개인들은 자금 · 시간 · 능력 등이 부족하여 자신들의 이익을 위해 정부에 주장할 수 없는 경우가 대부분이다. 이에 비해 이익집단들은 정부규제로 인한 이익을 확보하려 노력하고 있으며, 이를 위해 기꺼이 비용을 부담할 준비가 되어 있다.

이와 같이 이익집단이 정부에 대해 요구하는 정치적 역할을 이익표출(interest articulation)이라 한다. 집단으로서의 이익집단은 사회적 여론을 환기시키고 문제에 대한 해결책을 제시할 수 있는 능력이 있다. 따라서 의회나 행정부는 잘 조직화되어 있는 이익집단들의 요구에 쉽게 응하게 된다. 그리고 규제정책에 대해서 적극적인 의사 표시를 하며 정책의 결정 및 집행 과정에서도 간접적인 참여를 통해 그 추진 속도와 일정에 어느 정도 영향을 미칠 수 있다. 이익집단의 특수한 형태라 할 수 있는 기업은 막강한 자금과 조직을 보유하므로 정책형성 과정에서 상당한 영향력을 행사한다.

만일 정책 과정이 개방적이고 공정하다면 이익집단의 활동은 정치적 요구를 정부에 전달할 수 있는 민주적인 방법이다. 그러나 정치 발전의 수준이 그렇지 못한 사회에서는 정치적 권력이 강한 이익집단이 약한 이익집단을 희생시키고, 집단이익을 극대화하기 위해 공익을 크게 저해하는 상황이 발생할 수 있다. 또한 이익집단의 자주성이 취약하거나 정부의 필요성에 의해 하향적으로 조직된 경우에는 정부의 하위 조직으로서의 성격에서 벗어나지 못해 정책 과정의 참여 기능이 위축되거나 왜곡되는 문제가 발생한다.

2) 정 당

정당은 이익집단에 속하는 것으로 볼 수 있으나 정권을 장악하는 것을 목적으로 하는 특수한 결사체이다. 복수(複數) 정당이 존재하여 정당정치가 활성화되어 있는 나라에서는 각 정당들이 국민의 지지를 얻기 위해 상호 경쟁한다. 이와 같이 정당은 정권의 획득이나 중요한 정부 직책을 확보하는 것을 목적으로 하는 과정에서 정부의 정책에도 지대한 영향을 미치게 된다. 특히 정책형성 과정에서의 이익결집(interest aggregation)은 다른 정치 조직보다 정당의 가장 중요한 기능이라 할 수 있다. 이익결집이란 국민의 각종 요구를 종합하여 구체적인 정책 대안으로 전환하는 것을 뜻한다.

정당에 의한 이익결집은 정당이 제시하는 정강정책으로 나타난다. 정당은 더 많은 유권자의 지지를 얻을 수 있는 정강정책을 작성하기 위해 노력하므로 다수의 선호를 반영한 정책이 만들어질 수 있다. 그러나 정당들이 구체적인 정책을 명백히 밝히는 것이 오히려 득표에 손해가 된다고 생각할 경우에는 정강정책이 모호해져서 국민의 의도가 제대로 반영되지 않을 수 있다. 또한 정당이 명백하고 구체적인 정강정책을 제시하더라도 정치문화가 비합리적이어서 유권자가 후보자의 인품, 개인적 능력, 후보자와의 인간관계, 지연, 혈연 등에 의해 투표하는 경우에는 정당의 정책적 기능은 크게 약화될 수밖에 없다.

3) 전문가

전문가들은 정책 분야별로 정책공동체(policy community)를 형성하여 상호 접촉과 의견 교환을 통해 전문 지식을 획득한다. 이 과정에서 기존 정책에 대한 평가나 새로운 해결 방안의 논의가 이루어진다. 전문가는 정부와 시민 사이의 중개, 문제의 제기, 쟁점의 표출, 정책 대안의 평가, 사회 문제의 정책 쟁점으로의 전환, 정책 토의에의 참여, 이해 당사자들 간의 포럼 제공 등의 역할을 한다(Weaver & McGann, 2001).

전문가들은 이와 같이 정책 대안을 제시하거나 정책의 내용에 대한 비판적 평가를 통해 정책 과정에서 영향력을 행사한다. 우선 전문가들은 사회 문제를 분석・검토하여 그 심각성을 경고하는 방식으로 정책의제 설정 과정에서 간접적인 역할을 한다. 정책결정 단계에서는 정책 대안을 제시하고 대안들을 비교・평가하는 등 분석적 역할을 수행한다. 그리고 정책평가 단계에서는 정책 효과 발생 여부를 판단하고 정책 내용을 평가하는 역할을 담당한다.

4) 언론기관

언론기관은 다양한 정보와 대중 매체를 통해 무수한 시민들에게 뉴스를 전달하고 사회구성원들 간의 의사전달을 돕는다. 이와 같은 특수한 위치로 인해 언론기관은 정책과정에서 매우 중요하고 경우에 따라서는 독점적인 지위를 갖는다. 정부는 정책을 형성하는 과정에서 여론의 동향을 크게 참고하는데, 이 과정에서 언론기관은 여론 형성의 역할로 정부에 막강한 영향력을 행사한다. 정책에 대한 여론의 영향력이 증대하는 추세에 따라 언론기관의 영향력은 더욱 커지고 있다. 언론기관의 주관적 판단에 의해 특정 사회 문제가 쟁점화되어 정책의제로 발전되는 경우도 없지 않으며, 나아가 중립적이고 보편적인 견해가 아닌 자신들의 사적 이해와 일치하는 견해를 시민에게 전파하는 경우도 나타난다(주성수, 2003).

언론기관은 구체적으로 정책 과정에서 다음과 같은 역할을 수행한다. 우선 의제 설정 과정에서 언론기관은 여론의 형성을 통해 결정적인 역할을 한다. 사회 문제를 일반대중에게 알려서 그들의 관심을 끌도록 하는 것이 여론 형성의 출발이 된다고 볼 때, 언론기관이 이 역할을 담당하는 것이다. 정책결정이나 정책집행상의 세부 결정에서는 언론기관의 역할이 비교적 약하나, 전문가들 간에 논의되는 정책 대안들을 널리 알리는 식으로 정책결정과 집행에 간접적으로 영향을 미친다. 정책평가 단계에서는 정책 결과에 관한 문제점을 노출시킴으로써 여론을 환기하는 방식으로 중요한 역할을 한다.

5) 시민 및 시민사회단체

대체로 시민은 정책 체계 내에서 전형적으로 가장 덜 중요한 주체로 인식되었다. 그것은 시민이 정책에 대한 상세한 정보를 갖기 힘들 뿐만 아니라 선호가 분산되어 있고 자신들의 이익과 직접적으로 연관성이 있지 않는 한 선호를 적극적으로 표출하지 않는 경향이 있었기 때문이다. 그러나 21세기 새로운 거버넌스에서는 참여민주주의의 확대로 인해 정책에 관한 상당한 기능이 시민사회에 이양되고 있다. 정부 스스로도 정부 불신의 위기를 극복하고 개혁을 지향하기 위해 시민과 시민사회단체를 정책 참여자로 수용하는 태도를 보이고 있다.[6]

시민사회단체는 시민들의 자발적인 참여와 연대를 통해 국가사회 또는 지역사회의 문제를 해결하는 과정에서 정부 및 기업들을 견제하고 시민사회를 옹호하는 한편, 정부와의 협력을 통해 정책 참여자로서의 역할을 확대해 가고 있다. 시민사회단체가 이익집단과 근본적으로 구별되는 것은 자신들의 사익을 추구하지 않으므로 시민으로부터 신뢰를 얻는다는 점이다. 이와 같이 시민사회단체는 정부는 물론 사익을 추구하는 이익집단을 견제하며 보편적인 공익을 추구하므로 이익집단과 구별하여 공익집단(public interest group)이라 불리기도 한다.

개개 시민들은 사실상 선거나 주민투표 이외에는 정책 과정 및 그 결과물을 통제하는 장치가 드물고, 있다 하더라도 그 영향력은 매우 한정적이므로 시민사회단체가 정책을 통제해 줄 것을 기대한다. 다만 최근에 들어서는 개별적 의미에서의 시민들도 인터넷 사용이 보편화됨에 따라 이미 정보의 단순한 소비자(consumer)가 아니라 정보의 생산과 소비를 동시에 하는 생산소비자(prosumer)의 성격을 획득하였다. 이에 따라 인터넷 이용자들은 단순한 정책의 수혜자가 아니라 주권자로서 정책 참여자의 지위를 점차 확고히 해 나가고 있다. 인터넷은 기존의 지배적인 정책결정 과정에서 배제되어 온 이슈들이 자유롭게 토론되는 공영역(public sphere)을 형성해 줄 뿐만 아니라 토론에 수반되는 비용을 크게 절감시켜 주므로, 시민행동주의(grassroots activism)도 가능하게 한다(주선미, 2002; 양준철, 2002).

---

6) 새로운 거버넌스와 참여민주주의의 대두에 관해서는 이 책 제8장 제1절 중 '규제정책 개혁의 배경'에서 다루고 있다.

Chapter

04 규제정책의 과정

제 1 절 규제정책의 형성

일반적으로 볼 때 정책 과정은 정치권 및 행정부와 이익집단이나 개인들 간의 상호 작용 속에서 역동적으로 진행된다. 정책은 과정의 산물로서 사회 내의 정치·경제적 관계를 반영한 것이며, 특정 구조, 참여자, 그리고 이해관계에 따라 정책이 형성된다. 정책의 형성은 "권위 있는 결정과 관련하여 나타나는 행위, 사건, 선택의 전개"를 뜻한다. 여기서 '권위 있는 결정'보다는 '전개', 즉 여러 요인의 작용으로 인해 정책결정으로 결집되어 나오는 과정을 더 강조한다. 이와 같이 정책형성 과정은 정책 체계 내에서 문제가 개념화되고 대안이 형성되며 정책 수단이 선정되는 데에 관한 양태를 의미하므로, 정책형성 연구는 과정에 관련되는 구조, 과정의 맥락과 제약 조건, 그리고 실제 결정되는 선택에 큰 관심을 갖는다(Schlager, 1999).

1 정책 문제의 진단

정책 과정은 다양한 정책 문제를 어떠한 기준과 절차에 따라 진단하고, 그 문제를 해결하기 위해 달성하고자 하는 정책 목표를 어떻게 설정할 것인가에 관한 논의로 시작된다.

1) 의 의

현실 세계에서 일어나는 문제를 발견하고 인식하는 것은 정책형성 과정의 시작으로서 중요한 의미를 가진다. 따라서 정책 문제의 진단은 여러 정책 문제 중 어느 것이 더 중요한가를 판단해 보는 단계로서, 정책형성의 첫 단계이면서 이후의 단계가 올바로 이루어지게 하는 중요한 단계이다. 이 단계에서 분석가는 정책 대안을 예상하기 위해 우선 논의해야 할 문제에 대한 내용과 성질을 명확히 진단해야 한다.

2) 단 계

정책 문제의 진단 단계는 다시 정책 문제의 여과와 정책 문제의 정의 단계로 구분할 수 있다.

(1) 정책 문제의 여과

문제시되는 상황이 있다고 하더라도 인간이 이를 인식하고 어떤 기준을 통해 문제의 심각성을 발견했을 때 비로소 정책 문제로 드러난다. 정책 문제란 "사회 문제들 중에서 정부가 정책적인 해결을 의도하여 채택한 문제"를 말한다. 문제 의식의 형성에는 규범 판단과 상황 판단이 작용한다. 마찬가지로 정책 문제도 객관적인 사건이 발생하거나 문제 의식이 표출되었다고 해서 곧 분석가에게 인식되는 것은 아니며, 문제의 중요성과 명확성 이외에도 정책담당자의 사회적 배경, 경험, 가치관 등에 따라 달라진다. 정책 문제는 담당자가 공식적 관심 사항으로 받아들여 그 문제를 해결하기 위한 대책을 정책적 차원에서 강구하려는 결심을 하게 될 때 다음 절차로 이어진다.

이와 같이 제약된 시간과 자원을 가지고 효과적인 정책 문제의 진단을 수행하기 위해서는 우선 당해 문제가 체계적이고 정밀한 분석이 필요한 중요한 문제인지의 여부를 판단하여 분석 대상 문제를 선별해 내는 작업이 요구된다. 정책 문제 중 좀 더 정밀하게 분석할 문제만을 골라내는 작업을 정책 문제의 여과(issue filtration)라 한다. 즉, 지엽적이고 일상적인 문제는 프로그램화된 절차에 따라서 표준적이고 통상적인 기준과 절차에 따라 결정하는 한편, 새롭고 중대한 문제는 정밀하고 과학적인 분석을 통해 결정하는 것이 합리적이고 바람직하다.

그런데 정책형성자가 정책형성의 출발 단계에서 정책 문제의 성격을 어떻게 인식하고, 나아가 개별 정책에 포함된 다양한 정책 문제의 상대적 비중을 어떻게 파악하는가에 따라 다음 단계의 방향과 내용이 달라질 수 있다. 따라서 정책 문제의 여과는 효과적인 정책의 형성을 위해 필요한 작업이면서도 전체 정책형성에 지대한 영향을 미치기 때문에 적정한 기준을 설정해야 한다. 일반적으로 정책 문제의 여과 기준으로서 흔히 지적되는 것들은 다음과 같다(Wiseman, 1978; Hogwood & Gunn, 1984).

첫째, 정책 문제의 여과 기준으로서 가장 일차적으로 생각할 수 있는 기준은 문제의 중요성이다. 문제가 중요할수록 정밀하게 분석해야 하는 것이다. 여기서 문제의 중요성을 결정하는 요인으로는 문제의 규모, 문제의 범위, 그리고 피해의 강도 등이 있다.

둘째, 문제의 복잡성과 불확실성이다. 복잡한 문제를 비분석적으로 파악하고 대안을 모색하게 되면 소기의 정책 성과를 얻지 못할 뿐 아니라 오히려 큰 피해와 부작용을 초래할 수도 있다. 따라서 상대적으로 복잡하고 불확실성이 큰 문제일수록 더욱 정밀한 분석이 요구되는 문제로 분류해야 한다.

셋째, 분석의 실시 가능성이다. 처음부터 과학적 분석이 불가능하거나 지나치게 많은 시간과 노력이 소요되는 정책 문제는 정밀한 분석 대상에서 제외하는 것이 타당하다. 분석을 어렵게 하는 제약 요인으로는 시간·예산·능력의 부족에서 기인하는 기술적 제약 요인과 정치적으로 갈등을 일으키거나 정책 참여자에게 피해를 주는 데서 기인하는 정치적 제약 요인이 있다.

넷째, 분석의 활용 가능성이다. 분석적으로 문제를 파악하고 대안을 비교·평가해도 분석 결과가 활용되기 어려운 상황이라면 분석 작업은 노력과 시간의 낭비에 불과하다. 또 대안 선택의 여지가 없다면 분석적 작업이 불필요하게 된다.

(2) 정책 문제의 정의와 파악

정책 문제의 정의란 정책 문제의 내용을 규정하고 파악하는 활동을 의미한다. 즉, 앞의 여과 과정을 통해 정책분석의 대상으로 선별된 정책 문제에 대해 그 문제의 구성 요소, 원인, 결과 등의 내용을 규정하여 무엇이 문제인지를 명확하게 밝혀내는 작업을 말한다. 정책을 통해 실현하고자 하는 목표나 그 목표를 달성하기 위한 문제 해결의 수단을 만들어 내기 위해서는 정책의 대상, 즉 정책 문제에 대한 정확한 파악이 필수적이다.

정책 문제의 정의는 정책형성의 다음 단계인 정책 목표의 설정과 정책 수단의 선택에 결정적인 영향을 미친다. 우선 정책 문제를 정의하게 되면 그 다음에는 그 문제의 해결을 강구하게 되므로, 정책 문제를 정의하는 것은 사실상 정책 목표를 결정하는 것과 동일하다고 할 수 있다. 그리고 정책 문제의 정의는 '문제 상황에 대한 기술'이라고 할 수 있으므로, 문제의 정의에서 무엇이 문제의 요인으로 규정되는지에 따라 채택될 정책 수단의 기본적 내용이 결정된다.

정책 문제는 여러 요소, 즉 문제의 원인, 문제의 결과, 이해 당사자 등이 어우러져 복잡한 양상을 띠는 것이 대부분이다. 따라서 정책 문제를 정의한 후에는 이러한 문제의 요소들을 여러 측면에서 확인하여 문제의 전체적인 윤곽을 파악해야 한다. 정책 문제의 개략적인 윤곽을 파악하기 위해 검토되어야 할 사항은 ① 문제의 배경, ② 문제의 성격, ③ 이해 당사자들의 입장, ④ 문제의 기간, ⑤ 문제의 요인, ⑥ 문제의 결과, ⑦ 다른 법률과의 상관 관계, ⑧ 합헌성 및 적법성 등이다.

2 정책 목표의 설정

1) 정책 목표 설정의 의의

정책 목표란 정책을 통해 구체화하고자 하는 바람직한 가치나 의도가 실현된 상태를 말한다. 목표는 정당성의 근거가 되기 때문에 정책 과정에서 판단의 기준 또는 지침으로서의 역할을 수행한다. 정책 문제의 진단 과정에서도 문제 해결을 통해 의도하는 정책 목표의 기본적 방향 및 내용이 검토되지만 좀 더 합리적인 정책 수단의 선택과 그 수단의 효과적인 시행을 위해서는 정책 목표를 명확히 설정할 필요가 있다. 따라서 정책 목표는 바람직한 미래의 상태를 정책 수단을 통해 실현하는 데 적극적으로 기여할 수 있을 때 비로소 그 의미가 있다고 할 수 있다.

이와 같이 정책 목표의 설정이란 분석 대상으로 선별된 각 정책 문제의 해결을 위해 정책 목표를 명확히 하고 다른 정책 목표와 상호 관련성이 있을 때 그 우선순위를 판단하는 것이다. 우선 목표는 무엇을 어느 정도 달성하고자 하는지를 명확하게 표현하고 있어야 한다. 또한 복수의 정책 목표들 간의 관계를 명료하게 정리하고 그들 간의 우선순위를 결정해 주어야 한다. 정책 목표의 우선순위를 결정하는 것이 쉬운 일은 아니지만 ① 목표를 달성함으로써 얻을 수 있는 사회적 편익, ② 목표의 달성을 위해 소요되는 사회적 비용, ③ 목표에 대한 사회적 수요, ④ 목표의 달성 가능성 등이 결정 기준으로 제시되고 있다.

2) 정책 목표의 요건

정책 목표가 일반적으로 갖추어야 할 요건으로는 타당성, 내적 일관성, 실현 가능성, 적절성이 제시되고 있다.

첫째, 정책 목표는 타당성이 있어야 한다. 정책 문제를 해결하는 데 기여할 수 있는 여러 목표 중에서 가장 바람직한 것을 목표로 채택했을 때 그 목표는 타당성을 가진 것으로 본다.

둘째, 정책 목표들 간에는 내적 일관성이 유지되어야 한다. 목표들 사이에 모순되거나 충돌되는 내용들이 존재한다면 일관된 정책 수단의 선택은 불가능하며 결국 정책 목표를 제대로 실현할 수 없게 된다.

셋째, 정책 목표는 실현 가능성이 있어야 한다. 아무리 좋은 목표라 해도 여러 가지 현실적 제약에 의해 애초부터 실현 가능성이 희박하다면 정책 목표로서의 의미가 인정될 수 없다. 여기서의 실현 가능성에는 기술적 실현 가능성, 사회적 실현 가능성, 경제적 실현 가능성, 정치적 실현 가능성, 시간적 실현 가능성이 포함된다.

넷째, 정책 목표는 적절성을 갖추어야 한다. 정책 목표는 원래 의도한 효과를 충분히 달성할 수 있도록 지나치게 낮지 않은 수준이어야 하며, 또한 많은 비용이나 희생을 소요할 정도로 지나치게 높지 않은 수준이어야 한다.

3) 규제정책의 목표

규제정책의 일반적 목표는 제1장에서 보았듯이 독점, 자연독점, 외부성, 정보의 비대칭성 등 시장실패의 교정이라 할 수 있다. 이것을 좀 더 다시 살펴보면 다음과 같다.

(1) 독점의 교정

기업이 독점력을 갖게 되면 소비자잉여를 생산자잉여로 전환하기 위해 가격을 인상하고 생산량을 인위적으로 조절할 수 있게 된다.[1] 독점력 자체가 경쟁에 의하지 않은 수익을 증대시키는 데 기여하기도 한다. 나아가 과당 경쟁이 약탈적 가격 경쟁의 형태로 나타나서 그 결과로서 다른 기업들이 퇴출될 수도 있다. 따라서 정부는 자유로운 경쟁을 촉진함으로써 창의적인 기업 활동을 조장해야 한다. 독점 규제는 독점기업의 위와 같은 속성을 교정함으로써 독점기업의 결정으로 초래되는 사회적 손실을 예방하기 위한 것이다.

(2) 자연독점의 교정

자연독점이 발생하는 산업에서는 비용 조건의 이유로 인해 기업 간의 경쟁이 불가능하므로 신규 기업의 진입이 사실상 불가능하다. 그러나 만일 신규 기업의 진입이 시도된다면 시장의 안정성 파괴에 따른 비효율성이 발생할 수 있으므로 진입 규제가 필요하다. 또한 자연독점 산업 내에서는 신규 기업의 진입이 이루어진다 해도 한 기업이 독점 생산하는 것이 비용 면에서 가장 효율적이므로 가격의 탄력적 인하가 이루어지지지 않는다. 이에 정부는 공익산업(전력·가스·철도·교통 등)을 대상으로 규제를 통해 단일 기업에 의한 최소 비용의 생산을 가능하게 하고 적정한 수준에서 가격과 생산량을 설정하도록 유도하게 된다.

한편 자연독점 산업을 규제하는 이유 중에서 간과할 수 없는 것이 과당 경쟁과 과잉 설비의 방지이다. 과당 경쟁(excessive competition, excess entry)이란 특정 시장 내에 과점적 경쟁의 사회적 과당성이 존재하는 현상을 말한다. 과당 경쟁은 효율적인 생산 기술의 활용을 위해 고정 투자가 많이 소요되는 산업에서 발생하기 쉬우며, 수요의 기복이 심해 모든 기업이 평균적으로 과잉 설비(excessive capacity)를 보유하는 산업에서 흔히 발생한다.[2] 예컨대, 철도와 같이 공급 탄력성이 극히 작아 산업 전체가 과잉 설비

1) 소비자잉여와 생산자잉여의 개념에 관해서는 제2장 제2절 중 '정부규제의 이념' 부분을 참고할 것.
2) 다만 업계에서 주장하는 과당 경쟁이나 과잉 설비의 가장 큰 문제점은 이들 개념이 분명하지 않다

나 과잉 투자의 문제를 안기 쉬운 산업의 경우, 경기 후퇴로 인한 수요 감퇴기에 기업들이 가격 파괴 등 과당 경쟁을 함으로써 대부분의 기업이 치명적인 피해를 입게 될 가능성이 크다.[3] 또한 공급 탄력성이 크더라도 과도한 상품 차별화가 일어나는 시장의 경우에도 과당 경쟁이 나타난다.

요컨대, 과당 경쟁과 과잉 설비는 다음과 같은 문제점을 야기한다. 첫째, 경쟁이 지나치게 치열해져서 파괴적 경쟁으로 이어지면 규모의 경제를 상실하고 평균 비용이 상승한다. 둘째, 시장 수요는 순환적으로 변할 수 있는데, 호경기에는 설비의 부족이 있겠으나 불경기에는 생산설비의 과잉으로 인해 손실을 보게 된다. 특히 설비 규모가 큰 장착산업인 경우에는 이 문제가 더욱 심각해진다.

이와 같이 자연독점을 비롯한 많은 시장에서 과잉 설비 및 과당 경쟁으로 인한 진입이 오히려 사회후생을 떨어뜨리는 경우가 흔히 발생한다. 따라서 특정 산업의 생산 기반을 적정하게 유지함으로써 경기의 변화에 안정적으로 대응하기 위해서는 이 같은 과당 경쟁을 방지해야 한다.[4] 또한 과잉 설비 산업에서의 수요 감퇴기에 과도한 가격 경쟁을 제한하기 위해 가격 규제도 병행하여 실시한다.

(3) 외부성의 내부화

외부성 특히 외부불경제의 발생으로 인해 생산이나 소비 활동에 직접 참여하지 않은 제3자가 적절한 보상 없이 불이익을 당하는 경우가 흔히 있다. 대량의 매연이나 폐수를 무단으로 방출하는 기업이 별도의 비용 부담 없이 대기 및 하천을 오염시킴으로써 그

는 것이다. 학문적 의미의 과당 경쟁은 사업자의 이윤과 소비자의 효용을 장기적인 관점에서 고려할 때 자유로운 경쟁이 오히려 자원배분의 효율성을 저하시키는 경우를 의미한다. 또한 과잉 설비도 기업들의 제한받지 않는 투자가 자원배분의 효율성을 저하시키는 것을 말한다. 따라서 특정 사업자나 특정 산업의 입장에서 본 과당이나 과잉의 주장은 객관적인 기준에 입각해 있지 않으므로 논리적 타당성을 결여하는 경우가 흔하다.

3) 철도회사가 도산할 경우 객차, 통제시설 등의 시설을 다른 산업으로 이동하여 활용하는 것이 거의 불가능하므로 철도산업 내에서의 과당 경쟁은 결국 자원의 낭비 등 경제적 비효율성을 야기한다.

4) 치열한 경쟁은 경쟁자들에게는 큰 손실을 안겨 주지만 반대로 소비자의 후생은 증가하므로 '과당' 이라는 개념은 성립하지 않는다는 견해가 있다. 그러나 우리는 규제정책의 이념으로서 공익을 사회후생으로 파악하고 있고, 사회후생 개념에는 소비자후생 외에 생산자후생도 포함됨을 상기할 필요가 있다.

주변의 주민에게 피해를 끼치는 경우가 대표적인 예이다. 만일 규제정책에 의해 정부가 오염 방지 비용을 기업에 부과한다면 오염 배출 기업은 이 비용을 생산 비용으로 내부화하게 된다. 그 결과 상품의 시장가격은 상승하고 수요가 감소하여 사회적 적정 수준에서 생산과 소비가 재조정되므로 사회적 효율성이 달성되는 수준에서 자원의 배분이 이루어진다.

한편 외부성과 관련해서 생각할 수 있는 규제정책 목표 중의 하나가 공유자원의 보존 문제이다. 라디오 및 TV가 사용하는 전파 파장이나 유전과 같은 공유자원(common property resources)은 그 개발을 시장에만 일임할 경우 상호 간섭 현상으로 인해 상품의 가치가 크게 절감되거나 자원의 고갈이 발생할 가능성이 크다. 따라서 각국의 정부는 이러한 공유자원의 보존을 위해 사용권을 제한하는 진입 규제나 생산량 규제를 실시하고 있다.

(4) 시장 정보의 대칭화

시장은 기업에게 정보 창출 비용을 보상하지 못하므로 효율적인 시장 운영에 필요한 정보를 창출해 내지 못한다. 또한 시장 정보는 지나치게 기술적이기 때문에 많은 소비자 또는 근로자가 이해하지 못하는 경우가 흔히 생긴다. 시장 정보를 확산함으로써 경제 주체의 합리적 판단을 뒷받침할 수 있으므로, 사회적 효율성 관점에서 정부는 규제를 통해 시장 정보를 강제로 보급시켜 모든 소비자나 근로자에게 알리는 것이 필요하다. 이렇게 시장 정보가 사업자와 소비자 및 근로자에게 대칭적으로 주어지면 그 정보를 근거로 상품과 노동의 공급과 수요가 결정되므로 자원배분의 효율성을 제고할 수 있다.

시장 정보의 제공과 관련한 정부의 규제는 소비자나 근로자가 가지고 있는 지식의 정도에 따라 주로 두 가지 유형으로 구분되어 시행된다(김용우, 2010). 첫째, 소비자가 정보를 이해하기가 용이한 경우 라벨의 부착이나 내용에 대한 설명서 첨부를 의무화하는 방안이 적절하다. 둘째, 정보의 이해를 위해 전문성과 기술성이 요구되는 경우 공공기관이 품질 마크, 검사필증 등의 합격 표시를 하거나 자격 기준을 충족하는 자에게만 면허를 주는 방안이 더 효율적이다.

3 정책 수단의 탐색 · 개발

바람직한 정책 목표를 설정한 후에 이 목표를 달성할 수 있는 여러 수단 중에서 최선의 수단을 선택한다면 합리적인 정책적 판단이 달성되었다고 할 수 있다. 현실적으로 정책 목표를 달성할 수 있는 최선의 수단을 선택하는 과정은 쉽지 않겠으나, 일반적으로 대안을 광범위하게 탐색 또는 개발하고 그것을 비교 · 평가하여 기준에 가장 부합하는 대안을 발견해 내는 경우 최선의 정책 대안이 선택될 가능성이 커진다.

1) 목표-수단 분석의 의의

(1) 목표와 수단 간의 관계

수단(means)은 목표를 달성하기 위해 담당자들이 정책을 현실로 구체화시키기 위한 의도로서 채택하는 실행적인 집행 방도이다. 이러한 수단은 목표와 더불어 목표-수단의 계층제를 이룬다. 한편 대안(alternatives)은 채택 가능한 여러 가지 정책 수단들 하나하나를 지칭하는 용어이다. 다시 말하면, 일정한 목표를 달성하기 위해 여러 가지 수단을 채택할 수 있을 때, 목표와 이를 달성하기 위한 일정한 수단들의 배합 하나하나가 대안인 것이다.

대안 간의 차이는 수단의 차이에 있는 것이 대부분이다. 그러나 수단이 달라짐에 따라 목표의 내용도 조금씩 달라지게 되므로 대안의 차이는 목표의 차이도 내포하는 개념이다. 다만 수단의 차이에 초점을 두고 파악하면 대안들 간의 차이를 쉽게 알 수 있으므로, 대안들을 검토할 때 보통 수단들을 중심으로 검토하게 된다. 또한 대안과 수단을 명확하게 구분하기보다는 목표와 관련하여 상황에 따라 대안 또는 수단으로 각각 다르게 부르는 것이 현실이다. 따라서 이 책에서는 대안과 수단을 특별히 구분하지 않고 수단이라는 용어를 주로 사용하기로 한다.

정책분석이 수단의 선택에 초점을 두게 되는 가장 큰 이유는 수단 선택 자체가 지니고 있는 중요성 때문이다. 이 중요성은 대체로 다음과 같이 요약된다(정정길, 1997).

첫째, 수단은 목표를 달성하기 위한 것이므로 목표의 달성을 위해서는 수단의 결정과 실현이 있어야 한다.

둘째, 수단은 달성될 목표 외에 많은 부수 효과를 가져오는 경우가 대부분이다. 그러므로 수단은 목표의 달성과는 별개의 독자적인 중요성도 가진다.

셋째, 수단의 종류에 따라 비용이 달라지고 비용의 크기에 따라 목표의 달성 수준이 달라진다. 또한 수단의 종류와 그 실현 수준에 따라 부작용의 종류와 크기도 달라진다.

넷째, 수단의 종류와 수단의 실현 수준에 따라 비용의 부담자와 부담 수준이 달라지므로 수단의 선택 자체는 정치적 갈등과 투쟁의 대상이 된다.

(2) 정책 수단의 탐색 · 개발의 의의

바람직한 정책 목표를 설정한 후에 이 목표를 달성할 수 있는 최선의 수단을 선택하게 되면 합리적 정책결정은 일단락된다. 목표의 달성과 관련하여 여러 가지 수단들이 제안되는 것은 목표를 실현하는 관점의 차이, 즉 목표 달성 방법의 다양성 때문이다. 특히 오늘날과 같이 정책환경의 급격한 변화가 일상화되어 있는 시대에는 이미 알려진 수단들 중에서 최선의 것을 선택하는 절차를 통해 제시되는 수단은 새롭게 출현하는 복잡한 문제의 해결에는 한계가 있을 수밖에 없다. 따라서 우선적으로 중요한 것은 다양한 수단들을 탐색하고 새로 개발하는 것이라 하겠다.

최선의 수단을 선택하기 위해서는 우선 수단들을 광범위하게 탐색하고 개발하여 비교 · 평가 대상에서 제외되지 않도록 분명히 확인해 두는 것이 필요하다. 정책 수단의 탐색 · 개발이란 과거에 시행되었거나 현재 시행되고 있어 이미 알려져 있는 기존의 수단들 중에서 문제 해결을 위한 수단을 발견하는 탐색 활동은 물론 전혀 새롭고 창의적인 수단의 개발 및 설계 활동까지도 포괄하는 개념이다.

이와 같이 정책 수단은 탐색과 개발의 과정을 거쳐서 획득되는 것이다. 그러나 여러 가지 제약 요인으로 인해 수단의 탐색 · 개발에서 모든 변수를 고려하고 그 변수 간의 상호 관련성을 완전히 파악한다는 것은 거의 불가능하다. 더구나 다양하고 복잡한 현대의 사회환경 속에서 미래를 예측하여 문제를 해결하기 위한 최선의 수단을 개발하는 데에는 시간상의 한계, 정보상의 한계, 분석가의 한계를 충분히 감안해야 한다.

2) 정책 수단의 원천

앞에서 본 바와 같이 현실적으로 정책 수단의 탐색이나 개발은 여러 가지 요인에 의해 제약을 받고 있는데, 정책 개발자의 부족한 능력을 보완하여 좀 더 광범위한 수단의 탐색과 개발을 도모하기 위해서는 정책 수단의 원천을 다양하게 확보해야 한다. 정책 수단을 탐색하고 개발하는 것에 관련한 접근 방법은 크게 두 가지로 나누어 볼 수 있다. 하나는 점증주의적 사고에 따라 기존 정책 수단을 확인하는 것이고, 다른 하나는 정책 수단의 탐색을 위한 지식·이론들을 이용해서 새로운 수단들을 개발하는 것이다. 특히 후자는 이용되는 방법의 성격에 따라 다시 주관적·직관적인 방법과 기타의 방법으로 나눌 수 있다(강근복, 2000).

(1) 기존 수단의 확인

설정된 정책 목표를 달성하기 위한 수단의 탐색과 개발 작업 중에서 가장 전형적인 것으로 상정할 수 있는 것이 기존 수단의 확인이다. 이 경우 정책 수단은 이미 시행되었던 정책이나 현재 시행되고 있는 정책이 아무런 수정 없이 그대로 하나의 수단으로서 제시될 수도 있고, 약간의 수정을 거쳐 새로운 수단으로 제시될 수도 있으며, 어떤 경우에는 새로운 수단을 개발하는 데 하나의 아이디어로 작용할 수도 있다. 기존 수단으로서 가장 일반적인 것은 정책적 선례와 외국의 사례이다.

과거 또는 현재의 정책적 선례는 동일한 또는 유사한 문제가 등장했을 때 정책 개발자에게 정책 수단을 제공해 주는 가장 중요한 원천이다. 즉, 정책적 판단에 즈음하여 해결해야 할 문제와 유사한 문제가 과거로부터 반복적으로 나타나서 이에 대한 방안이 이미 마련되어 있는 경우가 흔히 있다. 이러한 경우에 현재 시행 중인 정책이나 과거에 시행되었던 정책의 목록(program repertory)이 가장 먼저 생각할 수 있는 정책 수단이 된다.

외국의 사례도 한국의 정책 문제를 해결하는 데 원용될 수 있다. 이 방법은 정책적 선례와 동일하게 결과 예측, 관련 집단의 활동 분석, 자원·계획의 사전 점검 등이 용이하다는 장점이 있다. 그러나 한 나라의 정책 추진에서 나타난 여러 현상이 다른 나라에서도 그대로 나타날 가능성은 크지 않을 수 있으며, 동일한 정책이라 할지라도 정치 · 경제 · 사회 · 문화적 상황이 다르면 전혀 다른 결과를 초래할 수 있음을 충분히 감안해야 한다.

(2) 주관적 · 직관적 방법

과거 또는 외국의 정책 사례가 없는 경우에는 관계되는 여러 사람으로부터 많은 의견을 들어 정책 수단을 개발하는 것이 필요하다. 즉, 이 방법은 관계자의 주관적이고 직관적인 의견을 이용하는 것이라 할 수 있다. 이 방법으로는 대면토의, 집단토의, 델파이 방법, 브레인라이팅을 들 수 있다.

대면토의(discussion)는 한 사람의 지혜보다는 여러 사람의 지혜가 더 다양하며 합리적이라는 사고에 입각하여 다수의 사람이 대면적으로 상호 의견을 교환함으로써 다양하고 창의적인 의견을 제시하는 것이다. 대면토의의 구체적 방식으로는 세미나, 패널, 심포지엄, 포럼, 분임토의 등이 있다. 대면토의를 통해 좀 더 다양하고 창의적인 수단이 개발되도록 하기 위해서는 관점과 사고가 다양한 사람들을 참여시키고, 모든 사람이 참여할 수 있는 분위기를 조성하는 것이 필요하다.

집단토의(brainstorming)는 문제의 여러 가지 해결책을 고안하려는 목적으로 여러 사람으로부터 기발한 아이디어를 즉흥적이고 자유분방하게 제시하게 하는 일종의 집단적 토론 방식이다. 집단토의는 가능한 한 많은 아이디어를 얻기 위해 등장한 방법이기 때문에 여러 사람을 모아서 집단적으로 토의를 하게 함으로써 머리에 떠오르는 대로 아이디어를 제시하도록 하는 것이다. 좋은 아이디어를 많이 얻기 위해서는 관련 분야의 전문가만이 아니라 상상력이 풍부하고 선입견이 없는 독창적인 사람들을 널리 포함시키는 것이 바람직하다.

델파이 방법(Delphi method)은 전문가들이 아이디어를 공유하고 주관적 의견을 종합하여 좀 더 합리적인 아이디어를 만들려는 시도이다. 공개적인 집단토의는 외향적이고 공격적인 소수의 참가자들이 발언을 독점한다든가, 다른 사람의 의견에 반대하기가 쉽지 않다든가, 한번 제시한 의견은 바꾸기가 어렵다든가 하는 약점이 있다. 이 약점들을 극복하고 전문가들의 의견을 최대한 살리기 위해 델파이 방법이 창안되었다. 델파이 방법의 가장 중요한 특색은 한 사람의 전문가가 아니라 예측 대상 분야와 관련되어 있는 전문가집단이 예측을 위해 동원된다는 데 있다. 그들의 의견을 체계적으로 추출함으로써 개개인이 가지고 있는 지식이 집단 내 타인들의 무지를 보완해 주는 이점이 있다.

브레인라이팅(brainwriting)은 토론자들이 진행자로부터 주어진 주제에 대한 의견이나 대안을 직접 써서 제출하게 하는 의견 발표 또는 의견 수렴의 방법이다. 이것은 아이디어의 제시 단계에서부터 참여자들로 하여금 의견을 기록해 제시하면서 중요한 대안들을 종합해 가는 방법이다. 브레인라이팅의 과정을 통해 집약된 의견은 그것이 그대로 대안이 되기도 하나, 대개는 구체적인 문제 해결을 위한 다른 토론의 작은 주제로서 활용된다.

(3) 기타의 방법

이상에서 살펴본 것 이외에 정책 수단의 원천이 될 수 있는 기타의 방법으로는 공청회와 여론조사가 있다.

공청회(hearing)는 특히 중요하거나 전문 지식을 요하는 안건을 검토할 경우에 학식 · 경험이 있는 전문가 또는 이해관계인들의 의견을 청취하기 위한 제도이다. 공청회는 기본적으로 정책 과정에서 공개적인 토론을 통해 정책 수단의 탐색을 신중히 진행하도록 하고, 공공의 이익과 개인의 이익과의 조정에 기여하며, 일반 시민의 여론을 파악할 수 있게 하는 등 정당화 및 합리화의 역할을 수행한다(Keefe & Ogul, 2001). 미국의 독립규제위원회의 경우 새로운 규제의 신설이나 변경을 위한 대안은 피규제 기업이나 규제위원회의 직원에 의해 관할 위원회에 증거와 함께 제출된다. 기업은 증거를 제시하여 증언하고 그 밖에 소비자단체나 경쟁 산업 등 관련자들의 증언도 이루어진다.

여론조사(public opinion poll)는 국민들의 여론을 적절하고 효과적으로 반영하는 사회조사 도구로서, 사회적 이슈가 정치집단의 관심을 끌기까지 걸리는 막대한 시간을 절약해 주며, 국민의 불만을 사전에 감지하여 이를 알려주는 신호 역할을 한다. 특히 사회적인 큰 문제가 발생했다든가 새로운 정책 개발의 필요성이 야기되었을 때 정부는 전문적인 지식과 기술로써 문제를 해결하고자 노력하는 한편, 일반 국민들로부터 새로운 정보를 입수하기를 원한다. 정책을 집행하는 과정에서 국민들의 지지와 협조가 필요할 때에는 정부기관에서 국민들의 정서와 생각을 파악하는 데 더욱 노력하게 된다. 따라서 합리적인 정책 수단의 탐색 및 개발을 위해서도 국민들의 생각과 행동을 끊임없이 모니터해야 하며 그러기 위해서는 과학적인 여론조사가 필요하다.

3) 규제정책의 수단

규제정책의 운영에 관한 방식은 명령 지시적 방식, 시장 유인적 방식, 정보 제공적 방식으로 나누어 볼 수 있다.[5] 명령 지시적 방식에 의한 수단으로는 금지와 격리, 행정처분, 기준 설정이 있고, 시장 유인적 방식에 의한 수단으로는 부담금이 있으며, 정보 제공적 방식에 의한 수단으로는 정보의 제공이 있다.

(1) 금지와 격리

명령 지시적 수단은 정부의 강제력을 전제로 하여 오염물질 발생 행위를 금지하거나 특정 행위가 다른 활동에 영향을 미치지 않도록 격리하는 것이 가장 전형적이다. 규제 방법이나 그 효과가 나타나는 경로가 비교적 단순하고 동일한 기준이 적용되므로 피규제자나 일반 국민들로부터 정치적 수용 가능성이 높은 동시에 정책의 집행이 용이하고 위기 상황에 효율적으로 대처할 수 있다는 장점이 있다. 그러나 이 수단은 지나치게 비효율적이고 비시장적이라는 점에서 적용 영역이 제한된다는 한계가 있다.

(2) 행정처분

행정처분이란 법령에 근거하여 규제기관의 개별적 판정에 따라 특정 분야에서 활동할 수 있는 자격을 부여하는 규제 수단을 말한다. 행정법론상 행정처분은 권리 설정 행위, 보충 행위, 금지 해제 행위, 기타의 네 가지 유형으로 구분된다(오준근, 1997).

첫째, 권리 설정 행위는 특정인에게 권리를 설정해 주는 행정행위로서 구체적으로는 특허를 의미한다. 특허를 받은 당사자에게는 해당 지역 또는 해당 분야의 경제 활동을 독점적으로 수행할 수 있는 권리가 설정되는 반면, 특허권자 이외의 자에게는 진입이 금지되는 매우 강력한 진입 규제 수단이다. 그러나 행정 실무에서는 이러한 권리 설정 행위의 의미로서 특허라는 용어 대신에 허가, 면허, 승인 등의 용어가 사용되고 있다.[6]

---

5) 이 책 제3장 제2절 참고.

특허의 예로는 광업권 설정 허가, 어업 면허 등을 들 수 있다.

둘째, 보충 행위는 특정 당사자 간의 법률 행위의 유효성의 전제 조건으로서 규제기관의 협조를 요하게 하는 경우이다. 즉, 규제기관의 보충 행위가 없으면 법률 행위의 효력이 없도록 하는 것이므로 권리 설정 행위와 더불어 형성적 효력을 지니는 강력한 규제 수단에 속한다. 행정법론상으로는 인가라는 용어를 사용한다. 인가란 "일정한 법률 관계의 당사자의 법률적 행위에 행정기관이 동의를 해 줌으로써 행위를 완전하게 유효하게 해 주는 행정행위"를 말한다. 실정법상 인가의 예로는 도시재개발 인가, 각종 학교 설립 인가 등이 있다.

셋째, 금지 해제 행위는 법령으로 국민의 특정 행위를 일반적으로 금지하고 이를 특정한 경우에 해제하여 적법하게 일정한 행위를 할 수 있게 하는 경우이다. 국민에게 일정한 권리를 설정하는 것은 아니나, 금지의 해제 없이 국민이 일정한 행위를 할 경우에는 제재의 대상으로 한다는 점에서 진입 규제에 속하며, 가장 일반적인 규제 수단이라 할 수 있다. 행정법론상 이러한 유형을 허가로 지칭한다. 허가는 "법규에 의한 일반적인 상대적 금지를 특정한 경우에 해제하여 적법하게 일정한 사실 행위 또는 법률 행위를 할 수 있게 하는 법률 행위"이다. 현행 법령상 건축 허가, 사도(私道) 개설 허가가 여기에 해당한다.

넷째, 완화된 형태의 진입 규제로서 등록과 신고가 있다. 등록이란 허가 행위를 요하지 않고 금지의 해제에 해당하는 일정한 요건의 성취를 공식적으로 등재함으로써 일반적 금지의 해제를 받는 경우를 말한다. 현행법상 부화업과 농약의 수입 및 제조업이 등록제로 되어 있다. 신고는 금지의 해제에 해당하는 일정한 요건의 성취를 행정기관에 통지함으로써 일반적 금지의 해제를 받는 경우이다. 가장 완화된 진입 규제 수단이라 할 수 있다. 현재 일정 규모 이하의 고압가스 제조나 양곡 매매업은 신고제로 되어 있다.

---

6) 실정법상 특허라는 용어는 발명특허와 같이 산업재산권의 분야에서 일반적으로 사용되고 있다. 그러나 이것은 새로운 법률 효과를 형성하는 행위가 아니고 판단의 효과로서 기존의 사실 또는 법률 관계의 정당성 여부를 유권적으로 확정하는 행위라는 점에서 진정한 의미의 특허와 구별된다.

(3) 기준 설정

기준 설정은 기업 활동의 바람직하지 못한 사회적 효과가 적정 수준으로 유지될 수 있도록 기준을 정하고 이를 강제하기 위한 규칙의 제정을 통해 실현하는 것을 말한다. 기준 설정은 사회적으로 바람직하지 않은 행위를 객관적인 기준을 통해 제한하는 것이므로 정치적 설득력이 강하다는 특징이 있다. 앞에서 본 규제 수단들이 주로 경제적 규제에 해당한다면 기준 설정은 대부분 사회적 규제에 해당되며, 그 내용이 구체적으로 생산품의 유형과 생산 방식을 지정하는 경우 기업에 큰 영향을 미칠 수 있다.

기술 기준(technology standards)은 규제 목적의 달성을 위해 필수적이거나 그 용도에 적합한 기술이나 설계를 구체적으로 지정하여 그 기술적 기준에 따르도록 하는 것이다. 기술 기준은 피규제자가 해야 할 일을 명확하게 알려 주고, 피규제자가 부담해야 할 비용의 크기를 정확하게 파악할 수 있으며, 일반 국민이나 정치인의 이해와 지지를 구하기 쉽다는 장점이 있다. 반면에 정책의 효과가 불확실하고, 시설 가동 여부에 대한 감시가 어려우며, 피규제자의 경제적 능력에 따라 경제적 부담의 비형평성 문제를 초래할 수 있다는 단점이 있다.

성과 기준(performance standards)에 의한 규제는 피규제자가 궁극적으로 달성해야 할 질의 수준만을 설정하고 그 달성 방법은 피규제자에게 일임하는 방식으로 이루어진다. 성과 기준은 기술 기준에 비해 피규제자에게 더 넓은 선택의 기회를 부여하고, 국민이나 정치인의 입장에서 가장 이해하기 쉬운 방법으로 평가된다. 그러나 사회적으로 바람직한 규제 목표의 사회적 수준을 파악하기가 어렵고, 피규제자 간에 비형평성을 유발할 수 있으며, 기술 혁신의 유인을 가로막는 단점을 가지고 있다.

기준 설정 성공의 핵심은 당연히 적절한 기준을 정하는 것이다. 관련된 폐해가 발생할 확률을 얼마만큼 감소시키는 것이 바람직한가에 대한 답이 내려져야 비로소 이를 달성할 규제 수단을 선택할 수 있기 때문이다. 이와 관련하여 제로위험 원칙(zero-risk principle)은 관련된 위험 발생 행위가 가져오는 편익은 전혀 고려하지 않은 채 달성할 수 있는 가장 낮은 위험 수준을 목표로 삼는다. 이 원칙 하에서는 아무리 미미한 수준이라도 인체에 폐해를 끼치는 물질은 사용이 금지되어야 하는데, 이것은 대중으로부터 감정적인 호응을 얻을 수 있는 원칙이기는 하지만 비현실적이라는 문제가 있다. 이에 대한 대안으로서 유해물질의 사용과 관련된 일련의 경제행위가 가져오는 편익과 그 행위가 초래하는 비용의 균형을 맞추려는 비용·편익 원칙(cost-benefit principle)을 채택하여 허용 가능한 위험의 목표치를 정하는 방안을 생각할 수 있다.

(4) 부담금

부담금은 시장의 효율적 운영에 부정적 영향을 미치는 행위에 대해 경제적 부담을 줌으로써 그 해악을 최소화하기 위해 시행하는 시장 유인적 규제 방식의 대표적인 수단이다. 예컨대, 오염 배출, 교통 혼잡, 자원 낭비 등 그릇된 동기로 시장에 초래되는 부정적 요소의 발생을 억제·방지하여 그 영향력을 최소화할 수 있는 방법을 강구하여 제도화한 것이다.

부담금은 특정한 방법에만 한정하지 않고 가능한 방법을 다양하게 모색하도록 한다. 즉, 기업으로 하여금 특정 목표치의 달성을 위해 가장 효율적인 방법을 모색하게 하고, 부담 발생 요소(오염 배출 물질 등)를 경감하는 것이 이익이라는 인식을 갖게 하는 계기를 만들어준다. 그 결과 부담 발생 요소를 경감하기 위해 가장 효율적인 방법을 자발적으로 찾을 수 있도록 유도하는 것이다.

부담금 제도가 효율적으로 운영되기 위해서는 부담금을 적정 수준에서 결정해 부정적 행위를 예방하려는 유인을 최대화할 수 있어야 한다. 그러나 이 제도는 부담 발생 요소를 배출하는 것 외에 다른 대안이 없는 개인이나 중소기업에 대해서는 근본적 문제 해결이 될 수 없다는 데에 문제가 있다. 대안이 없는 경우에는 부담금을 내고 부담 발생 요소를 계속 배출할 수밖에 없기 때문이다(김용우, 2010). 또한 부담금만 지불하면 얼마든지 부담 발생 요소를 배출해도 된다는 비도덕적 행태를 용인하는 결과를 초래할 수도 있다는 한계가 있다.

(5) 정보의 제공

시장에서 완전한 정보를 갖지 못하면 기업과 개인은 자유로운 의사결정을 할 수 없게 되고 개인의 효용을 극대화하지 못하게 되므로 시장 거래에서의 효율성이 저해된다. 따라서 시장 정보의 충분한 제공은 근로자, 소비자 등 시장에 참여하는 경제 주체에게 위험성을 감안하여 의사결정을 할 수 있는 기회를 주기 위한 것이다. 예컨대, 정부는 산업이나 직업에 대한 상해율, 이직률, 사고피해 비용 등 각종 정보를 제공함으로써 근로자 스스로 특정 근로를 수행할 것인가에 대한 합리적인 의사결정을 할 수 있도록 한다(김용우, 2010).

4 정책 수단의 비교 · 분석

1) 정책 수단 비교 · 분석의 의의

탐색 · 개발된 정책 수단들은 일정한 기준에 따라 비교 · 분석되는데, 이때에도 달성하고자 하는 목표에 영향을 미치는 여러 변수와의 관계를 감안해야 한다. 정책 수단들 간의 비교 · 분석은 결과를 예측하여 상대적으로 효과가 없다고 판단되는 수단들을 가려내고 남은 수단들에 일정한 기준을 적용하여 정책 목표 달성에의 기여도 등을 평가하여 우선순위를 매기는 단계이다. 분석의 기준으로는 능률성, 효과성 등이 채택되며, 비교 · 분석을 위한 기법의 활용도 다양하게 이루어진다.

(1) 결과 예측

여러 정책 수단 중 어느 것이 가장 바람직한 것인지를 알기 위해서는 수단들이 탐색되거나 개발된 후에 어떤 결과가 나타나게 될 것인지를 미리 예상해 보아야 한다. 이와 같이 수단이 집행되었을 경우에 나타나게 될 결과들을 수단 실현 이전에 미리 예측하는 것을 수단의 결과 예측(prediction)이라 한다. 탐색 · 개발된 각각의 정책 수단이 가져올 긍정적 또는 부정적 결과에 대한 정확한 예측은 정책 수단의 비교 · 분석에 필요한 정보를 획득하는 데 유용한 역할을 한다.

정책 수단의 결과 예측을 위해서는 모형을 개발하여 정책 수단과 결과의 관계를 명확히 하고 이들이 현실에 적용될 때 개입되는 여러 조건이나 상황들에 대한 정보를 획득해야 한다. 그런데 상황이 지나치게 복잡하거나 동태적일 때에는 수단의 결과를 즉시 예측하지 않고 가능한 한 시간을 늦추어 더 많은 정보를 얻고 예측 가능성을 높이는 것이 현실적일 수 있다. 경우에 따라서는 발생 가능한 최악의 상황이 실제로 나타난다는

표 4-1 예측의 근거, 산물, 기법

근 거	산 물	기 법
이론적 가정	예견(prediction)	모형 작성, 경로분석, 투입·산출분석, 선형계획, 회귀분석, 상관분석
추세치 연장	투사(projection)	기존 대안의 활용, 외국 정책의 활용, 시계열분석, 최소자승 경향 추정
주관적 판단	추측(conjecture)	델파이, 정책 델파이, 상호 영향분석

전제 하에서 수단의 결과를 예측하기도 한다.

예측에는 세 가지 중요한 근거가 있는데, 이론적 가정(theoretical assumption), 추세치 연장(trend extrapolation), 그리고 주관적 판단(subjective judgement)이 그것이다(Dunn, 1981). 정확한 결과 예측을 위해서는 예측 모형을 개발하는 등 이론적 가정에 의존하는 것이 가장 과학적이라 할 수 있다. 다만 일반적으로는 과거의 정책 결과에 의존하는 추세치 연장 방법을 가장 많이 활용한다. 만일 이 두 가지 방법의 활용이 어렵거나 단점이 큰 경우에는 정책 델파이와 같은 주관적 판단 방법을 보완적으로 사용하게 된다.

순수한 주관적 판단에 의한 예측이 고의성, 자기 입장 강화, 신념 등에 기인한 편견으로 인해 타당성을 잃을 우려가 있는 것처럼, 이론적 및 경험적인 기법을 이용한 객관적인 예측도 환경 변화로 인해 그 예측이 빗나갈 가능성이 있다. 그러므로 주관적 판단에 의한 예측 방법이나 이론적·경험적 방법을 분리해서 이용하는 것보다는 양자를 결합함으로써 더 타당한 결과를 얻을 수 있다. 예컨대, 환경에 큰 변화가 없을 때에는 객관적 예측 방법에 더 큰 비중을 두면서 주관적 판단에 의한 예측 방법으로 이를 보완하고, 반대로 환경에 큰 변화가 일어날 경우에는 주로 주관적 판단에 의한 예측 기법을 이용하면서 객관적 예측 방법을 보완적으로 사용하는 것이 바람직하다. 예측 방법 중 어느 하나의 방법을 선택하는 경우에는 예측 대상, 예측의 시계(時界), 비용 및 시간 등이 고려되어야 한다(강근복, 2000).

(2) 비교 · 분석의 기준

정책 수단들이 가져올 결과를 예측하고 나면 그 결과가 얼마나 바람직한 것인가를 중심으로 각 수단을 비교 · 분석할 수 있는 기준을 적용하여 최선의 수단을 선택해야 한다. 이를 위해서는 정책 수단의 비교 · 분석 기준이 있어야 하는데, 가장 일반적인 기준은 능률성, 효과성, 형평성, 실현 가능성이다.

우선 여기서의 능률성(efficiency)은 투입에 대한 산출의 비율로서 최소의 비용으로 최대의 산출을 달성하는 것을 의미한다. 이 기준은 행정국가화의 추세 속에서 시민들로부터 더 적은 부담으로 더 많은 공공 서비스 산출을 해 줄 것을 요구받게 되면서 그에 대한 해결 방안으로 강조된 것이다. 능률성의 판단 기법으로 비용 · 편익분석이 흔히 사용된다. 그런데 공공 활동에서 특정 사업에 투입되는 비용과 산출되는 편익을 측정하는 일은 쉽지 않을 뿐만 아니라 금전적 가치로 환산한다는 것은 더욱 어렵다는 문제가 있다.

효과성(effectiveness)은 목표의 달성도를 의미하는데 과정보다는 산출 결과에 중점을 둔 개념이다. 효과성은 능률성과 상반되는 개념은 아니지만 구별되는 개념이다. 즉, 효과성은 비용 또는 투입의 관념이 포함되어 있지 않고 목표 달성도라는 산출에 중점을 둔 개념인데 비해, 능률성은 이를 이룩하려는 과정에서의 산출 대 투입의 비율을 의미한다.

형평성(equity)은 사회 가치를 공정하고 정당하게 분배해야 한다는 개념이다. 이 기준은 1960년대 말 신행정론의 등장과 함께 정부가 적극적으로 사회적 형평성을 실현하기 위해 노력해야 한다는 주장과 함께 강조되기 시작했다. 오늘날의 정책과 관련해서는 정책 비용의 부담 및 편익을 공정하게 분배해야 한다는 의미로 이해할 수 있다. 다만 정책 유형 중 공영역에 속하는 재분배정책과는 달리 시장 영역에 속하는 규제정책에서 이 기준이 적용될 여지는 크지 않다.

실현 가능성(feasibility)은 정책 수단의 내용이 충실히 집행될 가능성을 뜻한다. 아무리 능률성이나 효과성이 큰 정책 수단이라 할지라도 그것이 정책으로 채택되었을 때 집행이 불가능한 것이면 최선의 수단으로 볼 수는 없다. 정책 수단의 실현 가능성을 제약하는 요인으로는 기술, 재정 능력, 행정 능력, 법 규범, 윤리, 정치적 지원 등이 있다.

예컨대, 어떤 수단이 능률성 및 효과성 기준에서 최선의 것이라 하더라도 기술 수준, 예산, 행정력 등의 범위를 넘어서는 것이라면 그 제약 조건 때문에 실현 불가능한 수단이 될 수밖에 없다.

2) 규제정책 수단의 분석을 위한 체크리스트

OECD(1995)는 규제정책의 수단을 분석하고 규제 체제의 효율성을 제고하기 위해 규제정책 결정 과정에서 다음과 같은 체크리스트를 고려할 것을 권고했다. OECD는 이들 체크리스트를 고려하면서 규제를 도입하고 규제 체제를 개선하면 규제가 좀 더 규칙적이고 안정적이며 예측 가능해질 것임을 주장했다.

첫째, 규제를 통해 해결할 문제가 정확히 정의되었는가? 규제가 해결해야 할 문제가 정확히 표명되고, 문제가 존재한다는 명확한 증거가 있으며, 문제의 크기나 심도에 대한 물증이 있고, 문제가 생긴 이유를 지적해야 한다.

둘째, 정부의 조치가 정당한 것인가? 문제의 본질을 고려할 때 정부가 조치를 취할 명백한 근거가 있어야 한다. 즉, 정부규제는 문제의 본질, 예상되는 정부 조치로 인한 이득과 손실(효율성에 근거하여 현실적인 평가에 기초), 문제를 해결할 수 있는 다른 대안의 유무 등을 고려할 때 정부규제가 정당화된다는 명백한 증거가 있어야 한다.

셋째, 규제가 정부의 최선의 조치인가? 규제기관은 규제를 형성하는 과정에서 각종 규제와 규제 이외의 정책 수단에 관한 비교·분석을 실시해야 한다. 이러한 비교·분석에는 비용과 편익의 크기, 행정적 부담 등과 같은 관련 문제들을 고려해야 한다.

넷째, 규제에 대한 법적 근거가 있는가? 모든 규제는 '법의 지배'를 엄격히 따르도록 규제 과정을 고안해야 한다. 즉, 규제가 상위의 규제에 의해 인가되고, 국제 협정상 의무에 합치되며, 명확성 및 비례성의 원칙에 부합하고, 적용 가능한 절차적 요건에 합치하도록 책임이 명시되어야 한다.

다섯째, 규제 조치를 담당할 정부조직이 적절한가? 조치를 취하게 된다면 이를 가장 효과적으로 담당할 수 있는 정부 계층은 어디이며, 만약 조치를 취하기 위해 여러 계층이나 부처가 협조해야 한다면 이 협조 체제는 적절하게 구축되어 있는지 살펴보아야 한다.

여섯째, 규제로 인한 편익이 비용을 정당화하는가? 규제를 도입하는 과정에서 규제에 따르는 편익과 비용을 추정하고, 규제 대신 사용할 수 있는 대안들을 평가하며, 이러한 추정치를 접근 가능한 형태로 정책결정자들이 이용할 수 있도록 함으로써 규제의 비용을 정당화해야 한다.

일곱째, 규제의 영향력이 투명하게 공개되는가? 규제로 인한 비용과 편익이 사회 각 계층과 이해관계 집단에 어떻게 배분되는지 투명하게 공개해야 한다. 또한 규제가 각 사회계층과 이익집단에 어떤 영향을 줄 것인지도 고려해야 한다.

여덟째, 규제가 피규제자의 입장에서 볼 때 명확하고, 일관성이 있으며, 이해할 수 있고, 쉽게 접근할 수 있는가? 규제기관은 피규제자가 규제를 쉽게 이해할 수 있는지를 확인해야 하므로 규제를 개발할 때 피규제자들이 규제의 표현이나 규율의 구조를 쉽게 이해할 수 있는지를 확인해야 한다.

아홉째, 모든 이익집단이 자신들의 입장을 표명할 기회를 가질 수 있는가? 규제의 영향을 받게 될 각종 이익집단이 규제 개발 과정에 참여하여 자신들의 생각을 표명할 수 있어야 하며, 이들의 견해가 충분히 고려되어야 한다. 이를 위해 규제의 영향을 받는 기업, 노동조합, 정부기관, 기타 이해관계 집단들로부터 효과적이고 시의적절한 견해가 제시될 수 있도록 적절한 절차가 마련되어야 한다.

열째, 규제 순응을 실현할 수 있는가? 규제기관은 규제가 효력을 발휘하는 통로인 인센티브와 제도를 평가해야 하며, 규제의 목적을 실현하기 위해 규제 순응을 최대화하도록 전략적인 관점에서 규제를 설계해야 한다.

3) 규제영향 분석

(1) 의 의

정부규제는 자원배분의 과정을 통해 궁극적으로 경제적 효율성에 적지 않은 영향을 미치므로, 정부규제를 신설할 경우에는 당해 규제가 경제·사회에 미치는 영향을 충분히 검토할 필요가 있다. 또한 규제의 도입 단계에서부터 가장 바람직한 수단을 선택하려는 노력은 규제의 진화와 소멸 단계에서 소요되는 부담을 미리 경감시킨다. 한번 도입된 제도를 취소하는 것이 매우 어렵다는 것을 감안하면 규제의 적정화를 위한 사전

분석은 그 중요성이 크다고 할 수 있다.

규제영향 분석(regulatory impact analysis)이란 정부규제의 영향을 체계적·일관적으로 검토하는 것으로서, 규제를 통해 달성하고자 하는 정책의 목표와 그 수단이 적정한지를 분석하는 것이다. 다시 말해, 검토하고 있는 규제가 누구에게 이득을 주고 손실을 주는지, 또 편익과 비용이 구체적으로 어느 정도인지, 규제로 인한 이득이 손실을 정당화하는지, 손실을 극소화시키는 대체 방안이 있는지 등을 조사하는 것이다.

OECD(1997b)는 규제영향 분석의 효용을 다음과 같이 정리하고 있다.

첫째, 정부 행동의 긍정적 또는 부정적 영향에 대한 이해를 향상시킨다. 규제의 다양한 이득과 손실을 비교함으로써 규제 간의 우선순위를 정할 수 있으므로 더욱 중요한 규제에 자원을 할당함으로써 규제의 효율성을 높인다.

둘째, 정부의 다양한 정책 목표를 통합시킨다. 규제영향 분석은 정책적 목표들 사이의 관계를 검토하고 조화를 도모하므로, 단순한 분석 도구가 아니라 정책 조화를 추진하는 도구로도 사용될 수 있다.

셋째, 정부부처 및 이해집단 간의 대화를 촉진하므로 투명성이 제고되고 분석의 질을 제고할 수 있으며 규제 순응률을 향상시킨다.

넷째, 규제영향 분석을 통해 정책의 배경과 영향을 정확히 파악할 수 있으므로 정치인과 정부의 정책에 대한 책임이 더욱 명확해진다.

그러나 이와 같은 규제영향 분석의 이론적 측면에서의 효용과는 별개로 실제적 효용에 관해서는 부정적인 평가가 적지 않은 실정이다. 예컨대, 미국의 관리예산처(Office of Management and Budget: OMB)에 의하면, 미국 연방정부의 사회적 규제의 연간 비용은 1996년 불변가격 기준으로 1,700억 달러에서 2,300억 달러, 연간 편익은 2,600억 달러에서 3조 5,000억 달러로 추산하고 있다. 비용과 편익에 관한 이 추정치는 규제 기구의 효율성 및 건전성을 제고하기 위한 어떠한 방향도 제시하지 못하는 것이다. 따라서 추정치의 민감성을 감안할 때 규제영향 분석이 그 정확성과는 별도로 정책 운용 등에 지나치게 이용되는 것을 경계할 필요가 있다(하병기 외, 2000).

(2) 주요국의 규제영향 분석 제도

미국은 이미 1970년대부터 정부규제가 사회적 비용을 증가시킨다는 것을 인식하고 규제의 효과와 정당성을 평가하기 위한 규제영향 분석 제도를 관리예산처(OMB)를 중심으로 발전시켜 왔다. OMB는 대통령 직속기구로서 중앙행정기관에 대한 예산 배정 권한까지 보유하고 있으므로, 각 행정기관이 추진하는 정책의 필요성까지 관리하면서 행정부 전반의 중복성 제거와 일관성 있는 규제 개혁을 추진할 수 있다는 장점을 갖는다.

특히 1980년의 사무감축법(Paperwork Reduction Act)에 의해 OMB에 설치된 정보규제관리실(Office of Information and Regulatory Affairs: OIRA)은 규제영향 분석 등 규제에 관한 실무적이고 전문적인 차원의 기능을 수행한다. 첫째, 규제 검토와 관련하여 규제 부처의 관련 내용이 대통령의 정책이나 통치원칙에 부합하는지 확인한다. 둘째, 규제 심사와 관련하여 행정명령에 명시된 기준에 따라 중요 규제에 관한 심사를 수행한다. 셋째, 규제 개혁과 관련하여 특정 부처의 개선이 필요할 때에는 해당 부처에 관한 사항을 제공할 수 있는 제도적 장치를 운영한다(이민창, 2019).

OIRA는 경제학자와 정보 전문가로 구성되어 있으며 다수의 민간 전문기관으로부터 자문을 받는다. OIRA는 매우 중요한 규제의 경우에는 ① 규제를 계획하는 단계, ② 연방 관보에 공표하기 전의 제안 단계, ③ 법률로서 공표되기 전의 최종 단계 등 세 차례에 걸쳐 분석하게 된다. 분석 절차를 보면 행정기관은 연방 관보 게재 60일 전까지 규제 입법안을 OIRA에 제출해야 하며, 90일의 분석 기간이 경과해도 의견 합의가 안 되면 대통령 또는 부통령이 분쟁을 해결한다. 최근에는 국민의 소득 수준이 높아지고 안전과 환경에 대한 관심이 증가함에 따라 규제영향 분석은 사회적 규제에 집중되는 경향이 있다.

영국에서는 1985년 이후 각 부처에서 규제를 도입할 때 규제에 따르는 비용을 분석하고 다른 대안들이 선택되지 못한 이유를 설명해야 한다. 1997년부터 내각에 제출되는 중요 법령안은 수상에 직속한 규제심사국(Regulatory Impact Unit)의 규제영향평가(Regulatory Impact Assessment)를 받도록 함으로써 규제의 축소와 효율화를 꾀하고 있다. 규제심사국의 역할은 규제 개혁의 필요성을 널리 알리고 규제 관련 부작용을 검토·확인하고 개선 과제를 발굴하며 불필요한 규제를 폐지하는 것이다. 각 부처에서는 입법

예고 시 규제영향평가서 초안을 첨부해 피규제자 등의 의견을 수렴해야 한다. 그리고 정부 전체적으로 일관성 있는 규제영향평가를 위해 비용 · 편익분석에는 재무부의 지침을 활용하도록 되어 있다.

일본의 경우에는 2001년 정책평가가 제도화되면서 주요 정책 유형인 규제정책에 대해서도 평가 수단의 확립이 필요해졌다. 규제개혁촉진회의가 규제 개혁의 책임을 지고 있으며, 총무성 내 행정평가국이 규제영향 분석을 관리하고 있다. 규제영향 분석은 평가지침서에 제안된 평가 방식 가운데 사업평가의 한 기법으로서 논의되었다. 그러나 규제영향 분석은 활발히 활용되고 있지 않은데, 이것은 분석에 대한 사회적 요구가 거의 없고 이에 따라 중앙정부에서도 체계적인 접근을 하지 않고 있기 때문이다.[7)]

한국의 행정규제기본법은 정부규제의 중앙심사 제도를 도입하여 정부 각 부처는 규제개혁위원회의 심사를 받지 않고는 국민의 경제 · 사회 활동에 커다란 영향을 미칠 수 있는 중요 규제를 신설 · 강화할 수 없도록 하고 있다. 규제기관은 규제의 신설이나 강화에 대한 기본적인 편익을 계산하고 규제영향분석서를 작성해야 하며, 그 결과를 기초로 규제의 대상 · 범위 · 방법 등을 정하고 그 타당성에 대해 자체심사를 해야 한다. 그리고 나서 규제기관은 규제영향분석서, 자체심사 의견, 이해관계인의 제출 의견 요지를 첨부하여 규제개혁위원회에 심사 요청을 하게 되어 있다. 규제개혁위원회는 이 자료를 검토한 후 규제의 필요성을 인정해야 신설이나 강화를 승인하게 된다. 다만 본회의 심사 전에 분과위원회의 예비심사를 거치게 되는데, 이때 중요 규제로 판단되는 것들만 본회의에 상정되어 심의된다.

(3) 분석의 성과 기준

OECD(1997b)는 규제영향 분석에 대한 신뢰성을 구축하고 성과를 제고하기 위해 체계적인 접근 방법을 사용할 것을 권유하고 있는데, 구체적으로 다음과 같은 기준을 제시하고 있다.

첫째, 규제영향 분석의 결과가 핵심적 요소들을 지원하며, 정책에 영향을 줄 수 있도록 하기 위해 광의의 정책 시스템의 일부가 될 수 있도록 체제적(systemic)이어야 한다.

---

7) 주요 국가의 규제영향 분석 사례에 관해서는 한국행정연구원(2003)을 참고할 것.

둘째, 분석담당자는 주어진 비용의 한도 내에서 통계 자료와 분석 기법을 활용하는 데 최대한 실증적(empirical)이어야 한다.

셋째, 분석의 논리적 정당성을 극대화시키기 위해 분석 방법을 활용하는 데 일관적(consistent)이어야 한다. 다만 상황에 따라 자료나 시간이 한정되어 있다는 점을 인식하고 여기에 적응할 수 있도록 충분히 융통적(flexible)이어야 한다.

넷째, 다른 수단을 선택함으로써 분석을 회피할 수 있어서는 안 되므로 규제영향 분석을 가능한 한 모든 정책 수단에 대해 폭넓게 적용할(broadly applicable) 수 있어야 한다.

다섯째, 분석 과정에서 다양한 이해관계자들의 자문을 반영(consultative)하며, 분석 결과를 광범위하게 공개하고 결정에 대한 이유 및 기준을 명확히 설명하는 등 최대한 투명(transparent)해야 한다.

여섯째, 분석의 결과가 규제정책을 수립하는 데 도움을 주고, 분석 결과는 폭넓게 이용 가능해야 하며, 정책결정과 결부될 수 있도록 적시적(timely)이어야 한다.

일곱째, 분석의 결과는 정책결정자가 실제 문제를 해결하는 데 도움을 줄 수 있어야 하며, 조직 내·외부에서 당면하고 있는 문제의 적절한 해결에 기여할 수 있도록 대응적(responsive)이어야 한다.

여덟째, 분석을 수행하는 데 비용이 지나치게 높지 않아야 하고 수용 불가능한 지연을 초래해서는 안 되는 등 실용적(practical)이어야 한다.

(4) 분석 기법

규제영향을 분석하기 위해 가장 흔히 사용되는 기법은 비용·편익분석(cost-benefit analysis)이다. 비용·편익분석은 공공 목표를 달성하기 위해 예상되는 여러 대안 각각의 비용과 편익을 측정하고 비교·분석하여 최선의 대안을 도출하는 기술적 방법이다. 비용·편익분석은 선택 가능한 정책 수단들을 비교하고 분석할 수 있게 함으로써 효율적인 규제정책을 가능하게 한다. 한국의 행정규제기본법도 불필요한 정부규제의 신설을 초기 단계에서부터 억제하고 합리적인 규제의 입안·집행을 유도하기 위해 신설·강화되는 규제에 대한 비용·편익분석을 실시하도록 하고 있다.

표 4-2 정책 수단 선택의 성격과 원칙

선택의 성격	선택의 원칙
특정 수단 채택 여부의 결정	순편익이 (+)이면 그 수단을 선택하는 것이 바람직함.
상호 배타적인 여러 수단 중에서 하나의 수단 선택	순편익이 가장 큰 수단을 선택
상호 배타적이지 않은 여러 수단 중에서 예산이 허용하는 한도에서 다수의 수단 선택	비용·편익 비율이 가장 높은 것부터 비용 누적액이 예산 한도액에 이를 때까지 선택

자료: Kelso(1984).

비용·편익분석은 비용·편익 비율이 높거나 순편익의 현재 가치가 큰 정책 수단을 선택하도록 해준다. 현실적으로 이 기법은 [표 4-2]에서 보는 바와 같이 정책 수단 선택의 성격에 따라 그 선택의 원칙이 달라진다. 우선 특정 수단을 채택할 것인가 여부를 결정하는 경우 순편익이 (+)이면 그 수단은 채택될 수 있다. 도로의 확장·보수사업을 예로 든다면, 사업에 의해 발생한 편익(여행 비용의 감소, 여행 수의 증가)이 사업에 투하한 비용(건설비, 유지관리비)보다 크다면 그 사업은 타당성이 있는 것이다.

다음 상호 배타적인 여러 수단 중 하나를 선택하는 경우에는 순편익이 가장 큰 것을 선택하면 된다. 상호 배타적인 수단이란 예컨대, '농업용수의 안정적 공급'이라는 정책목표를 달성하기 위해 '댐 건설'과, '농업용 수로 설치'라는 수단 중 순편익이 좀 더 큰 수단을 선택하면 다른 수단은 자동적으로 고려 대상에서 배제된다는 뜻이다.

마지막으로 상호 배타적이지 않은 여러 수단 중 예산이 허용하는 한도에서 가능한 다수의 수단을 선택할 수 있는 경우에는 비용·편익 비율이 가장 높은 것부터 시작하여 비용 누적액이 예산 한도에 이를 때까지 선택하면 된다. 따라서 예산의 한도 내에서 비용·편익비율이 큰 순서대로(예: 도로 확장·보수사업, 댐건설사업, 하천정화사업 등) 다양한 사업이 채택될 수 있다.

규제정책에서 비용·편익분석을 위해 기본적으로 고려해야 할 것은 다음의 세 가지이다.

첫째, 규제의 비용과 편익을 발생시키는 요인을 우선 파악해야 한다. 이와 같은 요인을 파악하는 것은 당해 규제가 실시되기 전에 비해, 실시된 후에 사회가 어떻게 변할 것인가에 대한 효과를 비교해야 하기 때문이다. 비록 정부규제에 관련된 비용·편익 요인을 모두 파악하는 것은 어려운 일이나 분석해야 하는 대안의 수를 줄이고 대안과 관련된 규제의 시나리오를 작성할 수 있기 위해서는 필요한 작업이다.

둘째, 분석을 구체화하기 위한 요소를 결정해야 한다. 한국의 행정규제기본법은 다음과 같이 아홉 개의 분석 요소를 제시하고 있다.[8]

- 규제의 신설 또는 강화의 필요성
- 규제 목적의 실현 가능성
- 규제 외에 대체 수단의 존재 여부 및 기존 규제와의 중복 여부
- 피규제집단 및 국민이 부담해야 할 비용과 편익의 비교·분석
- 규제의 시행이 중소기업에 미치는 영향
- 경쟁 제한적 요소의 포함 여부
- 규제 내용의 객관성과 명료성
- 규제의 신설 또는 강화에 따른 행정 기구·인력 및 예산의 소요
- 관련 민원사무의 구비 서류·처리 절차 등의 적정 여부

셋째, 규제로 인한 편익을 획득하기 위해 사회가 포기해야 하는 희생의 수준, 즉 규제 비용을 측정해야 하는데, 규제 비용은 집행 비용과 순응 비용으로 구분된다. 우선 규제기관이 규제를 만들고 이를 집행하기 위해서는 시설과 인력을 유지하고 연구를 수행하는 데 소요되는 예산을 필요로 한다. 집행 비용(enforcement costs)은 행정기관이 규제를 집행하는 데에 발생하는 비용으로서 인건비, 수용비, 조사비 등으로 이루어진다. 집행 비용은 규제 대상의 획정, 규제 위반 여부의 판단, 처벌 수준 등을 결정하는 데 소요된다.[9] 순응 비용(compliance costs)은 피규제자들이 규제를 이행하기 위해 지불해야 하는 비용이다. 특히 사회적 규제에 부응하기 위해서는 환경오염 방지시설, 안전시설, 위생시설 등을 설치해야 하는데 이는 기업의 순응 비용이 된다.[10]

8) 행정규제기본법 제7조 참조.
9) 일반적으로 사회적 규제기관이 경제적 규제나 독점 규제기관보다 더 많은 집행비용을 필요로 하는데, 그것은 사회적 규제 업무의 관할 분야가 넓고 조사 및 제재 업무가 상대적으로 많기 때문이다.
10) 미국 연방정부의 규제 비용은 1991년의 경우 국내 총생산의 거의 10%에 달하는 것으로 추정되었

넷째, 규제의 신설로 인해 특정 문제가 개선되거나 제거되어 사회후생을 증진시키는 효과, 즉 규제 편익을 측정해야 한다. 규제 편익의 예는 경제적 규제와 사회적 규제에서 찾아볼 수 있다. 예컨대, 가격 규제로 인해 소비자들은 낮은 가격을 기대할 수 있고 이는 소비자잉여를 증대시킨다. 진입이나 퇴출 규제는 규제된 상품이나 서비스를 구입하고자 하는 모든 소비자에 대해 보편적인 서비스를 제공하도록 한다. 사회적 규제는 대기오염의 감소, 산업재해의 감소 등을 통해 소비자나 근로자의 삶의 질이 낮아지는 것을 막아 주며 또 이것은 생산성의 향상에도 기여할 수 있다. 그런데 규제의 실시로 인한 특정 집단의 편익은 다른 집단의 부담으로 상쇄되는 경우가 많으므로, 편익의 산출 시에는 다른 집단의 부담이 제대로 반영되어야 한다.

한편 특정 정책예산이 정해져 있을 때 정책사업들 중 어느 것이 주어진 목표를 달성하는 데 가장 효과적인가에 따라 그 사업을 분석하는 데 사용되는 기법이 비용·효과성 분석(cost-effectiveness analysis)이다. 예컨대, 국립암센터의 정책 목표가 암 사망률을 낮추는 것이라 할 때 여러 관련 사업 가운데 예산을 어떻게 배분하는 것이 사망률 저하라는 목표를 달성하는 데 가장 효과적인가를 찾는 것이다. 이 비용·효과성 분석의 논리는 각 사업이 한 사람의 사망을 더 줄이기 위해 소비하는 한계 비용을 같도록 함으로써 효과성이 극대화된다는 것이다.

5 정책 수단의 채택

정책결정자는 정책 문제의 해결을 위해 비교·분석된 여러 수단 중 하나를 선택하여 공식적인 정책을 결정한다. 결정자들은 결정을 하기 전에 정책 문제의 맥락과 중요성, 분석 자료의 합리성, 여론 동향 등 결정에 관련된 다양한 요소를 고려한다. 그리고 정치적·사회적·경제적 모든 관점을 감안하여 실행 불가능한 수단을 제외하고 나서 어떤 수단이 가장 소망스러운가, 즉 설정된 목표를 잘 달성해서 실제로 문제를 해결할 수 있는 수단이 무엇인가에 관해 토론을 거친다.

다(Viscusi et al., 2000).

바람직한 정책결정을 위해서는 합리적 정책 토론이 이루어질 수 있도록 제도와 방법을 설계하고 운용하는 것이 필요하다. 즉, 정책형성 과정에서 각각의 참여자는 자신의 주장을 뒷받침해 주는 타당한 이유를 제시함으로써 정책 토론 과정에서 자신의 주장을 상대방에게 분명하게 전달하고 상대방을 설득할 필요가 있다. 이러한 합리적 토론을 가능하게 하는 방안 중의 하나가 정책 논증(policy argument)이다. 정책 논증은 정책의 정당성을 입증하기 위해 관련된 정보나 자료를 정책 주장으로 전환하는 논리적 방법을 말한다(Dunn, 1981).

정책 논증이 전개되는 과정은 ① 정책 주장의 제기, ② 정책 주장의 근거 제시, ③ 보충 논거 제시, ④ 정보, 정책 주장, 주장의 논거 등에 대한 반론의 제시, ⑤ 반론에 대한 재반론으로 이루어지며, 재반론에 대한 반론이 이어지기도 한다(강근복, 2000).

이와 같은 복잡한 연쇄 과정을 거쳐 정책결정자는 건의된 특정 정책 수단을 그대로 채택하거나 내용의 일부를 수정하거나 몇 개의 수단을 절충하여 채택한다. 경우에 따라서는 건의된 정책 수단들을 모두 거부하거나 제안된 수단과 전혀 다른 새로운 수단들을 채택하기도 한다.

6 규제입법

1) 의 의

규제입법은 규제의 운영에 필요한 법적 근거를 마련하는 과정이다. 규제입법이 중요한 것은 입법부가 제정한 규제법규를 집행하는 과정에서 발생할 수 있는 규제기관의 자의성과 왜곡 가능성을 배제해야 하기 때문이다. 법률, 대통령령, 부령 등 규제정책의 수행과 관련한 규범의 수직적 계층 구조를 규제장치라 할 때, 규제입법은 규제장치를 통해 규제정책의 정당성을 확보하고 나타날 수 있는 행태를 통제하기 위한 것이라 할 수 있다(김용우, 2010).

2) 의회입법과 행정입법

입법 절차는 정부규제를 포함한 정부정책의 결정 과정에서 행정부 전체의 참여를 보장하는 역할을 한다. 행정입법은 준입법적 과정으로서 행정부가 법적 효력을 가지는 규칙을 제정하는 것이다. 이 과정을 거쳐 모호하게 표현된 의회의 정책이 구체적이고 명확해진다. 의회가 규제정책의 전반적인 틀을 정해 주면 행정부는 이러한 입법 취지를 행정입법 과정을 통해 구체화한다.

이때 행정입법은 특정 부처만이 아닌 행정부 전체적으로 이루어진다고 보아야 한다. 주무부처에 의해 제안된 법령의 안이 규제의 내용을 포함하고 있는 경우 관계 부처 합의, 입법 예고, 차관 및 장관회의, 법제처 심사, 국무회의 심의 등의 절차를 거쳐야 하기 때문이다. 특히 관계 부처와의 합의는 국무회의 심의에서 다루어지므로 실제로는 행정부 차원에서 가장 중요한 절차라 할 수 있다.

3) 규제입법의 유형

(1) 헌 법

우리나라 헌법에서는 시장경제의 원칙을 선언함과 함께 정부가 시장에 개입할 수 있는 근거도 마련하고 있다. 헌법에 의하면, 우리나라의 경제 질서는 자유와 창의에 기초한 자본주의 시장경제 질서를 기본으로 하되, 시장의 지배와 경제력의 남용을 방지하기 위해 정부가 규제와 조정을 통해 민간경제에 개입하는 것을 인정하고 있다. 이와 같은 경제 질서의 기본틀 안에서 구체적으로 국토의 이용·개발에 따른 규제, 경제력 남용의 방지, 무역의 규제·조정, 중소기업 보호·육성, 소비자 보호 등에 관한 규정을 두고 있다.

(2) 법 률

의회입법의 원칙에 따라 규제정책의 대표적인 규제입법 유형인 법률은 헌법 정신을 구현하는 가장 중요한 입법 유형이다. 우리나라의 경우 기본법, 관리법, 진흥법, 규제법 등의 명칭을 가진 많은 법률이 운영되고 있는데, 이들 법률이 해당 분야에서 규제입법의 기능을 담당하고 있다.

(3) 명 령

행정부에 의해 형성되는 행정입법인 명령은 개인과 기업의 시장 활동에 적용되는 규제입법의 원천으로 작용한다. 법률은 규제입법 사항 중 기본적인 내용만 정하고 세부적인 것은 대통령령, 총리령, 부령 등 명령에 위임하는 경우가 대부분이다. 명령은 실제로는 시행령, 규정, 규칙의 형식으로 운영된다.

(4) 조례와 규칙

중앙정부로부터 행정 권한을 이양 또는 위임받은 지방자치단체는 정해진 범위 내에서 지역의 사무를 처리하기 위해 해당 지역에 적용할 법규를 스스로 제정·운영할 수 있다. 조례는 지방자치단체가 법령의 범위 안에서 지방의회의 의결을 거쳐 그 지방사무에 관해 제정하는 자치법규이며, 규칙은 법령 또는 조례가 위임하는 범위 안에서 그 권한에 속하는 사무에 관해 단체장이 제정하는 자치법규이다. 조례와 규칙이 지역주민의 경제적 행태를 제한하는 경우 규제입법의 한 유형이 될 수 있다.

제 2 절 규제정책의 집행

정책결정이 이루어진 후 결정된 정책을 실천하는 단계가 정책집행이다. 정책결정 단계에서 세부적인 법적 규정과 지침이 주어지는 것은 아니므로 집행 단계에서는 관료에 의한 정책재량이 발생한다. 또한 규제정책은 정부 내에서 산업 진흥을 주요 업무로 하는 행정 조직과의 경쟁 관계가 불가피하므로 주로 규제기관의 설립, 정비와 피규제자의 순응 확보가 집행의 성공 요인이 된다.

1 규제정책 집행의 의의

1) 정책집행과 관료제

(1) 정책집행의 의의

정책집행이란 "권위 있는 정책 지시를 실천하는 과정"을 말한다(Nakamura & Smallwood, 1980). 집행에 관한 이와 같은 정의는 집행이 단일 방향적인 활동이 아니라 미리 설정된 목표를 실천에 옮기는 순환적 과정임을 나타내는 것이다. 따라서 정책집행은 다음과 같은 특징을 가지고 있다(유훈, 2016).

첫째, 정책집행은 복합적 과정이다. 정책의 집행은 많은 단계로 세분화될 뿐만 아니라, 그 과정에 많은 인물이나 조직이 참여한다.

둘째, 정책 과정은 정책형성, 정책집행, 정책평가를 포함하는 순환적 과정임은 주지하는 바이다. 따라서 정책집행은 정책형성과 영향을 주고받을 뿐만 아니라, 정책평가와도 상호작용을 한다.

셋째, 정책집행은 특히 정책형성과 긴밀한 관계를 가지며 상호작용을 한다. 나아가 정책집행은 정도의 차이는 있으나 정책을 결정하거나 결정된 정책을 수정하기도 한다.

(2) 집행 관료의 재량

정책집행을 담당하는 것은 관료이다. 관료는 대상 집단에 대한 제재나 혜택의 제공 과정에서 그 성격, 양, 질을 결정할 때 적지 않은 재량을 행사한다. 이와 같은 재량은 정책집행에 관련된 법령이나 규칙이 너무 많고 그것도 지나치게 추상적이기 때문에 가능해진다(Lipsky, 1980). 관료의 재량권이 크다는 것은 사실상 민간경제 주체의 권리 관계에 영향을 주는 규제정책이 국민의 감시를 벗어나서 이익집단과 관료집단과의 유착에 의해 자의적으로 집행될 가능성을 높여 주는 결과가 된다. 따라서 관료제의 재량권에 대한 민주적 통제라는 관점에서 관료제이론이 관심의 대상이 되었다.

집행자의 재량의 증대를 초래하는 요인으로서 ① 정책결정자와 정책집행자 간의 권력 관계, ② 정책 목표의 명확성 결여, ③ 상황의 불확실성을 들 수 있다(유훈, 2016).

첫째, 어떤 이유에서건 정책결정자의 보상적 또는 강요적 권력이 약화될 때 상대적으로 정책집행자의 권력이 강화되고 재량도 증대된다. 대통령이나 장관이라도 관료에게 적절한 인센티브를 제시하지 않거나 최소한의 권위를 인정받지 못할 경우 훌륭한 정책결정도 정책집행의 실패로 무의미해지는 경우가 있다. 반대로 집행자의 전문가적 권력이 강화될 때 상대적으로 정책결정자의 권력이 약화되어 집행자의 재량이 늘어나기도 한다.

둘째, 정책의 목표가 명확할수록 집행자의 재량이 감소되나 정책의 목표가 모호할수록 집행자의 재량이 증대된다. 목표 달성을 위한 수단이 구체성을 결여할수록(기술적 제약성), 정책결정자들 간에 해결하려는 문제가 무엇이냐에 관해서 합의가 이루어지지 않을수록(개념적 복잡성), 상충되는 다양한 이익집단의 요구와 선호를 조화시켜야 할수록(정치적 고려) 정책 목표가 모호해진다(Nakamura & Smallwood, 1980).

셋째, 미래 상황이 불확실할수록 집행자의 재량이 증대된다. 미국의 독립규제위원회들은 새로운 산업의 미래를 예측할 수 없는 상황 속에서 각종 규제에 관한 광범위한 재량권을 부여받은 바 있다.

2) 규제정책 과정에서 규제기관의 위상

규제정책을 집행할 때 중추적인 역할을 수행하는 정부조직이 규제기관이다. 규제기관은 법 규정이 위임한 범위 내에서 규제정책의 집행을 시작한다. 규제정책을 집행·관리할 수 있는 규제기관은 규제 입법의 목표를 달성하기 위해 훈령, 예규, 고시, 지정 등의 형태로 구체적인 규칙을 정해 정책을 실질적으로 집행한다. 그리고 그 과정에서 나타나는 부정적 행위를 감시하고 적발하여 적절한 처벌을 한다(김용우, 2010).

규제정책 과정에서의 규제기관에 관한 지금까지의 연구는 크게 두 가지 입장에서 진행되어 왔다. 관료제의 자율성을 중시하는 입장에서 볼 때 규제기관은 그들만의 실질적인 영향력을 행사하고 있다. 예컨대, 환경규제기관은 정치적 통제에 저항하고 전문가로서 그들의 역할로 인식되는 것을 행하며 관료의 전문성이 이를 뒷받침하고 있다. 이 견해를 대표하는 우드(Wood, 1988)에 의하면, 미국의 환경처(Environmental Protection Agency)는 레이건(Ronald W. Reagon) 정부의 규제 개혁 정책의 주요 대상이 되어 환경 규제에 관한 자율성과 독립성을 크게 제한받았으나 스스로의 정치적 영향력과 고객집단인 환경단체들의 지지 도출 등 규제 권한의 회복을 위한 전략적 행동으로 규제 권한을 다시 회복했다. 반면 관료제를 수동적으로 보는 견해는 규제기관이 환경으로부터의 투입에 대해 수동적으로 대응하는 집단이라고 보거나, 피규제자에게 포획된 결과 그들의 입장을 반영하는 집단으로 본다(임보영, 1998).

요컨대, 규제정책은 규제기관과 외부 요인의 상호작용의 산물이라고 볼 수 있으므로 규제정책의 과정, 특히 집행 과정을 정확히 파악하기 위해서는 두 가지 관점을 상호 보완적으로 이해해야 한다.

2 규제기관의 조건과 설계

기본적인 규제정책이 수립되면 그 구체적 집행과 감독은 개별 규제기관에 위임된다. 따라서 규제가 효율적이기 위해서는 규제기관이 상당한 정도의 융통성을 가지는 동시에 철저하게 공익에 근거해야 한다. 이 원칙이 현실에서 왜곡되면 민간 부문에 대해 적지 않은 문제를 야기할 수 있으므로 규제기관은 몇 가지 조건을 충족해야 한다. 한편 규제정책의 집행 시에 가장 중요한 것은 어떤 요인을 고려하여 규제기관을 설계하느냐에 관한 것이다. 여기서 고려해야 할 가장 중요한 요인은 규제기관의 조직 형태와 관할 범위이다.

1) 규제기관의 조건

규제의 실시에 따른 규제기관의 융통성이 지나치게 크면 이익집단의 영향력에 취약하게 되며, 공익성에 충실하겠다는 규제기관의 의지가 과다할 경우 피규제자의 경제적 타격이 커지게 된다. 따라서 이와 같은 근본적인 문제를 최소화하면서 규제기관이 제대로 활동하기 위해서는 다음과 같은 조건들이 필요하다(산업연구원, 2001; 2002b).

(1) 독립성 및 자율성

규제기관이 정치권의 압력으로부터 영향을 받지 않거나 피규제자로부터 포획되지 않기 위해서는 이들이 행사하는 영향으로부터 규제기관이 차단되도록 하는 것이 필요하다. 이를 위해서는 규제기관이 이익집단과 같은 피규제자는 물론 정당이나 정부의 다른 부처 등 정치적 이해관계자로부터 간섭과 영향을 받지 않도록 독립되어야 하며, 규제기관 운영상의 자율성이 확보되어야 한다. 정치적인 독립성과 운영상의 자율성은 합리적이고 공정한 규제 행위를 유도한다.

(2) 투명성

규제기관은 내부적 의사결정 과정에서 이해관계자의 의견을 편향됨이 없이 반영해야 하며, 의사결정 과정과 규제 업무의 시행 과정은 대외에 공개해야 한다. 그리고 관련 법규의 개정, 주요 시책의 변경 사항을 충실히 공시해야 한다.

(3) 책임성

규제기관은 외부의 엄격한 통제와 자발적 의식의 고양을 통해 책임성을 확보해야 한다. 여기서 외부적 요인에 의한 책임성은 단지 대통령이나 기관장에 대한 책임을 지는 소극적 차원이 아니라 공식적 절차를 통한 책임의 제도화를 의미하는 적극적 차원이 더욱 중요하다. 또한 자발적 책임 의식의 고양을 위해서는 권한의 자의적 행사를 제한할 수 있도록 규제기관 내부에 견제와 균형의 장치를 마련해야 한다.

(4) 전문성

규제기관의 직원은 규제 업무에 대한 전문적인 지식과 경험을 충분히 지니고 있어야 한다. 그렇지 않을 경우 규제기관이 피규제 산업에 포획되는 상황이 일어날 수 있게 되며, 규제의 목표와 성과가 괴리되는 현상이 나타날 수 있다.

2) 규제기관의 조직 형태: 행정기관형과 독립기관형

규제기관의 설계에 관해 가장 논란이 많은 요인은 규제기관을 행정부처의 일부로 할 것인가, 아니면 별도의 조직으로 운영할 것인가에 관한 것이다.

(1) 행정기관형

행정기관형은 독립된 행정부처(부, 처, 청 등)나 행정부처의 내부 조직(국, 과, 소 등)이 규제 업무를 담당하게 하는 유형으로서, 대부분의 국가에서 규제기관을 행정기관의 형태로 설치하고 있다. '독립된 행정부처(executive branch agency)'인 규제기관은 부처의 장이 대통령에 의해 임명됨으로써 상당한 정도의 자율성을 확보할 수도 있다. 한국의 경우에는 환경부나 특허청 등을 예로 들 수 있다. 행정부처의 내부 조직 형태의 규제기관은 규제 관련법의 운용을 맡고 있으므로 규제기관으로 볼 수 있으나, 각 부처 장관의 보조기관으로서 일반행정 및 산업 진흥 업무와 더불어 규제 업무를 병행하므로 독립성과 자율성이 매우 취약한 경우가 많다. 따라서 내부 조직의 유형인 경우에도 일반행정 업무와 규제 업무가 명확히 분리되는 것이 바람직하다. 한국의 경우 국토교통부의 공공주택본부, 과학기술정보통신부의 전파정책국 등을 예로 들 수 있다.

(2) 독립기관형

독립기관형은 규제 재량이 중요할 경우 또는 규제기관 설립 초기에 독립성을 확보할 필요가 있을 경우 행정기관과 별도의 독립기관을 설립하는 유형이다. 규제정책에 관한 결정을 위원회 조직 형태로 운영할 경우 규제 결정이 기관장 개인적인 성향에 의해 좌우될 우려가 적고, 다양한 전문가적 시각을 반영할 수 있으며, 업무의 연속성을 유지할 수 있다. 반면에 의사결정이 지연될 수 있고, 책임 소재가 불분명해지며, 결정 내용이 정치적인 이해관계에 의해 좌우되기 쉽다는 단점이 있다. 이 유형으로는 행정부처에 소속되어 있는 행정위원회의 형태가 일반적이나, 독립성을 최대한 확보해야 할 경우에는 독립규제위원회의 설치가 바람직하다.

독립규제위원회(independent regulatory commission)란 입법부 · 행정부 · 사법부의 통제 밖에 위치하여 입법부로부터 법의 집행에 필요한 규칙 제정 및 규제 채택 권한을 위임받아 이를 실제적으로 시행하는 독립적 규제기관을 말한다. 미국에서는 전통적으로 행정권의 강화를 억제해 온 결과 규제정책의 운용을 위해 입법부도 행정부도 아닌 독립규제위원회를 설립하였다. 독립규제위원회가 미국에서 가장 활발히 활용되고 있는 것은 민간경제의 발달과 미국의 정치 이념, 즉 행정부는 민간경제에 불필요하게 개입해서는 안 된다는 믿음에서 비롯된 것이다.[11] 나아가 사회・경제적 변화에 따라 기술적 전문성, 제도적 신축성, 절차적 신속성의 확보가 요구되어 규제기관에 대해 입법적 및 사법적 권한을 위임하게 된 측면도 있다. 독립규제위원회는 일반적으로 에너지나 정보・통신 등과 같이 네트워크적 특성을 가진 공익산업 분야에서 설치되고 있으며, 금융산업과 같이 엄정한 규제가 요구되는 분야에서도 활용되고 있다.

독립규제위원회는 규제정책을 원활히 집행하기 위해 다음과 같은 기능을 갖는다(김용우, 2010).

첫째, 규제기관은 규제에 관련된 법률이 위임한 사항이나 인정한 범위 내에서 규제정책을 집행하는 데 필요한 사항을 구체화하는 규칙을 제정하는 등 준입법적 기능을 행사한다. 행정부는 원칙적으로 입법부에서 제정한 법률을 집행하는 것을 그 본래의 역할로 하고 있으나 행정 기능의 확대에 따라 행정입법 현상이 보편화되었다. 특히 법률의 집행을 위한 독립규제위원회의 규칙 제정 권한은 현대 규제정책에서 불가피한 기능으로 인정되고 있다.

둘째, 규제기관은 상품이나 서비스의 양과 가격의 결정, 이용권이나 면허의 부여 등 규제정책의 집행을 위해 필요한 한도 내에서 판정 행위를 하는 준사법적 기능을 행사한다. 이 기능은 주로 독립규제위원회가 특정의 사실을 인정하고, 거기에 법규를 해석・적용하며, 적합한 결정을 내리는 일련의 행위로 이루어진다. 보통 분쟁 또는 청구에 대한 결정의 형태를 띤다는 점에서 행정적 기능과 구분된다.

셋째, 규제기관은 규제정책을 구체화하여 규제 업무를 자체적으로 수행하는 행정적 기능을 행사한다. 이 기능은 법규에 의해 결정된 규제 목표를 구체적으로 실현하기 위한 규제기관의 행위를 지칭한다. 이 행정적 기능에 의해 규제기관은 규제 업무의 실질적 수행권 이외에 이해 당사자 간의 이해를 조정하는 중재・조정권과 자료 수집과 사실 확인 등의 조사권을 갖는다.

한국에서는 완전한 독립규제위원회의 형태를 가진 규제기관은 아직 존재하지 않으

---

11) 미국에서 독립규제위원회가 활발히 설치되었던 것은 이해관계의 첨예한 대립에 의회가 직접적으로 개입하는 것을 꺼리는 한편, 대통령이 규제정책에 영향력을 강력하게 행사할 수 없도록 하기 위해서였다(Kohlmeier, 1969).

나, 행정위원회를 설립하여 가급적 행정부서로부터의 영향력을 배제하고 규제기관을 독립적으로 운영하는 사례가 있다. 방송통신위원회, 공정거래위원회, 금융위원회가 규제라는 특수 목적을 수행하는 대표적인 행정부처형 행정위원회라 할 수 있으며, 중앙노동위원회와 금융감독원은 행정부처 산하에 위치하는 독립기관이지만 사실상 행정위원회라 할 수 있다. 다만 전기위원회와 같이 행정부처장의 감독을 받는 경우에는 독립성이나 독자적 업무 영역의 확보가 크게 축소된다.

3) 규제기관의 관할 범위: 일반 규제기관과 전문 규제기관

규제기관의 설계 시에 고려해야 할 또 하나의 문제는 규제기관의 관할 범위를 어느 정도로 할 것인가에 관한 것으로서, 이 기준에 의하면 규제기관은 일반 규제기관과 전문 규제기관으로 나눌 수 있다(산업연구원, 2002b). 일반 규제기관은 미국의 연방거래위원회(Federal Trade Commission: FTC)나 한국의 공정거래위원회가 독점 규제 법규를 집행하는 것처럼 그 관할권이 사실상 국민경제 및 사회 전반에 미치는 규제정책을 실시하는 기관을 말한다. 전문 규제기관은 미국의 독립규제위원회나 한국의 대부분의 경제부처처럼 특정 산업에 대한 진흥과 더불어 경제적 규제를 담당하는 기관을 말한다. 일반 규제기관과 전문 규제기관은 그 목표, 업무 처리 방식, 전문성, 규제 관할 등에 관해 차이를 보인다(OECD, 1998; 최종원, 1998; 이문지, 2003).

(1) 목 표

양자 모두 경제적 효율성의 증진을 규제정책의 궁극적 목표로 삼는다는 점에는 차이가 없다. 그러나 일반 규제기관이 경쟁 유지를 통한 효율성 증대를 사실상 유일한 목표로 규정하는 것에 비해, 전문 규제기관의 경우 효율성 증진을 위해 보편적 서비스의 제공이나 산업 보호와 같은 다양한 구체적 목표가 경쟁 유지와 동일하게 중시된다. 따라서 다양한 목표의 추구 과정에서 전문 규제기관은 종종 경쟁 제한적인 경제적 규제정책을 실시한다.

(2) 업무 처리 방식

일반 규제기관은 합병 사전 심사와 같은 예외적인 경우를 제외하고는 사후적으로 규제 법규를 적용하나, 전문 규제기관은 요금의 사전 인가, 계약의 사전 심사와 같이 사업자의 행위에 대해 사전적으로 규제한다. 따라서 전문 규제기관은 시장에 빈번하게 개입하고 지속적으로 피규제자를 감시하는 것이 일반적이다. 이에 비해 일반 규제기관은 신고를 받고 나서야 조사에 착수하는 것이 보통이며, 법규 위반의 징후가 있는 경우에만 직권조사를 시작한다.

(3) 전문성

특정 산업 내에서의 독점성을 판단해야 하는 일반 규제기관은 시장 구조와 기업 행위의 효과를 판단할 수 있는 경제학적 지식과 개별 법 조항의 적용 가능성을 검토할 수 있는 법학 지식이 중요하다. 이에 대해 해당 산업에서의 진입, 가격, 사업 영역, 품질 등에 관한 포괄적 규제를 담당해야 하는 전문 규제기관은 많은 관련 정보와 지식을 필요로 한다. 특히 회계학적 지식과 공학적 전문성의 확보가 매우 중요하다.

(4) 규제 관할

일반 규제기관과 전문 규제기관은 동일한 사안을 중복하여 규제하거나 서로 모순되는 규제를 취할 가능성이 있다. 따라서 많은 나라의 정부들은 두 규제기관에 권한을 나누어 배분하고 있다. 나아가 관할권을 조정하는 장치를 별도로 법규에 두는 경우도 많으며, 조정 조항이 없더라도 특정한 사건과 문제의 처리 방식 등을 규정한 협력의정서를 공포하는 경우도 있다.

OECD에서는 공익산업에 관련한 규제의 종류를 필수설비에의 접근에 관한 규제, 경쟁 제한적 행위에 대한 규제, 기술적 규제, 경제적 규제, 시장 지배력 측정 등 다섯 가지로 나누고, 일반 규제기관과 전문 규제기관 간에 권한 및 기능 배분이 적절히 이루어져야 함을 제안하고 있다.

필수설비에의 접근에 관한 규제는 일반 사업자의 필수설비에 대한 공정한 접근과 관련된 제도적 보장이 어려울 경우 그 설비에 대한 비차별적 접근이 이루어지도록 하는 규제이다. 필수설비(essential network facility)란 독점사업자가 보유하는 자산으로서 이것을 이용하지 않고서는 사업자 간에 충분한 경쟁이 활성화될 수 없는 설비를 말한다. 일반적으로 일반 규제기관은 시장 지배적 지위의 남용에 대한 규제의 경험이 있으므로 전문 규제기관보다 필수설비에의 접근에 관한 규제를 담당하는 데 더 적합하다고 볼 수 있다. 다만 필수설비에 접근하는 조건을 정하기 위한 정보의 획득, 그에 따르는 비용 문제, 조건의 준수를 확인하기 위한 지속적인 감독 문제 등을 고려할 때 전문 규제기관과의 협력의 여지가 크다.

경쟁 제한적 행위에 대한 규제는 합병 심사, 카르텔 규제, 독점화 행위 규제 등이 포함된다. 전문 규제기관과 비교할 때 일반 규제기관은 전문 지식, 경험, 기관의 문화 등으로 볼 때 경쟁 촉진을 위한 규제를 담당하는 데에 상대적으로 적합하다고 할 수 있다.

기술적 규제란 네트워크의 호환성 및 안정성 유지, 네트워크 표준화, 환경 친화적 사업 활동 등을 위한 제반 기준 및 규칙 설정 권한을 말한다. 기술적 규제는 그 성격이 다른 규제 기능과 매우 다르므로 그 업무를 제대로 수행하기 위해서는 공학적 지식과 경험이 풍부한 전문 규제기관의 인력의 활용이 필수적이다. 따라서 일반 경쟁기관이 경쟁 제한적 행위에 대한 규제 업무와 함께 기술적 규제를 담당하는 것은 적합하지 않다.

경제적 규제에는 진입 규제, 가격 규제, 사업 영역 규제, 품질 규제, 보편적 서비스의 유지를 위한 규제 등이 포함된다. 이러한 규제는 성질상 간헐적이기보다는 지속적이며 당해 분야에 특유한 회계학적 지식에 크게 의존한다. 따라서 경제적 규제를 담당하는

표 4-3 일반 규제기관과 전문 규제기관

구 분	일반 규제기관	전문 규제기관
운영 사례	한국: 공정거래위원회 미국: FTC	한국: 행정기관 미국: 독립규제위원회
목표	경쟁 유지를 통한 효율성 증대	보편적 서비스 제공, 산업 보호를 통한 효율성 증대
업무 처리 방식	사후적 법규 적용	사전적 규제(요금 인가, 계약 심사)
전문성	경제학, 법학	회계학, 공학
규제 관할	필수설비에의 접근에 관한 규제 경쟁 제한적 행위에 대한 규제 시장 지배력 측정	기술적 규제 경제적 규제

데에는 전문 규제기관이 상대적으로 더 적합하다고 할 수 있다.

시장 지배력 측정은 특정 산업을 일반 독점규제법의 적용 대상으로 하지 않고, 특정 경제적 규제의 적용 영역에 포함시켜야 할지를 결정하는 데 기준이 되는 주기적인 시장 지배력 규모 측정 권한을 말한다. 이 권한은 산업조직론적 전문 지식과 관련 정보를 보유하고 있는 일반 규제기관이 담당하는 것이 적합하다.

4) 주요국의 규제기관 실태

(1) 미 국

독점 규제정책을 담당하는 기관으로는 연방거래위원회와 법무부가 있다. 연방거래위원회(Federal Trade Commission: FTC)는 1915년 FTC법에 의거해 설치되었으며, 기업의 부당한 경쟁 행위에 대한 조사와 판결 기능을 가지고 있는 준사법적 기관이다. FTC는 5명의 위원과 사무국으로 구성되며, 위원의 임명은 대통령이 하나 상원의 승인이 있어야 한다. 법무부 독점규제국이 셔먼 법 위반사건에 관한 민사와 형사소송을 모두 담당하는 데 비해, FTC는 클레이턴 법과 FTC법의 민사소송만 담당한다.

FTC는 FTC법 제5조 “상거래나 상거래 행위에 영향을 미치는 불공정하거나 기만적인 행위나 관행은 위법이다”라는 조항을 근거로 반경쟁적인 기업 행위를 규제한다. 이 조항은 독점 규제정책의 근거로 활용될 뿐만 아니라 소비자 보호를 위한 근거법으로도 활용되고 있다.

한편 경제적 규제는 주로 독립규제위원회가 담당한다. 독립규제위원회가 설치된 이유는 비정치성, 전문성, 신속성, 행정적 일관성 등을 유지하기 위해서이다. 미국의 독립규제위원회에는 주(州) 사이의 거래를 규제하는 연방 차원의 규제위원회와 주 내에서 거래를 규제하는 주 차원의 규제위원회가 있다. 연방 독립규제위원회는 대통령이 임명하고 상원이 인준하는 5~7명의 위원들로 구성된다. 주 독립규제위원회는 대부분 공익산업위원회이며 위원들은 선출되기도 하고 주지사가 임명하기도 한다(이수복, 2001).

연방 차원의 주요 독립규제위원회는 [표 4-4]와 같다.

표 4-4 미국의 주요 독립규제위원회 및 업무

규제기관	근거법	규제 업무
Securities and Exchanges Commission	Securities and Exchanges Act(1934)	증권 및 금융
Federal Communications Commission	Communications Act(1934)	전화, 전보, 라디오, TV, 케이블 TV
Interstate Commerce Commission(1887)	Motor Carrier Act(1935)	육상 운송
Federal Energy Regulatory Commission	Public Utility Act(1935)	주간 전력 송전과 요금
Federal Power Commission	Natural Gas Act(1938)	천연가스의 주간 수송과 판매 (FERC로 통합)
Civil Aeronautics Board	Civil Aeronautics Act(1938)	항공요금과 안전. 1985년 철폐됨.
U.S. Maritime Commission	Act to Regulate Commerce(1940)	해양 운송(ICC로 통합)

자료: Kaserman & Mayo(1995).

(2) 영 국

영국의 경우 1980년 경쟁법(Competition Act)을 제정함에 따라 독점을 포함한 경쟁 제한 행위에 대한 규제를 본격적으로 하기 시작했다.[12] 영국의 독점 규제는 독점합병위원회(Monopoly and Merger Commission: MMC)와 공정거래청(Office of Fair Trading: OFT)에 의한 이원화된 절차를 거쳐 이루어진다. 이와 같이 이원적인 절차를 채택함으로써 경쟁 제한 행위를 처리할 때 신속성과 효율성을 확보할 수 있다.

우선 OFT의 사무총장이 제소나 직권에 의해 경쟁 제한적으로 의심되는 사안을 조사하고, 이 중 경쟁 제한적이라고 판단되는 사안을 MMC에 보고한다. 경쟁 제한적이라고 인정될지라도 그 효과가 미미한 경우에 해당 기업이 더 이상의 거래 관행 행사를 중지

12) 참고로 EU에서 독점 규제정책의 집행은 집행위원회(Commission)가 담당하는데, 집행위원회의 결정은 지역 내의 모든 사람을 구속한다. 집행위원회는 이해관계자에게 자료의 제출을 요청할 수 있고, 업체를 조사할 수 있다. 특히 집행위원회는 기업 집중에 대한 통제권을 가지고 있으며, 기업은 기업 인수 사실을 집행위원회에 신고해야 한다. 집행위원회는 준사법적 권한을 가지고 있어서 합병이 시장 지배적 지위를 강화하거나 경쟁을 심각하게 저해할 우려가 있다고 판단되면 이를 중단시키거나 벌금을 부과할 수 있다. 집행위원회의 결정에 대해 불복이 있으면 유럽사법재판소에 항소할 수 있다(EU통상연구회, 2000).

하기로 약정하면 보고 조치를 유보할 수 있다. MMC는 보고된 사안이 경쟁을 저해하여 공익 또는 소비자 이익에 손상을 초래했는지 여부에 대해 판정을 한다.

한편 영국은 1980년대 들어 대대적으로 민영화된 공기업의 규제 문제가 중요 쟁점으로 부각되었다. 이렇게 민영화된 독점공기업의 사후 처리를 위해 영국 정부가 취한 조치로서 가장 중요한 것은 기존의 규제 기구인 MMC-OFT 체제 이외에 해당 산업에 특화된 개별적 규제기관을 신설하였던 점이다(김기수, 1999).

우선 1984년 통신법(Telecommunication Act)에 근거하여 설립된 통신청(Office of Telecommunications: OFTEL)은 무선통신주파수 규제기관, 라디오방송 규제기관, 텔레비전방송 규제기관, 방송심의기구 등과 통・폐합하여 2003년 제정된 방송통신법(Communication Act)에 근거하여 방송통신청(Office of Communications: OFCOM)으로 거듭났다. OFCOM은 방송국, 통신사 등 방송・통신산업에 대한 규제를 실행한다. OFCOM은 인가에 따르는 의무 조항의 준수를 감시하고 강제할 의무가 있으며, 기업의 동의 하에 인가 조항들을 변경할 권한을 갖는다. 또한 기업 합병을 제외한 모든 업무 영역에서 OFT와 권한을 공유한다.

1986년 가스법(Gas Act)에 근거하여 설립된 가스공급청(Office of Gas Supply: OFGAS)은 영국가스(British Gas)를 포함한 가스산업의 인가 조건의 변경 등에 대한 권한을 행사한다. 그러나 실무 차원에서 중요한 공급 계약에 대한 규제는 OFT의 소관 사항으로 되어 있고, MMC가 권고 사항을 시달하는 등 다른 개별 규제기관에 비해 재량권이 제한적이다.

1989년 수도법(Water Act)에 근거하여 설립된 상수도청(Office of Water Services: OFWAT)은 기업 합병을 규제하고, 사업자 간의 담합을 방지하며, 기업의 효율성을 높여 소비자에게 양질의 저렴한 서비스가 이루어지도록 하는 데 목적이 있다. 이를 위해 기업 합병 건은 MMC에 조사를 의뢰하여, 그리고 담합 건은 OFT와 협력하여 규제한다. 또한 OFWAT은 상수도 관련 모든 기업을 규제하되 식수감시단(Drinking Water Inspectorate) 및 하천관리처(National River Authority)와 협력하고 있다.

1990년 전기법(Electricity Act)에 근거하여 설립된 전력규제청(Office of Electricity Regulation: OFFER)은 일상적인 정부 간섭으로부터 독립하여 복잡한 전력산업 전반에 대한 규제를 책임진다. 영국의 전력산업 민영화는 발전 분야를 두 개의 거대기업과 여러 개의 소기업으로 분할하고, 송전은 한 회사가 경영하되 그 소유는 10여 개의 지역별 배전회사와 공동으로 하는 방식으로 이루어졌다. 이에 따라 OFFER는 발전 분야의 2대 거대기업의 담합 가능성과 송·배전 분야에서의 독점 폐해를 방지하는 것을 주요 역할로 하고 있다.

(3) 일 본

일본에서 독점 규제정책의 집행은 내각총리 하에 있는 공정거래위원회(公正取引委員會)가 담당한다. 이 위원회는 미국의 연방거래위원회를 모델로 하여 설립된 독립적인 행정위원회로서 위원장 및 위원 4인으로 구성되는 합의제 기관이다. 이 위원회는 독립적으로 그 직권을 행사하며 사무를 처리하기 위해 사무총국과 지방사무소를 둔다. 그러나 위원회의 독립성은 미국에 비하면 약한 것으로 평가된다.

공정거래위원회는 「사적 독점의 금지 및 공정거래의 확보에 관한 법률」(독점금지법) 위반에 대해 대심구조의 심판 절차를 거쳐 심결에 의해 위반 행위를 인정하고 배제 조치를 명령하게 되어 있다. 동법에 위반하는 사실을 발견한 자는 공정거래위원회에 대해 그 사건을 보고하고 적당한 조치를 취할 것을 요구할 수 있다. 이 위원회는 사건에 대해 조사를 해야 하며, 위반 사실이 있다고 판단하는 때에는 직권으로 시정권고나 과징금 부과 등 적당한 조치를 취할 수 있다(고토 아키라·스즈무라 고타로, 2000).

(4) 한 국

한국에서는 독점 규제정책을 독립적으로 수행하기 위해 국무총리 소속 하에 공정거래위원회를 두고 있다. 그러나 담당 사무를 독립적으로 수행하도록 보장하기 위해 상급 관청인 국무총리로부터 아무런 지휘·감독을 받지 않는다. 공정거래위원회는 사무처 이외에 사무를 지역별로 관장하기 위해 지방 주요 도시에 지방공정거래사무소를 두고 있다.

공정거래위원회의 주요 기능은 시장 구조를 개선하여 경쟁적 시장환경을 조성하고 거래 행태의 개선을 통해 시장의 공정한 거래 질서를 확립하는 것이다. 특히 거래 행태의 개선을 위해 시장 지배적 지위의 남용을 금지하고, 부당한 공동 행위 및 사업자(단체)의 경쟁 제한적 행위를 규제한다. 공정거래위원회는 「독점규제 및 공정거래에 관한 법률」(독점규제법)을 해석·적용하는 외에 독점적 시장 구조의 개선을 위한 시책을 수립·시행하거나 경쟁 제한적인 법령 및 행정처분에 관해 관계 행정기관의 장과 협의·조정을 하는 등 일정한 범위 내에서 정책을 형성할 수 있는 권한을 위임받고 있다. 공정거래위원회는 독점규제법 이외에 표시광고법, 약관규제법, 방문판매법, 할부거래법 등의 운용도 담당한다.

공정거래위원회의 사건처리 절차는 신고·직권 인지, 예비조사, 사건심사 착수 보고, 사건조사·심사, 심판청구, 위원회 심결, 이의신청, 이행 결과의 확인 절차로 대별된다.[13] 우선 공정거래위원회는 독점규제법 규정에 위반한 사실이 있는 것으로 판단될 때에는 직권으로 필요한 조사를 할 수 있으며, 또한 누구든지 위원회에 법 위반 사실을 신고할 수 있도록 하고 있다. 법 위반 사실이 신고 또는 직권 인지되는 경우 심사관은 예비조사를 통해 법 적용 대상 여부를 판단하여 법 해당 사항인 경우 사건심사 착수 보고를 하고 조사 및 심사에 착수한다. 심사관이 사건을 심사하여 법 위반 사실이 있다고 판단되는 경우 심사보고서를 작성하여 위원회에 상정한다.

한편 위원회는 심사관으로부터 제출받은 심사보고서를 바탕으로 안건을 심의하여 법 위반 사실이 인정되는 경우 시정 조치, 과징금 부과와 그 내용 등을 결정하는 데 시정 조치에는 중지명령, 정정광고, 위반 사실의 공표 등이 포함된다. 위원회는 위반 행위가 있는 경우에 당사자에게 의견 진술 기회를 부여하며, 방안을 마련하여 시정권고를 할 수 있다. 위원회의 처분에 대한 불복은 이의신청과 행정소송의 절차가 있다. 한편 심사관은 시정권고, 시정명령, 과징금 납부명령의 이행 여부를 확인해야 하며, 만일 시정 조치 사항을 이행하지 아니한 때에는 시정 조치 불이행에 따른 고발 절차에 들어가게 된다.

한편 공익산업에 대한 규제를 전담하는 독립된 규제기관으로는 산업통상자원부 산하의 전기위원회가 있다. 전기위원회는 거래행위 규제, 소비자 보호, 분쟁 조정, 시장 감독, 전력산업 구조 개편, 민영화 등을 추진하는 역할을 담당한다.

---

13) 공정거래위원회의 운영 제도에 관해서는 공정거래위원회(2001)를 참고할 것.

3 규제정책 집행의 순응과 불응

정부규제는 시장 기능의 원활한 수행을 위해 불가피한 목적에서 채택되는 하나의 정책 도구로서, 필요성이 인정되는 규제는 유지되고 집행되어야 한다. 그러나 아무리 사회적으로 필요한 규제라 해도 피규제자를 비롯한 이해관계자들이 규제에 순응하지 않으면 그 규제는 무용지물과 다름없다. 따라서 올바른 규제를 형성하는 것 못지않게 규제 순응을 향상시킴으로써 규제를 잘 집행하려는 노력도 매우 중요하다.

1) 규제 순응의 시각

일반적으로 정책집행에 대한 순응이란 정책결정자의 의도나 정책 내용에 포함된 행동 규정에 대해 정책대상 집단이 일치된 행동을 하는 것을 말한다. 따라서 규제 순응(regulatory compliance)은 피규제자들이 정부규제의 규범과 정책 목표 및 정책 수단을 준수하는 것을 의미한다고 할 수 있다. OECD(2000)는 규제 순응을 보는 시각으로서 다음과 같이 다섯 가지를 들고 있다.

(1) 전통적 억제

규제 순응에서 가장 고전적인 시각은 전통적 억제(traditional deterrence)로서 규제 순응 여부는 피규제자들의 손익 관계에 달려 있다고 본다. 즉, 피규제자들은 규제 순응에 따르는 편익과 비용을 계산하고 그 결과에 따라 규제 순응 여부를 결정한다는 것이다. 따라서 피규제자들은 경제적 이익이 따르지 않을 경우에는 규제에 순응하지 않는다. 이러한 시각에 의하면, 규제 순응을 향상시키기 위해서는 유인과 강제력을 증가시켜야 한다는 결론에 이른다.

(2) 제한적 합리성

제한적 합리성(bounded rationality) 시각은 피규제자들이 시간이나 능력 등에 관해 한계가 있으므로 평소에는 규제 순응에 신경을 쓰지 않고 있다가 규제 불응으로 인해 위기가 발생하게 되면 비로소 규제에 순응하게 된다는 것이다. 규제를 이행하지 않음으로써 대규모 사회 문제가 발생하면 규제에 대한 관심이 커지고 규제 순응이 향상되는 경우를 예로 들 수 있다.

(3) 비공식적 억제

비공식적 억제(informal sanction)는 피규제자가 규제를 준수하지 않는다는 사실이 널리 알려지는 경우 부정적 광고(negative publicity) 효과가 나타나게 될 것이므로, 일반 대중들의 부정적 인식을 피하기 위해 피규제자들은 규제를 이행하게 된다는 시각이다. 미국의 산업 안전 규제의 경우 비록 법에 규정된 형벌의 정도가 낮아도 규제 순응이 컸다는 것이 이를 입증하고 있다.

(4) 정당성

이것은 기업들이 법이나 규제를 준수하거나 준수하는 것처럼 보임으로써 다른 기업, 정부, 대중에 대한 대외적인 정당성(legitimacy)을 유지한다는 것이다. 이 점에서 볼 때 규제기관은 역사적 유적, 문화적 관행 및 가치관, 경제·사회적 체제, 정부 및 기업 간 관계 등 제도적 기대(institutional expectation)를 통해 피규제자들이 규제에 순응하도록 유도하는 것이 바람직하다. 다만 이 시각의 한계는 피규제자들이 실제로는 규제에 순응하지 않으면서도 순응하고 있다는 이미지만 형성할 우려가 있다는 점이다.

(5) 협력과 신뢰

피규제자들이 정책에 대한 신뢰를 가지고 있고, 장기적으로 규제 이행이 자신들에게 도움이 된다는 인식이 있을 경우 협력과 신뢰(cooperation and trust)를 위주로 하는 전략이 궁극적 목적을 달성하는 데 효과적일 수 있다는 시각이다. 다만 이 시각은 규제기관과 피규제자들 간에 나아가 경제 주체들 간에 높은 수준의 협력과 신뢰의 의지가 축적되어 있어야 한다는 전제가 필요하다.

2) 규제 불응의 원인

정책집행에서 불응이 발생하는 원인으로는 불분명한 의사전달, 부족한 자원, 부적절한 정책, 순응에 요구되는 행동의 부담, 권위에 대한 불신을 들 수 있다(Coombs, 1981).

피규제자가 규제에 순응하지 않는 규제 불응(regulatory non-compliance)의 원인에 관해서는 OECD(1999; 2000)의 연구 결과를 참고하여 규제집행 과정에 한정하여 다음과 같이 정리할 수 있다.

(1) 목표의 잘못된 인식

흔히 정부는 어떠한 정책 목적을 달성하고자 할 때 가장 적합한 수단이 무엇인지 분석해 보지 않고 습관적으로 규제를 통해 쉽게 해결하려는 경향이 있다. 만일 규제를 통해 실현할 목표에 대한 인식이 잘못되어 있거나 목표 자체가 명확히 정의되지 않는 경우 규제 불응이 나타나기 쉽다. 목표의 잘못된 인식에는 규제가 아닌 다른 수단으로써 목표를 쉽게 달성할 수 있는 경우와 규제 목표의 달성 자체가 불가능한 경우가 있다.

(2) 규제 설계의 실패

규제 설계의 실패란 규제를 도입하는 과정에서 규제 순응에 대한 고려가 부족하여 규제 순응이 제대로 이루어지지 않는 것을 말한다. 규제 설계가 실패하는 원인으로는 규제 순응 비용이 과다하게 높은 경우,[14] 규제가 요구하는 사항이 너무 복잡하여 이해하기 어려운 경우, 규제가 실질적 목표와 관계없이 지나치게 형식적인 경우, 다른 정책이나 다른 규제가 집행을 약화시키는 경우, 규제가 시장 원칙이나 문화적 관행에 합치하지 않는 경우, 피규제자들과의 사전 의견 교환이 제대로 이루어지지 않았을 경우 등이 있다. 위와 같은 이유로 피규제자가 규제가 비합리적이라고 판단하게 되면 순응하는 것을 택하기보다는 가능하면 규제 수단을 바꾸게 하거나 특별한 대우를 받기 위해 규제기관에 로비를 하는 데 시간과 비용을 지출할 가능성이 커진다.

(3) 규제집행의 장해

비록 규제가 제대로 설계되어 있더라도 피규제자들의 행동에 대한 감시가 이루어지지 않아 규제가 집행되지 않는다면 규제 순응은 향상되기 어렵다. 또한 피규제자가 정부나 규제기관에 의해 불공정한 취급을 받았다고 인식해도 규제에 순응하지 않을 가능

14) 준수해야 할 기준의 수준이 지나치게 높게 책정되어 있을 때, 기준에 맞추기 위해 주어진 시간이 지나치게 짧을 때, 규제가 지나치게 경직적으로 운영될 때 규제 순응 비용이 높아질 수 있다.

성이 크다. 한편 너무 높은 수준의 벌금이나 형벌을 부과하는 경우 규정을 지키지 않았을 때 이익은 큰 반면, 적발될 가능성이 낮다면 규제를 지키지 않는 행위를 제재하지 못한다. 그리고 규제의 실패가 반복되어 규제의 신뢰도가 떨어질 경우 규제는 물론 규제기관, 나아가서는 규제법정주의 자체에 대한 신뢰가 저하되어 다시 규제에 대한 순응도를 떨어뜨리게 된다.

(4) 피규제자의 순응 역량 저하

피규제자들의 자발적 순응이 없다면 규제 순응을 향상시키는 것은 매우 어렵다. 특히 정부가 질 낮은 규제를 도입하고 규제집행 시에 신뢰성의 중요성을 경시한다면 장기적으로 규제 순응 확보가 어려워질 수밖에 없다. 정부나 규제기관이 아닌 피규제자의 관점에서 파악할 때 신뢰성이 저하되어 규제가 불응되는 원인으로는 규제의 복잡성 등에 기인하여 피규제자의 지식 부족으로 규제 순응이 안 되는 경우, 규제 순응 비용이 과다하거나 규제 절차가 부당하여 규제를 순응할 의지가 없는 경우, 규제 수단이 비효율적이거나 비현실적이어서 규제를 순응할 능력이 부족한 경우 등을 들 수 있다.

3) 규제 순응 확보 전략

(1) 목표의 정확한 정의

문제가 명확히 인식된다면 정부는 규제의 목표를 정확히 정의할 수 있고, 나아가 덜 강제적이고 가장 효율적인 수단을 찾아낼 수 있다. 따라서 규제를 도입할 때 정부는 규제가 해결해야 할 문제를 정확히 인식해야 하며, 규제 도입에 따르는 위험성과 피해 정도 등을 확인해야 한다. 또한 목표를 달성하기 위해 규제가 아닌 다른 대안이 더욱 효과적이고 효율적일 수 있는지도 확인해야 한다. 이를 위해서는 정보의 충분한 수집이 중요하다.

(2) 규제 설계의 개선

전통적인 지시와 명령에 기초한 규제 방식은 형벌의 위협을 바탕으로 하여 피규제자의 순응을 강요하는 방식이다. 그러나 이러한 방식은 자발적이지 못하다는 등의 단점이 많으므로 규제 순응 확보에 바람직하지 않은 방식이다. 따라서 규제를 설계할 때 규제가 달성하고자 하는 목표만 지정하고 그 실현 방법은 피규제자들의 자율에 맡김으로써 각각의 여건에 따라 가장 효율적인 방법을 발견할 수 있다.

(3) 규제집행의 향상

규제 순응을 확보하기 위한 전략 중의 하나로서 순응에 대한 인센티브를 제공하는 방법을 생각할 수 있다. 예컨대, 규제 순응률이 높다고 인정되는 피규제자들에 대해 검사의 횟수 감소, 벌금 감축, 승인 절차 간소화 등의 인센티브를 부여하는 방안이 여기에 해당된다. 다만 이 방법은 순응 선도자에게만 적합하고 불응자에게는 인센티브가 미약하다는 한계가 있다. 이러한 단점을 보완하기 위해 규제 불응의 가능성이 큰 분야에 대한 감시 인력을 집중 배치하는 등 집행력을 향상시켜야 한다.

(4) 피규제자의 순응 역량 제고

규제 순응 확보를 위해 가장 중요한 것은 모든 피규제자들이 쉽게 이해할 수 있는 규제를 채택하는 것이다. 피규제자가 규제 순응에 필요한 전문성, 정보, 기술 등이 없으면 인센티브가 존재해도 규제에 순응할 수 없다. 이러한 경우에는 교육, 기술 지원, 전문적 자문 등을 통해 피규제자들을 지원해 주어야 한다. 또한 피규제자가 스스로 또는 구성원들의 행동을 규제하는 자율규제를 보완적으로 채택하는 방안도 고려할 수 있다.

4 규제행정

1) 의 의

규제기관은 법률이나 명령 등 법규가 위임한 범위 내에서 규제정책의 집행을 위한 행정을 수행하게 되는데 이를 규제행정이라 한다. 규제기관은 입법부로부터 입법권의 일부를 위임받은 직후부터 규제행정을 시작한다고 할 수 있다.

2) 내 용

규제행정은 다양한 내용을 포함하고 있으나 대체로 규칙 제정, 사실 확인, 행정행위를 주요 내용으로 하고 있다(김용우, 2010).

(1) 규칙 제정

규제기관은 가장 먼저 규제기관의 관할에 속한 업무를 수행하기 위해 행정공무원들이 준수해야 할 규칙을 정하게 된다. 규칙의 제정은 준입법적 성격을 가지나 규제의 집행을 위한 규율이라는 점에서 규제행정에 속한다고도 할 수 있다. 규제기관은 규제정책을 원활히 집행하기 위해 훈령, 예규, 고시, 지정 등의 형태로 규칙을 제정하여 시행한다.

(2) 사실 확인

규제기관은 구체적인 행정행위를 하기 전에 먼저 사실에 관한 확인을 거쳐야 한다. 규제기관이 자료를 세밀히 수집하고 정확한 사실을 확인할 수 있을 경우 행정 기능을 제대로 수행할 수 있다고 본다면 규제행정을 수행하는 데에 가장 중요한 과정이 사실 확인이라 할 수 있다. 따라서 이를 가능케 하기 위해 규제기관에 대해 법령으로 조사권을 부여하고 있으며, 법적 논쟁의 여지가 없는 한도 내에서 조사에 관한 재량권을 인정하고 있다.

(3) 행정행위

규제행정의 핵심은 행정행위에 있다고 할 수 있다. 규제기관은 사실 확인을 거쳐 부정적인 사안에 대해서는 명령, 통제, 경고, 하명, 금지, 금전적 불이익 부과 등의 규제행정 행위를 수행한다. 이때 필요할 경우 고소 등 사법부의 개입을 요청하기도 한다. 긍정적인 사안에 대해서는 보조금 등의 적극적 수단을 통해 조장하는 경우도 있다.

제 3 절 규제정책의 평가와 통제

1 규제정책의 평가

1) 정책평가의 용도

정책평가란 "한 정책의 과정이나 결과를 이해하고 그 가치를 판단하는 과정"을 말한다. 따라서 정책평가는 전반적인 정책 과정에 도움이 되는 환류 정보를 획득함으로써 정책결정과 집행이 효율적으로 이루어지도록 한다. 또한 정책 과정에 참여하는 자의 책임을 규명하고 정책 체제의 문제 해결 능력을 향상시킬 수 있다. 정책평가의 용도를 구체적으로 알아보면 다음과 같다(노화준, 2001).

첫째, 정부가 직면하고 있는 문제들을 해결하기 위한 정책의 효과성에 관한 새로운 지식의 획득에 필요한 자료를 얻게 해 준다. 이것은 현재 시행 중인 정책의 평가를 통해 사회 현상에 관한 새로운 지식을 발전시키고 장기적으로 정책의 개발과 사회 문제의 해결에 응용하기 위한 것이다. 나아가 정부의 문제 해결의 잠재적 능력을 제고해 준다.

둘째, 정책 수단의 선택과 운영상의 능률성과 효과성을 증진시키기 위한 지원 시스템으로서 기능한다. 우선 정책결정자에게는 정책의 수정, 보완, 종결 등에 대한 합리적인 결정을 내리는 데 필요한 판단의 정보를 제공해 준다. 정책관리자에게는 정책의 성공 여부 등 관리의 능률성을 제고하는 데 필요한 정보를 제공한다.

셋째, 정책결정자나 관리자들로 하여금 그들이 관련된 정책의 가치에 대한 책임을 갖도록 함으로써 자원을 최선의 방법으로 활용하도록 한다. 이것은 인적 · 물적 자원을 누출하지 않고 원래의 취지대로 활용할 뿐만 아니라 목표를 효과적으로 달성할 수 있도록 적극적으로 책임을 지게 하는 것을 뜻한다.

2) 규제정책의 본질에 관한 인식의 전환

(1) 대리 문제의 인식

회사 조직은 소유와 경영이 분리된 결과 전문경영인들은 자신의 효용을 극대화하기 위해 반드시 주주의 목표를 그대로 수행하지 않는 경우가 흔히 있다. 또한 주주는 법적으로 엄연히 주인임에도 불구하고 자신의 대리인에 불과한 경영진이 횡포를 부려도 당할 수밖에 없는 경우가 생긴다. 경영자의 효용은 주주의 요구를 어느 정도 만족시키는 제약 하에서 자신의 급여와 상여금, 예산 및 기업 규모, 개인적 지출액 등에 의해 영향을 받는다. 이것을 대리 문제(agency problem)라 한다.[15)]

대리 문제가 발생하는 가장 큰 원인은 정보의 비대칭성(information asymmetries)이다. 즉, 주인에 비해 대리인은 더 많은 정보를 가지고 있으며, 특히 주주가 알기 어려운 사적인 정보를 많이 가지고 있다. 또한 정보는 대리인이 작성하기 때문에 왜곡되기 쉽다.

정부 부문에서도 그 정책 구조상의 특성으로 인해 몇 가지 대리 문제가 발생한다. 우선 복잡한 대리 관계로 인해 규제정책은 그 이념인 공익뿐만 아니라 정치인 또는 고급 관료들의 요구, 이해집단의 요구, 그리고 담당 관료 자신의 효용과 선호에 의해 영향을 받는다. 결국 사회구성원을 위한 공익이 정부에 의해 실행되는 과정에서 다양한 이해가 혼합된 정책 목표는 공익과는 상당한 차이를 갖게 되며 때로는 공익이나 효율성과는 모순되는 형태로 나타나기도 한다. 이와 같이 정부의 정책 구조적 특성은 다양한 목표라는 결과를 초래한다.

주인과 대리인 간의 대리 문제가 불가피하다 하더라도 사기업의 경영자는 주주의 이윤 추구 목표를 최대한 고려하지 않을 수 없으며, 인센티브 제도는 기업의 이윤 극대화와 경영자의 보수 극대화를 더욱 밀접히 함으로써 경영 목표의 차이를 어느 정도 해소할 수 있다(윤성식, 1993). 그러나 공공 부문에서는 정부의 목표 자체가 분명하지 않은

---

15) 따라서 주주들은 이윤 극대화의 기준에 따라 기업 경영을 감독할 유인을 갖는다. 만일 경영이 자신들의 이해와 일치하지 않는 방향으로 운영될 때에는 주주로서의 권리를 행사하여 경영 목표의 수정을 명령하거나 경영진을 교체할 수 있다. 이와 같이 주주와 경영자 간의 목표의 불일치와 비대칭 정보에 의한 대리 문제를 해소하기 위해서는 감독 비용과 같은 대리 비용(agency cost)이 불가피해진다.

경우가 많으므로, 경제적 유인 장치를 통한 주인과 대리인 목표 간 격차의 축소 가능성이 매우 낮다고 할 수 있다.

이와 같이 정부의 목표가 다양하고 모호하다는 사실과 목표들 간의 불일치를 해소하기가 어렵다는 사실은 곧 정책에 대한 평가가 어렵다는 것을 의미한다. 즉, 사기업의 경우는 주식시장이나 전문경영인 시장을 통해 기업과 경영자에 대한 평가가 가능하나, 정부의 경우 이러한 시장이 없거나 매우 불완전하므로 시장을 통한 자동적인 평가가 이루어지지 못하는 실정이다. 또한 사기업의 경우에는 기업의 성과가 소유주의 이해에 직결되므로 주주들은 경영에 대한 감독을 행할 충분한 유인이 존재하지만, 정부 부문의 경우에는 정부의 정책 성과가 정부를 감독하는 국민들의 이해에 직접적으로 영향을 주지 않으므로 민간 주주들에 비해 감독에의 유인이 약할 수밖에 없다. 이것은 민주적 참여의 중요성과 특수성을 강조하는 결과를 초래한다.

(2) 정책평가 참여의 재인식

현대 사회에서의 규제정책은 규제기관과 피규제자 간의 상호작용을 통해 이루어지므로 상호 의존적 관계로 변모하고 있다. 특히 규제정책 개혁 과정에 정부 관료보다는 민간 전문가가 다수 참여하고 있어 상호 조정과 협력을 통한 집단적 의사결정이 요청된다. 또한 규제정책의 집행은 피규제자를 비롯한 이해관계인의 순응을 확보하는 것이 중요한데, 이를 위해서는 피규제자에 대한 대응성 제고와 인센티브의 제공을 통해 자발적 협력을 유도하는 전략이 필요하다.

최근까지의 한국과 같이 경쟁 제한적인 경제적 규제가 일반적으로 시행되어 왔고, 기업의 경비 절감을 위해 사회적 규제가 경시되어 온 나라의 경우 규제의 목표와 수단의 선택이 공익에 걸맞게 이루어지기를 기대하기는 쉽지 않은 것이 사실이다. 그러나 계속적으로 확대되어 온 민주화로 인해 정책 과정에 영향을 줄 수 있는 참여자들이 다양해졌다. 특히 기업, 언론, 이익집단 외에 시민사회단체들이 국회나 관료사회와 같은 공식적 참여자로부터 상당한 정도의 자율성을 확보했다.

요컨대, 규제정책의 평가에 관한 본질적 문제가 평가 방식의 개혁 필요성 및 그 방법이라 할 때 그에 관한 가치 판단은 정부 관료나 일부 경제 전문가에 의해 이루어지는 것보다는 사회적 합의 하에서 이루어지는 것이 바람직하다. 이러한 사회적 합의는 민주적인 정책 과정을 통해서만 가능하다. 따라서 모든 이해관계자에게 정책결정 과정에 참여의 기회를 보장하여 합의를 도출하려는 노력이 중요하다.

2 규제정책의 통제

정부가 배분 또는 재분배의 목적으로 재정적 수단을 통해 정책 목적을 추구하기 위해서는 정부는 의회의 예산심의 등 강도 높은 통제 절차를 밟아야 한다. 그러나 같은 정책 목적을 달성하기 위해 규제정책 수단을 채택한다면 직접적인 재정 지출이 크게 발생하지 않는다. 그리하여 적지 않은 순응 비용이 민간 경제 주체에게서 발생함에도 불구하고 정부는 규제 비용에 관해 심각하게 고려하지 않는 경향이 있다. 결국 규제정책은 그 결정 및 집행 시에 민주성과 공개성이 취약해지기 쉽다고 할 수 있다(최병선, 1998b). 따라서 규제기관이 규제정책의 결정과 집행 시에 정책환경의 변화에 탄력적으로 대응하고 과정의 오류를 최소화하도록 유도하기 위해서는 외부 기관에 의한 통제가 필수적이다. 이 통제 장치로서 가장 중요한 것은 입법적, 행정적 및 사법적 통제와 같은 공식적 참여자에 의한 통제이다.

1) 입법적 통제

입법부의 정책통제는 대체로 공청회, 국정조사, 사업예산의 심의 등을 통해 이루어진다. 한국의 경우에는 여기에 정기국회 기간 중의 국정감사라는 매우 포괄적인 통제 장치가 마련되어 있어 다양한 분야에 대한 통제가 이루어질 수 있다. 이하에서는 선진국에서 채택하고 있는 입법부에 의한 규제정책 통제 수단 중에서 규제일몰 제도와 규제예산 제도에 관해 알아보기로 한다.

(1) 규제일몰 제도

규제정책의 지속 여부를 평가하기 위해 미국을 중심으로 많은 나라에서 채택하고 있는 제도가 규제일몰 제도(regulatory sunset)이다. 이 제도는 신설 또는 강화되는 규제는 반드시 한시적으로 시행되도록 기한을 정해 두는 제도이다. 즉, 정해진 기한이 도래한 경우 그 규제의 존속 여부를 심사하지 않거나 심사에서 타당치 않은 규제로 평가되면 규제가 자동으로 폐기된다.

규제일몰 제도는 규제가 도입될 당시에는 그 정당성이 인정되었을지라도 시간이 흐름에 따라 규제의 정당성이 사라지거나 규제정책 집행상의 왜곡이 증대할 경우에 대한 자동제어 장치로서 중요한 의미를 가진다. 즉, 의회는 규제의 한시성 때문에 규제 및 규제기관의 필요성을 재검토할 기회를 공식적으로 확보할 수 있다. 그러나 이 제도가 신설 규제에 대한 영향분석과 병행될 때에는 오히려 엄격한 분석을 약화시킬 우려가 있으므로, 규제일몰 제도는 규제영향 분석 제도와는 엄격히 분리되어 시행되어야 한다.16)

한국에서도 1998년 행정규제기본법의 제정과 함께 규제일몰제가 도입되었다. 정부부처는 규제를 신설하거나 강화하려는 경우에 존속시켜야 할 명백한 사유가 없는 규제는 존속 기한 또는 재검토 기한을 설정하여 법령에 규정해야 하며 점검 결과에 따라 폐지 또는 완화의 조치를 취한다. 존속 기간 또는 재검토 기간은 최장 5년을 넘지 못하며, 그 기한을 연장하고자 할 경우 기한의 3개월 전까지 기한 연장을 내용으로 하는 개정안을 국회에 제출해야 한다.

(2) 규제예산 제도

규제예산 제도(regulatory budget system)란 예산편성 과정이나 예산심의 과정에서 규제기관들의 정책 합리성을 판단하고 이를 통해 각각의 규제기관이 스스로 합리적인 의사결정을 하도록 하는 유인을 부여하기 위한 제도이다. 미국에서 이 제도가 고안된 것은 규제기관에 대한 다른 행정기관이나 의회에 의한 통제가 잘 이루어지지 못하는 상황에서 예산심의로는 미흡하다는 인식이 생겨났기 때문이다(Thompson & Jones, 1981). 다시 말해, 규제기관은 규제를 실시할 때 규제기관이 직접 사용하는 집행 비용 이외에

---

16) 동일한 규제에 대해 일정한 기간 이후에 다시 평가한다는 사실은 최초의 분석에 대한 책임을 약화시키는 방편으로 활용될 여지를 제공한다. 이것은 사전분석을 미래의 사후평가로 대체하는 효과를 가져와 결국 규제의 도입을 용이하게 하는 결과를 초래한다.

민간이 부담해야 하는 순응 비용을 충분히 고려하지 않는 경향이 있기 때문에 규제로 인한 경제적 부담은 엄청나게 증가할 수 있다.

따라서 규제예산 제도 하에서 규제기관은 과거와는 달리 예산 요구를 할 때 규제정책 수행에 직접 관련되는 집행 비용뿐만 아니라 규제로 인해 야기되는 순응 비용까지도 포함해야 한다. 그 결과 규제기관은 순응 비용이 큰 규제정책을 채택하기가 어려워지므로 정책 목표를 합리적으로 달성할 수 있는 정책 수단을 다양하게 모색하게 된다. 따라서 규제기관들은 각자의 정책 목표를 최대한 달성할 수 있는 방향으로 규제정책의 우선순위를 정해야 한다.

이와 같이 규제예산 제도는 규제기관으로 하여금 스스로의 의사결정을 더욱 합리화하기 위한 노력을 기울이게 할 수 있는 제도이다. 다만 이 제도는 민간이 부담해야 하는 순응 비용의 측정이 어렵고, 그 비용이 측정되었다 해도 규제의 편익이 파악되지 않는 한 적정한 순응 비용의 크기를 판단하기가 어렵다는 한계가 있다.

2) 행정적 통제

정책의 책임성을 확보하기 위해 가장 기본적인 요소는 규제기관을 포함한 관련 행정기관의 자율적인 책임 의식이라 할 수 있다. 그러나 행정기관의 자율적 책임 의식만으로는 책임성을 확보하는 것이 충분하지 못하므로 행정적 통제의 필요성이 제기된다. 규제정책에서 대표적인 행정적 통제장치로는 규제감사 제도와 규제개혁위원회의 활동을 들 수 있다.

(1) 규제감사 제도

규제감사 제도란 규제정책의 합법성, 적정성, 타당성 등을 독립적, 객관적, 체계적으로 검토·분석·평가하기 위한 제도를 말한다. 규제감사의 목적은 규제정책의 집행에 관한 관리 시스템이 제대로 갖추어져 작동되고 있는지를 점검하고, 규제감사 가이드라인 제공을 통해 규제집행의 실효성을 제고할 수 있는 기반을 조성하기 위한 것이다.

규제감사의 초점은 크게 규제의 합법성, 규제관리의 적정성, 규제 내용의 타당성에 있다. 우선 규제감사는 규제법정주의 준수 여부를 확인하기 위해 법적 근거가 없는 규제운용을 하고 있는지, 과도하거나 불필요한 서류 제출을 요구하고 있는지, 과도한 조건을 제시하거나 부담을 지우고 있는지 등을 확인 · 점검한다. 그리고 규제관리 제도가 적정하게 운용되고 있는지를 점검하고 규제의 신설 · 유지 · 폐기 등 일련의 규제 절차가 적정하게 이루어지고 있는지 파악하기 위해 규제 등록, 규제 존속 기한, 자체 규제 심사 등을 검토한다. 또한 필요한 규제의 도입 여부, 중복 규제 여부, 규제 수준의 적실성 여부, 필요 규제에 대한 폐지 여부, 규제 사각지대 존재 여부 등 규제 내용이 타당한지를 점검한다(감사연구원, 2009).

미국 · 호주의 항공안전 · 보안 규제감사 사례

▪ 배 경

1938년 미국이 민간항공법을 제정함으로써 항공 분야의 경제적 규제가 최초로 도입되었고, 1944년 국제민간항공기구에서 '시카고협정 부속서'를 통해 항공안전 · 보안규제가 도입되기 시작하였다.

▪ 항공안전

미국과 호주는 항공기 제작 및 정비기술 영역에 대한 감사를 빈번히 실시하고 있다. 항공안전 관리감독 및 관제 · 운항 절차에 대한 감사는 물론 안전관리 시스템에 대한 감사도 수차례 실시하였다. 공항 인프라 영역에서도 안전시설에 대한 감사 이외에 공항 서비스 및 공항개발에 대한 감사도 실시하였다.

▪ 항공보안

미국의 경우 승객 및 화물보안 검색과 무기 및 위해물품 휴대에 관한 감사를 반복적으로 실시하였다. 또한 미국은 보안장비 및 감독에서 보안 교육 · 훈련에 이르기까지 전 분야에 걸친 보안감사를 실시하였다.

▪ 시사점

우리나라에서도 기관 운영감사에 치우쳐 있는 항공산업 감사 이외에 안전 · 보안에 특화된 특정감사를 강화할 필요가 있다. 초경량 비행기 이용자 증가 등 최근의 추세를 반영한 규제감사를 실시해야 하며, 대형 항공사와 헬기업체 등 항공기 사용자에 대한 안전관리를 강화해야 한다. 항공안전 분야에서 항공기 제작 및 정비기술 관련 감사를 강화해야 하며, 항공보안 분야에서는 보안장비, 교육훈련, 보안감독, 공항 및 항공기 등 감사를 정례화해야 한다.

자료: 김나영(2015: 77-79).

(2) 규제개혁위원회

한국의 규제개혁위원회는 행정규제기본법에 따라 정부의 규제정책을 심의하고 조정하며 규제의 심사·정비에 관한 사항을 종합적으로 추진하기 위한 기구이다. 이 위원회는 민·관 공동위원장과 당연직 정부위원 8명을 포함하여 20명에서 25명 사이의 위원으로 구성된 명실상부한 민관합동위원회로서 법적으로 심의 권한을 가지고 있다. 규제개혁위원회는 법률에 근거하여 설치된 대통령 소속의 행정위원회로서 자문위원회보다는 그 권한과 기능이 강화된 위상을 갖추고 있으며, 5개 이내의 분과 위원회를 설치함으로써 전문성을 강화하고 있다.

규제개혁위원회는 규제정책의 기본 방향과 규제 제도의 연구·발전, 규제의 신설·강화 등에 대한 심사, 기존 규제의 심사, 규제정비종합계획의 수립·시행, 규제의 등록·공표, 규제 개선에 관한 의견 수렴 및 처리, 각급 행정기관의 규제 개선 실태에 대한 점검·평가 등에 관한 사항을 심의하고 조정한다. 따라서 모든 규제는 위원회에 등록해야 하며, 위원회는 규제사무목록을 작성하여 공표해야 한다(규제개혁위원회, 2004).

규제개혁위원회는 매년 중점적으로 추진할 규제 분야 또는 특정한 기존 규제를 선정하고 기존 규제의 정비 지침을 작성하여 국무회의의 심의를 거쳐 중앙행정기관의 장에게 통보한다. 중앙행정기관의 장은 지침에 따라 당해 기관의 규제정비계획을 수립하여 위원회에 제출한다. 위원회는 중앙행정기관별 규제정비계획을 종합하여 정부의 규제정비계획을 수립하고, 국무회의의 심의를 거쳐 대통령의 승인을 얻어 그 내용을 공표한다. 중앙행정기관의 장은 규제정비계획에 의거하여 소관 기존 규제를 정비하고 그 결과를 위원회에 제출한다.

규제개혁위원회가 실질적으로 운영되기 위해서는 해당 업무를 보좌해 줄 실무 조직이 필요한데 국무조정실 내의 규제조정실이 사무국 역할을 담당하고 있다. 규제조정실은 규제 업무 편람, 규제 개혁, 규제 심사의 대상 및 세부 절차, 규제영향평가 등과 관련된 업무를 수행한다.

3 규제사법

부당한 규제에 대하여 구제해 주는 제도는 크게 행정적 구제제도와 사법적 구제제도가 있다. 그리고 근래에 들어 소송 방식의 하나로서 집단소송 제도가 도입되고 있다.

1) 행정적 구제제도

규제기관의 부당한 규제에 대한 구제 제도로서 사법부에 호소하기 이전에 행정기관에 미리 진정하는 민원과 청원의 방법이 있으며, 또한 규제 행위의 효력을 다투기 위해 소송을 제기하기에 앞서 행정기관에 심판을 청구하도록 하는 행정심판이 있다.

민원이란 개인이나 단체가 행정기관에 대해 처분 등 특정한 행위를 해 주도록 요구하는 것을 말한다. 민원의 주요 내용으로는 각종 허가의 신청, 등록의 신청, 특정한 사실의 증명 또는 확인, 행정기관의 처분 행위에 대한 이의신청 · 진정 · 건의 · 질의, 행정 관련 불편 사항의 해소 요청 등이 있다. 청원은 국가기관에 대해 불만의 구제를 제기하거나 희망을 진술하는 것을 말한다. 청원은 반드시 문서로 해야 하고 국가기관은 이를 수리해 심사할 의무만 지며, 재결을 해줄 필요가 없다는 점에서 행정심판과 차이가 있다.

한편 행정상 쟁송제도로서 행정심판이란 행정상의 법률관계에 관한 쟁송이 있는 경우 사법기관이 아닌 행정기관이 이를 심리 · 재결하는 절차를 말한다. 실제적으로 행정심판은 이의신청 · 심사청구 · 소원 등 여러 형태의 이의제기에 대해 이루어지며 각각 다른 절차가 마련되어 있다. 행정에 대한 사법적 통제를 원칙으로 하는 국가에서 행정심판은 행정소송의 전심적 역할을 한다.

2) 사법적 구제제도

(1) 행정소송

사법부는 법 규범의 적용 및 해석을 통해 규제정책을 포함한 정책의 의도가 제대로 관철될 수 있도록 하고 정책의 적법성과 공정성이 확보되도록 함을 그 역할의 일부로서 수행하고 있다. 사법부는 정책이 사회에 미치는 영향이나 효과에 대해 이해관계인들의 문제 제기, 즉 소송에 대해 판단을 함으로써 결정적인 정책평가자 역할을 한다. 실제로 규제정책 과정에서 사법부가 수행하는 역할은 상당히 크다. 특히 사회적 규제는 개인과 기업 간의 이해관계나 권리 관계와 직접 연관되므로 환경, 소비자 보호, 산업안전 등의 사회적 문제에 관해 사법 절차가 작용하는 경우가 적지 않다.

사법부가 정부규제 문제에 개입한다 함은 단순히 개개의 분쟁을 해결한다는 것에서만 의의를 발견할 수 있는 것은 아니다. 법원의 판결은 기존 정책의 집행 과정이나 정책의 내용 자체를 규제의 목표에 비추어 평가하는 역할을 하며, 나아가 환류의 과정을 거쳐 향후 규제정책의 결정 과정에 영향을 미치기도 한다. 또한 정부의 정책에 관한 월권을 방지하고 규제정책을 다룰 때 신중을 기하도록 유도하기도 한다(최병선, 1992).

우리나라의 경우 권리구제를 위한 사법 절차로는 행정소송 제도가 있다. 행정소송은 공법상의 권리 관계 또는 법 적용에 관한 다툼을 해결할 목적으로 행정행위에 부당성이 있다고 주장하는 당사자가 법원에 소송을 제기할 수 있도록 한 제도이다. 행정소송은 행정법규의 정당한 적용과 국민의 권리구제라는 이중적 기능을 갖는다. 따라서 행정소송에는 행정작용 자체의 효력을 취소시키는 취소소송이 있으며, 불법 행정행위로 인한 손해를 배상해 주는 국가배상 제도와 적법한 행정행위로 인한 손실을 보상해 주는 손실보상 제도가 있다.

(2) 집단소송

선진국에서는 소비자 피해나 환경 피해와 같이 동시적·대량적으로 발생하는 피해를 신속하게 구제하기 위해 집단소송을 인정하는 경우가 있다. 집단소송 제도란 동일한 사건의 피해자들로 하여금 집단적으로 소송을 제기하도록 허용하는 제도이다. 개인이 아닌 집단에 대해 원고 적격을 인정해 주는 이유로는 분쟁의 신속한 해결과 소송비용 절감, 개인적으로는 미미하지만 광범위하게 발생하는 피해의 구제, 불특정 다수인의 피해의 예방 등이 거론된다(서원우, 1985). 외국의 입법례를 볼 때 집단소송 제도는 영미형의 대표당사자소송 제도와 독일형의 단체소송 제도로 나뉜다.

대표당사자소송(class action suit)은 개인 또는 몇몇의 이해관계자가 나서서 소송을 수행하되, 그 소송물의 성질로 인해 이해관계자의 범위를 법원이 결정하여 정하는 것이다. 대표당사자소송은 이해관계자 집단구성원이 개별적으로 소송을 하는 경우에 소요되는 노력과 비용의 낭비를 막을 수 있고, 소송물이 개별적 소를 제기할 만큼 크지 않은 소액 피해자에 대해 손해배상을 통한 권리구제가 용이하다는 장점을 지닌다.

단체소송(Verbandsklage)은 일정한 요건을 갖춘 단체가 원고가 되어 개별적인 법률의 보호 목적인 공익을 추구하거나 다른 사람의 개별적인 청구권을 행사하는 것을 말한다. 원고인 단체는 단체소송을 통해 영업자나 소비자의 집단적 이익을 보호하는 것을 제1차적인 목표로 하고 있으나 궁극적으로는 소비자 보호, 경쟁 유지 등의 공익의 실현에 이바지하고 있다.

현재 우리나라에서 시행 중인 집단소송 제도는 미국식의 대표당사자소송에 해당하는데, 소비자단체소송이 대표적이다. 즉, 저질 수입상품 등에 따른 소비자 안전 위해(危害), 악덕 상술, 과장 광고 등 불공정거래행위로 인한 소비자 권익 침해 행위의 방지, 사업자의 자발적인 위법 중지와 예방, 제품의 품질과 안전성의 향상, 제품 결함의 사후 시정 등을 목적으로 일정한 요건을 갖춘 소비자단체나 사업자단체가 다수 소비자의 생명·신체·재산 등 소비자의 권익을 침해하는 사업자의 위법행위에 대해 법원에 금지·중지를 청구하는 소비자단체소송이 도입되어 있다. 소비자기본법은 소(訴) 제기를 공익상 필요가 있는 경우로 제한하는 등 소비자단체소송의 요건과 절차에 관한 사항을 규정하고 있다.

PART 3

규제정책의 유형

Chapter

05 독점 규제정책

제 1 절 독점 규제정책의 개요

1 의 의

1) 개 념

개별 사업자들은 각종 경제 활동을 통해 주어진 시장 가격이나 자신이 설정한 가격으로 상품이나 서비스의 판매를 확대하려는 강한 동기를 갖고 있다. 가격 부문이든 비가격 부문이든 소비자를 확보하기 위한 사업자들의 노력을 경쟁이라 할 수 있다. 그런데 일부 사업자는 경쟁자를 배제하는 등 경쟁의 제한을 추구하는 행위를 하는 경우가 있는데, 그것은 이윤 극대화를 위해 필요하다고 생각하기 때문이다. 그러나 경쟁 제한 행위가 개별 사업자에게는 이익이 된다 해도 사회 전체적인 후생의 감소를 초래하므로 제재를 가하는 것이 시장의 효율성 제고에 불가결하기 때문에 정부는 개별 경제 주체들의 경제 행위에 개입하게 된다.

독점 규제정책(antitrust policy)은 시장에서 경쟁을 실질적으로 제한하는 독점적 행위를 금지하고, 나아가 독점적 구조 자체를 규제하기 위한 정책을 말한다. 여기서 경쟁의 실질적 제한이란 일정한 거래 분야의 경쟁 상태가 감소하여 특정 사업자가 자유롭게 가격, 수량, 품질, 거래 조건 등을 결정할 수 있는 독점력(monopoly power)을 갖게 된 상태를 의미한다. 예컨대, 독점적 사업자는 생산량을 제한하고 독점 가격을 설정함으로써 독점 이윤을 획득할 수 있는 독점력을 갖고 있다. 이와 같은 문제를 시정 또는 완화하기 위해 정부가 독점적 시장에 개입하는 것이다. 독점 규제정책에는 합병 규제, 카르텔 규제, 독점화 행위 규제가 있다. 현실적으로 많은 나라에서는 독점 규제 대상으로서 특정 행위의 경쟁 제한성 평가는 경쟁 제한의 크기와 효율성 증진의 크기를 모두 고려해 판단하고 있다.1)

독점 규제정책은 독점이라는 시장실패 현상에서 기인하는 시장의 구조와 행위에 대한 문제점을 효율성 측면에서 판단함으로써 시장에서의 경쟁 상태를 유효하게 유지하려는 정책이다. 즉, 독점 규제정책의 목적은 경쟁시장의 실패에 따른 경제적·사회적 폐해를 직접적으로 교정하는 것이 아니라, 경쟁적 시장 조건이 저해될 가능성이 있을 때 경쟁 조건을 형성 또는 유지하는 것이다. 따라서 독점 규제정책은 광의의 규제정책의 한 유형이며, 동시에 공정거래정책과 더불어 경쟁정책에도 속하는 정책 분야라 할 수 있다.2)

독점 규제정책은 기업의 본원적 활동을 규제 대상으로 한다는 점에서 경제적 규제정책과 유사하다. 그러나 독점 규제정책은 시장 경쟁을 창달하거나 시장 경쟁 하에서와 유사한 시장 성과를 확보하는 방향으로 이루어진다는 점에서, 시장 경쟁을 제한하는 속성을 가지고 있는 경제적 규제정책과 매우 상이한 특징을 가진다. 우선 경제적 규제가 자연독점 산업과 같이 비교적 한정된 산업만을 규제의 대상으로 삼는 데 대해 독점 규제는 매우 광범위한 산업을 대상으로 한다. 또한 독점 규제는 시장 내에서의 규칙과 조건을 설정하고 시장 시스템이 스스로 작동하도록 하는 규제 유형이라는 점에서도 기업의 내부 운영에 직접적으로 개입하는 경제적 규제정책과는 다르다고 할 수 있다(유훈, 2001).

---

1) 한현옥(2002)은 독점규제법 위반 여부를 심사할 때 효율성 증진 효과와 경쟁 제한에 따른 폐해를 비교하여 판단한다는 원칙을 법에 명시해야 한다고 주장하고 있다.

2) 경쟁정책의 구성 부분으로서의 공정거래정책(fair trade policy)은 시장에서의 모든 거래가 공정하게 이루어지도록 부당행위나 불공정 거래행위를 금지하는 정책을 말한다. 독점 규제정책의 대상은 독점기업이지만 공정거래정책의 대상은 모든 기업이 된다. 한편 한국과 일본에서는 재벌정책도 경쟁정책에 포함하여 고찰하고 있다.

표 5-1 독점 규제정책과 경제적 규제정책의 비교

구 분	독점 규제정책	경제적 규제정책
속성	시장 경쟁 창달	시장 경쟁 제한
대상 산업	광범위한 산업	한정된 산업(자연독점 산업)
개입 방식	간접적(규칙, 조건 설정)	직접적(기업 운영 개입)

한편 자연독점 산업에 흔히 부여되는 보편적 서비스 제공 의무는 특정의 서비스가 특정의 가입자에게 언제든지 이용이 가능해야 한다는 의무를 부과하는 것으로서 원칙적으로 시장 원리의 기본 가정과 충돌된다. 그럼에도 불구하고 보편적 서비스는 필수적인 서비스로 인식되었기 때문에 이 같은 의무가 부과되었던 것이다. 따라서 독점 규제정책과 경제적 규제정책은 보편적 서비스의 측면에서 본다면 상호 간 명백한 모순 관계에 있다고 할 수 있다(Bernt & McClure, 2001).

2) 독점 규제정책, 경제적 효율성, 경쟁

앞에서 본 바와 같이 독점 규제정책은 자유로운 경제 활동에 대한 장벽을 제거함과 동시에 소비자의 합리적 소비를 가능케 함으로써 궁극적으로 시장에서의 총체적 자유를 확대하려는 것이다. 따라서 독점 규제정책에서는 경쟁이 유지되도록 시장환경을 조성하고 경쟁 제한 행위를 금지하나 가격 · 이윤율 · 생산량 · 진입 · 퇴출 등의 결정은 기업의 재량에 속한다. 이에 대해 경제적 규제정책은 독점 규제정책이 시장을 운영하는 데 바람직한 결과를 가져오지 못할 경우에 규제기관이 가격 · 이윤율 · 생산량 · 진입 · 퇴출 등을 직접 결정하는 것이다.

이와 같이 독점 규제정책의 목적이 경쟁의 유지에 있다고 볼 때, 일반적으로 규제 가치로 불리는 공익 및 효율성과 경쟁과의 관계를 정리해 볼 필요가 있다. 경쟁이란 거래에 참여하고 있는 모든 경제 주체가 기본적으로 동등한 지위를 갖고 있으며 교섭력에서도 큰 차이가 없음을 의미한다. 결론적으로 말하면 경쟁의 도입은 경쟁 그 자체가 목적이 되어서는 안 되며, 더 높은 경제적 후생, 즉 공익에 부합해야 한다. 유효 경쟁을 가능하게 하는 조건을 유지하는 것은 그것이 공익에 합치한다는 전제를 깔고 있다. 또한 경쟁의 촉진은 경제적 효율성이라는 규범에 따라 추구되어야 한다.

이 가설은 경쟁 질서의 유지가 소비자의 이익을 보호하고 이를 통한 국민경제의 발전이 공공의 이익이라는 것을 암묵적으로 전제한다. 다시 말해, 경쟁의 도입은 일반적으로 독점보다 더 큰 사회적 이익을 가져다 주는 것이 사실이나, 특별한 상황에서는 독점이 오히려 경쟁보다 더 큰 이익을 가져올 수 있음을 인식하는 것이다. 이 가설을 한국의 「독점규제 및 공정거래에 관한 법률」(독점규제법)에 적용하면 모든 독점적 행위는 당연 위법이지만 '일반 소비자의 이익과 국민경제의 균형 있는 발전'에 기여하는 한 그 위법성이 소멸된다.

한편 유럽 및 일본은 효율성 외에 사회적 목적에도 적지 않은 비중을 두고 있다. 예컨대, 영국에서는 '산업과 고용의 균형적인 배분의 촉진과 유지'를 위해서는 독점이나 합병이 허용되며, 일본에서는 공익을 위해 일부 카르텔이 허용된다(한국개발연구원, 1995a). 홍콩과 싱가포르는 자유기업 정책이 그들 경제의 경합성(contestability)[3]을 충분히 보장한다는 이유로 독점 규제정책을 채택하지 않고 있다.

2 접근 방법

1) 구조적 접근 방법과 행위적 접근 방법

자유로운 시장경제 활동이 바람직한 시장 성과를 가져오지 못할 경우 정부는 시장의 구조, 행위, 성과에 간접적 또는 직접적으로 개입하여 올바른 성과가 나타나도록 규제정책을 실시한다. 그러나 경쟁이 실제로 어떻게 작동하고 정부가 어떤 방식으로 경쟁과정에 개입해야 하는지에 대해서는 이견이 있다.

구조적 접근 방법(structural approach)은 독점과 같은 시장 지배적 지위 자체를 부정하고 경쟁 제한 상황의 발생을 사전적·구조적으로 금지함으로써 공정하고 자유로운

3) 경합시장이론(contestable market theory)은 시장이 경합적이면 시장 참여자의 수에 관계없이 자유로운 시장진입에 의해 경제적 효율성이 달성될 수 있다고 본다. 따라서 무조건적으로 독점 규제정책을 시행하기보다는 필요하면 독과점을 인정하면서 경쟁 제한적 행위만을 규제하는 등 잠재 경쟁이 보장되는 시장 여건을 조성하는 것이 바람직하다고 한다(Sharkey, 1982; Viscusi et al., 2000).

경쟁을 보장해야 한다고 보는 것으로서 원인금지주의라고도 한다. 이 관점은 메이슨(E. S. Mason), 베인(J. S. Bain) 등 하버드 학파의 학자들을 중심으로 연구되었다. 그들은 '구조 → 행위 → 성과'라는 패러다임을 채택하고, 시장 구조가 독점적인 산업은 독점력을 활용하여 행위 면에서 독점가격을 책정하고 이것은 다시 자원배분의 비효율이라는 성과를 가져온다고 보았다. 즉, 시장 구조가 집중화되면 시장 내에서 경쟁적 측면보다는 협조적 측면의 작용이 쉽기 때문에 기업의 시장 행위도 변질되고, 그에 따라 사회적으로 바람직하지 못한 시장 성과를 가져오게 되므로 시장 구조가 중요하다는 것이다. 따라서 독점을 형성할 개연성을 제거하는 것이 중요하다고 주장했으며, 독과점 규제의 목적이 다수의 감독 기구를 설치하지 않고도 기능을 원활히 수행할 수 있는 시장을 유지하는 데에 있다고 보았다.

이 관점은 시장의 경쟁 압력에 의한 독점이 자연적으로 감소되는 현상이 매우 느리게 나타난다고 본다. 따라서 기업 분할 명령 등 정부의 강력한 독점 규제가 필요하고 그 효과도 매우 크다고 주장한다. 그리고 법적인 측면에서 보면 특정 기업의 효율성에 관계없이 그 구조나 행위가 위법적 요건을 충족하기만 하면 '당연 위법(per se illegal)'으로 처리하고 정부가 강력한 규제를 해야 한다는 것이다. 이 접근 방법은 경쟁을 통한 장기적 효율성 증대 측면을 중시할 경우 유용한 접근 방법이라 하겠다.

원인금지주의가 일반적으로 채택되고 있는 미국의 독점규제법에서는 독점적인 시장 행위가 기업 단독의 영업적 판단에 의해 행해지는 한 그 행위 자체를 문제시하지는 않는다. 다만 독점기업의 시장 행위가 심각한 경쟁 제한적 효과를 초래한다면 그 원인이 시장 구조에 있다고 판단하여 기업 분할 명령과 같이 시장 구조를 좀 더 경쟁적으로 개선하는 조치를 취한다. 원인금지주의에 의한 기업 분할의 대표적 사례로는 1983년 MCI vs. AT&T 사건에서 AT&T 시내전화 부문을 분할하여 매각하도록 한 판결을 들 수 있다.[4)]

4) 전화망을 독점하면서 시내 및 시외 전화사업을 영위하고 있던 AT&T가 장거리전화 사업 허가를 받은 MCI사에 대한 시내전화망 접속을 거부한 것을 교정하기 위해 1974년 소송이 제기된 사건이다. 1982년 최종적으로 결론이 난 판결의 주요 내용은 AT&T의 접속 거부행위는 독점화 행위로서 셔먼법 위반이므로 시내전화 부문을 7개의 지역전화회사로 분리하여 매각하고, 분리된 시내전화 사업자들은 AT&T 및 다른 모든 사업자들의 시내전화 접속 요청을 철저히 동등하게 대우하도록 하는

행위적 접근 방법(behavioral approach)은 독과점을 사전적 · 구조적으로 방지할 필요는 없으며, 사업자가 경쟁 제한 행위를 한 경우 사후에 그 폐해만을 규제하려는 방법으로서 폐해규제주의라고도 한다. 이 관점은 스티글러(G. J. Stigler), 맥기(J. S. McGee), 포스너(R. A. Posner) 등 시카고 학파의 학자들을 중심으로 연구되었는데, 그들은 기본적으로 구조, 행위, 성과 간에는 특정의 관계가 없으며 세 요소가 상호 독립적으로 생산 기술과 진입의 자유에 의해 결정된다고 보았다. 따라서 독점이나 과점 등 시장 구조가 어떠한가에 관계없이 동태적 경쟁이 이루어질 수 있기 때문에 자원의 효율적 배분을 달성할 수 있다고 본다. 그들에 의하면, 독점력은 자유로운 진입에 의해 제한되므로 경쟁 제한적인 행위는 오래 지속될 수 없으며, 독점 규제정책이 경쟁의 보호보다는 효율적이고 적극적인 상대로부터 경쟁자를 보호하는 반자유시장적 힘을 가진다는 것이다.

따라서 일반적으로 규제정책이 없어도 자연적인 시장 경쟁에 의해 독점력이 빠른 속도로 감소하므로 규제로 인한 경쟁 촉진 효과가 적다고 한다. 이들은 정부규제에 의해 창출되지 않은 독점은 경쟁에 의해 장기적으로 사라진다고 본다. 또한 행위적 접근 방법을 취함으로써 독과점 자체를 위법으로 인정하지 말고 '합리성의 원칙(rule of reason)'에 의한 효율성을 기준으로 기업 행위를 평가해야 하며, 기존 정부규제를 완화해야 한다는 것이다. 이것은 경쟁을 통한 장기적 효율성 증대보다는 규모의 경제의 이점을 중시하는 경우 채택할 수 있는 접근 방법이라 할 수 있다.

한국이나 독일 등 폐해규제주의를 일반적으로 채택하고 있는 국가에서 독점규제법은 시장을 독점하는 것을 금지하지 않으므로 어떠한 기업도 독점적 지위를 획득할 수 있고, 그 지위를 남용하지 않는 한 그 지위와 관련되는 모든 이익을 누릴 수 있다. 다만 이와 같은 접근 방법으로써는 독점규제법이 효과적인 구조적 조치를 취할 수 없기 때문에 경쟁적인 시장 구조를 유지하기 위해서는 시장 경쟁에 영향을 미치는 독점적 지위의 남용 행위를 규제하는 것이 중요하다. 행위적 접근 방법은 독점력의 행사를 근원적으로 해결할 수 없다는 한계가 있으나, 행위 규제를 통해 생산적 효율성을 손상하지 않으면서도 배분적 효율성을 제고할 수 있다는 것이 장점이라 할 수 있다.

것이었다.

시카고 학파의 행위적 접근 방법은 현실을 지나치게 경시했다는 점에서 한계가 있다. 우선 대형화된 기업들이 월등한 효율에서 기인했다는 증거가 박약하고, 시장의 자기 조정을 위해서는 상당한 기간이 소요되는데 그 기간 동안 시장실패는 누적될 수밖에 없으며, 시장의 조정 능력은 진입 장벽이 거의 없을 경우에만 가능한 것이다.

독점 규제에 관한 접근 방법에 관해 대체로 1940년대부터 1960년대까지는 하버드 학파의 이론이 주류를 이루었고, 1960년대 이후에는 시카고 학파의 이론이 새로이 각광을 받기 시작하여 1970년대와 1980년대에는 미국의 독점 규제정책의 축소에 큰 영향을 미치기도 했다. 현재는 양 학파의 주장이 절충적으로 수용되고 있다.

결국 시장에서의 자유를 유지하는 것이 중요하나 이를 위해서는 법질서에 의해 경제가 감시되어야 하는 것이다. 따라서 많은 나라에서는 기업(들)이 효율과는 무관하게 부당한 독점력을 획득하는 것을 방지하기 위해 독점을 규제한다는 원칙을 유지하고 있다. 다만 급속한 기술 혁신의 진행이 경쟁의 활성화에 미치는 긍정적인 영향을 고려함으로써 동태적인 경쟁에 따른 이익을 최대한 수용하고 있다.

2) 당연 위법 원칙과 합리 원칙

당연 위법 원칙(per se illegal)의 전통은 미국의 셔먼 법에서 기원을 찾을 수 있다. 셔먼 법 제1조에서는 "거래를 제한하는 모든 계약, 트러스트나 기타 형태에 의한 결합 또는 공모는 위법이다"라고 규정하고 있다. 당연 위법 원칙이란 거래를 제한하는 행위에 대해 비용과 편익에 대한 평가 등 어떤 합리적인 이유도 인정하지 않고 행위 그 자체를 당연하게 위법으로 간주하는 것이다. 미국 연방대법원은 이에 따라 특히 가격 담합, 시장 분할, 집단 배척, 끼워 팔기 등 네 가지 경쟁 제한 행위에 대해서는 당연 위법 원칙을 고수하고 있다.

영국의 경우 제한거래관행법(Restrictive Trade Practice Act)에 의해 경쟁 제한 행위에 대한 판결을 전담하는 제한관행법원(Restrictive Practice Court)을 설치하고 사실상 합리 원칙(rule of reason)을 적용하여 거래가 사회적으로 바람직한가의 여부를 심사하고 있다. 여기서 합리 원칙이란 행위가 존재하게 되는 합리적인 이유를 인정하는 것이다. 즉, 거래를 제한하는 모든 계약을 불법화하는 것이 아니라 거래를 비합리적으로 제한하는 계약만을 불법화하는 것이다. 일본도 독점금지법에서 많은 경우 카르텔을 인정하고 있으며, 법에 규정이 없더라도 경쟁 제한 행위의 위법성 구성 요건을 공익에 반하는 경우로 한정하여 합리 원칙을 적용한다. 독일도 경쟁제한방지법(Gesetz gegen Wettbewerbsbeschrankungen)의 규정에도 불구하고 일본과 유사하게 많은 카르텔을 사실상 인정하고 있다(한국개발연구원, 1995a).

한국의 경우는 당연 위법 원칙과 합리 원칙이 혼재되어 있다고 볼 수 있다. 우선 독점규제법의 규정이나 심결례에서 당연 위법 원칙을 발견할 수 있는데, 예컨대 법에서 열거하는 공동 행위(카르텔)를 실제로 했다는 것만 입증하면 그 행위의 비합리성 등은 전혀 고려하지 않고 당연히 위법한 행위가 된다. 그러나 동시에 적용 제외 공동 행위가 규정되어 있고 개별 법령에서도 공동 행위를 인정하는 등 합리 원칙이 광범위하게 적용되고 있기도 하다.

사실 당연 위법 원칙과 합리 원칙은 모두 경쟁 제한 행위의 효과를 측정하기 위한 것이므로 본질상 같으며 동일한 연속선상에 위치하는 척도에 해당하는 것일 뿐 양자택일의 문제는 아니라고 할 수 있다. 즉, 경쟁 제한 효과가 극히 명백한 경우에는 당연 위법 원칙으로 편의적으로 다루겠으나, 기타의 경우는 경쟁 제한 효과를 세밀히 평가하는 합리 원칙에 의존하는 것이 타당하다. 일면 당연 위법 원칙은 법원에 의해 오랜 기간 축적된 자료에 의해 입증된 합리 원칙의 일부분으로 볼 수도 있다(Frazer, 1988).

3 역사적 변천

1) 미 국

미국에서 독점 규제정책이 본격적으로 실시되게 된 계기는 1890년에 제정된 미국의 셔먼 법(Sherman Act)이라 할 수 있다. 셔먼 법은 「불법적 제한 및 독점으로부터 거래를 보호하기 위한 법률(An Act to Protect Trade and Commerce against Unlawful Restraints and Monopolies)」의 통칭이다. 이 법은 규모의 경제를 바탕으로 경제력이 확대되고 있는 거대 자본으로부터 중소기업, 자영업자, 농민들을 보호하려는 목적에서 제정되었다. 이 법이 제정된 배경으로는 농업 부문 정체에 대한 농민들의 불만, 부(富)의 집중, 스탠더드석유회사 등 대기업의 약탈적 행위, 합병의 현저한 증가 등을 들 수 있다.[5) 셔먼(John Sherman) 상원의원은 거대한 기업연합이 독점을 통해 부와 기회의 불평등을 조장하여 사회 질서를 문란하게 하므로 입법을 통해 강력히 대처해야 한다고 하면서 이 법안을 제안했다.

셔먼 법의 목적은 경쟁을 유지하여 소비자 후생을 증가시키고 자원배분의 효율성을 제고하기 위한 것이었다. 법 제1조는 거래를 제한하는 계약 · 결합 · 공모, 즉 카르텔을 금지하고 있는데, 이것은 시장 행위에 관한 입법이라 할 수 있다. 법 제2조는 독점화(monopolization) 및 독점 기도(attempt to monopolize)를 위한 합병을 금지하고 있는데, 이것은 시장 구조에 관한 입법이라 할 수 있다. 제4조에서는 이 법의 위반 행위로 인한 피해자에게 피해액의 3배 배상을 청구할 수 있는 권리를 부여했으며, 위반 행위에 대해 법무부 장관이 소송을 제기하도록 했다. 이 법을 위반한 경우 법원의 조치로서는 회사의 해산, 결합기업의 분리, 주식의 처분이 있다. 그러나 셔먼 법 제정의 실질적인 목적은 독점화로 인한 부와 기회의 불평등을 해소하는 것으로서, 경쟁 보호를 통한 경제적 효율성보다는 개인이나 소집단의 열악한 경제적 지위를 법제의 힘으로 개선함으로써 사회적 형평성의 제고에 중점을 둔 것이었다(Fugate, 1982).[6)]

셔먼 법은 법 규정의 모호성, 연방대법원의 소극적 태도 등으로 인해 별 실효를 거두지 못했고, 오히려 기업은 지주회사의 설립을 통해 거대기업의 형성을 꾀함으로써 1900년대 초까지도 엄청난 규모의 합병이 이루어졌다. 여기에 체인점과 같은 근대적인 유통망이 새로 생겨나면서 전통적인 소매상들의 기반이 붕괴되는 것도 당시 사회적으로 중요한 이슈로 등장했다. 이에 따라 미 의회는 1914년 연방거래위원회(Federal Trade Commission: FTC)법과 클레이턴 법(Clayton Act)을 제정하여 합병을 사전적으로 규제할 수

5) 스탠더드석유회사는 1870년 설립한 지 수년 사이에 클리블랜드 지역의 20개 정유업자들을 합병한 이후 다른 지역의 정유업자들을 지속적으로 합병하여 미국 정유업의 90%를 점유하게 되었다. 이 회사는 다른 석유 회사들을 축출하기 위해 허위의 독립적인 회사를 만들었으며 비밀리에 철도 요금의 할인을 허용하여 경쟁사들을 상대적으로 불리하게 했다.

6) 이것은 최대 다수에 의한 힘의 균등 배분을 추구하는 제퍼슨식 민주주의(Jeffersonian democracy) 사상이 반영된 것이다.

있게 하는 등 '경쟁의 실질적 감소(substantial lessening of competetion)'를 초래하는 행위를 엄격히 규제했다.

FTC법은 소비자 보호를 주목적으로 셔먼 법을 집행하는 법무부 독점규제국(Antitrust Division)의 업무를 보완하기 위해 1914년 9월 제정되었다. 이 법에 의해 전문가로 구성된 준사법적 기관인 FTC가 설립되어 정보의 수집 · 정리, 기업의 조직과 행태의 조사, 불공정 행위에 대한 시정 · 중지명령을 할 수 있게 되었다. FTC법 제5조는 셔먼 법이 금지하는 거래 제한뿐만 아니라 독점을 장기화할 수 있는 각종의 불공정하고 기만적인 행위를 금지하고 있다.

클레이턴 법은 셔먼 법을 보완하고 독점 등 반경쟁적으로 생각되는 기업의 행위들을 초기에 방지하기 위해 1914년 10월 제정되었다. 셔먼 법에서 특정 행위가 실제로 경쟁을 저해한 것이 입증되어야 위법이 되는 것과는 달리, 클레이턴 법은 특정 행위가 이미 실제로 경쟁을 제한하거나 독점을 창출했다는 것을 입증할 필요가 없이 궁극적으로 그러한 결과가 예상된다면 사건이 구성된다는 것이다.[7)] 이 법 제2조는 경쟁을 실질적으로 제한하거나 독점을 형성하는 가격 차별화를 금지하고 있고, 제3조는 경쟁에 심각하게 악영향을 미치는 각종의 배타적 거래를 금지하고 있으며, 제7조는 경쟁을 실질적으로 제한하거나 독점의 우려가 있는 기업 합병을 금지하고 있다. 특히 제7조는 시장 구조에 관련된 조항으로서 셔먼 법 제2조를 보완하는 성격을 띠고 있다. 셔먼 법은 법무부 독점규제국이, FTC법은 FTC가 집행함에 반해 클레이턴 법은 두 기관이 같이 관장한다.

이와 같이 미국의 1910년대는 진보주의 운동(Progressive Movement) 시기로서 독점기업들의 독점화 행위를 규제하기 위해 새로운 독립규제기관들이 다수 설립되면서 독점 규제정책의 시대가 본격적으로 열리게 되었다. 이러한 경향은 사법부에도 영향을 미쳐 연방대법원도 독점적 지위를 강화하는 행위 등 경쟁 제한 행위를 엄격히 규제했다.

---

7) 이것을 원인금지주의(doctrine of incipiency)라고 하는데, 클레이턴 법을 관장하는 행정기관 및 법원에 상당한 재량권을 부여하는 근거가 되었다. 법원은 이 논거에 의해 특정한 합병이 장래에 독점을 형성할 개연성이 있다면 금지해야 한다고 보아 합병 규제를 강화했다. 그러나 이 논거는 그 후 일련의 찬반 논쟁을 불러일으켰으며, 이 논쟁은 독점규제법 운용에 큰 영향을 미쳤다(윤창호 · 이규억, 1999).

이에 따라 독점규제법의 목적으로서 중소기업의 보호, 시장진입의 용이성 보장, 민주적 정치 제도, 경제력 분산, 경제적 또는 정치적 힘의 집중에 대한 염려, 상거래의 도덕 또는 공정성 촉진 등이 거론되었다. 그러나 이러한 비경제적 가치들은 경제이론으로써는 설명될 수 없거나 경제적 효율성을 다소간에 희생하지 않고서는 실현될 수 없는 것이었다. 그리고 경제적 효율성보다 비경제적 가치를 우선시하는 것은 결국 경쟁과 그로 인한 경제적 효율성을 추구하는 것이 아니라 비효율적인 경쟁자를 보호하는 결과가 된다. 또한 독점규제법의 목적 설정 저해, 법적 합리성의 결여, 법적 불안정성을 초래하게 된다(이문지, 1999).

이에 1970년대 이후 미국의 독점 규제정책은 경제적 효율성을 중시하는 방향으로 완화되어 독점화 의도가 입증되지 않으면 독점적 지위의 강화 행위가 인정되고 있으며, 대규모의 수평적 합병도 허용되고 있다. 현재로서는 경제적 효율성이 독점 규제정책의 배타적이고 유일한 목적이라고 보거나 적어도 가장 중요한 목적이라는 시각이 매우 우세하다. 미국의 독점 규제정책은 1982년의 대외무역증진법(Foreign Trade Improvement Act)에 의해 국외에도 적용되고 있다. 즉, 국적을 막론하고 기업이 "미국 경제에 직접적이고 실질적이며 예측 가능한 반경쟁적 행위"를 할 경우에는 독점 규제 관련법을 적용할 수 있게 되어 있다.

2) EU

유럽연합(EU)의 독점 규제정책은 유럽경제공동체(EEC)의 결성을 가져온 1957년의 로마조약(Treaty of Rome)의 수차례에 걸친 개정을 통해 점진적으로 형성되었다. 독과점에 관한 구체적인 내용은 1962년 이사회에서 처음으로 제정되었으며, EU의 탄생을 가능하게 한 1993년의 마스트리히트조약(Treaty of Maastricht)의 체결은 유럽 통합의 대전환을 이루는 내용을 담고 있다. 이후 암스테르담조약, 니스조약을 체결하여 회원국 간 정책의 협력, 정책결정 과정의 개선, 독점 규제정책의 강화 등 단계별로 발전을 거듭하고 있다.[8)]

8) 이하 EU조약이라는 명칭으로 통일함.

EU조약은 EU 설립 목적을 달성하기 위한 수단의 하나로 역내 시장에서 경쟁이 왜곡되지 않도록 보장하는 하나의 체계를 수립할 것을 규정하고 있다. 특히 역내에서 상품, 사람, 서비스, 그리고 자본의 자유로운 이동을 보장하기 위해 민간기업이 경쟁을 제한하는 행위와 회원국 정부가 개별적으로 기업 활동을 규제하는 것을 금지하고 있다(김세원, 2004). EU의 독점 규제정책은 크게 카르텔 규제, 독점화 행위 규제, 합병 규제로 이루어진다.

EU는 카르텔에 대해 가장 엄격한 태도를 취하고 있다. EU조약 제81조 제1항은 사업자(단체)가 회원국 간의 거래에 영향을 미치거나 공동시장 내의 경쟁을 금지·제한·왜곡하는 모든 협정과 결정을 금지하고 있다. 다만 제3항은 제1항의 경쟁 제한 행위에 대한 예외를 규정하고 있다. 경제적으로 파급 효과가 미미한 경쟁 제한 행위, 상품의 생산 또는 유통에 기여하거나 기술 및 경제 발전을 촉진시키는 경우로서 이익이 소비자에게 공평하게 분배되는 경쟁 제한 행위, 독점판매 계약·독점구매 계약·프랜차이즈 협정에 해당하는 행위는 금지 대상에서 제외된다.

독점화 행위 규제의 경우 독점적 지위를 차지하는 것은 금지하지 않되, 그 지위의 남용 행위가 있을 때에만 금지하는 폐해규제주의를 채택하고 있다. 이것은 원인금지주의에 입각하여 독점의 사전 예방에 초점으로 두고서 독점적 구조의 해체와 같은 강력한 법적 조치를 요구할 수 있는 미국의 경우와는 다른 것이다. EU집행위원회와 EU법원은 독점적 지위, 관련 시장, 남용 등에 관한 판단에서 경제적 기준을 크게 고려하고 있다. EU조약 제82조에 의하면, 약탈적 가격 설정 등 명백한 독점적 지위의 남용 행위에 대해 EU집행위원회가 시정을 요구하고 벌금을 부과한다. 조약에서는 독점적 지위의 개념에 관해서는 정의를 내리고 있지 않으나, 유럽사법법원은 "독립된 행동 가능성을 보유하며 해당 시장에서 유효 경쟁의 유지를 방해하는 힘"을 독점적 지위로 보고 있다. 그리고 현실적으로 70%의 점유율이 있는 경우에는 대체로 독점적 지위에 있는 것으로 본다.

한편 EU조약은 경쟁 제한적이기는 하지만 합병과 같은 시장 구조의 변화는 다루지 않고 있다. 그 대신 1989년에 제정된 「사업자 간 집중의 통제에 관한 유럽공동체 이사회규칙」(합병규제규칙)[9]이 독점력을 유지 또는 강화할 우려가 있는 합병을 금지함으로써 조약의 공백을 보완하고 있다. 따라서 EU의 합병 관련 법규는 역사가 상대적으로 짧다고 할 수 있으며, 규제 대상이 되는 경우도 그리 많지 않은 실정이다. 합병규제규칙에 의하면, 매출액을 기준으로 모든 관련 기업의 매출액 총계가 50억 유로 이상으로서 유효 경쟁을 심각하게 침해하여 유럽공동체 시장과 양립할 수 없을 정도의 영향을 가지는 합병은 규제된다(유진희, 2003).

EU는 미국과 마찬가지로 독점 규제정책을 지역 외에도 적용하고 있다. 즉, 지역 외에서의 기업 결합에 대해서도 심사하여 경쟁 제한성이 있다고 판단되면 벌금을 부과한다. 그러나 미국에서서는 위반 사건에 대해서는 기업 분할과 같은 구조적 개선을 명령할 수 있으나 EU에서서는 이것이 불가능하다.

3) 일 본

일본의 독점 규제정책은 제2차 세계대전 이후 미군 점령 하에서 미국의 셔먼 법, 클레이턴 법, FTC법 등을 계승하여 1947년부터 시행된 「사적 독점의 금지 및 공정거래의 확보에 관한 법률」(독점금지법)에 토대를 두고 있다. 이 법률은 매우 이념적이며 경쟁적 시장 구조를 중시해서 원칙적으로 독점과 카르텔을 전면적으로 금지했고, 합병을 철저히 제한하고 있다. 특히 사업자 간의 카르텔에 대해서는 1998년까지만 해도 불황 카르텔과 합리화 카르텔에 대해서는 공정거래위원회의 인가를 받은 경우 예외를 인정했으나 1999년부터 예외 규정을 삭제했다(고토 아키라 · 스즈무라 고타로, 2000).

4) 한 국

1970년대 말부터 대내적으로는 민간 경제의 규모 확대 · 다양화 및 정부실패의 중첩, 대외적으로는 석유 파동을 계기로 한 세계 경제의 침체 등으로 인해 종래와 같은 정부 주도의 획일적 시장 운용이 민간 주도로 전환되어야 할 필요성이 대두되었다. 이에 1981년 「독점규제 및 공정거래에 관한 법률」(독점규제법)이 시행되기 시작했는데, 이 법은 독점 폐해 및 경제력 집중의 방지와 부당한 공동 행위 및 불공정 행위의 금지를

9) Council Regulation(EEC) No. 4064/89 on the control of concentration between undertakings.

통해 공정하고 자유로운 경쟁을 촉진하기 위한 것이었다.

독점규제법에 의한 독점 규제정책은 시장을 독점화하는 기업 간의 합병이나 카르텔을 규제하고 독점기업의 독점화 행위를 금지함으로써 독점력을 억제하려는 정책이라 할 수 있다. 즉, 독점규제법은 독점의 원인 금지적 관점에서 경쟁 제한적인 합병을 규제하고 있으며, 이미 형성된 독점적 지위의 남용을 방지하기 위해 독점화 행위의 폐해를 규제하고 있다. 또한 경쟁적인 구조를 가진 시장 내에서 복수의 사업자가 자신들의 이익을 위해 공동보조를 취하는 행위를 규제하고 있다.

제 2 절 합병 규제

1 합병의 의의

1) 개 념

합병(merger)은 둘 이상의 독립된 기업들이 인적·물적·자본적 결합을 통해 사실상 단일의 경영 지배 체제 속으로 들어가는 것을 말한다. 합병에는 한 기업이 다른 기업으로 흡수되어 소멸되는 흡수합병과 두 기업이 완전히 소멸되고 제3의 새로운 기업이 설립되는 신설합병이 있다. 그리고 합병 개념은 기업의 결합 이외에 주식·자산의 취득(acquisition)까지 포함하여 사용하는 것이 일반적이며, 미국 등지에서는 흔히 인수·합병(M&A)으로 표현한다.

합병은 효율성 증대, 독점력 획득, 금전상의 이득 추구, 경영자의 자기 과시 등 다양한 목적으로 행해지는데(Pautler, 1993), 이때 결합하는 두 기업들의 시장점유율 등 시장 상황에 의해 예상치 않게 독점력이 형성될 수 있다. 합병의 형태로는 다른 회사와의 합병, 다른 회사 영업 양수, 새로운 회사 설립에의 참여, 다른 회사 주식의 취득 또는 소유, 임원 또는 종업원에 의한 다른 회사 임원 겸임이 있다.

2) 유 형

합병의 유형으로는 다음과 같이 수평합병, 수직합병, 혼합합병이 있다.

수평합병(horizontal merger)은 동일한 시장 내에서 동일한 생산 단계에 있는 기업들 간의 합병을 말한다. 그 결과 관련 시장 내에서 직접적인 생산 집중이 일어나고, 이에 따라 합병 기업의 비용 효율성이 높아져 시장 지배력이 제고된다. 특히 동일 시장 내에서의 대기업 간 또는 대기업과 중소기업 간의 결합은 그 자체로서 시장 지배력을 강화하므로 대부분 시장 내에서의 경쟁을 제한하는 효과를 갖고 있다.

수직합병(vertical merger)은 상이한 생산 단계에 있는 기업들 간의 합병으로서, 주로 특정 상품의 시장 거래를 내부 이전(internal transfer)으로 대체하는 것이다. 수직합병의 동기는 다양하나 투입물 공급의 안전성 확보, 투입재의 합리적 사용, 생산 계획의 조정을 통한 중간재나 상품의 품질 향상, 기술 개발 촉진, 판로의 안정적 확보, 거래 비용의 절감이 대표적이다. 이러한 형태의 합병은 생산과 유통 단계의 축소를 통해 비용을 절감할 수 있는 가능성을 갖지만(Williamson, 1987; 박세일, 1995), 동시에 다른 경쟁 사업자의 판매 또는 구매 대상자가 변화됨으로써 다음과 같이 경쟁상의 우위를 확보하기 위한 경쟁 제한 행위를 초래할 수 있다(Singer, 1968).

첫째, 시장봉쇄(market foreclosure)는 공급자가 특정 상품시장의 판로나 원료시장을 장악함으로써 기존의 경쟁자를 제거하거나 잠재적 경쟁자에 대한 진입 장벽을 구축하는 것이다.

둘째, 가격 압박(price squeeze)과 공급 압박(supply squeeze)은 수직적 결합 기업이 원료를 독점 생산하는 한편 이를 사용하는 최종재도 함께 생산하면서 최종재만을 생산하는 경쟁 기업에 고가로 원료를 판매하거나 충분한 공급을 거절하는 경우에 발생할 수 있다.

셋째, 호혜 거래(reciprocal dealing)는 결합 기업이 완제품의 구매자로서 지위를 이용하여 다른 제조업자에게 자기가 생산하는 원재료를 구입하도록 강제하는 것이다.

혼합합병(conglomerate merger)은 수평적 또는 수직적으로 상호 경쟁 관계나 거래 관계가 없는 기업들 간에 이루어지는 합병을 말한다. 혼합합병의 경쟁 제한적 폐해에 대해서는 여러 가능성이 논의되고 있으나 단순한 개연성에 그치고 있어 아직도 보편적인 이론으로 확립되지 않고 있다. 또한 폐해의 실증적 영향력도 입증되고 있지 못해 확실한 원인 규제의 논리가 정립되고 있지 못한 실정이다.

2 합병의 규제

1) 합병 규제의 특성

합병은 "상당 기간 동안 경쟁 수준 이상으로 가격을 높게 유지하여 수익을 낼 수 있는 능력,"[10] 즉, 독점력을 창출하여 사회후생을 감소시키므로 각국에서는 합병 규제정책을 채택하고 있다. 그런데 독점 규제정책을 시행할 때 규제의 궁극적인 대상은 경쟁 제한적인 행위이므로 일반적으로 행위 규제가 합목적적이라고 할 수 있다. 그러나 무수한 기업의 경쟁 제한 행위를 감시하는 데에는 많은 비용이 소요되므로 차후에 경쟁 제한적 행위가 발생할 개연성이 큰 경우에는 사전적으로 규제하는 방식이 효율성 측면에서 선호될 수 있다. 즉, 이미 독과점적으로 고착화된 시장에서 사후적 행위 규제를 하는 것보다 합병 규제를 통해 사전적 구조 규제를 하는 것이 독점 방지의 사회적 비용을 최소화할 수 있는 것이다. 이에 법제의 상이함에도 불구하고 각국의 합병 규제는 구조적 독점 규제정책의 근간이 되고 있다.

합병의 경쟁 제한성은 수평합병, 수직합병, 혼합합병 등 유형별로 구분해 판단하게 된다.

수평합병은 합병 전후의 시장 집중 상황, 국제적 경쟁 상황, 신규 진입 가능성, 경쟁사업자 간의 담합 가능성, 유사 시장의 존재 여부 등을 종합적으로 고려하여 판단한다. 이 중에서도 시장점유율이 가장 중요한 판단 기준이 되는데 그것은 시장점유율의 상승이 경쟁 제한적인 행위를 할 능력을 높여 주기 때문이다. 경쟁의 저해와 직접적인 관련이 있게 마련인 수평합병에 대해서는 비교적 규제가 엄격하게 행해진다.

수직합병은 전후방 산업 간의 합병이므로 수평합병에 비해 직접적인 경쟁 제한 효과

10) 이것은 미국의 수평적 결합 지침(Horizontal Merger Guidelines)에 의한 정의이다.

가 작을 것으로 볼 수 있다. 다만 구매 또는 판매시장을 봉쇄하여 공동 행위에 장해가 되는 기업을 제거하거나 잠재적 경쟁자의 진입을 어렵게 하는 등 수직합병도 경쟁을 제한할 수 있다.[11] 따라서 수직합병에서는 시장 봉쇄 효과를 중점적으로 고려하여 경쟁 제한성을 판단하게 된다. 즉, 대부분의 정부는 시장 봉쇄에 대해서는 구조 규제를 적용하고, 가격 압박과 호혜 거래에 대해서는 폐해 규제를 적용하여 대처하고 있다.

혼합합병은 경쟁 제한적인 요소가 적으나 제품 확장적 합병이나 시장 확장적 합병의 경우에는 경쟁 제한적 요소가 있을 수 있다. 따라서 혼합합병의 경우 규제의 대상 여부는 잠재 경쟁의 저해 여부를 중점적으로 고려해 판단한다. 즉, 관련이 없는 시장에 속해 있는 기업이 합병을 통해 해당 시장에 진입함으로써 잠재 진입자가 더 이상 추가로 진입할 수 없게 되는 경우에는 잠재적 경쟁의 제거로 인해 독점화의 우려가 발생한다.

2) 합병 규제의 기준

미국은 셔먼 법과 클레이턴 법에 의거하여 1980년대까지 구조주의적 입장이 매우 우세했다. 따라서 시장집중도에 대한 의존도가 매우 높았으나 그 기준 자체는 매우 완화된 수준을 적용했다. 그러나 1980년대에 들어서는 시카고 학파의 주장을 수용하여 대규모 수평합병까지도 허용하는 경우가 나타났다. 1992년 연방거래위원회와 법무부가 공동으로 개정한 합병 지침에 의해 두 규제기관이 합병을 제소하기 위해서는 시장 분석과 제도적 특성을 감안한 경제적 논리를 제시해야 하는 부담을 안게 되었다. 일본은 3개 결합기업의 집중도가 50%만 되어도 정밀심사 대상이 되는 등 미국이나 한국에 비해 매우 엄격한 집중도 기준을 설정하고 있다. 그러나 이러한 까다로운 기준은 정책의 실제 집행과는 거리가 있으며, 합병 심사를 공정거래위원회(公正取引委員會)의 불투명한 내부 기준에 따라 임의적으로 적용하는 등 집중도 기준이 사실상 사문화되고 있다.

---

11) 합병기업이 갖는 효율 창출 효과가 규모 확대에 따른 비용 절감에 의한 것이 아니라 경쟁 제한으로 인해 비합병 경쟁 기업들이 투입재를 효율적으로 사용할 수 없게 된 결과 증가한 비용에 의해서 주로 발생한 것이라고 보는 이론이 RRC(Raising Rivals' Costs)이론이다(Scheffman, 1992). RRC이론은 수직합병으로 인한 효율성 제고 효과와 경쟁 제한 효과를 정확히 파악하는 것이 쉽지 않음을 시사하고 있다.

미국의 방송 · 통신 기업 합병 규제 사례

■ 배 경

Comcast와 Time Warner Cable(TWC)은 미국 굴지의 케이블TV 사업자이자 초고속인터넷사업자들이었다. 양사는 OTT(over the top) 사업자의 영향력 증대에 대응하고 유료방송 시장 및 초고속인터넷 시장에서 규모의 경제를 실현하기 위해 합병을 추진하였다. 그러나 당시 초고속인터넷의 발달이 미흡했던 미국에서 두 기업의 합병이 이루어진다면 초고속인터넷 발달은 더욱 지체될 수밖에 없다는 우려가 나왔다. 2014년 2월 450억 달러의 합병 추진 발표 이후 동년 4월에 합병 인가 신청을 하였으나, 2015년 4월에 합병을 자진 철회하였다.

■ 연방통신위원회(FCC)의 입장

FCC 의장은 양사의 합병 철회 이후 성명서를 통해 "당해 합병을 허용할 경우 사업지역에서 경쟁사업자의 수가 평균 0.4개에 불과하게 되어 사실상 경쟁이 불가능하게 된다는 것"을 피력함으로써 FCC의 입장을 간접적으로 밝혔다. 특히 OTT 사업의 환경개선이 중요한 정책과제였는데 FCC는 합병이 허용될 경우 초고속인터넷 시장의 경쟁 상황이 더욱 악화되어 OTT 사업자의 사업환경에 악영향을 미칠 수 있다고 판단하였던 것이다.

■ 시사점

미국의 경우 방송 · 통신 융합형 합병에 대해서는 일반규제기관으로서 법무부, 전문규제기관으로서 FCC가 경합적으로 관여할 수 있게 되어 있다. 양 기관은 각각 상이한 관점에서 사안을 검토하며, 매우 상세한 심사 절차를 규정하여 절차적 투명성을 확보하고 있다. 이에 비해 국내의 경우는 공정거래위원회, 과학기술정보통신부, 방송통신위원회의 관계에 관해 협의, 사전동의와 같은 협조방식만 규정하고 있을 뿐이다. 따라서 각 기관의 권한을 명확하게 배분하거나 업무를 조정하는 절차를 규정할 필요가 있으며, 절차의 진행 단계별로 처리 기간을 운용함이 바람직하다.

자료: 이상헌(2017: 185-190).

한편 합병은 독점력을 창출하더라도 규모 및 범위의 경제를 통해 효율성 증대 효과를 창출하는 경우가 흔히 있다. 이에 사회후생의 증대를 추구하는 규제기관에서는 합병이 초래하는 효율성 증대 효과와 경쟁 제한 효과를 정확히 파악할 필요가 있다. 따라서 대부분의 정부는 합병의 효과를 둘러싸고 상반되는 경쟁 제한성과 효율성을 동시에 고려하여 심사하고 있다. 여기에다 일부 국가에서는 자국 기업이 세계적인 기업으로 성장할 수 있다면 독과점으로 인한 소비자 후생의 감소는 해외 시장에서의 수출 증가를 통해 보상될 수 있으므로 산업정책적 목표를 달성하고자 합병을 허용하고 있다. 따라서 합병에 대한 정책은 국가별로 큰 차이를 보이고 있다.

합병 규제는 소유권이나 경영권이 통합되거나 이전되는 기업의 결합과 주식의 취득은 물론 생산 자산의 구매, 임원 겸임 등 경쟁을 제한하는 거래를 사전에 선별적으로 배제하는 것을 목적으로 한다. 이와 같이 합병 규제는 경쟁 제한 효과가 실제로 나타나기 전에 시행하는 것이기 때문에 그 효과의 정확한 예측을 위해서는 가능한 한 많은 경제적 사항이 고려되어야 하며, 따라서 합병으로 인한 경쟁 제한 효과의 위법성을 추정하기 위한 타당한 기준을 설정할 필요가 있다. 다만 현실적으로 규제의 기준으로 많은

독일의 여론 지배력 기준에 의한 미디어 사업자 합병 규제 사례

■ 배 경

미국과 달리 정부규제의 접근 방법으로서 폐해규제주의를 일반적으로 채택하는 독일에서도 소비자의 정보 습득과 여론 형성에 막대한 영향을 미치는 미디어에 대해서는 원인금지주의에 입각하여 규제를 실시하고 있다. 미디어집중조사위원회(Kommission zur Ermittlung der Konzentration im Medienbereich: KEK)는 민영방송의 방송시장에서의 시청자점유율이 30% 이상이거나 이에 미치지 않더라도 25% 이상이면서 인근 매체 시장에서 독점적 사업자인 경우 방송시장에서도 독점적 사업자로 간주한다. 독일 정부는 한 사업자가 소유한 모든 채널의 시청률을 30%로 제한한다. 이를 초과하면 독점적 사업자로 분류하여 신규채널 허가, 유관사업 참여를 허용하지 않는다. 이에 방송사업자들은 시청자점유율이 30%를 초과하지 않도록 계열사 지분을 매각하거나 일정 방송시간을 제3자 방송채널에 할애하는데, 제3자 방송채널에 시간을 할애하는 경우 시청자점유율을 3% 삭감해주는 보너스 규칙을 시행하고 있다.

■ 내 용

2004년 연방카르텔청(Bundeskartellamt)은 신문, 프로그램가이드 잡지, 대중잡지 및 인터넷 시장에서 독점적 지위를 갖고 있는 악셀 슈프링어 그룹이 상업방송의 P7S1를 인수할 경우 여론 지배력의 집중이 심화될 것임을 지적하였다. KEK는 매체 간 가중치를 적용한 점유율 환산 방법을 사용하여 P7S1 인수 논의 당시 악셀 슈프링어 그룹의 여론 지배력을 25%로 계산하였다. 여기에 P7S1이 가지고 있는 방송 시장에서의 여론 지배력을 합하면 악셀 슈프링어 그룹의 시장 지배력은 약 47%에 달해 인수가 불가하다는 결론을 내렸다.

자료: 한국언론진흥재단(2010: 88–92).

한계가 있음에도 불구하고 효과적이라는 이유로 인해 거의 공통적으로 시장 집중도 기준이 사용되고 있다.

3 한국의 '기업 결합' 규제

한국에서도 일정 규모 이상의 대기업이 다른 회사와 결합하거나 다른 회사의 주식을 취득하는 등 기업 결합, 즉 합병을 함으로써 일정한 거래 분야에서 '경쟁을 실질적으로 제한하는 것'은 금지된다. 여기서 경쟁을 실질적으로 제한하는 행위란 일정한 거래 분야의 경쟁이 감소하여 특정 사업자(단체)의 의사에 따라 어느 정도 자유로운 가격, 수량, 품질, 기타 거래 조건 등의 결정에 영향을 미치거나 미칠 우려가 있는 상태를 초래하는 행위를 말한다.

취득 회사와 피취득 회사의 시장점유율의 합계가 50% 이상인 경우와 결합한 상위 3사의 시장점유율의 합계가 75% 이상인 경우 경쟁을 실질적으로 제한하는 것으로 본다. 또한 대규모 기업집단에 속해 있는 기업이 관련 없는 시장에 진입할 경우 새로 대규모 기업집단에 소속된 기업은 계열사들의 도움으로 독점력을 행사할 가능성이 있으므로 대규모 회사의 혼합합병을 금지하고 있다. 그러나 현실적으로 사실상 기업 결합을 허용하는 경우가 있어 기준과 적용의 괴리가 크게 나타나고 있다.

한국에서도 효율성 증대 효과가 경쟁 제한으로 인한 폐해보다 큰 기업 결합이나 부실 기업으로 회생이 불가한 회사와의 결합은 공정거래위원회의 인정 하에 허용된다. 다만 이 경우에도 효율성 증대 효과는 가까운 시일 내에 발생할 것이 명백해야 하며, 당해 기업 결합 외의 방법으로는 달성하기 어려운 것이어야 한다. 또한 경쟁적인 시장 구조 하에서의 기업 결합은 경쟁 제한성이 없다고 판단되기 때문에 허용되는 경우가 있다.

기업 결합 규제의 실효성을 보장하기 위한 수단으로서 자산 총액이나 매출액이 1천억 원 이상인 회사의 기업 결합은 사후에 신고해야 한다. 그러나 자산 총액 또는 매출액이 2조 원 이상인 대규모 회사가 행하는 기업 결합은 사전에 신고해야 한다. 기업 결합의 규제에서는 시장점유율, 진입 장벽 등 시장 구조적 요인이 중시되며, 경쟁 제한적 기업 결합에 대해서는 결합의 금지나 취득 자산 및 주식의 매각 등 독점화를 예방하고 해소하기 위한 조치들이 취해진다.

한국의 방송 · 통신 기업 결합 규제 사례

■ 배 경

인수 기업인 SK텔레콤은 국내 최대의 가입자를 보유한 이동통신사업자이며, 피인수 기업인 CJ헬로비전은 382만 명의 방송가입자를 보유한 국내 2위의 케이블 플랫폼이었다. 두 기업의 사업 분야는 단순히 이동통신 서비스와 케이블 방송에 국한된 것이 아니라, 초고속인터넷과 인터넷전화, 이동통신재판매(mobile virtual network operator: MVNO), 방송광고, 국제전화 등 복수의 시장에 걸쳐 있었다.

■ 개 요

SK텔레콤과 CJ헬로비전은 2015년부터 2016년까지 기업 결합을 진행하였다. 이 기업 결합이 성사될 경우 규모의 경제와 범위의 경제가 달성되어 관련 시장에 큰 파급 효과를 일으킬 수 있는 시도였다. 공정거래위원회는 양사의 기업 결합이 총 7개의 시장에 걸친 복합적인 수직 · 수평 결합인 까닭에 장기간에 걸친 복합적인 영향력 평가가 필요하다고 보았다. 2016년 7월 공정거래위원회는 SK텔레콤의 CJ헬로비전 인수 및 SK브로드밴드, SK텔링크와 CJ헬로비전의 기업 결합이 유료방송시장, 이동통신시장 등 방송 · 통신 시장에서 경쟁을 실질적으로 제한할 우려가 있다고 판단해 양사의 기업 결합을 원천적으로 허용할 수 없다고 밝혔다.

■ 판 단

불허 판결의 주요 근거로는 '유료방송시장의 가격 상승 압력'과 '이동통신재판매 시장에서 독행 기업의 소실'이 제시되었다. 우선 결합 당사회사 및 경쟁 사업자들이 제출한 분석의견을 토대로 유료방송시장에서 수평형 기업 결합으로 인한 수신료 인상 가능성을 분석한 결과 경쟁 제한의 가능성이 매우 높다고 밝혔다. 또한 CJ헬로비전이 사실상 독행기업의 역할을 해왔기 때문에 이동통신시장의 경쟁 압력이 감소할 우려가 있다고 보았다. 결국 이동통신시장에서 주파수 대여 등 도매사업을 영위하고 있는 SK텔레콤이 최대 수요자인 CJ헬로비전과 결합할 경우 경쟁 도매사업자의 판매선 자체가 봉쇄된다는 것이었다. 나아가 CJ헬로비전과 SK텔레콤이 가진 시장 지배력을 감안할 때 독점적 시장 구조가 고착화될 것으로 보았다.

자료: 김해영(2018: 91-94).

제 3 절 카르텔 규제

1 카르텔의 의의

1) 개 념

카르텔(cartel)은 경쟁 관계에 있는 복수의 기업이 독립성을 유지하면서 그들 간의 담합에 의해 시장 내에서 경쟁을 제한하는 것이다. 여기서 담합(collusion)이란 독립적인 기업들이 시장 통제를 목적으로 각자의 행위를 조율하기 위한 합의를 말한다. 미국의 셔먼 법은 "거래 또는 통상의 제한(restraint of trade or commerce)"으로, 독일의 경쟁제한방지법은 "경쟁을 제한함으로써 생산 또는 거래를 위한 시장 상태에 영향을 미치는 것(influence, by restraining competition, production or market condition with respect to trade)"으로 카르텔을 정의하고 있다. 경쟁 제한의 내용은 주로 가격, 생산량, 판매 지역, 판매 고객에 관한 것이다. 따라서 카르텔은 담합과 일정한 거래 분야에서의 경쟁 제한성을 요건으로 한다.

우선 담합이란 복수의 사업 간에 각자의 사업 활동을 상호 구속하기 위한 이해의 합치가 있으며, 이해의 합치의 결과 공동 행위가 나타나야 한다. 담합은 계약, 협정, 결의 등 그 형식에는 제한이 없으며, 명시적인 것뿐만 아니라 묵시적인 것도 담합에 포함될 수 있다. 명시적 및 묵시적인 것의 구분은 합의에 이르는 방법에 의해 이루어질 수 있다. 예컨대, 구두나 서면에 의할 경우 명시적 합의라 할 수 있으며, 무언의 동의로 시사될 때 묵시적 합의라 할 수 있다.

다음으로 경쟁 제한성이란 공동 행위로 인해 해당 거래 분야의 경쟁상태가 감소하여 특정 사업자들이 어느 정도 자유로이 가격, 수량, 품질 등의 거래 조건에 영향을 미치거나 미칠 우려가 있는 상태를 초래하는 것을 말한다. 경쟁 제한 행위를 하고 있는 경우 사업자 간에 명시적인 합의가 없더라도 카르텔을 하고 있는 것으로 추정된다. 그러나 양자의 구분은 사실상 정황에 따라 추정되는 경우가 대부분이다. 미국의 경우 1970

년대 중반 이후 기업들이 명시적으로 공모하지 않는 한 과점 하에서의 묵시적 합의가 반드시 경쟁 제한적인 것은 아니라는 시카고 학파의 이론이 법원의 판결에 크게 영향을 미쳐 왔다. 이에 따라 담합 행위에서 실제 합의가 있었는가를 판단할 때 시장의 구조적 특성이 중요한 고려 요인이 되었다(이재우, 1997).[12)]

기업들은 카르텔 결성을 통해 사실상 통합된 기업처럼 행동한다. 그로 인해 경쟁 기업 상호 간에 발생할 수 있는 가격 경쟁을 회피할 수 있으며, 새로운 기업이 시장에 진입하는 것을 봉쇄할 수 있게 된다. 이와 같이 과점적 기업들이 카르텔을 통해 독점기업과 유사한 지위를 획득할 수 있으나, 몇 가지 점에서 독점기업과 다른 특성을 갖는다. 우선 카르텔은 독립된 기업들의 연합체이므로 독점기업과는 달리 카르텔의 유지와 이탈을 막기 위한 감시에 많은 비용을 지출하게 된다. 또한 가격 경쟁은 회피되지만 독점기업과는 달리 기업 간의 상품 차별화로 인한 비가격 경쟁이 일어날 수 있다.

한편 카르텔은 대체로 수평적 제한행위를 의미하나 수직적 제한 행위도 카르텔의 한 유형으로서 파악할 수 있다. 만일 사업체 간의 공간적 원격성, 정보의 비대칭성 등으로 인해 수직적으로 결합된 기업의 종업원에 대한 감시 비용이 독립기업을 유지하는 데에 따르는 비용을 초과하는 문제가 있을 때 생산업자는 수직합병을 포기하는 대신 계약을 통해 유통업자에게 수직적 제한을 부과할 수 있다. 이로써 생산업자는 수직적 제한을 통해 유통업자와 수직적으로 합병함으로써 얻게 되는 경영상 효과와 유사한 효과를 얻게 된다. 수직적 제한(vertical restraints)이란 생산·유통의 연속적 흐름 속에 놓여 있는 상이한 단계의 사업자 사이에서 상대방의 행위를 제한하는 특약을 맺는 행위를 말한다.

수직적 제한 행위의 유형으로서 대표적인 것은 생산업자가 유통업자의 가격 설정을 통제하는 재판매 가격 유지(resale price maintenance)이다. 제품의 가격은 제조업자가 유통업자에게 판매할 때의 가격과 유통업자들이 다시 소비자에게 판매할 때의 가격이 모두 다를 수밖에 없는데, 이와 같이 다시 판매할 때 새로 책정되는 가격을 재판매 가격이라 한다. 재판매 가격 유지 행위란 제조업자의 생산 및 판매, 도매업자의 판매, 소매업자의 판매 등 여러 단계의 유통 경로에서 제조업자 또는 도매업자가 하위의 유통

12) 미국 법원은 담합이 쉽게 이루어지는 구조적 특성으로서 잠재적 이탈자의 위협에 대한 증거가 있는가, 피고 기업들끼리 명시적 담합의 전과가 있는가 등을 고려하고 있다.

업자에게 특정한 가격을 도매가격 또는 소매가격으로 책정하도록 강요하는 것을 말한다.

수직적 제한 행위는 담합을 조장하여 경쟁을 제한하는 경우가 많으나, 무임승차를 방지함으로써 판매 체계의 효율성을 도모하는 장점도 있다. 그러나 재판매 가격 유지는 공급자가 개별 판매업자 또는 그 집단에 대해 재판매 가격을 일방적으로 통지하거나 또는 상호 간의 협정을 통해 시행하는 수직적 가격 고정(vertical price-fixing)이다. 따라서 대부분의 나라에서 재판매 가격 유지 행위는 원칙적으로 금지된다.

2) 카르텔과 사업자단체

카르텔을 조장할 수 있는 대표적인 제도는 사업자단체(trade association)이다. 사업자단체란 조합, 협회, 협의회, 진흥회, 연합회, 중앙회 등 그 형태 여하를 불문하고 2 이상의 사업자가 공동의 이익을 증진할 목적으로 조직한 결합체 또는 그 연합체를 말한다. 사업자단체는 개별 사업자가 단독으로 수행하기 어려운 정부에 대한 로비나 교육·홍보 자료 출판 등의 서비스를 공급한다. 정부와의 관계에서도 시장, 생산 및 경영에 관한 정보를 제공하고 사업자와 정부 간에 의견 교환의 장을 제공하는 등 긍정적인 역할을 수행한다.

흔히 사업자단체는 이익집단의 역할을 벗어나 정부기관화(governmentalization)되어 정부가 공익을 위해 사업자단체를 통제하는 조합주의적 이익대표 체제의 모습을 갖추게 된다(사공영호·강휘원, 2001).[13] 그 결과 규제기관과 사업자단체 사이에 공생 관계가 형성되어 사업자단체가 규제기관의 정책결정에 순응하고 정책집행에 협력하며, 반대로 사업자단체가 규제기관에 대해 각종 규제를 요구하게 된다. 예컨대, 사업자단체가 법적으로 부여된 각종 위탁 업무나 공동사업 배정권을 무기로 하여 신규 사업자의 진입을 방해하거나 경쟁적인 영업을 하는 사업자를 배제하는 경우가 그것이다. 나아가 사업자단체가 규제기관을 포획하는 경우가 나타나기도 한다.

---

13) 한국에서도 많은 사업자단체가 운영되고 있으나, 이 중 상당수가 정부 주도적 경제 운용을 용이하게 하기 위해 정부가 설립을 주도하거나 산하기관처럼 권한을 위임한 경우이다.

2 카르텔의 규제

카르텔은 사업자가 서로 경쟁을 하지 않고 담합을 통해 공동으로 동일한 전략을 택한다는 점에서 합병과 유사한 효과를 가진다. 즉, 단기적으로 카르텔에 의한 산출량의 제한과 가격의 결정이 가능해지고 장기적으로는 한계 사업자의 퇴출을 막음으로써 해당 시장에서의 자원배분에 비효율을 초래한다. 특히 단기적으로 경쟁을 제한하는 데 효과적이다. 다만 카르텔은 사업자들 각자가 법적인 독립성을 유지하므로 담합을 위반하려는 유인이 있다는 점에서 합병보다 그 강도가 훨씬 느슨하다고 할 수 있다. 이러한 담합은 동일 산업 내의 기업들이 시장 내의 경쟁을 제한함으로써 독점 이윤을 획득하려는 동기에서 이루어지는 것이므로 담합을 토대로 한 카르텔은 각국에서 원칙적으로 규제되고 있다.

예컨대, 미국에서는 경쟁자들의 약정이나 합의에 의한 경쟁 제한 행위는 셔먼 법에 의해 엄격히 규제된다. 일본의 독점금지법도 사업자나 사업자단체에 의한 부당한 거래 제한을 금지하고 있으며, 사업자단체에 의한 제한, 일정 사업 분야에서의 사업자 수의 제한, 구성 사업자의 기능·활동의 부당한 제한 등을 금지하고 있다. 독일의 경쟁제한 방지법도 경쟁 제한을 목적으로 하는 사업자들의 합의를 원칙적으로 금지하고 있으나, 국민경제와 공공 복리를 위해 필요한 경우 연방경제기술부 장관이 카르텔을 허용할 수 있게 되어 있다.

그러나 모든 카르텔이 반드시 경쟁 제한적인 효과를 갖는 것이 아니며, 또한 경쟁 제한적인 카르텔이라 하더라도 효율성 증진 효과가 월등하여 이를 불가피하게 인정해야 하는 경우가 있으므로, 각국에서는 카르텔 규제에 대한 예외 규정을 두고 있다. 예컨대, 경쟁에 중립적이거나 경쟁 촉진적 기능을 갖는 카르텔은 허용하고 있으며, 경쟁 제한적 효과를 갖더라도 순효과가 더 큰 경우에는 카르텔이 인정된다.

또한 불황에 따른 산업 내의 파멸적 경쟁으로 산업 기반이 와해될 위험이 있을 경우(불황 카르텔), 협상력의 차이로 이해 당사자 간의 자율에 의해서 공정한 계약 체결이 어려운 경우(중소기업 카르텔), 국제 시장에서 자국 기업의 협상력이나 규모의 경제의 실현을 통해서 비교 우위를 제고할 수 있다고 인정되는 경우(수출 카르텔, 수입 카르텔), 기술 혁신과 파급을 위해 경쟁보다는 협력이 필요한 경우(공동연구 카르텔) 등의 산업정책적 목적 달성을 위해 카르텔이 허용되기도 한다(공정거래위원회, 2001).

한편 사업자단체는 기본적으로 경쟁 여건 하에서 구성된 조직이므로 경쟁 제한을 통해 구성원 공동의 이익을 추구하거나 비회원인 경쟁자들을 시장에서 배제하려는 유인을 갖고 있다. 사업자단체를 통한 경쟁 제한 행위는 소수 사업자 간에 암묵적으로 이루어지는 담합에 비해 조직적·체계적으로 이루어질 수 있다는 점에서 경쟁 제한 효과가 훨씬 심각할 수 있다. 따라서 담합을 조장하거나 다른 사업자의 진입이나 사업 활동을 부당하게 방해하는 등 카르텔에서 주도적인 역할을 담당하는 것은 금지된다.[14]

3 한국의 '부당한 공동 행위' 규제

1) '부당한 공동 행위'의 요건

한국의 독점규제법은 카르텔을 부당한 공동 행위의 개념으로 규제하고 있다. 여기서 '부당한'이라는 용어의 의미에 관해 논란의 여지가 있다. 논리적으로 경쟁 제한 행위는 이미 부당한 행위이므로 경쟁 제한 행위 자체가 위법성이 성립된다. 그런데 부당한 공동 행위와 같이 표현할 경우 일반적으로 공동 행위는 허용되지만 그것이 부당한 경우에 한해서만 규제되는 것이며, 경쟁을 제한하는 공동 행위라도 부당성에 문제가 없다면 허용되는 것으로 해석될 여지가 있다. 그 결과 독점규제법의 집행력을 크게 저해하는 결과를 초래할 수 있다. 따라서 '부당한'이라는 용어는 의례적인 수식어로서 행위의 부당성을 따로 입증해야 할 필요는 없는 것으로 보아야 한다(성소미·신광식, 2003).

부당한 공동 행위(undue concerted activities)란 사업자가 계약·협정·결의 등의 방법으로 다른 사업자와 공동으로 ① 가격의 결정·유지·변경(가격 카르텔), ② 상품

14) 담합에 대해 강력한 규제를 도입하고 있는 미국에서는 각종 독점 규제 법규에서 사업자단체에 대한 특별한 규정을 두고 있지 않다. 반면 정부와 민간 부문이 상당한 의존 관계에 있는 한국과 일본에서는 일반적인 규정 외에 사업자단체에 의한 경쟁 제한 행위에 대해 특별한 주의를 기울이고 있다(한국개발연구원, 1999).

또는 서비스의 거래 조건 결정(거래 조건 카르텔), ③ 생산량 및 판매량의 제한(수량 카르텔), ④ 거래 지역 또는 거래 상대방의 제한(시장 분할 카르텔), ⑤ 설비의 신설·증설 제한(설비 제한 카르텔), ⑥ 상품의 종류·규격 제한, ⑦ 공동 회사 설립 등 다른 사업자의 사업 활동 또는 사업 내용을 제한하는 행위를 말한다.

한국의 부당한 공동 행위도 공동 행위의 '합의', 즉 담합과 일정한 거래 분야에서의 '경쟁 제한성'을 요건으로 하고 있다. 카르텔을 할 것을 약정하는 계약은 사업자 간에 무효로 하고 있다. 이때 공동의 의사 합치가 없었음을 입증해야 하는 책임, 즉 거증 책임의 부담은 사업자가 지도록 되어 있다. 다만 산업합리화, 연구·기술 개발, 불황의 극복, 산업 구조의 조정, 거래 조건의 합리화, 중소기업 경쟁력 향상을 위해서는 공정거래위원회의 인가를 거쳐 예외적으로 카르텔을 허용하고 있다.

우리나라의 독점규제법은 사업자의 이익집단인 각종 협회, 협의회, 조합 등을 통한 사업자단체의 활동도 금지하고 있다. 동법에서의 사업자단체는 "2개 이상의 사업자가 공동의 이익을 증진할 목적으로 조직한 결합체 또는 연합체"를 의미한다. 사업자단체는 일정한 거래 분야에서 부당하게 경쟁을 제한하는 행위, 일정한 거래 분야에서 사업자 수를 제한하는 행위, 구성 사업자의 사업 내용 또는 활동을 부당하게 제한하는 행위 등이 금지된다.

한편 재판매 가격 유지 행위는 유통업자들 간의 자유로운 가격 경쟁을 배제함으로써 유통 조직의 효율성 증대 유인을 저하시키고 물가 상승을 유발한다. 이에 독점규제법은 거래의 단계를 달리하는 도매업자와 소매업자 간의 소비자가격의 협정 등의 행위를 불공정행위로 보아 원칙적으로 금지하고 있다. 다만 저작물은 그 특성상 제외하며 기타의 상품 중에도 화장품, 의약품 등과 같이 전문 소매점을 통해 판매되는 상품 중 일부가 예외적으로 인정되는 경우가 있다.

2) 규제의 기준과 절차

공동 행위의 경쟁 제한 효과를 종합적으로 고려하기 위해 공정거래위원회는 「공동 행위 심사 기준」을 제정하여 운영하고 있다. 이 심사 기준은 사업자들이 경쟁사업자들 간의 공동 행위에 대해 경쟁 제한성 여부를 스스로 판단함으로써 향후 전략적 제휴 등 대내 · 외 경쟁력을 향상시킬 수 있도록 하는 동시에, 공정거래위원회 내부적으로도 공동 행위 사건 처리의 효율성, 투명성 및 일관성을 높이기 위해 제정된 것이다. 심사 기준은 공동 행위의 성격상 경쟁을 직접 제한하는 가격 제한, 공급량 제한, 시장 분할, 입찰 담합 등(경성 카르텔)에 대해서는 공동 행위의 사실만 확인되면 추가적인 심사 없이 위법성을 인정하며, 공동 연구 · 공동 생산 · 공동 구매 · 공동 마케팅 등(연성 카르텔)에 대해서는 경쟁 제한 효과 및 경쟁 촉진 효과를 종합적으로 분석하여 위법성 여부를 판단한다(차성민, 2003).

공동 행위의 심사는 구체적으로 ① 합의 추정, ② 경쟁 제한성 유무 판단, ③ 경쟁 제한 효과 분석, ④ 경쟁 촉진 효과 분석의 단계를 거쳐 이루어진다. 이 중 경쟁 제한 효과의 분석은 공동 행위 참여 사업자의 시장점유율, 시장집중도, 해외 경쟁의 도입 수준, 신규 진입 가능성 등을 고려하여 시장 지배력을 심사하며, 공동 행위의 존속 기간, 자산에 대한 공동 사용이나 통제 수준 등을 고려하여 사업자 간의 결속력의 정도도 심사한다. 다만 연성 카르텔의 경우에는 참여 사업자들의 시장점유율의 합계가 20%를 초과하는 경우에만 경쟁 제한 효과를 분석한다.[15] 그리고 나서 공동 행위를 통한 규모의 경제, 기술 혁신의 정도, 중복 비용 감소 등 경쟁 촉진 효과를 분석하여 양 효과의 비교 형량을 통해 부당성을 판단한다.

카르텔은 그 특성상 은밀하게 이루어지므로 여타 독점 규제 대상 유형에 비해 위반 행위에 대한 시정 조치 및 벌칙 규정이 더욱 중요하다. 한국에서도 부당한 공동 행위에 대해서는 공정거래위원회에 의해 시정 조치, 부당이익 환수, 과징금 부과 등을 할 수 있도록 했으며, 징역 및 벌금 등 형사벌을 부과하기 위해 고발할 수 있게 되어 있다.

15) 이와 같이 안전지대(safety zones)를 인정하는 것은 사업자들로 하여금 자신들의 공동 행위가 타당한지 여부를 예측할 수 있게 해주는 한편, 독점 규제기관 스스로도 업무의 부담을 덜 수 있기 때문이다. 안전지대 제도는 미국에서 사업자 간의 카르텔이 반경쟁적이지 않을 경우 규제기관이 특별한 환경에 대한 조사 없이 카르텔을 인정해 주기 위해 도입되었다.

한국의 이동통신 서비스 부당한 공동 행위 규제 사례

■ 배 경

한국의 독점규제법상 부당한 공동 행위의 요건인 합의의 개념은 '의사의 연락'이라는 용어로 표현된다. 이는 민법상의 합의가 사적 자치에 의한 법적 구속력의 원천이 되는 '의사의 합치'를 의미하는 것에 비해 넓은 개념이라 할 수 있다. 합의는 명시적, 묵시적 방법에 의해서 가능한데 명시적 합의는 대부분 직접증거에 의해 입증이 가능하나, 은밀히 수행되는 부당한 공동 행위의 속성 상 간접증거에 의하여 묵시적 합의를 추정해야 하는 경우가 많다.

■ 사건 개요

2004년 1월부터 이동통신 서비스 시장에 시차제 번호이동성 제도가 시행되었다. KTF와 LGT는 SKT의 우량 가입자들을 유치하기 위해 무제한 커플요금 상품을 출시하였고, 이에 대응하여 SKT도 정보통신부에 무제한 정액요금 상품 및 무제한 커플요금 상품 인가 신청 계획을 제출하였다. 2004년 6월 정보통신부 장관의 주선으로 3개사 대표들이 '이동전화 시장 건전화를 위한 합의서'를 작성하였다. 그 후 KTF는 해당 상품 판매를 중단하였고, LGT는 해당 상품 판매 기간 종료 후 연장하지 않았으며, SKT는 해당 상품에 대한 정식 인가 신청을 하지 않았다.

■ 판 단

공정거래위원회는 3개사 간에 무제한 요금 상품 판매 및 출시 노력 중단과 관련된 '의사의 연락'이 있었다는 증거(의사연락 증거)와 3개사가 상품 판매 및 출시 노력을 중단하게 된 경위(시장 행위 증거)와 같은 정황 증거를 종합하여 3개사 간에 상품의 종류를 제한하는 행위를 하는 데 대한 합의가 성립하였다고 인정하였다. 또한 사업자들이 자율적으로 결정해야 할 사항을 시장점유율 합계 100%를 차지하는 3개사가 공동으로 정하기로 합의한 행위 자체가 경쟁 제한성이 있다고 판단하였다.

■ 과 제

사업자들이 전략적 행동으로 흔히 생각하는 사업상의 결정이 부당한 공동 행위의 요건인 합의 개념에 포함될 수 있다는 판정이었으나, 향후 정황 증거에 의해 어느 정도의 사실이 인정되어야 합의가 입증되었다고 볼 것인가와 같은 합의의 개념과 입증에 대한 논의가 이루어져야 할 것이다.

자료: 신영근(2010: 97-99).

한국의 영화산업 부당한 공동 행위 규제 사례

■ 영화상영관 사업자단체의 가격결정 행위

한국의 영화상영관 업계는 2005년경부터 극장입장료 할인 경쟁이 심해지면서 극장들의 할인 금지가 필요하다는 공감대가 형성되었으나, 문화관광부는 책임 있는 행정지도를 실시하지 않았다. 이에 일부 영화상영관들 사이에 자체 합의를 통해 경쟁을 제한하고 입장료 수준을 높게 형성하는 행위가 나타났다. 급기야 영화상영관의 사업자단체인 서울시극장협회는 2007년 2월 임시총회를 열어 신용카드 할인을 포함한 모든 요금할인 경쟁을 중단할 것을 결의하고 회원사에게 통보하였다. 사업자단체의 가격결정 행위가 부당하게 경쟁을 제한하는지 여부는 사업자단체의 의사에 의한 가격결정 행위가 있고, 이 행위가 구성 사업자의 가격결정에 영향을 미쳐야 하며, 그 결과 일정한 거래 분야에서 가격결정을 부당하게 제한할 수 있어야 한다. 공정거래위원회는 38개 회원사로 구성된 서울시극장협회는 주도적인 요금결정 및 마케팅에 영향을 미칠 수 있는 점을 고려하여 부당하게 경쟁을 제한하는 행위로 판정하였다.

■ 영화 배급업자 및 상영업자의 공동가격 결정 · 유지

2007년 7개 영화 배급업자 및 상영업자는 영화 관람료 할인경쟁을 중지하기로 합의하여 상영시장에서 경쟁을 제한하는 행위를 하였다. 또한 4개 상영업자는 대전, 창원, 마산 지역 극장 입장료 인상에 합의하는 부당한 공동 행위를 하였다. 사업자 간의 부당한 공동 행위가 성립하기 위해서는 사업자 간 공동으로 합의하거나 다른 사업자로 하여금 이를 행하도록 하고, 이 합의가 부당하게 경쟁을 제한해야 한다. 공정거래위원회는 극장이 자율적으로 결정해야 할 관람료와 할인의 규모를 공동 행위를 통해 정하는 것은 영화시장에 경쟁을 제한하는 효과가 크다고 판정하였다.

자료: 김미현(2017: 1–12).

제 4 절 독점화 행위 규제

앞에서 본 바와 같이 대부분의 나라의 독점규제법은 자유로운 경쟁을 촉진하기 위해 합병 규제처럼 원인 금지의 입장에서 독점의 생성을 규제하지만, 이와 별도로 이미 형성된 독점에 대해서는 폐해 규제의 차원에서 독점화 행위를 규제한다. 독점화 행위 규제는 독점적 지위를 보유하는 사업자의 성립과 독점적 사업자에 대한 독점화 행위의

규제라는 두 단계로 구성된다.

1 독점의 의의

특정 기업의 독점성 여부를 판정하기 위해서는 우선 관련 시장의 범위를 획정하고, 당해 기업이 그 시장 내에서 독점적 사업자에 해당하는지 여부를 파악해야 한다. 관련 시장(relevant market)이란 어떤 기업이 독점적 지위를 이용하여 남용을 행사할 때 관련 규정이 미치는 대상 시장을 말한다. 관련 시장의 정의는 사업자 간 경쟁의 테두리를 확인하고 체계적 수단으로서 독점규제법을 적용할 때 매우 중요한 역할을 한다. 이것은 독점규제법이 규제의 주 대상으로 삼는 행위가 관련 시장에서의 경쟁 제한이기 때문에 법 적용의 출발점이 되기 때문이다.

독점적 지위는 일정 시장에 하나의 기업 혹은 지배적 기업이 존재하여 이 기업이 그 시장 내에서 가격을 통제하거나 경쟁을 제한하는 힘을 보유하고 있는 상태를 의미한다. 그리고 독점적 사업자는 해당 상품에 대한 경쟁자들이나 소비자들의 반응을 고려하지 않고 관련 시장에서 생산량을 조절하거나 경쟁을 제한할 수 있는 능력을 가진 기업을 말한다. 여기서 경쟁의 제한이란 관련 시장에서의 경쟁 상태가 감소하여 특정 사업자가 자유로이 가격, 수량, 품질, 거래 조건 등을 결정할 수 있게 되는 것을 의미한다.

시장이 완전 독점적인 경우에는 독점적 지위 유무의 판단은 간단하다. 그러나 공기업이 다수의 사업체로 분할되거나 민영화된 경우와 같이 대부분의 경우에는 해당 시장에서의 독점적 지위를 보유하고 있는가에 대한 판단은 쉽지 않다. 이와 같은 현실적인 측정의 어려움으로 인해 독점적 지위의 판단은 실질적으로는 시장점유율(market share)[16]에 의존하고 있다. 이러한 관행은 높은 시장점유율은 시장 구조가 비경쟁적임을 반영하는 것이므로, 그 시장에는 독점이 존재할 가능성이 높다는 추론에서 근거한다. 다만 시장점유율은 독점의 지표로서 가장 중요한 역할을 하고 있지만, 단순히 높은 시장점유율

16) 시장점유율은 통상적으로 관련 시장의 총 생산량에서 해당 사업자(들)의 생산량 합계가 차지하는 비율에 의해 산출한다.

은 독점을 입증해 주는 필요조건에 지나지 않는다는 한계가 있다.

독일에서는 상위 1개 기업의 시장점유가 1/3 이상 또는 상위 3개 기업의 시장점유가 1/2 이상 또는 상위 5개 기업의 시장점유가 2/3 이상인 경우 독점적 사업자로 본다. 한국에서는 1개 사업자의 시장점유율이 50% 이상인 경우와 3개 이하의 사업자의 시장점유율의 합계가 75% 이상인 경우를 시장지배적 사업자, 즉 독점적 사업자로 보고 있으며, 일본도 한국의 경우와 동일하다. 시장점유율이 독점 규제정책의 기준으로서 인기가 있는 것은 정책 당국으로 하여금 한계 비용이나 이윤과 같은 불명확한 개념에서 벗어나게 해 주기 때문이다. 특히 한국에서는 독점적 사업자가 시장점유율로 정의되고 있으며, 다른 행위 유형의 독점적 지위의 추정에도 시장점유율이 주로 참작되고 있어 이 지표는 매우 중요하다고 하겠다(한국개발연구원, 1995b).

2 독점화 행위의 규제

1) 독점화 행위의 유형

소수 기업의 독점적 지위가 시장 구조를 결정해 주는 가장 기본적인 요인이지만 시장 구조와 시장 행위 또는 시장 성과 간에는 항상 일정한 관계가 존재하는 것은 아니므로, 독점력을 기준으로 시장 성과를 선험적으로 예측하는 데에는 오류의 위험성이 있다. 다시 말해, 외관상 구조로 본 독점적 사업자가 반드시 독점력을 행사하는 것은 아니다. 그럼에도 불구하고 독점이 문제시되는 것은 독점적 사업자가 독점적 지위를 남용하거나 경쟁을 제한할 가능성이 있기 때문이다. 따라서 독점을 기도하는 행위, 즉 독점화 행위(monopolization)를 규제하는 것은 독점적 사업자의 독점적 지위 남용을 억제하고 궁극적으로 경쟁을 촉진케 하려는 데에 그 목적이 있다.

독점화 행위는 크게 ① 독점력을 이용하여 독점 이윤을 추구하는 독점적 지위의 남용과, ② 독점력을 획득·유지하기 위해 경쟁자를 배제하는 경쟁의 제한으로 구분된다([표 5-2] 참조). 경쟁의 강화라는 독점 규제의 논리에 비추어본다면 독점화 행위 규제는 경쟁 제한 행위에 초점을 맞추는 것이 타당하다. 다만 가격 남용 등 약탈적 행위에

표 5-2 독점화 행위의 유형

		독점적 지위의 남용	경쟁의 제한
행위의 특성		거래 상대방의 약탈	현재적·잠재적 경쟁자의 배제
행위의 영향		수직적	수평적
행위의 효과		직접적인 소득 이전	미래의 소비자 약탈로 연결
대(對)소비자 효과		소비자 이익 직접적 침해	소비자 이익 장기적 침해
주요국 법제	미국	규제 않음	규제
	일본	규제 않음	규제
	독일	규제	규제
	한국	규제	규제

자료: 성소미·신광식(2003)을 수정했음.

대해서도 정책적 관심을 두지 않을 수 없다는 현실적 필요성을 경시할 수는 없다. 따라서 독점화 행위의 규제와 관련해서는 경쟁 제한의 규제라는 중·장기적 목표와 더불어 독점적 지위 남용의 억제라는 단기적 목표를 모두 고려해야 한다.

2) 주요국의 독점화 행위 규제정책

미국이나 일본의 독점 규제 관련 법률은 경쟁을 통해 독점적 지위가 달성되었다면 독점기업의 행위에 대해서도 상대적으로 관대하게 취급한다. 즉, 기업의 이윤 극대화를 추구하기 위한 동기에 의한 독점 가격 설정 등의 행동이라면 다른 사업자에 대해 방해적인 효과를 갖지 않는 한 행위 자체를 문제시하지 않는다. 특히 미국에서는 전통적으로 경쟁의 제한에 대해서만 관심을 두어왔으며, 위법적인 독점화가 성립하기 위해서는 독점적 지위를 보유할 뿐만 아니라 그 행위에 고의성이 있어야 한다. 그러나 일본에서는 「사적 독점의 금지 및 공정거래의 확보에 관한 법률(독점금지법)」에서 경쟁 제한의 규제를 의미하는 '사적 독점의 금지'를 규정하는 외에 독점적 지위의 남용을 구조적으로 방지하기 위한 '독점적 상태에 대한 조치'를 함께 규정하고 있다.

미국과 일본에서 기업의 시장 행위가 독점을 추구하거나 독점적 지위를 유지 또는 강화하려는 행위인 경우에는 독점화 행위로 인정되어 기업 분할 등 시장 구조를 좀 더 경쟁적인 것으로 개선하기 위한 규제 대상이 된다. 다만 일본에서는 법률상의 규정과는 달리 구조적 조치의 실적은 거의 없는 실정이다.

한편 유럽 국가들은 효율성뿐만 아니라 형평성과 산업 보호의 관점에서 독점 규제정책을 일반적으로 운용한다. 예컨대, 독일의 경쟁제한방지법에서는 독점 가격 설정 등 독점적 지위의 남용 행위를 금지하고 있다. 즉, 규제기관이 독점적 지위의 남용을 입증하면 당해 독점적 사업자에 대해 실질적 경쟁이 행해지고 있는 시장의 가격 수준으로 가격 인하를 명할 수 있게 되어 있다. 그러나 독점가격에 대한 규제는 이론적 및 행정적 취약성을 가지고 있어 남용 금지 조항을 적용하는 데에는 한계를 보이고 있다.

미국의 약탈적 가격 설정 규제 사례

■ 배 경

미국에서는 한 시장에서 저가전략을 취하여 경쟁자를 배제하고 저가로 인한 손실을 다른 시장에서의 고가전략을 통해 만회하려 할 경우 이는 클레이턴 법 제2조(로빈슨-패트만법)에 의해 위법이 될 수 있다. 일반적으로 약탈적 가격 설정 행위는 두 단계로 이루어진다. 첫 번째 단계는 사업자가 경쟁자를 제거하고 시장점유율을 상승할 것을 기대하여 가격을 한계 비용 이하로 설정하는 단계이며, 두 번째 단계는 독점력이 공고해짐에 따라 초기의 저가전략을 철회하고 고가전략으로 그동안의 손실을 만회하는 복원 단계이다.

■ 초기의 연방대법원 판례

사업자의 저가전략이 비용상의 효율성에 기초한 것인지, 타 사업자에게 어떤 영향을 주게 되는지를 판별하는 것은 쉽지 않다. 연방대법원의 초기 시각은 시장에서 사업자에 의한 약탈적 가격 설정 행위가 일상적으로 발생하고 있다는 것이었다. 그로 인해 피고가 관련 시장에서 경쟁자를 파멸시킬 의도를 가지고 가격을 인하했다는 사실만을 요건으로 하여 피고를 엄격히 처벌하였다(Standard Oil 사건 등).

■ 근래의 연방대법원 판례

근래에 들어 가격의 염매성에 관한 경제학적 기준이 도입되고 약탈성에 관해 복원 요건이 강화되면서 판례의 결과는 크게 달라졌다. 연방대법원은 약탈적 가격 설정의 성공 여부는 경쟁자를 배제시키기 위해 감수했던 초기 손실을 만회하고, 나아가 추가적인 이득까지 거두어들일 정도의 충분한 기간 동안 사업자가 독점적 지위를 유지할 수 있을지가 관건이라고 보았다. 사업자가 시장 내에서 상당한 시장점유율을 보유하고 있지 않으면 약탈적 가격 설정이 현실적으로 성공하기 어렵다는 인식이 확산되었다. 그리하여 미국 법원은 대부분의 가격인하는 반경쟁적이기보다는 친경쟁적이며, 저가전략이 경쟁자 배제의도보다는 경쟁의 결과로 발생하는 것으로 보고 있다.

자료: 박상인 외(2007: 112-113).

독일의 Facebook 독점적 지위 남용 규제 사례

■ 조사 배경

독일 연방카르텔청(Bundeskartellamt)은 2016년 3월 20일 소셜네트워크 시장에서 개인정보 처리 정책 관련 서비스 약관에 이용자가 오인할 수 있는 내용을 기재하여 독점적 지위를 남용한 혐의로 Facebook에 대한 조사를 개시하였다. 그 배경으로서 광고 수익으로 사업을 영위하는 인터넷 서비스 사업자는 독점적 지위 남용의 측면에서 수집되는 이용자 데이터의 종류와 범위에 관해 이용자들에게 충분한 정보를 제공했는지 여부를 반드시 검토해야 함을 발표하였다. 연방카르텔청이 주목한 부분은 Facebook이 자사의 소셜네트워크 서비스를 이용하는 이용자들의 개인정보를 제한 없이 수집할 수 있도록 접근권을 부여하는 이용약관을 두어 독점적 지위를 남용하였다는 점이었다. 즉, 독점적 사업자에 의한 '불공정한 거래조건(unfair trading conditions)'의 부과에 해당하는 것으로서, 이용자가 실질적으로 동의를 한 것인지 확인할 수 없으므로 Facebook의 데이터 수집의 범위와 형태는 개인정보보호 원칙에 위반한다는 것이다.

■ 법원의 판결

2018년 2월 12일 베를린 지방법원은 연방소비자연합이 Facebook을 상대로 제기한 소송에서 Facebook이 연방개인정보보호법, 연방텔레미디어법 등 여러 법률을 위반하였으며 개인정보 사용에 대한 이용자 동의의 일부가 무효라고 판결하였다. 법원은 Facebook에 대하여 법 위반 행위를 중지할 것을 명하였으며, 이를 이행하지 않을 경우 과태료 25만 유로를 부과하거나 위반자에 대해서도 6개월까지 구금할 수 있다고 판시하였다. 또한 개인정보가 수집되고 사용되기 위해서는 이용자의 '강력하고 명시적인 동의'가 필요하며, 사업자가 개인정보 정책을 사전에, 명확하게, 이용자가 이용할 수 있는 방식으로 전달해야 함을 강조하였다.

■ 시사점

본 판결이 나온 이후 데이터 기반의 사업자들은 EU의 일반정보보호규칙의 새로운 내용에 따라 이용자의 동의 획득에 대하여 명확한 규정을 마련하는 것을 비롯하여 투명성 강화 및 기존의 데이터 방침에 대한 대대적인 검토와 새로운 데이터 방침 수립을 위한 작업을 진행하였다. 한국에서도 사업자에게 약관에 정해져 있는 중요한 내용을 고객이 이해할 수 있게 설명하도록 되어 있다. 따라서 인터넷 사업자의 개인정보 처리 방침 및 이용자에 대한 일괄적인 동의 간주는 우리나라의 약관규제법에 의하더라도 문제가 될 소지가 있다.

자료: 최난설헌(2018: 399-410).

3 한국의 '시장 지배적 지위의 남용 행위' 규제

1) 독점화 행위 규제의 범위

한국의 독점규제법은 "일정한 거래 분야의 공급자나 수요자로서 단독 또는 다른 사업자와 함께 상품이나 용역의 가격, 수량, 품질 기타의 거래 조건을 결정, 유지 또는 변경할 수 있는 시장 지위를 가진 사업자"를 상당한 수준의 시장 지배적 사업자, 즉 독점적 사업자로 규정하고 있다. 여기서 시장 지배력(market power)은 어떤 기업(들)이 매출의 손실이 크지 않을 정도로 그들 상품의 가격을 일정 기간 동안 수익성 있게 상당히 높은 수준으로 올릴 수 있는 능력을 말한다.[17] 한편 '일정한 거래 분야'란 관련 시장 개념에 부합하는 용어로서 거래의 객체별 · 단계별 · 지역별로 경쟁 관계에 있거나 경쟁 관계가 성립할 수 있는 분야를 말한다.

앞에서 본 바와 같이 한국의 독점화 행위 규제정책은 독점적 지위의 남용과 경쟁의 제한을 모두 포함하고 있다. 따라서 시장 지배적 지위, 즉 독점적 지위의 남용 행위로는 가격을 부당하게 결정 · 유지 또는 변경하는 행위(가격 남용),[18] 상품의 판매 또는 용역의 제공을 부당하게 조절하는 행위(판매 조절), 다른 사업자의 사업 활동을 부당하게 방해하는 행위(사업 활동 방해), 새로운 경쟁 사업자의 참가를 부당하게 방해하는 행위(진입 방해), 부당하게 경쟁 사업자를 배제하기 위해 거래하는 행위(경쟁 사업자 배제), 소비자의 이익을 현저하게 저해할 우려가 있는 행위(소비자 이익 저해) 등이 포함된다.

[표 5-3]에서 보는 바와 같이 시장 지배적 지위의 남용 행위의 유형 중 1), 2), 6)은 약탈적 행위인 독점적 지위의 남용에 해당하는 것으로서 소비자 등 거래 상대방으로부

17) 독점력은 '상당한 정도의(substantial)' 또는 '높은 수준의(a high degree of)' 시장 지배력(market power)을 의미한다. 현실적으로 상당한 수준의 시장 지배력만이 규제정책적 의미를 갖는다는 점에서 양 개념은 사실상 동일한 것으로 보아도 무방하다.

18) 가격 남용의 대표적인 경우가 약탈적 가격 설정 행위(predatory pricing)이다. 이것은 단기간 동안 평균 비용 이하로 가격을 책정하여 경쟁 기업을 퇴출시키거나 잠재적 기업의 진입을 저지함으로써 독점력을 확보하고 이후 가격을 올려 궁극적으로 독점 이윤을 누리기 위한 가격 설정 행위이다.

표 5-3 시장 지배적 지위의 남용 행위

<table>
<tr><th>유 형</th><th>기 준</th></tr>
<tr><td>1) 가격 남용</td><td>정당한 이유 없이 가격 등을 수급의 변동이나 공급에 필요한 비용의 변동에 비해 현저하게 상승시키거나 근소하게 하락시키는 행위</td></tr>
<tr><td rowspan="2">2) 판매 조절</td><td>① 정당한 이유 없이 상품 또는 서비스의 공급량을 현저히 감소시키는 행위</td></tr>
<tr><td>② 정당한 이유 없이 유통 단계에서 공급 부족에도 불구하고 상품 또는 서비스의 공급량을 감소시키는 행위</td></tr>
<tr><td rowspan="4">3) 사업 활동 방해</td><td>① 정당한 이유 없이 다른 사업자의 생산 활동에 필요한 원재료 구매를 방해하는 행위</td></tr>
<tr><td>② 정상적인 관행에 비추어 과도한 경제상의 이익을 제공하거나 제공할 것을 약속하면서 다른 사업자의 사업 활동에 필수적인 인력을 채용하는 행위</td></tr>
<tr><td>③ 정당한 이유 없이 다른 사업자의 상품 또는 서비스의 생산·공급·판매에 필수적인 요소의 사용 또는 접근을 거절·중단하거나 제한하는 행위</td></tr>
<tr><td>④ 기타 부당한 방법으로 다른 사업자의 사업 활동을 어렵게 하는 행위로서 공정거래위원회가 고시하는 행위</td></tr>
<tr><td rowspan="4">4) 진입 방해</td><td>① 정당한 이유 없이 거래하는 유통 사업자와 배타적 거래 계약을 체결하는 행위</td></tr>
<tr><td>② 정당한 이유 없이 기존 사업자의 계속적인 사업 활동에 필요한 권리 등을 매입하는 행위</td></tr>
<tr><td>③ 정당한 이유 없이 새로운 경쟁 사업자의 상품 또는 서비스의 생산·공급·판매에 필수적인 요소의 사용 또는 접근을 거절하거나 제한하는 행위</td></tr>
<tr><td>④ 기타 부당한 방법으로 새로운 경쟁 사업자의 신규 진입을 어렵게 하는 행위로서 공정거래위원회가 고시하는 행위</td></tr>
<tr><td>5) 경쟁 사업자 배제</td><td>① 부당하게 상품 또는 서비스를 통상 거래가격에 비해 낮은 대가로 공급하거나 높은 대가로 구입하여 경쟁 사업자를 배제시킬 우려가 있는 행위
② 부당하게 거래 상대방이 경쟁 사업자와 거래하지 아니할 것을 조건으로 그 거래 상대방과 거래하는 행위</td></tr>
<tr><td>6) 소비자 이익 저해</td><td>소비자의 이익을 현저히 저해할 우려가 있는 행위</td></tr>
</table>

터 이익을 약탈하여 독점 이윤을 실현하려는 것이다. 그리고 3), 4), 5)는 배제적 행위인 경쟁의 제한에 해당하는 것으로서 현재적 또는 잠재적 경쟁자의 사업 활동에 압박을 가함으로써 궁극적으로 시장에서 배제하려는 것이다.

2) 시장 지배적 지위 남용 행위의 심사

한국의 독점규제법에 의하면, 시장 지배적 지위 남용 행위에 관한 심사는 2단계로 이루어진다. 첫 번째 단계에서는 사업자가 시장 지배력을 가지고 있는지에 대한 심사가 이루어진다. 두 번째 단계에서는 시장 지배적 지위의 남용 행위의 발생 여부를 확인하고 이러한 행위가 사회후생을 감소시켰는지 판단한다.

우선 시장 지배력 추정 요건은 사업자 규모와 시장점유율로서 법에 의해 미리 명문화되어 있다. 시장 지배적 사업자의 요건을 구체적으로 보면 연간 매출액이나 구매액이 10억 원 이상인 사업자로서 시장점유율, 진입 장벽, 경쟁자의 상대적 규모 등의 여건을 종합적으로 고려하여 판단한다. 특히 시장 구조적으로 1개 사업자의 시장점유율이 50% 이상이거나 3개 이하의 사업자의 시장점유율의 합계가 75% 이상의 기준에 해당하는 경우 여타 요인을 고려할 필요 없이 시장 지배적 사업자로 인정된다. 경제학적으로 전자는 독점기업을, 후자는 복점기업 및 견고한 과점기업을 의미한다.

다음 특정 시장에서 앞에서 본 바와 같은 시장 지배적 지위의 남용 행위가 발생했을 경우 정밀심사에 들어간다. 심사 결과 시장 지배적 지위를 남용한 것으로 판단될 경우 시정명령, 시정권고, 경고 등 시정 조치를 취하게 된다. 특히 가격 남용 및 판매 조절 행위는 시장 지배적 사업자가 독점적인 이익 확보를 위해 시장 지배력을 남용하는 대표적 행위로서 그 피해가 크므로 이에 대해서는 사후 시정은 물론 수시로 가격 및 수급 동향을 점검하고 직권조사를 실시하여 가격의 부당한 인상 등을 사전에 방지하고 있다.

한국의 POSCO 시장 지배적 지위 남용 규제 사례

■ 배 경

포스코는 국내 냉연강판 시장에서 시장점유율 50%를 상회하는 시장 지배적 사업자였는데, 1997년에서 1998년 사이에 냉연강판 제조업자인 현대하이스코에게 세 차례에 걸쳐 냉연강판에 필요한 열연코일의 공급을 거절하였다. 2000년 9월 공정거래위원회는 포스코의 공급거절 행위가 시장 지배적 지위 남용 행위에 해당하는 부당한 거래거절이라고 결정하고 시정명령과 함께 과징금처분을 하였다. 포스코는 2001년 서울고등법원에 공정위의 시정명령에 취소소송을 제기하였다. 서울고등법원은 포스코의 청구를 기각하였고, 다시 포스코는 2002년 8월 대법원에 상고하였다.

대법원은 집행정지신청을 받아들인 상태에서 5년 이상의 심리를 벌였다. 대법원에서의 본 사건의 주요 쟁점은 포스코가 시장 지배적 사업자인지 여부와 거래거절의 부당성 여부였다.

■ 포스코가 시장 지배적 사업자인지 여부

특정한 사업자의 시장 지배적 지위 여부를 판단하기 위해서는 먼저 '관련 시장'의 범위가 확정되고 다시 그 시장에서 '시장 지배적 지위'를 가질 것을 요한다. 대법원은 포스코가 열연코일을 상품으로서 동부제강, 연합철강에 판매하고 있으며 해외수출까지 하고 있으므로 자동차용 열연코일을 거래 대상으로 하는 시장이 존재하지 않는다는 원고의 주장은 이유가 없다고 보았다. 또한 세 차례에 걸친 거래거절 행위가 이루어진 당시 열연코일 시장에서의 원고의 국내 시장점유율은 50% 이상으로서 포스코는 국내 열연코일 시장에서의 시장 지배적 사업자라고 판시하였다.

■ 거래거절의 부당성 여부

대법원 다수 의견은 경쟁 제한 효과가 생길만한 우려가 있는 거래거절 행위의 부당성이 인정되기 위해서는 주관적 요소로서 관련 시장에서 독점을 유지 강화할 의도나 목적이 있어야 하는데, 본 사건의 경우 그에 관한 포스코의 의도나 목적이 인정되지 않는다고 판시하였다.

■ 판 결

2007년 11월 대법원은 전원합의체에서 서울고등법원 판결을 파기 환송하였다. 서울고등법원은 파기환송심 판결에서 공정거래위원회의 이 사건 처분을 모두 취소하였다.

자료: 김도형(2011: 67-115).

Chapter

06 경제적 규제정책

제 1 절 경제적 규제정책의 개요

1 의 의

1) 개 념

정부는 일반적인 정상산업(normal industry)에서 시장 기능이 정상적으로 작동하도록 하기 위해 독점 규제정책을 통해 독과점, 카르텔, 합병 등의 경쟁 제한 행위를 규제하는 것으로서 대부분의 규제 목적을 달성할 수 있다. 그러나 공익산업은 그 특성상 경쟁적인 시장 구조를 갖추기 어려우며 독과점 상태인 경우가 오히려 일반적이다. 이에 따라 대부분의 공익산업에 대해서는 정상산업과는 달리 진입 규제를 비롯하여 각종 경제적 규제정책이 시행되는 경우가 적지 않다.

통신, 전력, 가스 등으로 대표되는 공익산업(public utility)은 국민의 소비 활동이나 기업의 생산 활동에 필수적이지만 대체재가 없어 수요가 비탄력적인 상품이나 서비스를 공급한다(공익성). 또한 공익산업은 그 특성상 대규모의 설비 투자를 필요로 할 뿐만 아니라 투자는 매몰되며(매몰 비용), 대부분 자연독점 하에 있으므로 단일 기업이 독점적으로 생산하는 것이 복수의 기업이 각각 생산하는 것보다 효율적이라는 특징도 가지고 있다(자연독점성). 또한 공익산업에서 생산되는 상품이나 서비스는 다른 일반

상품의 투입재로 이용되며, 나아가 산업 전체에 대해 기반시설의 역할을 하는 경우가 많다(외부경제). 이에 각국 정부는 공익산업을 단일의 공기업으로 하여금 운영하도록 하여 독점적 지위를 남용할 수 없도록 제도화하거나 독점기업을 그대로 인정하되 그 지위를 남용할 수 없도록 각종 규제를 행함으로써 자원배분의 비효율성을 극복하고 있다. 특히 자연독점의 원인이 소멸되지 않는 한 독점을 인정하되 사회후생의 손실을 최소화하는 경제적 규제정책의 채택이 일반적으로 시행된다.

경제적 규제정책(economic regulatory policy)이란 정부가 가격, 진입, 퇴출, 공급, 품질 등 기업이나 산업의 본원적 활동에 제약을 가하기 위한 정책을 말한다. 즉, 시장에서 민간 주체들의 경제 활동에 의해 결정되는 자원배분의 결과가 바람직하지 않을 경우 정부가 정책적으로 개입하는 것을 말한다. 예컨대, 독점기업의 독점력이 현저하여 높은 가격과 낮은 생산량에 따른 사회후생의 손실이 심각하다면 규제기관은 독점기업이 경제적 효율성을 달성할 수 있는 가격과 생산량을 설정하도록 유도한다. 자연독점의 존재를 근거로 하는 경제적 규제는 동일 산업에 속한 기업 간의 자유로운 경쟁을 제약하므로 산업 보호의 성격을 강하게 띤다.

2) 특 징

경제적 규제는 다음과 같은 점에서 다른 규제 유형과 다른 특징을 보인다(유훈, 2001).

첫째, 독점 규제나 사회적 규제는 모든 산업 또는 대부분의 산업을 대상으로 하나, 경제적 규제는 공익산업 등 특정한 산업만을 규제의 대상으로 한다. 가장 대표적인 경제적 규제의 대상 산업은 전력, 가스, 통신, 교통과 같은 네트워크형 서비스산업이다.[1] 다만 후발국의 경우 산업 발전의 초기 단계에는 광범위하게 여러 산업에 대해 경제적 규제를 가하기도 한다.

둘째, 독점 규제가 시장 운용의 규칙만을 설정하고 기업 활동 자체는 기업들의 자율

1) 상품과 달라서 서비스는 저장이 어려워 생산과 소비의 양과 그 시점이 부합해야 하므로 최대 수요에 대비할 수 있는 생산 능력이 필요하다. 또한 대부분의 서비스산업은 네트워크를 통해 소비자에게 공급되어야 하며, 동시에 생산에서의 규모의 경제 효과가 크게 나타난다. 이와 같이 대규모 생산 능력, 네트워크, 규모의 경제 등의 특징들은 경제적 규제의 조건이 된다.

에 맡기는 간접적 규제 유형인데 대해, 경제적 규제는 진입 · 가격 · 공급량 등 기업의 운영에 깊이 개입하는 직접적 규제이다. 이런 점에서 볼 때 독점 규제를 비재량적 규제, 경제적 규제를 재량적 규제라 할 수 있다.

셋째, 다른 규제에 비해 경제적 규제는 비교적 긴 역사를 가지고 있다. 미국의 경우 경제적 규제는 1877년 먼 대 일리노이 주(Munn vs. Illinois) 사건 이후에 시작되었으며, 연방정부 차원에서는 1887년 철도에 대한 규제를 시작으로 본격적으로 경제적 규제가 실시되었다.

2 역사적 변천

1) 미 국

미국의 경제적 규제정책은 헌법 제1조 제8항 소위 주간통상 조항(interstate commerce clause)에 그 근거를 두고 있다. 이 조항에 기초하여 의회는 주(州) 사이에 이루어지는 통상을 규제할 수 있으며, 각 주는 기업 활동을 규제할 수 있다. 미국의 정부규제는 민간 서비스의 가격을 규제하기 위한 목적으로 시작되었다. 연방정부 차원에서는 연방헌법의 제정과 더불어 면허, 요금, 검사 등이 도입되어 다른 분야로 확대되었다.

그러나 규제에 관련한 헌법 규정의 범위가 포괄적이기 때문에 실제상 판례가 중요한 역할을 하고 있다. 특히 규제의 대상이 되는 산업의 범위에 관해 논란이 많았다. 1877년 먼 대 일리노이 주(Munn vs. Illinois) 사건에서 대법원은 공익과 관련된 산업은 주정부나 연방정부가 규제할 수 있다고 판결했다.[2] 이 판결 이후 공공시설에 대해서는 주정부가 규제에 관해 상당한 권한을 행사할 수 있게 되었다. 1934년 네비아 대 뉴욕(Nebbia vs. New York) 사건에서 대법원은 공익산업뿐만 아니라 다른 산업들도 공익의 기준이

2) 1871년에 통과된 일리노이주법은 곡물 승강기의 소유자가 면허를 취득해야 하고, 곡물 저장 요금을 미리 신청한 상한가 이상으로 받을 수 없도록 했다. 먼(Munn)이라는 곡물창고 소유자가 이 법률을 헌법 5차 수정 조항 위반으로 제소했으나 연방대법원은 공익을 위해 면허를 주고 가격을 규제할 수 있도록 한 일리노이주법을 인정했다. 이 사건은 연방대법원이 공익과 관련이 있는 사기업에 대해 정부가 규제할 권한이 있다는 것을 최초로 인정한 판례로서 의의를 갖는다.

적용될 수 있으며, 따라서 규제의 대상이 된다고 판결했다.3)

미국 연방정부 차원에서 규제가 본격적으로 실시된 산업은 철도산업이었다. 1880년대 미국의 철도산업은 소수의 철도 회사가 과점하면서 많은 문제가 동시에 발생하는 상황에 놓여 있었다. 철도 회사들은 원거리 및 대규모 수송 화물의 요금 우대, 원가에 입각하지 않은 가격 책정 등 부당한 가격 차별을 자행하였고, 동시에 철도 회사 간의 경쟁이 치열해지면서 적지 않은 회사가 많은 부채에 허덕이게 되었다. 이에 따라 관련 주정부들이 철도산업을 규제하려 했으나 그것이 복수의 주에 걸치는 산업이어서 규제가 불가능했다.

이에 연방의회는 1887년 주간통상위원회(Interstate Commerce Commission: ICC) 법을 제정하고 동명의 독립규제위원회를 설립함으로써 최초로 철도산업을 규제하기 시작했고, 이어 각 주에서도 주 규제위원회를 설립했다. ICC가 설립된 이후 연방정부의 규제 활동이 급속히 증가했다. 철도산업에 대한 진입 규제와 가격 규제는 장착산업인 철도산업의 시설 과잉을 방지하고 과당 경쟁을 억제함으로써 철도산업을 건전하게 육성하려는 목적에서 이루어진 것이라고 할 수 있다.4)

규제되는 공익산업 등에 대한 요금 수준을 결정하는 기준도 적지 않은 문제가 되었다. 1898년 스미스 대 에임즈(Smyth vs. Ames) 사건에서 대법원은 피규제 기업이 보유한 자산의 공정한 가치(fair value)에 대해 공정한 수입(fair return)이 보장되어야 한다고 판결했다. 그러나 이 판결 이후에도 요금 수준의 모호함에 대한 논란이 지속되다가 1944년 연방전력위원회 대 Hope 천연가스회사(Federal Power Commission vs. Hope Natural Gas Co.) 사건에서 명확하게 되었다. 이 사건에서 대법원은 피규제 기업의 요금은 성공적으로 기업을 운영할 수 있고, 재무적 통합성을 유지하며, 자본을 유인하여 투자자들의 위험을 보상할 수 있어야 한다고 했다. 이 판결은 이후 공익산업 규제의 기

3) Nebbia 사건이란 우유의 가격 규제를 위반한 네비아(Nebbia)라는 식품상이 우유는 공익과 관련이 없으므로 규제의 대상이 될 수 없음을 주장한 데 대해, 연방대법원은 규제 대상이 되는 사업 대상의 결정은 입법 사항이라고 판시함으로써 소비재도 가격 규제의 대상이 될 수 있음을 인정한 사건이다.

4) 철도산업 규제는 진입 규제를 통해 공익성이 큰 철도산업을 보호하려는 목적 이외에 독점 철도기업의 부당한 가격 설정 행위를 방지하여 소비자 보호의 목적도 함께 추구하였다.

준이 되었다.

1930년대 뉴딜(New Deal) 시대에는 각종 주요 경제 활동에 대한 연방정부의 광범위한 경제적 규제정책이 본격적으로 도입되어 많은 규제 관련법이 제정되었다. 즉, 지금까지 크게 규제되지 않았던 시장에 대해 정부가 경제 성장, 개인 저축 보호, 시장 과잉억제 등을 위해 적극적으로 개입함에 따라 증권·금융, 통신, 운송, 전력, 가스, 항공, 해양 운송 등 여러 산업에서 규제위원회가 설립되었다. 뉴딜 시대 이후 미국에서의 경제적 규제는 주정부에 대립되는 연방정부의 규제 권한 위주로 발전했고, 후술할 사회적 규제도 경제적 현상의 하나로 이해하려는 경향이 나타났다.

2) 한 국

한국 정부는 경제개발 5개년계획을 추진하면서 국가 주도의 시장경제 발전전략을 채택했고, 그 전략 실행의 가장 중추적 수단이 정부규제였다. 경제개발계획을 효율적으로 추진하기 위해 정부가 주도적인 역할을 했으므로 경제 분야에서 각종 규제가 강화되었다. 정부규제의 추진은 대부분 산업 지원을 담당하고 있는 행정기관이었는데, 경제기획원, 건설부, 상공부, 농림부, 체신부 등이 가장 대표적인 규제기관이었다. 또한 규제의 효율적 추진을 위한 법령의 정비와 제도의 개선을 위해 1964년에는 행정개혁조사위원회를 설치했고, 이 위원회는 1974년에 행정개혁위원회로 개편되었다.

그러나 1970년대 후반에 들어 국내적으로는 민간 경제 규모가 커지고 국외적으로는 세계 시장이 개방화되면서 각종 정부규제는 그 운영 체계나 효과 면에서 한계를 보이기 시작했다. 이에 1982년 국무총리를 위원장으로 하는 민관 합동의 성장발전요인개선심의위원회를 설치하고 각종 인·허가 폐지, 위원회 통·폐합, 행정 권한의 위임 등을 이루었다. 1988년에 기존의 행정개혁위원회는 대통령 소속 하에 민간인으로 구성하여 재편되었다. 1990년에는 국무총리를 위원장으로 하고 관계 부처 장관들로 구성된 행정규제완화위원회가 설치되었고, 1991년 국무총리 직속 하에 행정규제민간자문위원회가 발족되었다.

1998년 시행된 행정규제기본법은 정부규제에 관한 기본적인 사항을 규정하여 불필요한 정부규제를 폐지하고 비효율적인 정부규제의 신설을 규제함으로써 사회 및 경제 활동의 자율과 창의를 촉진하여 국민의 삶의 질을 높이고 국가 경쟁력을 향상시키는 것을 목적으로 하고 있다. 이 법에 의거하여 대통령 소속 하에 규제 개혁 전담기구로서 규제개혁위원회를 설치했다.

제 2 절 경제적 규제정책의 유형

1 진입 규제

진입 규제란 민간 경제 주체가 시장에서 새로이 사업을 개시하고자 하는 행위에 대해 정부가 제약을 가하는 조치를 말한다. 즉, 기존 기업과 신규 참여를 희망하는 잠재적 기업 사이의 경쟁을 제약하는 것을 말한다. 주로 자연독점 산업에 대해 행해지는 진입 규제의 근거는 중복 투자의 방지와 자연독점의 유지이다. 규제되는 산업은 경쟁으로부터 보호된 상태에서 독점적 지위를 누리며 신규 기업의 진입이 엄격히 제한된다.

한편 공익산업이 생산하는 상품이나 서비스는 대부분 필수재이므로 이 산업에 해당하는 기업은 형평성 차원에서 그 공급을 저렴하고 충실하게 제공해야 하는 '보편적 서비스 제공 의무(universal services obligation)'를 부담한다. 보편적 서비스란 전화, 전기, 수도 등과 같이 일상생활에서 가장 기본적이면서 필수적인 서비스가 소득 수준이나 거주 지역과 같은 개별적인 환경 요인과 관계없이 모든 소비자에게 보편적으로 제공되어야 하는 서비스를 말한다.[5] 보편적 서비스를 공급하는 사업자들은 생산비의 격차를 보완하기 위해 대체로 교차보조 방식을 채택한다.

교차보조(cross-subsidization)란 독점적 사업자가 높은 수익이 발생하는 사업장의

5) 통신사업의 경우 보편적 서비스의 예로는 국내 기본 통신에 대한 수요 충족, 공중전화 박스의 설치 및 유지, 신체장애자를 위한 통신 서비스의 제공, 무료 긴급통신 서비스의 제공 등을 들 수 있다. 긴급통신 서비스의 경우 모든 사업자가 제공주체이며, 시내전화는 유선시장의 가장 큰 회사인 KT가 제공주체이다.

이익을 수익성이 떨어지는 동종의 다른 사업장에 보조하는 것을 말한다. 내부보조(internal subsidization)라고도 한다. 예컨대, 버스, 철도, 항공, 우편, 통신 등의 산업의 경우 과밀 지역 또는 고소득 지역 소비자에 대해 한계생산비를 초과하는 가격을 부과함으로써 과소 지역 또는 저소득 지역의 소비자에게 생산비에 미달하는 가격 수준에서 서비스가 공급되도록 하는 것이다. 정부는 교차보조를 허용함으로써 교차보조 없이는 서비스 공급이 불가하거나 불충분한 부문에 서비스 공급을 가능하게 하는 역할을 한다.

그런데 보편적 서비스의 제공이라는 목적 때문에 규제를 받고 있는 기존 사업자가 계속 교차보조를 실시해야 한다면 기존 사업자는 수익을 얻기 어렵게 된다. 이와 같은 이유로 인해 정부는 실효성 있는 가격 차별을 하기 위해 흑자 부문 또는 지역에 대해서는 진입 규제를 실시한다. 다만 진입 규제의 결과로서 독점으로 인해 다시 배분과 생산의 비효율성이 발생하게 되는 문제점이 있으므로 이 문제점을 보완하기 위해서는 진입 규제와 함께 독점 규제를 병행해야 한다.[6]

정부는 대체로 법적 · 제도적 장치를 통해 진입을 규제할 수 있다. 예컨대, 가스, 전력, 통신 등 각종 공익산업에 대해 독점규제법에서 담합 금지의 적용을 제외하거나 개별법에서 담합을 허용하고 있는 경우가 여기에 해당한다. 그리고 한국의 중소기업협동조합법 등 개별법에 의해 설립된 협회 등 사업자단체가 법적으로 부여된 각종 위탁 업무나 공동사업 배정권을 무기로 신규 사업자의 진입을 방해하는 경우도 흔히 있다. 이에 따라 진입 규제의 구체적 방법은 사업의 인가 · 허가 · 면허,[7] 희소 자원의 배분, 사업자 등록, 특허, 수입 규제 등 다양하게 나타난다.

---

6) 이와 같이 교차보조는 취약 계층에 대한 보편적 서비스 제공의 역할을 수행할 수 있으나, 경쟁 확보를 저해한다는 점에서 큰 약점이 있으므로 규제가 아닌 직접 보조에 의한 재분배정책이 더 바람직할 수 있다.

7) 면허는 상품이나 서비스의 생산자와 소비자 간에 정보의 비대칭성이 존재하기 때문에 정부가 최소한의 자격 요건을 설정하고 이를 충족하는 주체에 대해서만 사업을 허용하는 것이다.

한국의 항만용역업 진입 규제 사례

■ 논의의 배경

근래에 들어 항만은 단순한 교통시설의 의미를 넘어 국제물류의 전략적 입지로서의 위상이 강조됨에 따라 항만물류산업의 중요성은 나날이 확대되고 있다. 특히 선사·물류기업 및 제조기업 유치를 가능하게 하는 협상력을 제공할 수 있는 항만운송 관련 사업의 경우 항만물류산업에 있어 중추적 역할을 수행한다는 평가를 받는다. 이에 우리나라 정부는 항만용역업 진입 제한을 완화함으로써 항만 이용자에 대한 서비스 개선 및 항만용역업 경쟁력을 제고하는 정책 방향을 설정하였다. 이때 진입이 자유로워짐에 따라 업체의 난립으로 인한 서비스 질 저하, 사업자들 간의 과장 경쟁, 요금 덤핑 등 시장질서 문란 문제를 예방하기 위해 항만용역업에 대한 규제 장치를 함께 마련하였다.

■ 등록 규제의 내용

항만용역업은 항만 내에서 선박에 물품 또는 서비스를 제공하는 항만운송 관련 사업의 한 유형으로서 항만 내에서 통선, 급수, 경비, 줄잡이, 선박 청소를 수행하는 사업을 말한다. 1997년 12월 항만운송사업법이 개정되면서 기존에 항만용역업이 허가제로 운영되던 것이 등록제로 전환되었다. 이로써 항만용역업을 영위하기 위해서는 5천만 원에서 1억 원의 재산액에 대한 등록 요건을 갖추어 주된 영업장소를 관할하는 지방해양경찰청에 해당 사업에 대한 등록신청을 해야 하는데, 항만 급지별로 규정된 자본금 및 선박 기준을 충족해야 등록이 가능하게 되었다.

■ 문제점

우리나라 항만의 물동량은 지속적으로 성장하고 있으며, 이에 따라 항만용역업의 서비스 수요 역시 크게 증가하고 있다. 항만용역업은 사업 내용이 비교적 단순함에도 불구하고 선박 보유 등 불필요한 등록요건으로 인해 신규 사업자의 진입을 제한한다는 지적을 받고 있다. 항만용역업이 시장에서 차지하고 있는 중요성에 비해 경쟁이 활발히 이루어지지 못하는 결과를 초래하므로 등록기준 완화 요청이 지속적으로 제기되었다. 특히 항만용역업 등록 시 통선 및 급수선을 구비해야 하는 것에 대해 민원이 제기되었고, 이에 대해 국민권익위원회도 등록 기준 완화가 바람직하다는 입장을 표명하였다.

■ 시사점

항만용역업 경쟁력 강화라는 정책 목표를 위한 수단으로서 채택된 등록 규제가 오히려 경쟁을 저해하는 결과를 초래하였다는 점에서 본 등록 규제는 불필요한 규제였음이 드러나고 있다. 이것은 포항, 인천 등 일부 지방해양항만청에서 등록 기준을 완화한 이후에도 덤핑, 과당경쟁 등의 문제가 나타나지 않은 것에서도 확인되고 있다.

자료: 배귀희 외(2016: 137-146).

2 가격 규제

가격 규제란 상품 및 서비스의 가격을 규제하는 것을 말하며, 주로 독점기업이 독점적 지위를 이용해 가격을 인상하는 것을 방지하려는 목적에서 실시된다. 가격 규제의 대표적인 대상인 공익산업에서는 사회후생과 독점기업의 이윤이 적절히 조화되는 차선가격을 규제가격으로 선택하게 된다. 공익산업은 여러 계층의 소비자들에게 다양한 서비스가 결합된 상품을 제공하므로 소비자별로 서비스의 공급에 소요된 공통 비용을 어떻게 배분하는가가 중요한 문제로 된다.

가장 대표적인 가격 규제 방식은 자본 투자에 대한 공정한 보수를 얻을 수 있도록 가격을 책정하는 공정보수 방식(fair return method)이다. 공익산업이 제공하는 급부에 대한 가격 수준은 영업 비용(operating expenses)에 당해 기업의 자본 비용(cost of capital)을 가산하여 산정된다. 이때 자본 비용은 감가된 가치 부분을 제외한 설비자산의 순가액에 사업별 공정 보수율을 곱해 산정하므로 공정보수 방식이라 부른다. 이 방식에 의하면, 가격은 소비자의 편익을 위해 사용되는 재산의 공정가치(fair value)에 대해 공정보수(fair return)를 얻도록 정하는 것이 적정하다는 것이다.

이 방식은 다음과 같은 산식으로 표시할 수 있다.

$$R = E + (V - D) \times r$$

R: 총수익(total revenue)
E: 영업비용(operating expenses)
V: 사업재산 건설 당시의 공정가치(fair value)
D: 감가상각비(depreciation)
r: 공정 보수율(fair rate of return)
(V－D)×r: 공정보수(fair return)

공정보수 방식은 사업재산의 공정가치(V－D)에 공정 보수율(r)을 곱해 공정보수(자본 비용)를 산출한 후 여기에 영업비용(E)을 가산하여 총수익을 계산함으로써 최종적으로 단위당 가격 수준을 책정하는 것이다. 따라서 공정보수에는 공기업 등 피규제 기업이 사업 자산에 의해 수익하도록 용인되는 공정한 보수인 이자, 배당금, 이윤 등이 포함된다. 공정 보수율은 시중 금리나 수요의 동향, 당해 기업의 경영 상황, 리스크 등을 고려해 결정된다. 이 방식은 원가를 보상하면서도 기업의 자주적인 경영합리화 의욕을 고취할 수 있어 각국의 공익산업에서 흔히 채택되고 있다.

가격 규제의 유형으로는 소비자를 보호하기 위한 최고가격 규제, 생산자를 보호하기 위한 최저가격 규제, 소비자 간 가격의 체계를 결정하는 가격 구조 규제 등이 있다. 한국의 경우 최고가격 규제는 전기・전화・교통・상하수도 등 공공요금 규제, 석유・석탄・가스 등 에너지 가격 규제, 교육・의료 등 가치재 가격 규제, 농수산물 가격 규제, 독점상품 가격 규제가 이에 해당한다. 한편 공공자원의 희소성으로 인해 발생하는 경제적 지대에 대한 규제가 있는데, 아파트 분양가격 규제가 그 예이다. 이와 같은 최고가격 규제 중에서 공공요금 규제와 가치재 가격 규제가 가장 대표적이다.

공공요금이란 일반 국민의 소비 생활에 필수적으로 공급되어야 하거나 국민경제 전반에 미치는 파급 효과가 큰 상품이나 서비스의 가격을 의미한다. 공공요금 규제에 해당하는 산업으로는 철도, 우편, 전기, 전화, 상・하수도, 도시가스, 지하철 등이 있다. 또 민간업자에 의해 생산되지만 공익성이 큰 버스나 택시 운임, 화물자동차 운임, 해상 및 항공 운임도 정부의 인・허가 대상이며 공공요금으로 간주된다. 요금 규제는 「물가안정에 관한 법률」에 근거하여 기획재정부 등 관련 부서가 직접 결정한다.

가치재(merit good)는 공익성이 큰 상품이지만 경쟁적 시장 구조 하에서 생산될 수 있는 상품들로서 의료 서비스와 교육 서비스가 대표적인 예에 해당한다. 공익성 기준으로 따지면 건강보험 수가나 교육비도 국민 계층 간의 후생 배분에 큰 영향을 미치므로 공공요금으로 간주될 수 있겠지만 민간 경쟁의 장점을 어느 정도 살리는 것이 바람직한 측면이 있다. 따라서 효율성이 아닌 소득분배 측면에서 바람직하지 않은 성과가 나타날 때에 한해서 정부가 해당 서비스의 가격에 대해 규제를 한다.

한편 최저가격 규제는 주로 과당 경쟁을 방지하기 위해 시행된다. 즉, 공익산업에서는 총비용에서 고정 비용이 차지하는 비중이 매우 높고 생산시설을 완전히 가동하지 못하는 기간이 긴 것이 일반적이다. 그런데 이 시장이 경쟁적이라면 가격이 평균 비용 이하의 수준에서 결정됨에 따라 과당 경쟁이 발생하고 상품과 서비스를 안정적으로 공급하기 어려워진다. 이러한 문제를 방지하기 위해 최저가격 규제가 실시되는 경우가 있다.

3 수익률 규제

공기업과 같은 자연독점 산업에 대해 규제가 실시되지 않는다면 당해 기업이 초과 이윤을 획득함은 물론 규모의 경제 효과를 충분히 살리지 못하기 때문에 생산의 비효율성이 증가하고 생산 비용이 상승한다. 또한 피규제 산업은 외부로부터 경쟁이 차단되어 있으므로 시장의 경쟁 압력을 받지 않게 된다. 이와 같은 비효율성을 방지하기 위해 가격 규제를 실시한다면 사회후생은 증가하지만 당해 기업에게는 손실의 발생이 불가피해지는 자연독점의 딜레마가 발생한다.

이와 같은 이유로 인해 자연독점 기업에 대한 가장 일반적인 규제 방법은 기업자산에 대한 수익률을 규제하는 것이다. 즉, 규제된 기업에 대해 일정 수준 이하의 수익률만 허용하는 것이다. 이때 수익률은 다음 공식과 같이 표시할 수 있다.

$$r = \frac{R - C}{K}$$

r: 수익률	R: 총수익
C: 총비용	K: 자본 투자

수익률 규제의 가장 큰 문제점은 생산비용을 최소화하여 이익(R−C)을 늘리기보다는 허용된 수익률의 범위 내에서 자본 투자(K)를 늘림으로써 결과적으로 총수익(R)의 규모를 늘려 이익을 극대화하려는 유인이 생긴다는 것이다. 즉, 일정 수준의 수익률(r)이 정해지면 당해 기업은 더 많은 이익을 확보하기 위해 생산시설 등 자본 투자를 크게 늘리려는 과잉자본화(overcapitalization)의 경향이 일반적으로 나타나게 된다.

이것이 이른바 애버치-존슨 효과(Averch-Johnson effect)로서 수익률 규제는 비용절감 유인이 부족하여 규제 자체가 오히려 내부 효율성을 악화시키는 효과를 초래하는 것이다(Averch & Johnson, 1962). 동태적으로는 기술 혁신과 생산성 향상에 부정적 영향을 미칠 수도 있다. 여기에 규제에 따른 행정비용을 증가시키기도 하며, 또한 규제의 전략적 조작 가능성을 높이기도 한다.

4 공급 규제

현실적으로 가장 일반적으로 채택되고 있는 규제 수단은 가격 규제이나, 적정한 규제 가격을 설정하는 것은 매우 어려운 일이다. 가격 규제의 결과 나타나는 대표적인 현상은 손실의 회피를 위한 생산량의 감소이다. 반면에 가격 인하의 결과 수요는 증가하므로 결국 공급 부족 현상이 불가피해진다. 따라서 정부는 가격 규제와 더불어 적정 생산량의 유지를 위한 공급 규제를 병행한다.

앞에서 살펴본 것처럼 자연독점 산업은 대체로 공익을 추구하기 때문에 여기에 해당하는 기업은 소비자가 구입하고자 하는 수요량을 모두 충족해 주어야 할 보편적 서비스 제공 의무가 있다. 그런데 만일 기업이 이윤 극대화 동기에 따라 필수재를 공급한다면 설비 투자와 운영비용이 크게 요구되는 농촌, 산간, 도서 등 벽지에는 높은 가격으로 공급하거나 이것이 여의치 않을 경우 아예 공급하지 않을지도 모른다. 이에 따라 기업이 공급하는 최고 또는 최저의 수량을 정부가 결정하는 것이 공급 규제이다.

한편 공급 규제와 관련지어 볼 수 있는 대상이 필수설비(essential facilities) 규제이다. 전기, 가스, 통신, 철도, 항만 등의 공익산업이나 금융산업은 생산자와 소비자를 연결하기 위해 시내 전화망, 배전망, 가스 파이프라인, 국가 기간설비, 금융회사의 ATM 장비, 신용카드 네트워크 등의 필수설비를 이용해야 한다. 필수설비가 되기 위해서는 독점자에 의해 설비가 통제되고 있고(독점성), 경쟁자가 설비를 재생산하는 것이 실제적·합리적으로 불가능하며(재생 불능성), 효과적인 경쟁을 위해서는 그 설비에 대한 접속 이외에는 대안이 없어야 하는(필수성) 등의 요건이 필요하다(OECD, 1996).

그런데 신규 사업자는 이러한 설비를 독자적으로 소유하면서 시장에 진입하기가 쉽지 않으므로 기존의 사업자가 보유하고 있는 설비를 임차 등을 통해 사용할 수밖에 없다. 필수설비에 대한 규제는 필수 혹은 애로(隘路) 설비를 보유하는 자가 설비를 공동으로 이용하게 하거나 접속 가격이 공정하도록 하는 규제이다. 따라서 시장에서의 경쟁에 필수적인 설비나 자원을 보유하고 있는 사업자는 경쟁자들에게 합리적인 조건으로 이를 사용할 수 있도록 해야 한다.

5 퇴출 규제

퇴출 규제는 특정 기업이 일정 권역의 시장에서 퇴출하는 것을 정부가 막는 것으로서, 이 규제의 가장 큰 목적은 퇴출로 인해 사회적 형평성이 저하되는 것을 예방하는 것이다. 과거 미국에서 철도회사가 지역사회에 서비스 제공을 포기하는 것을 방지하기 위해 시행하였던 퇴출 규제를 예로 들 수 있다(Morrison, 2005: 184). 그러나 퇴출 규제는 장기적으로는 더 큰 사회적 효율성의 저하를 초래하기 때문에 부득이한 경우에 과도기적으로 실시된다.

제 3 절 주요 산업별 경제적 규제정책

1 방송 · 통신산업

1) 산업 개요

(1) 방송산업

방송이란 "방송 프로그램을 기획, 편성 또는 제작하고 이를 공중(개별 계약에 의한 수신자를 포함)에게 전기통신 설비에 의해 송신하는 것"을 말한다. 구체적으로는 방송을 목적으로 하는 지상의 무선국을 이용하여 행하는 지상파 방송, 전송 · 선로 설비를 이용하여 행하는 종합유선방송, 인공위성의 무선국을 이용하여 행하는 위성방송으로 나뉜다.[8] 개념상 방송은 통신과 몇 가지 측면에서 구별된다. 우선 통신은 개념적으로 송신과 수신 영역을 모두 포괄하고 있기 때문에 양방향적인 데 비해, 방송은 일방향적인 특성을 갖는다. 그리고 통신의 경우 검열을 금지하며 통신 내용의 비밀을 보장해 주도록 하고 있으나 방송은 원칙상 그 내용이 공개적이다. 또한 통신에서는 정보의 교환이 비공개적으로 이루어지므로 네트워크의 독점적 사용을 허용하는 특징이 있으나 방송을 통해 전달되는 정보는 공개적이므로 방송 네트워크는 모든 사람에 의해 소유되는 것으로 인식된다.

세계적으로 방송은 과학기술의 거듭되는 발전을 배경으로 하여 산업적 측면에서 커다란 변화를 겪어 왔다. 전통적으로 방송은 공적 독점을 중심으로 한 공공성 위주의 제도로서 인식되어 왔으나 케이블TV, 위성방송 등 새로운 미디어 매체의 등장은 방송 영역에 새로운 경쟁 원리의 도입을 초래했다. 이와 같은 방송환경의 변화로 지상파, 케이블TV, 위성방송은 별개의 영역이 아니라 시장 구조, 행위, 성과 측면에서 불가분의 관계를 맺고 있는 '다미디어 다채널 산업', 즉 방송산업이라는 하나의 큰 범주로 묶이게 되었다. 그리고 이러한 현상은 방송 시장의 새로운 질서를 규율할 수 있는 규제 체계를 요구하게 된다.

대체로 유럽 각국에서 방송은 공공성 또는 객관적 질서에 많은 비중을 두면서 발전했으나 미국에서는 언론의 자유 관점에서 주관적 권리로 발전했다. 다만 미국에서도 객관적 질서 내지는 공공성의 관점을 포기한 것은 아니고 방송의 특수성을 감안하여 일정한 한도 내에서의 규제는 가해지고 있다. 방송산업은 다른 미디어 매체에 비해 엄격한 규제를 받고 있는데, 이에 대한 논거는 다음과 같다(정인숙, 2002).

첫째, 전파의 희소성이다. 방송 규제의 가장 기본적 논거는 방송의 주파수가 제한되어 있다는 것에서 찾을 수 있다. 따라서 누가 전파를 사용할 것인지, 그것이 공익에 부합하게 사용되고 있는지에 대한 규제가 필요하다.

둘째, 전파의 공공 소유성이다. 전파는 공공자원이므로 전파가 공중의 이익을 위해

8) 방송법 제2조 제1항. 개별 계약에 의한 수신자를 포함함으로써 방송을 매스커뮤니케이션뿐만 아니라 점송(point-casting)까지 포함하는 광의의 개념으로 보고 있다.

사용되도록 정부가 규제해야 한다.

셋째, 전파의 기술적 특성이다. 방송 전파의 사용이 정부에 의해 관리되지 않으면 전파 방해로 극도의 혼란이 야기되므로 기술적 규제가 필요하다.

넷째, 방송의 편재성이다. 방송은 언제든지 누구나 볼 수 있는 공개적 매체로서 사회·문화적 영향력이 막대하므로 그 내용을 더욱 강력히 규제해야 한다.

(2) 통신산업

한국의 통신사업은 기간통신사업과 부가통신사업으로 구분된다. 기간통신사업은 전화·인터넷 접속 등과 같이 음성·데이터·영상 등을 그 내용이나 형태의 변경 없이 송신 또는 수신하게 하는 전기통신 서비스를 말하며, 여기에는 전기통신 회선설비를 임대하는 서비스도 포함된다. 부가통신사업은 기간통신 사업자로부터 전기통신 회선설비를 임차하여 기간통신 서비스 외의 전기통신 서비스를 제공하는 사업을 말한다.

한국 정부는 1982년 통신산업의 감독 및 운영 체계를 조정하여 체신부를 통신산업의 정책결정 및 규제기관으로서 존속시키는 한편, 한국전기통신공사를 분리하여 통신산업 운영 기능을 담당하도록 했다. 이후 통신 서비스 공급은 자유화되기 시작했고, 1990년대 이후 경쟁 체제로 돌입하게 되었다.[9] 우리나라의 통신산업 진입 제도는 사업자 수를 미리 정해 놓고 선발하는 방식의 경쟁 제한적 요소를 배제하고 일정한 요건을 충족하는 사업자는 모두 시장에 참여할 수 있게 함으로써 경쟁을 보장하였다(염용섭·이명호·김민철, 2005).

9) 1980년대까지는 한국전기통신공사(현재의 KT)가 통신산업의 유일한 사업자로서의 지위를 유지했다. 그러나 1991년부터 데이콤이 국제전화사업에 진입하면서 한국의 통신산업에도 경쟁이 도입되기 시작했다. 한국전기통신공사의 자회사인 한국이동통신서비스가 전담하고 있던 이동전화 시장에도 1994년 신세기통신이 진입하면서 경쟁이 도입되었다. 이어 통신시장 개방에 대비하여 1994년 데이콤을 시외전화사업의 제2사업자로 선정한 이후 1996년부터 시외전화사업도 경쟁 체제에 돌입했다. 1999년에는 하나로통신이 상용서비스를 제공하면서 시내전화까지도 신규 진입이 허용되었고, 이후 정보통신의 새로운 분야에도 기존 KT의 독점적 지위가 해소되면서 대기업뿐만 아니라 중소기업도 경쟁 구조에 편입되었다.

(3) 방송 · 통신산업의 융합

최근 전 세계적인 통신기술의 발달로 인해 전화, 방송, 인터넷 등의 각종 통신 관련 서비스 간의 경계가 허물어지고 있다. 생산자는 하나의 통신망을 통해 다양한 서비스를 제공하며, 소비자는 하나의 통합된 장비로 여러 서비스를 공급받을 수 있게 되었다. 특히 방송산업의 규제 개혁에 획기적인 전환의 계기가 되고 있는 것이 통신산업과의 융합(convergence) 현상이다.

전통적으로 통신과 방송은 전기통신설비를 통해 전파 자원을 활용한다는 측면에서 동일한 기술적 출발점을 공유했지만 소통 방법에서 차이를 보여 왔다. 통신은 특정인 사이의 양방향 정보 전달을 의미하는 '일대일 전송(telecommunication)'을, 방송은 불특정 다수에 의한 일방적 정보 전달을 의미하는 '일대다 전송(broadcasting)'을 각각 담당함으로써 차별화되는 기능을 하는 별개의 영역으로 존재하였다.

그러나 통신망을 통해 방송이 이루어지고 방송망을 통해 통신이 이루어짐으로써 두 영역 간의 구분이 사실상 무의미해진 것이다. 특히 기술의 발달은 미디어 융합과 방송의 디지털화, 미디어 시장의 글로벌화 · 다채널화를 가능케 했고, 이것은 다시 전통적인 방송 개념으로 설명할 수 없는 영역을 만들어 내며 방송환경을 변화시켰다.

통신과 방송의 융합을 가속화시키는 동인은 기술의 디지털화라 할 수 있는데 구체적으로는 ① 다양한 유형의 콘텐츠를 동일 매체와 기기를 통해 전송 · 처리할 수 있는 콘텐츠의 디지털화, ② 방송망이나 통신망의 구분 없이 어떤 망을 통해서도 방송 프로그램, 인터넷, 데이터베이스 등을 동시에 전송할 수 있는 네트워크의 광대역화, 양방향 TV의 상용화와 전자상거래가 가능해지는 서비스의 양방향화를 내용으로 한다. 이와 같은 통신과 방송 간의 융합의 결과 ① 디지털 기술의 발전에 따라서 서비스를 여러 다른 시스템과 네트워크에 공통적으로 제공할 수 있게 되는 기술적 융합, ② 양 분야의 교차 촉진(cross-fertilization)으로 인한 서비스의 융합, ③ 새로운 시장을 개척하기 위해 상대방의 기술적 · 상업적 노하우에 바탕을 둔 협력, 전략적 제휴, 합병 등을 통한 산업의 융합이 파생된다(정보통신정책연구원, 1999; 한국무선국관리사업단, 2004).

미국은 방송 · 통신산업의 융합 현상에 부응하여 방송 분야의 소유 · 겸영 규제를 완화하여 통신사업자와 방송사업자의 융합에 관한 규제를 철폐하였다. 이에 따라 미국에서는 방송 · 통신 융합형 합병이 활발히 진행되고 있다. 이러한 미국에서의 동향은 다른 나라에서도 방송 · 통신 융합 합병과 관련한 행정기관 간의 권한배분, 협조, 심사 · 처분 절차 등의 정립에 중요한 참고가 되었다. 이에 대해 한국의 경우 관련 규제기관들인 공정거래위원회, 과학기술정보통신부, 방송통신위원회 간에 협의, 사전동의 등 협조 방식만 규정하고 있을 뿐 미국과 같이 관련 기관 간의 권한배분, 업무조정 절차를 두고 있지 않으며, 심사 절차의 진행상 단계별로 상세히 구분하여 처리 기간을 각각 운용하지도 않는다(이상헌, 2017).

방송산업과 통신산업의 융합 현상이 나타남에 따라 방송 및 통신 규제기관을 통합하여 하나의 규제 체계로 전환해야 한다는 주장이 일반화되었다. 규제기관의 통합은 디지털 콘텐츠산업에 대한 정책 주도권 다툼, 방송사업자에 대한 허가제도 이원화로 발생된 법적 분쟁, 인터넷 방송에 대한 심의의 불분명성, 디지털 지상파TV 전송 방식에 대한 관할 중복, 방송과 통신의 융합에 따른 새로운 서비스에 대한 규제 공백, 데이터 방송으로 예상되는 중복 허가 등의 문제를 해결할 수 있다. 다만 이를 위해 새롭게 통합된 규제기관은 통신과 방송의 융합과 디지털화라는 환경 변화에 적응하고, 통신과 방송의 경계와 구분을 허무는 새로운 형태의 서비스에 대한 규제의 근거를 마련하며, 중복 규제의 낭비적 요소를 개선하고 규제의 신축성을 확보해야 한다(국회도서관 입법전자정보실, 2002).

2) 주요국의 규제기관

미디어 융합 현상은 기술적 융합에서 출발했으나 서비스 융합을 거쳐 다시 산업의 융합으로 확대되었다. 특히 방송환경의 급격한 변화에서 기인하는 방송 · 통신 융합 현상으로 인해 양 산업에서 규제 공백 또는 규제 중복의 문제가 발생하게 되었다. 이에 방송 및 통신 산업을 통괄하는 새로운 규제에 대한 필요성이 제기되었고, 급기야 양자를 통합하여 규율하는 새로운 형태의 규제기관의 등장이 주요 선진국을 중심으로 나타나게 되었다.

(1) 미 국

미국에서는 1934년 통신법(The Communication Act)이 공포됨으로써 독립규제위원회로서 연방통신위원회(Federal Communications Committee: FCC)가 출범했다. FCC가 전화, 라디오, 텔레비전, 유선·위성·케이블을 통한 국내·외 커뮤니케이션 등을 담당하면서 방송과 통신을 통합 규율하는 전통이 확립되었다. 독립규제위원회로서 독립적이고 단일의 위상을 갖춤으로써 전반적이고 일관된 정책을 추진할 수 있었으며, 정부의 간섭을 최소화함으로써 의회, 업계, 시민단체의 의견을 최대한 반영할 수 있었다.

통신법은 보편적 서비스 제공을 최우선 과제로 삼는 등 루스벨트 행정부의 규제주의 경향을 반영하고 있었다. 전선통신에 관한 통신법 조항은 주간통상위원회(Interstate Commerce Commission) 법에서 분리된 것이었으나 FCC에게는 통신요금과 서비스 제공 규제 권한 등이 주어졌다. 이후 여러 차례에 걸친 통신법 개정을 통해 FCC의 권한은 계속 확대되었다. 동법은 방송과 통신은 서로 상이한 법률 체계에 따라 서비스를 분류하고 규율해야 한다는 원칙에 입각해 있었으며, 방송은 지상파·케이블·위성으로 통신은 공중통신 서비스와 정보 서비스로 각각 분류하였다.

그 후 통신과 방송의 융합에 대비하기 위한 조치로서 1996년 전송통신법(Telecommunications Act)이 제정되었다. FCC는 기존 규제 조직을 대대적으로 개편하기 위한 '21세기를 향한 새로운 FCC(A New FCC for the 21st Century)'라는 계획을 수립했고, 이에 따라 2001년 조직 개편을 통해 새롭게 출발했다. FCC의 주요 기능은 방송·통신 규제 정책의 수립, 사업자 허가, 불공정경쟁 규제, 내용규제, 주파수 관리 등이다. 전송통신법은 민간 부문에서의 정보통신 기술과 서비스의 발전 혜택이 모든 소비자에게 주어질 수 있도록 경쟁 촉진과 규제 완화 정책을 적극적으로 도입한 결과였다. 애초 방송·통신 산업에 대한 규제 완화 정책은 시장 개방을 통한 경쟁력 강화와 자금 조달 활성화를 통한 시장 확대를 목표로 한 것이었다.

미국은 사적 영역에서 쌍방적 소통 기구로 기능하는 통신과 강한 침투력을 가진 일방적 전달매체인 방송이 무선을 통한 소통이라는 측면에서 유사한 점이 많다고 이해했다. 이에 방송산업에 대해서도 주파수 할당과 산업의 독점에 대해서만 규제하는 방식을 채택함으로써 결과적으로 상업방송이 고도로 발달하는 토대가 구축되었다. 그러나 이종 매체 간의 소유 제한이 폐지됨으로써 미디어 기업 간 인수 합병이 허용되어 결과적으로 소수 복합 미디어 기업들에 의해 미국 언론 시장이 독점되는 계기가 되었다.

(2) 영 국

전통적으로 방송과 통신 영역을 엄격히 구분해 다루었던 영국에서도 1990년대 후반부터 통합 행정기구의 필요성에 대한 논의가 확산되기 시작했다. 2000년 방송기준위원회, 상업방송위원회, 통신청, 라디오위원회, 무선통신청 등 5개의 관련 조직을 하나로 통합한 단일 규제기구의 설립을 결정했다.

2003년 제정된 방송통신법(Communication Act)은 그동안 방송법, 통신법, 무선전신법 등으로 분산되어 있던 규제 체계를 하나로 합쳐 방송·통신 융합 정책의 운용을 일관된 논리와 원칙 하에 수행하고자 하는 의도에서 탄생하였다. 동법의 목적은 미래의 미디어 서비스의 변화를 반영하는 기술 및 시장 상황의 변화를 적극 반영하여 기존 규제의 틀을 개선하는 데 있었다. 방송통신법은 방송·통신 산업에서의 경쟁을 촉진하여 다양성 및 다원성과 적정 시장가격 체계를 확보하고 소비자의 권익을 보호하는 일차적 책임과 권한을 새로운 통합 규제기관에게 부여코자 하였다.

마침내 2003년 12월 통신청(OFTEL) 등 관련 5개 기관을 통합하여 방송과 통신의 단일 규제기구로서 방송통신청(Office of Communications: OFCOM)을 출범시킴으로써 궁극적으로 방송·통신 융합 시대에 걸맞은 새로운 시스템을 마련했다. 이로써 그간 독자적인 규제 영역과 권한을 지니고 있던 통신, 무선통신주파수, 라디오방송, 텔레비전방송 등의 규제기관과 방송심의기구가 OFCOM이라는 거대 규제기구 안에 통합되었다. 이에 따라 OFCOM은 모든 종류의 무선주파수 관리, 방송 인·허가, 미디어 소유권 규제, 독과점 및 불공정거래 규제, 광고 및 편성 규제, 시청각 콘텐츠 심의 등을 담당하는 막강한 권한을 가질 수 있었다(정준희, 2011). 다만 방송 광고규제는 대부분 업계의 자율적 규제 시스템에 넘기고 방송광고도 광고표준공사(Advertising Standards Authority: ASA)에 이관하면서 수평적 방송광고 규제 시스템을 구축하였다.

(3) 일 본

전통적으로 일본의 방송과 통신에 관련된 행정 및 규제 업무를 담당하는 중심기관은 우정성이었다. 그러나 정부부처인 우정성이 면허부여, 내용규제 등 세계적으로 유례가 없는 광범위한 행정 권한을 행사하는 것에 대해 우려의 목소리가 제기되었다. 우정성이 방송프로그램에 대해 과도한 행정개입을 하고 멀티미디어 산업진흥을 담당하는 통산성과 무익한 영역다툼을 반복했기 때문이다. 이에 하시모토(橋本) 내각 하에서 1997년 행정개편안을 작성하면서 그 일환으로서 우정성을 해체하고 통신방송위원회라는 독립위원회를 신설하는 계획이 수립되었다.

그러나 우정성 폐지와 관련하여 제기된 가장 큰 문제점은 30만 명에 달하는 소속 공무원의 신분보장 문제였다. 우정성 노조와 사무차관을 비롯한 공무원들은 우정성 폐지에 반대하였다. 그 명분으로 방송 디지털화, 휴대전화, 무선호출기 등 이동통신 분야에서 규제와 진흥의 영역을 명확히 구분하기 어려워서 규제와 진흥의 이원화는 비현실적이므로 국무대신을 장으로 하는 독임제 기관으로 존속해야 한다는 것이었다.

결국 2001년 1월 우정성은 총무청, 자치성, 우정성이 통합하여 신설된 총무성에 흡수되었고, 기존의 통신정책국, 전기통신국, 방송행정국은 총무성의 정보통신정책국과 총합통신기반국 체제로 개편되었다. 우정성과 통산성의 업무 분담은 변경되지 않았고, 각각 총무성과 경제산업성(상무정보정책국)으로 승계되었다(이상식, 2014).

그때까지 일본은 방송과 통신, 유선과 무선을 구분하여 각기 다른 법률에 근거한 규제체계를 수립하고 있었다. 총무성은 방송·통신 분야의 디지털화 진전에 대응한 제도의 정리 및 합리화를 도모하기 위해 각종 제도를 통합하기로 하였다. 관련 법률의 개정을 통해 방송 부문은 방송법으로, 통신 부문은 전기통신사업법으로 통합하는 등 기존에 8개였던 관련법을 4개로 정비하였다(과학기술정보통신부, 2019).

(4) 기타 국가

호주에서는 2007년 12월 기존의 통신정보기술예술부(Department of Communications, Information, Technology and Art)를 브로드밴드통신디지털경제부(Department of Broadband, Communications and the Digital Economy)로 개편하여 예술 관련 기능을 타 부처로 이관했다. 대신에 새로운 부처에서는 통신 및 IT 기술 개발, 방송 및 인터넷 분야 등 방송과 통신 서비스를 총괄하는 정책 수립, 법령 제·개정, 기술 개발, 연구 지원, 정보 보호, 기금 마련 등의 기능을 통합적으로 수행하게 되었다. 호주 정부의 새로운 조직 개편은 국가 정보통신 분야의 통합적인 최고 규제기구로서의 권한을 가진 매우 강력한 모형을 제시한 것으로 평가되고 있다.

대만은 2004년 통신전파기본법, 2005년 국가통신전파위원회조직법을 제정하고서 2006년 2월 아시아에서는 가장 먼저 방송통신 융합 단일규제 기구인 국가통신전파위원회를 설립했다. 대만 정부가 이 위원회의 설립을 통해 의도한 역할은 크게 두 가지이다. 첫째는 통신, 방송, IT 관련 서비스를 하나로 묶는 통합자로서의 역할이고, 둘째는 방송 및 정보통신 산업의 단일 규제자로서의 역할이다.

그 밖에 캐나다에서는 1968년 방송통신위원회법에 근거하여 캐나다방송통신위원회(Canadian Radio-television and Telecommunications Commission)를 설립했고, 이탈리아도 1997년 통신과 방송을 포괄하는 방송통신법을 제정하고, 이에 근거하여 통신과 방송을 모두 규제하는 이탈리아방송통신청(Italian Communications Authority)을 설립했다.

3) 방송통신위원회의 출범

(1) 연 혁

한국에서는 과거 방송산업에 대한 규제기관으로서 방송위원회가 운영되었다. 1998년 12월 한시적 대통령 자문기구로 설치된 방송개혁위원회는 1999년 2월 방송·통신 융합에 따른 방송 규제 체제의 재정립을 주장하면서 방송위원회로 출범하되 향후 방송통신위원회로의 개편을 제안하는 개혁안을 발표했다. 여당 및 야당 간의 대립과 방송기관·언론노조 등의 적극적 움직임 속에서 난항을 겪다가 1999년 11월 여당 단독으로 통합방송법안이 통과되고 2000년 방송위원회가 출범했다.

방송위원회는 전문성 및 사회 각 분야의 대표성을 가진 자 중에서 국회의장이 추천한 자를 포함하여 대통령이 임명하는 9인의 위원으로 구성되었다. 방송위원회는 방송사업 허가 관련 업무를 포함한 방송산업 규제의 총괄적 권한을 행사하는 독립적 규제기관이었다. 그러나 방송 규제 업무 중 일부를 관련 행정부처와 합의 또는 협의하도록 되어 있기 때문에 방송위원회의 독립성이 완전하다고는 할 수 없었다.

이 당시 정보통신부는 방송 기술 및 시설 등 기술적인 규제 업무를 수행했으며, 방송위원회의 추천을 받아 지상파 방송 및 위성방송 사업자에게는 방송국 허가를, 종합유선방송 사업자에게는 사업 허가를 부여했다. 문화관광부는 영상과 광고에 관한 사무를 관장했다.

(2) 개 요

2008년 2월 「방송통신위원회의 설치 및 운영에 관한 법률」이 시행됨으로써 대통령 직속기구로서 방송통신위원회가 출범했다. 또한 정부조직법 개정을 통해 정보통신부를 폐지하고 그 소관 사무를 신설된 방송통신위원회, 지식경제부(현 산업통상자원부), 행정안전부, 문화체육관광부 등으로 분해했다. 방송통신위원회 출범 후 1년이 지나서야 '방송통신위원회와 소속기관 직제 개정안'이 국무회의를 통과함에 따라 2009년 5월 조직 개편을 단행했다.

우리나라 방송 및 통신 산업 규제 체계는 방송과 통신을 구분하여 이해하고, 그에 대한 규제기구를 분산하여 규율하는 데에 익숙한 '과거의 영국형 모형'에서 의견 수렴 과정 및 관련 기관과의 충분한 협의 없이 '전송통신법 이후의 미국형 모형'으로 급선회한 것이다. 이로써 방송통신위원회는 기존 방송위원회에서 담당하던 방송정책 및 매체·진흥 업무와 정보통신부에서 규율하던 통신·전파·정보 보호 등의 업무를 통합하여 담당하게 되었다.

(3) 체계와 권한

방송통신위원회의 법적 지위를 단적으로 표현한다면 '대통령 소속 하의 합의제 중앙행정기관'이라 할 수 있다. 즉, 방송위원회의 '합의제 기관성'과 정보통신부의 '중앙행정기관성'이 혼합되었다 하겠으며, 방송위원회와는 달리 그 소속이 대통령으로 격상됨으로써 법적 지위가 강화되었다고 할 수 있다.

방송통신위원회는 위원장과 부위원장을 포함한 5인의 상임위원으로 구성되고, 위원은 정무직 공무원으로 보한다. 위원장 및 위원은 법정의 자격을 갖춘 자 중에서 대통령이 임명하는데, 이 중 위원장은 국회의 인사청문회를 거쳐야 한다. 부위원장은 위원 중에서 호선한다. 위원 5인 중 위원장을 포함한 2인은 대통령이 지명하고, 3인은 국회의 추천을 받아 대통령이 임명한다. 국회가 위원 추천을 할 때 대통령이 소속되거나 소속되었던 정당의 교섭단체가 1인을 추천하고, 그 외 교섭단체가 2인을 추천하도록 되어 있다.

방송통신위원회의 소관 사무는 크게 방송에 관한 사항, 통신에 관한 사항, 전파 연구 및 관리에 관한 사항이다. 다만, 방송·통신 기본계획에 관한 사항을 심의·의결하는 경우 방송영상정책과 관련된 사항은 문화체육관광부 장관과 협의해야 하고, 방송 프로그램의 유통상 공정거래 질서의 확립에 관한 사항을 심의·의결하는 경우에는 공정거래위원회의 의견을 들어야 하며, 방송·통신 관련 남북 교류·협력에 관한 사항을 심의·의결하는 경우에는 통일부 장관의 의견을 들어야 한다.

(4) 산하 규제기관

종전의 방송위원회와 정보통신윤리위원회로 이원화되어 있던 방송 및 통신에 관한 내용 심의 기능을 통합적으로 수행하는 기구로서 방송통신심의위원회가 2008년 5월에 설립되었다. 방송통신심의위원회는 방송의 내용이 공정성과 공공성을 유지하고 있는지 여부와 공적 책임을 준수하고 있는지 여부를 심의 의결한다. 방송평가위원회는 방송사업자의 방송 프로그램 내용 및 편성과 운영 등을 종합적으로 평가한다. 방송분쟁조정위원회는 방송사업자, 중계유선 방송사업자, 음악유선 방송사업자, 전광판 방송사업자, 전송망 사업자, 인터넷 멀티미디어 방송사업자 및 전기통신사업자 상호 간에 발생한 방송에 관한 분쟁을 조정한다. 시청자권익보호위원회는 인터넷 멀티미디어 방송에 관한 시청자의 의견을 수렴하고 시청자 불만 및 청원사항에 관한 심의를 수행한다.

4) 방송산업 규제의 내용

우리나라의 방송통신 관련 법률은 방송은 방송법, 통신은 전기통신사업법으로 규제하는 수직적 규제(vertical regulatory system)10) 방식을 따른다. 즉, 방송과 통신이 각각

---

10) 이에 대해 수평적 규제(horizontal regulatory system) 체계는 특정 네트워크나 서비스와 관계없이 동일한 계층에 동일한 규제를 적용한다. 특정 기술에 기반을 둔 규제에서 벗어나 서비스 중심으로 규제의 틀을 만드는 것이다(김대호, 2007).

다른 네트워크를 통해 서비스와 콘텐츠가 제공되는 것으로 보고 방송과 통신을 각각 다른 법체계로 규제한다.

과거 방송의 제도적 측면이 중시되던 시기에는 방송의 내용과 관련된 규제가 주류를 이루었으나 변화된 방송환경 하에서는 내용 규제가 약화하는 대신 방송의 산업적 측면을 반영하는 규제가 추가되었다. 방송산업에 대한 규제로서 중요한 것으로는 진입 규제, 가격 규제, 기준 규제, 소유 규제, 내용 규제, 방송광고 규제가 있다.

(1) 진입 규제

방송산업에서의 진입 규제는 '누가 방송을 할 수 있는지'를 규제하는 것이라 할 수 있다. 한국을 비롯한 많은 나라에서는 대부분 지상파 민영방송사업은 허가제로 할 수 있게 되어 있다. 한국의 경우 지상파 방송, 위성방송, 종합유선방송을 수행하기 위한 사업자는 방송통신위원회의 허가를 얻어야 한다. 현재 ① 방송의 공적 책임·공정성·공익성의 실현 가능성, ② 방송 프로그램의 기획·편성 및 제작 계획의 적절성, ③ 지역적·사회적·문화적 필요성과 타당성, ④ 조직 및 인력 구성 등 경영계획의 적정성, ⑤ 재정 및 기술적 능력, ⑥ 방송 발전을 위한 지원계획 등의 심사 기준에 따라 사업자로서의 적합성 여부를 심사하고 있다.

다만 허가 요건이 엄격해지면 그 요건을 충족하지 못하는 한 사업이 불가능하게 되어 규제가 새로운 융합 미디어의 등장에 대해 탄력적인 대응을 하지 못하는 문제가 있다(방송통신위원회, 2018).

(2) 가격 규제

방송산업에서의 가격 규제는 주로 수신료, 광고 요금, 유료방송 요금에 대해 행해진다. 수신료는 시청자가 방송 서비스의 대가로서 지불하는 요금으로서 지상파 방송 중에서 공영방송이 TV 수상기를 갖고 있는 가구 모두에게 일괄적으로 징수하는 수신료가 대표적이다. 수신료의 금액은 한국방송공사 이사회가 심의·의결한 후 방송통신위원회를 거쳐 국회의 승인을 얻어 확정되고, 한국방송공사가 부과 징수한다.

광고 요금은 방송사의 가장 큰 수입원이라 할 수 있다. 한국의 경우 방송광고의 판매는 한국방송광고진흥공사가 독점 대행해 왔으나 2002년부터 민영 대행회사가 설립됨으로써 방송광고 판매의 경쟁 체제가 도입되었다. 한편 미국・유럽 등지의 주요 선진국들은 유료방송의 요금에 대해 규제를 하지 않고 있으나, 한국에서는 수신료와 광고 요금 외에 별도의 수신료를 받을 수 있는 유료방송에 대해서는 약관을 정해 승인을 받도록 되어 있다.

(3) 기준 규제

방송사 허가를 받기 위해서는 기술적 요건에 대한 심사를 거쳐야 한다. 방송에 대한 기준 규제는 전파 간섭의 방지, 전파 자원 활용의 극대화, 국가 차원의 기술 수준 유지 등의 목적에 의해, 그리고 주로 방송설비와 준공검사에 관해 이루어진다.

(4) 소유 규제

방송산업의 경우 소유 규제가 다른 산업에 비해 엄격히 행해지고 있는데, 그것은 언론과는 관계없는 기업이 방송산업에 참여하거나 미디어를 복합 소유하는 경우 경제적 이윤 추구의 목적이 정보의 다양화와 접근성을 왜곡할 위험성이 크기 때문이다. 미국의 경우 미디어 집중의 배제를 위한 복합 소유(multiple ownership)의 제한이 이루어지고 있으며, 일본의 경우 제3사업 지배 금지, 복수국(複數局) 지배 금지의 원칙이 엄격히 준수되고 있다.

한국에서도 특수관계자의 소유 지분을 포함하여 누구든지 지상파 방송사업자 및 종합편성 또는 보도에 관한 전문 편성을 행하는 방송사업자의 지분을 40%를 초과해서 소유할 수 없다. 대기업, 일간신문사, 뉴스통신사나 그 계열사는 지상파 방송 및 종합 편성 또는 보도에 관한 전문 편성을 행하는 방송사업을 겸영하거나 그 주식 또는 지분을 소유할 수 없다. 다만 종합 편성 또는 보도전문 편성을 제외한 방송사업에 대기업, 언론사, 외국 자본의 참여를 일정 비율까지 허용한다.

다만 소유 규제가 과도할 경우 시장의 자생적 발전을 저해하는 요인이 될 수 있다. 그리고 기존의 방송시장에 새로운 경쟁 미디어가 등장했을 때 이에 대한 유연한 대처를 어렵게 해 기존의 방송시장이 쇠퇴할 수 있다. 이에 새로운 미디어의 등장과 시장의 변화로 인한 기존 방송사업자의 경쟁력 제고를 위해 소유 규제는 전 세계적으로 완화되는 추세이다(방송통신위원회, 2018).

(5) 내용 규제

방송사의 편성권은 헌법으로 보장되어 있는 언론 및 표현의 자유에 속하는 헌법적인 권리에 속하나 방송산업의 공익성과 독점적 지위로 인해 법적인 제약이 행해지고 있다. 방송프로그램 편성 규제의 목적은 시청자의 이익과 권리 보호, 즉 방송의 다양성 확보를 통한 수용자의 선택권 보장이다(이원우, 2010). 한국의 경우 방송사업자는 방송 프로그램을 편성할 때 공정성 · 공공성 · 다양성 · 균형성 · 사실성 등에 적합하도록 해야 한다.

종합 편성을 행하는 방송사업자는 정치 · 경제 · 사회 · 문화 등 각 분야의 사항이 균형 있게 표현될 수 있도록 해야 한다. 또한 종합 편성을 행하는 방송사업자는 보도, 교양 및 오락에 관한 방송 프로그램이 상호 간에 조화를 이루도록 편성해야 한다. 그 밖에 주 시청 시간대의 방송 편성, 전문 편성의 비율, 채널의 구성과 운영, 공공 채널 및 종교 채널의 운용, 지역 채널의 운용, 중계유선 방송사업의 채널 운용, 시청점유율 제한, 국내 제작 방송프로그램의 일정 비율 이상 편성, 외주 제작 방송프로그램의 편성, 방송광고와 방송프로그램의 명확한 구분, 방송 내용의 기록 · 보존 등에 대한 규제가 이루어지고 있다.

(6) 방송광고 규제

국내 방송광고 규제는 크게 네 가지 측면에서 이루어지고 있다(한국방송광고진흥공사, 2017).

첫째, 형식 규제는 방송광고의 유형에 대한 직접적인 정의를 통해 규정된 방송광고 이외의 광고는 불허하는 규제이다. 예를 들면, 방송법에 의해 프로그램 전 · 후 광고, 중간광고, 시보광고, 토막광고, 간접광고 등과 같이 광고의 유형 및 배치를 규정하고, 이외의 다른 유형은 불허하는 것이 여기에 속한다.

둘째, 양적 규제는 광고의 총량 또는 방송시간 중에서 광고가 송출되는 시간 길이를 규정하는 것으로서 일정 시간 이상의 광고를 송출하지 못하도록 하는 것을 말한다.

셋째, 내용 규제는 광고의 내용이 불건전하게 되는 것을 억제하고, 시청자에게 바람직한 정보를 제공하도록 유도하는 규제이다. 방송법은 방송프로그램과 광고를 명확히 구분하도록 규정하고 있으며, 한국광고자율심의기구, 한국인터넷광고심의기구가 사후적 자율심의를 담당하고 있다.

넷째, 광고거래 규제는 매체사와 광고회사 또는 광고주와의 광고거래 방식을 규정하여 규제하는 것이다. 예를 들면, 지상파 방송광고에 대해서는 미디어렙(한국방송광고진흥공사 및 민영방송광고 판매대행회사)을 통해서만 거래하도록 규정하고 있다.

영국의 방송 간접광고 규제 사례

■ 배 경

미국 정부와 국민은 방송이 상업주의에 치우치는 현상에 대해 예민하거나 비판적이지 않다. 이에 대해 전통적으로 유럽 국가들에서 방송은 공적 서비스의 역할을 담당하는 것으로 기대되었다. EU 회원국들은 1989년 '국경 없는 텔레비전 지침(Television without Frontier Directive)'을 통해 방송프로그램과 광고의 분리 원칙하에 간접광고(Product PLacement: PPL)를 엄격하게 금지했다. 영국에서도 EU 지침과 자국의 방송통신법, 방송광고법에 의거하여 간접광고가 엄격히 금지되었다. 그러다가 방송환경 변화에 적극 대응하는 동시에 방송산업을 활성화하기 위해 EU는 2007년 '시청각미디어서비스 지침(Audiovisual Media Service Directive)'을 개정하면서 간접광고도 허용하게 된다. 영국의 방송통신청은 이미 2006년부터 제한적이고 통제된 유료 간접광고 도입을 위한 의견수렴을 시작했으며, 2010년 영국 정부는 텔레비전에서 간접광고가 가능하도록 방송광고법을 개정하였고, 2011년 텔레비전방송국에 대해 유료 간접광고를 허가하였다. 영국의 간접광고 규제 완화는 방송사의 상업적 이익을 위해서가 아니라 자국의 민영방송국들이 다른 (수입)프로그램과의 경쟁에서 받을 수 있는 불이익을 줄이기 위해 이루어졌다.

■ 내 용

2011년 2월 영국 정부는 텔레비전 방송국에 대해 유료 간접광고를 허가하였다. 간접광고가 가능한 프로그램은 드라마 · 영화 · 다큐멘터리 · 오락프로그램 · 스포츠프로그램이며, 뉴스 · 어린이프로그램 · 종교프로그램 · 시사프로그램 · 소비자고발 프로그램에는 허용되지 않는다. 간접광고가 불가능한 상품으로는 담배, 처방전이 필요한 의약품, 술, 도박 상품, 지방 · 소금 · 설탕이 많이 함유된 식 · 음료품, 분유, 총포류 등이 있다. 또한 간접광고로 인해 프로그램 콘텐츠가 왜곡되어서는 안 되고, 시청자가 상품이 부각되고 있다고 느껴서도 안 된다. 간접광고를 포함하고 있음을 시청자가 알 수 있도록 프로그램의 시작과 끝, 그리고 중간광고 직후에 간접광고 로고를 고지해야 한다.

■ 시사점

영국의 방송통신청은 각계의 의견을 수용하고 조정하면서 합리적 규제가 정착하는 데 주도적 역할을 수행했다. 이와 같이 객관적이고 공정한 기관이 책임감과 추진력을 갖고 규제 과정에서 구심점 역할을 맡는 것이 필요하다. 한편 간접광고 도입 후에도 영국의 방송에서 간접광고가 오・남용되지 않는 것은 민영방송사 제작팀과 편집팀이 스스로 시청자들의 보호자가 되어 경계하기 때문이다. 미디어 환경에서 발생할 수 있는 사회적 부작용에 대해 방송사 스스로 자율적 자정 메커니즘을 운영한다면 규제의 안정적 집행이 용이해질 것이다.

자료: 한규훈・문장호(2015: 124-132).

5) 통신산업 규제의 내용

(1) 진입 규제

기간통신사업을 경영하고자 하는 자(법인)는 재정적 능력, 기술적 능력, 이용자 보호 계획, 사업계획서 등에 관한 사항을 갖추어 과학기술정보통신부 장관에게 등록해야 한다. 부가통신사업을 경영하려는 자는 요건 및 절차에 따라 과학기술정보통신부 장관에게 신고를 해야 하며, 특수한 유형의 부가통신사업을 경영하려는 자는 등록을 해야 한다.

기간통신사업자가 등록한 경우 정해진 기간 내에 통신설비를 설치하고 사업을 개시해야 한다. 그리고 기간통신사업을 양수, 합병하거나 사업을 중단하는 경우에 인가를 받아야 한다. 그러나 부가통신사업자는 1년 이내에 사업을 개시하고 신고만으로 양도, 양수, 합병, 사업의 중단을 할 수 있다.

(2) 가격 규제

통신요금 규제는 1995년 이후 지속적으로 완화되어 현재는 별도의 사전적 승인 기준 없이 신고제로 운영된다. 즉, 다른 통신사업자의 통신설비에 문자메시지 발송 시스템을 접속하여 문자메시지를 발송하는 부가통신 서비스를 제공하는 사업자는 해당 요금을 과학기술정보통신부 장관에게 신고해야 한다.

(3) 공급 규제

다른 통신사업자가 전기통신 서비스를 제공하는 데에 필수적인 설비를 보유한 기간통신사업자는 그 설비를 제공해야 한다. 기간통신사업자는 이용자와 직접 연결되어 있는 교환설비나 가입자 선로 등에 관해 다른 사업자가 공동활용 요청을 하면 이를 허용해야 한다.

한편 전기통신사업법 및 동 시행령은 보편적 서비스의 구체적 내용, 제공 사업자의 지정, 손실 보전 및 재원 조성에 관해 규정함으로써 사업자에게 보편적 서비스 제공의 의무를 부여하고 있다. 여기에는 유선전화 서비스, 긴급통신용 전화 서비스, 장애인·저소득층에 대한 요금 감면 서비스가 포함된다. 유선전화 서비스의 경우 시내전화 서비스, 시내 공중전화 서비스, 도서통신 서비스가 포함된다. 긴급통신용 전화 서비스는 사회 질서 유지 및 인명 안전을 위한 것으로서 방송통신위원회가 정해 고시하는 특수번호 전화 서비스, 선박 무선 전화 서비스 등을 포함한다. 장애인·저소득층 등에 대한 요금 감면 전화 서비스는 사회복지 증진을 위한 것으로서, 시내전화 서비스 및 시외전화 서비스, 번호안내 서비스, 이동전화 서비스 및 개인 휴대통신 서비스 등이 이 규정의 적용을 받는다.

(4) 소유 규제

외국 정부나 외국인은 기간통신사업자의 발행주식 총수의 100분의 49를 초과하여 소유할 수 없으며, 본인이 특수관계인과 합하여 100분의 15를 소유하거나 기간통신사업자의 최대주주가 변경되는 경우 등 주식취득의 일정한 유형에 대해서는 공공의 이익을 해치는지 여부에 대한 심사를 받는다.

(5) 경쟁상황 평가

과학기술정보통신부 장관은 통신사업의 효율적인 경쟁체제의 구축과 공정한 경쟁환경의 조성을 위한 경쟁정책을 수립하기 위해 매년 기간통신사업에 대한 경쟁 상황 평가를 실시한다. 평가는 시장 구조, 이용자의 대응력, 사업자의 행위, 시장 성과를 종합적으로 고려하여 수행한다.

6) 인터넷 개인방송

(1) 방송과 인터넷 개인방송의 규제 비교

방송법상의 규제를 받는 방송은 공적 책임과 사전심의 및 편성의 규제를 받고 있으나, 인터넷 개인방송은 정보통신의 영역에 속하기 때문에 방송으로서의 규제를 전혀 받지 않는다. 인터넷 개인방송 플랫폼 사업자는 정보통신망이용촉진법상의 정보통신 서비스 제공자이며 동시에 전기통신사업법상의 부가통신 서비스 사업자라는 법적 지위를 갖는다.

표 6-1 방송법상의 방송과 인터넷 개인방송의 규제 비교

구 분	방송법상의 방송	인터넷 개인방송
공적 책임	있음	없음
사업자의 사업개시	허가, 승인, 등록	신고
사업자 제한	결격사유 명시	없음
등급 분류	의무	없음
편성 및 채널 구성	규제	없음
방송 저장의무	의무	없음
사전 심의	의무	없음

자료: 국회입법조사처(2016)를 수정했음.

(2) 인터넷 개인방송의 규제

현재 인터넷 개인방송에 적용하고 있는 규제 체계는 크게 방송통신심의위원회의 통신심의와 인터넷 개인방송 플랫폼의 자율규제로 나눌 수 있다(임한솔, 2019). 통신심의는 이용자들의 자발적 신고 또는 심의기관의 모니터링을 통해 이루어진다. 인터넷 개인방송이 외관상 방송프로그램과 유사한 콘텐츠를 송출하여도 현행법상 방송보다 강제력이 약한 시정요구를 통해서만 규율할 수 있다. 또한 인터넷 개인방송의 특성상 개인에게 직접 시정요구를 하기보다는 플랫폼 사업자를 통해 해당 콘텐츠의 삭제 또는 접속차단 조치를 하거나 문제가 되는 콘텐츠를 업로드한 이용자의 계정 해지 및 정지가 통신심의의 주요 내용이다.

한편 아프리카TV, 유튜브, 트위치TV 등 개인방송 플랫폼 사업자들은 자체 이용약관을 통해 규제 및 제재에 대한 기준을 밝히고 있으며, 이용자의 신고와 자체 모니터링을 통한 자율규제를 진행하고 있다. 사업자의 이용약관에는 정보통신망이용촉진법에 규정된 불법정보, 청소년유해물, 인격권 침해와 관련된 내용을 명시하고 있다. 개별 사업자의 자율규제 이외에 사업자 간의 자율규제 기구에 의한 규제도 논의되고 있다.

2 철도산업

1) 산업 개요

철도산업은 차량, 전기, 건설, 정보 등이 결합된 복합산업으로서 그 파급 효과가 크다는 특징을 갖는다. 특히 물류비 절감 등의 외부 효과가 매우 크며, 나아가 기술·소재·부품 면에서 다양한 영향력을 가지고 있다.

철도산업의 파급 효과를 살펴보면 우선 농업, 임업, 축산업, 수산업, 광산업 등 1차 생산품의 수송에 큰 영향을 미친다. 그리고 방직, 직물, 도자기, 시멘트, 제지, 밀가루 등 2차 산업의 원료와 제품의 수송을 용이하게 하여 공업 발달 및 소비 촉진의 역할을 한다. 나아가 국내·외 교역의 증가를 가져오며 그와 관련하여 운송업, 창고업, 관광산업 등 관련 산업의 형성에도 지대한 영향을 미친다. 그리고 인구 분포, 도시 변화, 문화, 교육, 국제 관계에도 일정한 영향을 미친다(이용상, 2004).

표 6-2 각국의 철도 운영 조직 형태

조직 형태	국가 수	주요 국가
정부기관	4개국	인도, 스리랑카, 러시아, 북한
공기업	59개국	한국, 프랑스, 핀란드, 스페인, 벨기에, 그리스, 중국, 몽골, 앙골라 등
민영화 중인 공기업	25개국	독일, 스웨덴, 이탈리아, 오스트리아, 인도네시아, 우간다 등
민영기업	32개국	영국, 뉴질랜드, 일본, 미국, 캐나다, 멕시코, 세네갈 등

자료: 건설교통부 내부 자료.

근래에 들어 선진 각국에서는 철도 투자를 확대하고 있다. 이것은 도로 투자의 혼잡 해소 효과의 한계를 절감했고, 공해 문제의 심각화, 철도의 고속화에 따른 경쟁력의 상승, 수송 효율성의 제고 필요성, 민영화에 따른 재정 부담의 완화 등이 작용하여 투자의 여건이 조성되었기 때문이다.

각국 철도산업의 조직 형태를 비교해 보면, 철도를 운영하고 있는 120개국 중에서 정부가 직접 철도를 운영하고 있는 나라는 인도 등 4개국이고, 공기업으로 운영하는 나라는 한국 등 59개국, 민영화 중인 나라는 독일 등 25개국, 민영기업이 철도를 운영하는 나라는 영국 등 32개국이다. 즉, 철도 운영 주체는 공기업과 민간기업이 대다수를 차지하고 있다.

2) 규제기관

철도산업의 관리청은 국토교통부 장관이 된다. 국토교통부 장관은 철도산업의 주무부처로서 철도산업의 육성과 발전을 촉진하기 위해 5년 단위로 철도산업발전기본계획을 수립하는 등 철도산업에 관한 여러 시책과 규제를 집행한다. 기본계획에는 철도산업 육성 시책의 기본 방향에 관한 사항, 철도시설의 투자 · 건설 · 유지 보수 및 이를 위한 재원 확보에 관한 사항, 철도 운영 체계의 개선에 관한 사항 등이 포함된다. 그리고 국토교통부 장관은 철도산업의 구조 개혁을 효율적으로 추진하기 위해 철도산업 구조 개혁 기본계획을 수립하며, 그 밖에 철도 운영 부문의 경쟁력 강화, 철도 운영 서비스의 개선, 철도 운영의 안전 확보, 공정한 경쟁 여건의 조성 등의 시책을 수립 · 시행한다.

한편 철도산업에 관한 기본 계획 및 중요 정책 등을 심의 · 조정하기 위해 국토교통부에 철도산업위원회를 둔다. 위원회는 철도산업의 육성 · 발전에 관한 중요 정책 사항, 철도산업 구조 개혁에 관한 중요 정책 사항, 철도시설의 건설 및 관리 등 철도시설에 관한 중요 정책 사항, 철도 안전과 철도 운영에 관한 중요 정책 사항, 철도시설 관리자와 철도 운영자 간 상호 협력 및 조정에 관한 사항 등을 심의 · 조정한다.

한편 한국의 철도산업은 국가철도공단과 한국철도공사에 의해 영위되고 있다. 원래 철도시설의 소유권은 국가에 있으나 국가철도공단이 그 관리를 대행하는 구조이며, 철도공사는 철도시설의 사용대가를 국가철도공단에 납부하고 고객에게 철도 서비스를 제공한다.

3) 규제의 내용

(1) 진입 규제

철도사업을 경영하려는 자는 국토교통부 장관의 면허를 받아야 한다. 철도사업의 면허를 받을 수 있는 자는 법인으로 한정된다. 면허 기준은 교통 안전성, 이용자 편의성, 재정적 능력, 철도 차량의 기준적합성 등이다. 철도사업자가 철도사업을 양도 · 양수하려는 경우에는 국토교통부 장관의 인가를 받아야 한다. 철도사업자가 그 사업의 전부 또는 일부를 휴업 또는 폐업하려는 경우에는 국토교통부 장관의 허가를 받아야 한다.

철도사업법상 철도사업자는 면허가 필요 없는 당연 사업자인 한국철도공사와 '면허를 발급받은 철도사업자'로 분류된다. 현재 후자에 속하는 철도사업자로 코레일공항철도주식회사, 신분당선주식회사, 그리고 수서고속철도주식회사가 있다.

(2) 가격 규제

철도사업자는 운임 · 요금을 국토교통부 장관에게 신고해야 한다. 특히 여객 운임의 경우 원가와 버스 등 다른 교통수단의 운임 · 요금과의 형평성을 고려해야 하며, 국토교통부 장관이 지정 · 고시한 여객 운임의 상한을 초과해서는 안 된다. 매 3년마다 요금을 조정할 수 있다. 이때 국토교통부 장관은 여객 운임의 상한을 미리 기획재정부 장관과 협의하여 지정한다.

철도사업자는 「물가 안정에 관한 법률」에 의거 요금 규제를 받는다. 다만 운영자의 공익 서비스 제공으로 발생하는 비용은 국가 등 원인 제공자가 부담해야 한다. 공익 서비스 비용에는 정책적 목적 및 벽지 노선 등 공익 목적 때문에 발생하는 요금 감면액 및 경영 손실이 포함된다.

(3) 공급 규제

철도사업자는 천재지변 등 불가피한 사유가 아닌 한 국토교통부 장관이 지정하는 날 또는 기간에 운송을 시작해야 한다. 철도사업자는 약관을 정하여 국토교통부 장관에게 신고해야 하며, 또한 사업계획을 변경하려는 경우에도 국토교통부 장관에게 신고해야 한다. 국토교통부 장관은 원활한 철도운송, 서비스의 개선 및 운송의 안전 등을 위해 필요하다고 인정하는 경우 철도사업자에게 사업계획의 변경, 철도 차량 및 운송 관련 장비·시설의 개선, 운임·요금 징수 방식의 개선, 철도사업 약관의 변경 등을 명할 수 있다.

(4) 품질 규제

국토교통부 장관은 철도사업자가 제공하는 철도 서비스에 대해 적정한 철도 서비스 기준을 정하고, 그에 따라 철도사업자가 제공하는 철도 서비스의 품질을 평가해야 한다. 국토교통부 장관은 철도 서비스 품질평가 결과에 따라 사업 개선명령 등 필요한 조치를 할 수 있다. 또한 국토교통부 장관은 공정거래위원회와 협의하여 철도사업자 간 경쟁을 제한하지 않는 범위에서 우수 철도 서비스에 대한 인증을 할 수 있다.

3 전력산업

1) 산업 개요

전력산업은 대규모 발전설비 건설과 전국적인 송·배전 네트워크 구축 과정에서 규모의 경제가 나타나는 전형적인 자연독점 산업으로 인식되어 왔다. 특히 전력산업은 산업에 필수적인 에너지를 공급하는 기간산업이자 중요한 공익산업으로서, 각국에서 정부독점이나 민간독점 사업체로 운영되면서 강력한 정부규제를 받는 대표적인 산업 중의 하나였다. 독점의 경우에도 미국·일본·호주처럼 지역별 수직 독점사업자가 지역 독점권을 가지고 병립하는 경우와, 한국이나 프랑스처럼 단일 기업의 완전독점에 가까운 산업 형태를 가진 경우로 나뉜다. 각국 정부는 진입 규제를 통해 중복 투자를 방지하고 가격 규제를 통해 독점사업자의 독점력 행사를 방지하는 한편, 계획에 의해 전력의 안정적 공급을 도모한다.

일반적으로 전력사업은 발전사업, 송전사업, 배전사업, 전기판매사업으로 구분된다.

발전사업은 전기판매 사업자에게 공급함을 목적으로 전기를 생산하는 사업, 송전사업은 생산된 전기를 배전 사업자에게 송전하는 데 필요한 전기설비를 설치 · 관리하는 사업, 배전사업은 송전된 전기를 전기 사용자에게 배전하는 데 필요한 전기설비를 설치 · 운영하는 사업, 전기 판매사업은 전기 사용자에게 전기를 공급함을 주된 목적으로 하는 사업을 각각 의미한다.

한국의 전력산업은 2000년까지 한국전력공사(한전)가 발전, 송전, 배전 및 판매를 통합한 수직적 독점 체제로 운영되었다. 한전은 정부가 50% 이상의 주식을 소유하는 공기업으로서 다양한 경영상의 감독과 규제의 대상이 되는 한편, 설비 · 재원 등 다양한 측면에서 제도적 · 정책적 지원을 받아 왔다. 이와 같이 국가의 전력산업을 수직 · 수평적으로 독점하고 있는 사례는 희소한 경우라 할 수 있다. 발전 부문에서는 한전 이외에 한국종합에너지, LG에너지, 수자원공사, 자가발전사업자 등의 민간 발전사업자가 있으나, 한전이 발전시장의 대부분을 점유하고 있기 때문에 사실상 독점적 지위를 갖고 있었다.

그러다 2000년 「전력산업 구조개편 촉진에 관한 법률」이 제정됨으로써 우리나라에서도 전력산업에 경쟁 체제를 도입하려는 시도가 시작되었다. 당시 구조 개편은 총 3단계로 진행되는 것으로 설계되었다. 제1단계에서는 발전부문 경쟁 단계로서 2002년까지 추진하도록 계획되었고, 송 · 배전과 판매까지 경쟁을 도입하기 위한 도매경쟁 단계인 제2단계는 2008년까지, 그리고 소비자가 판매회사와 적절한 전기요금을 선택할 수 있는 소매경쟁 단계인 제3단계는 2009년 이후로 계획되었다. 제1단계 기간 중에 6개의 발전 자회사를 분리 독립하여 그 중 한국남동발전주식회사의 민영화를 추진하였으나 입찰이 실패하였고, 곧 이어 출범한 노무현 정부는 민영화를 포함한 구조 개편 작업을 중단하였다.

전력산업 구조 개편이란 전력산업의 효율성을 제고하기 위해 산업조직 또는 산업 구조를 변화시키는 것을 의미하며, 규제 완화와 소유 구조의 변화도 여기에 포함된다. 세계 각국에서 추진된 전력산업 구조 개편을 살펴보면 크게 두 유형으로 나뉜다. 하나는 전통 모형에서 발전 및 송 · 배전을 분리하는 수직적 분할을 통해 시장 경쟁을 도입함으로써 자유시장 모형으로 이행하는 급진적 구조 개편이고, 다른 하나는 전통 모형에서 시장 개방을 통해 혼합 모형으로 이행하는 점진적 구조 개편이다. 전자의 예로는 영국, 미국 캘리포니아주, 호주 빅토리아주, 캐나다 온타리오주의 구조 개편이 대표적이다.

그리고 후자의 예로는 전력시장 자유화에 관한 EU지침에 따라 전력 송전망을 개방한 독일, 송전 부문을 별도 회사로 분리하여 시장 개방을 추진하고 있는 프랑스, 발전·송전·배전 일관 체제를 유지하면서 시장자유화를 조심스럽게 진행하고 있는 일본을 들 수 있다.11)

2) 규제기관

미국에서 전력산업 규제기관은 연방정부와 주정부로 나누어 볼 수 있다. 연방에너지규제위원회(Federal Energy Regulatory Commission: FERC)는 주간 공급망을 통한 에너지 거래, 천연가스, 전력 송신, 수력 발전, 석유 파이프라인 수송 등에 대한 규제를 담당하는 연방 단위의 기관이다. FERC는 연방전력법(Federal Power Act), 천연가스정책법(Natural Gas Policy Act), 공익사업규제정책법(PURPA), 에너지정책법(EPA) 등에 근거를 두고 있다. 전력산업과 관련하여 FERC는 전력 요금의 적정성과 합리성을 검토하고 정당하지 않은 가격 차별을 감시하고 전력 계통 연결과 송전 계약을 검토하며, 특정 관할 지역 내 전력설비의 양도·대여 및 처분에 대한 허가권을 보유한다. 공공서비스위원회(Public Service Commission: PSC)는 주에 따라 공익사업위원회(Public Utilities Commission: PUC)로 불리기도 하는 주 단위의 규제기관으로서 전력, 가스, 통신, 상하수도 등의 공급망을 갖는 공익사업체의 주(州)내 활동에 대한 규제를 담당하고 있다.

영국에서 전력산업 규제에 관련된 법률로는 공익사업법(Utilities Act), 전력법(Electricity Act), 공정거래법(Fair Trading Act), 환경법(EPA) 등이 있다. 1999년에 전력가스규제청(OFGEM)이, 2000년에 전력가스위원회(GEMA)가 설립되었다. 전력가스위원회는 전력 수요의 충족, 경쟁 촉진, 소비자 이익 보호, 연구 개발, 안전 확보 등에 관한 전략 수립, 정책결정, 규칙 제정 등의 업무를 담당하고 있으며, 전력가스규제청은 운영 업무를 담당하고 있다.

한국의 경우 전기사업의 공정한 경쟁환경 조성 및 전기 사용자의 권익 보호에 관한 사항의 심의와 전기사업과 관련된 분쟁의 재정을 위해 산업통상자원부에 전기위원회를

11) 제8장 제2절에서 보는 바와 같이 한국의 전력산업 구조 개편은 영국의 급진적 방식을 모델로 한 것이지만, 곧 중단되고 만다.

둔다. 전기위원회에는 분야별로 전문위원회를 두며, 또한 사무를 처리하기 위해 사무기구를 둔다. 따라서 한국에서는 산업통상자원부, 전기위원회, 그리고 공정거래위원회가 전력시장에 대한 규제 기능을 공유하고 있다고 할 수 있다. 전기위원회는 전기사업의 허가 및 허가 취소, 전기사업의 양수 · 합병 인가, 전기사업의 과징금 부과, 이용요금 인가, 약관 인가 등의 사항을 심의한다. 또한 전기위원회는 전기사업자 간의 협의 불능 사항에 대해 신청이 있는 경우 재정한다.

그러나 공익산업에 해당하는 전력산업의 규제기관이 정부부처의 산하기관으로서 존재한다는 것은 규제기관이 갖추어야 할 독립성을 결여하고 있음을 의미한다. 전기위원회의 독립성 결여는 위원장을 포함한 위원 전원을 산업통상자원부 장관의 제청에 의해 대통령이 임명 또는 위촉하도록 되어 있는 것에서 두드러지게 나타나고 있다. 그리고 이와 같은 독립성 결여는 불필요하고 중복적인 규제 절차를 초래하고 있다. 즉, 전기사업법상 전기사업의 허가권자는 산업통상자원부 장관으로 되어 있으며, 전기위원회는 이에 앞선 심의기관으로 되어 있는 것이다. 그 밖에도 사업 허가의 취소, 전기 품질의 유지, 사실 조사, 과징금 부여 · 징수 등 전기위원회의 고유 업무가 되어야 할 사안의 결정권자가 산업통상자원부 장관으로 되어 있는 실정이다.

3) 규제의 내용

(1) 진입 규제

전력산업은 공익성이 높은 산업으로서 엄격한 기준과 통제 하에 사업이 허용되어야 하므로, 한국의 전기사업법은 사업 허가제를 통해 진입 규제를 실시하고 있다. 전기사업을 하기 위해서는 사업의 종류별로 재무 및 기술 능력 등의 기준에 따른 심의를 거쳐 산업통상자원부 장관의 허가를 받아야 한다. 허가 기준은 재무 능력 및 기술 능력, 계획 수행 가능성, 사업 구역 분리성, 공급 능력 등이다. 허가받은 사항 중에서도 중요한 사항을 변경하고자 하는 경우에는 다시 허가를 받아야 한다. 허가 시 산업통상자원부 장관은 전기위원회의 심의를 거쳐야 한다. 전기사업자가 사업을 양수, 분할, 합병하고자 할 때에는 산업통상자원부 장관의 인가를 받아야 한다.

발전사업자는 일반 전기사업자인 한전에 공급하는 경우 외에는 타사에 공급할 수 없도록 되어 있으므로 발전사업자가 송전 및 배전사업에 진입하는 것은 금지되어 있다. 그리고 자가용 발전설비를 설치한 자도 발전한 전기를 타사에 공급할 수 없도록 되어 있어 자가용 발전설비 설치자가 송·배전사업에 진입하는 것도 금지되어 있다. 이러한 진입 규제에 따라 한전은 송·배전 및 전기 판매사업에 관해서는 독점적 사업자가 된다. 이 밖에 외국인 투자 기업은 원자력 발전 연료의 제조·공급, 원자력 발전사업, 방사성 폐기물관리사업 등을 할 수 없도록 되어 있다.

2004년 4월 발전 부문이 별도의 회사로 독립했으나 아직 한전의 100% 자회사이므로 여전히 한전의 지배 하에 있다고 할 수 있다. 이와 같은 진입 규제에 따른 수직적 통합으로 전력산업의 내부 정보는 미분화되어 있는 셈이다. 즉, 발전으로부터 송전, 송전으로부터 배전, 그리고 배전으로부터 판매에 이르는 전력의 흐름이 하나의 사업체에서 내부 거래로 이루어지는 셈이므로 효율성과 책임성을 구분하는 것이 어렵게 되어 있다.

(2) 가격 규제

전기요금은 가장 강력하게 규제되어 있는 가격 중의 하나이다. 송전사업자 또는 배전사업자는 전기설비 이용 요금 등 이용 조건에 관한 사항을 정해 산업통상자원부 장관의 인가를 받아야 한다. 전기 판매사업자도 전기 요금 등의 공급 조건에 관한 약관을 작성하여 산업통상자원부 장관의 인가를 받아야 한다. 산업통상자원부 장관이 인가를 하려 할 경우 전기위원회의 심의를 거쳐야 한다. 전기 요금의 결정은 적정 원가에 적정 이윤을 더한 것일 것, 공급 종류별 또는 전압별로 요금을 구분할 것, 전기 판매사업자와 전기 사용자 간의 권리·의무 관계 및 책임이 명확할 것, 전기설비 설치 주체와 비용 부담자가 명확할 것 등을 고려해야 한다.

이와 같은 가격 규제는 불가피한 측면이 인정되나 기본적으로 가격의 수급 조절 기능이 제대로 작동할 수 없게 되는 문제점이 있으며, 이른바 총괄원가주의에 의해서 적절하다고 인정되는 비용은 보상을 받게 되므로 전력사업자가 비용을 절감할 유인을 갖지 못하는 문제점도 잠재되어 있다(한국경제연구원, 2002).

(3) 공급 규제

전력산업은 전력설비 계획으로부터 완공 후 전기 공급까지 많은 시간이 소요되는 장착산업이므로 다른 산업에 비해 탄력성이 낮은 산업이다. 따라서 미래 수요를 예측하고 이에 대비하여 공급 능력을 관리해야 하는 특성을 지닌다(박수혁, 2001). 이에 전기사업자는 장기 전력 수급계획에 적합하도록 장기적인 전기설비의 시설계획 및 전기 공급계획을 작성하여 산업통상자원부 장관에게 제출해야 한다. 전기사업자는 사업을 시작한 경우에는 지체 없이 그 사실을 허가권자에게 신고해야 한다. 다만 발전사업자는 최초의 전력거래를 한 날부터 30일 이내에 신고해야 한다.

전기사업자는 일정한 기간 내에 전기설비를 설치하고 사업을 개시해야 한다. 전기사업자는 허가받은 공급 구역 내에 있는 전기 수요자에게 정당한 사유 없이 전기의 공급을 거절하거나 허가받은 공급 구역 외의 구역에 전기를 공급할 수 없다. 그리고 다른 전기사업자와 전기를 공급하는 계약을 체결한 경우에는 정당한 사유 없이 전기의 공급을 거절해서는 안 된다. 또한 전기사업자는 기술의 발전 정도, 전기의 보급 정도, 공공의 이익과 안전, 사회복지의 증진 등을 고려하여 결정된 보편적 서비스를 공급해야 한다.

(4) 품질 규제

전기사업자는 공급하는 전기의 품질을 유지해야 한다. 산업통상자원부 장관은 전기사업자가 공급하는 전기의 품질이 적합하게 유지되지 아니하여 전기 사용자의 이익을 해친다고 인정하는 경우 전기위원회의 심의를 거쳐 그 전기사업자에게 전기설비의 수리·개조, 전기설비 운용 방법의 개선 등 필요한 조치를 할 것을 명할 수 있다.

4 가스산업

1) 산업 개요

한국은 1970년대 석유파동 이후 안정적인 에너지 공급을 위해 에너지 다원화의 일환으로 1980년대 중반에 처음으로 액화천연가스를 도입하였다. 이후 천연가스 소비량은 1999년까지 연평균 18.7%씩 증가해 왔으며, 2000년 이후에도 매년 평균 5% 정도의 증가세를 보였다(손양훈, 2003). 한국은 현재 천연가스의 생산이 거의 없기 때문에 전량 수입에 의존하고 있어 수급이 경직적이고 인접국과의 연계 네트워크가 없어 액화천연가스(LNG) 도입에만 의존해야 하는 고립된 시장으로서의 특성을 가진다. 세계 LNG 교역량의 약 80%를 한국・일본・대만이 차지하고 있고, 그 중 한국가스공사가 세계 최대의 수입자이다. 그러나 장기간의 독점 체제 지속의 결과 가스공사는 수입 가격이나 계약 조건 개선 등에 대한 인센티브가 약화되어 상대적으로 비싼 가격으로 LNG를 수입하고 있는 것으로 평가된다(산업자원부, 2002).

국내 가스산업의 공급 구조는 크게 상류 부문과 하류 부문으로 이원화된 체계를 가지고 있으며, 이를 좀 더 세분화해서 보면 도입, 인수 및 저장, 수송 및 도매, 배송 및 소매의 4단계로 나뉜다. 외국으로부터 LNG를 도입하여 인수 기지와 주배관망을 통해 발전소나 지역 도시가스 회사에 공급하는 부문을 상류 부문이라 할 수 있다. LNG의 도입, 인수 및 저장은 진입 규제를 바탕으로 공기업인 한국가스공사가 전담하고 있다. LNG를 처음 수입할 당시 가스 도입 및 판매를 전담할 기관으로서 한국전력공사를 벤치마킹하여 1986년 한국가스공사가 설립되었다. 다만 1997년 이래 대기업의 자가 소비를 위한 LNG 직도입이 허용되었다. 즉, 발전용, 산업용 등 대량 수요자(한전 발전자회사, 포스코, GS, SK 등)에게는 자가소비용 LNG를 직수입하여 사용할 수 있는 공급 방식도 부분적으로 허용되어 있다. 천연가스 설비의 유지・보수 및 관로관리는 다른 공기업인 한국가스기술공사가 담당하고 있다.

천연가스의 수송과 도매도 한국가스공사 소유의 전국적인 주배관망을 통해 이루어진다. 즉, 한국가스공사가 전국적 독점사업자로서, LNG를 수입하여 평택・인천 인수기지로 운송하여 저장하고 공정을 거쳐 전국의 환상 배관망을 통해 한전이나 민자 발전회사 등 대량 수요처와 도시가스 회사의 수급 지점까지 공급한다. 이와 같이 도매사업을 위한 LNG의 수입과 수송은 산업통상자원부 장관의 승인에 따라 한국가스공사가 독점하고 있으나, 다만 자가용 대규모 천연가스 수요자는 해외로부터 직접 LNG를 도입할 수 있다.

한국가스공사로부터 가스를 공급받아 지역 배관을 통해 최종 소비자에게 공급하는 부문을 하류 부문이라 할 수 있다. 천연가스의 배송과 소매는 지역별로 독점 체제를 구성하는 다수의 일반 도시가스업자 소유의 지역 배관망을 통해 이루어진다. 현재 소매 부문은 32개 지역별 도시가스 회사가 지역적 독점 체제를 유지하고 있으며, 최종 소비자에 대한 가스 공급, 공급시설의 설치, 소비자의 안전관리 등의 업무를 수행하고 있다. 각 도시가스 회사는 공급받은 고압의 천연가스를 압력 조정한 후 권역별 운영 배관망을 통해 가정용 · 업무용 · 산업용 등 최종 소비자에게 공급한다. 국내의 도시가스 회사는 지리적인 특성으로 인해 일간 또는 계절 간 수급 조절을 위한 설비를 갖출 수 있는 여건이 되지 못하기 때문에 수급 조절 업무는 한국가스공사가 맡고 있다.

한국의 에너지 전환정책에 따라 원자력과 석탄의 대체재이자 신재생의 확대에 대응한 유연성 설비로서 LNG 발전의 역할은 당분간 확대될 것으로 보인다. 따라서 시장 상황의 변화에 민감한 LNG 발전의 수익성 제고를 위한 노력이 필요하다고 할 수 있다(에너지경제연구원, 2019).

2) 규제기관

한국에서 가스산업에 대한 규제기관으로는 산업통상자원부와 광역지방자치단체의 장(시 · 도지사)을 들 수 있다. 산업통상자원부는 LNG와 LPG에 관한 기본 정책의 수립, 가스산업의 경쟁력 강화 및 구조 개선, LNG와 LPG의 수급 및 비축, LNG의 전국 공급 기반 구축, LPG 체적 공급 방식의 확대 보급 등을 담당하는 대표적 규제기관이다.

산업통상자원부 장관은 가스 도매사업의 허가를, 그리고 시 · 도지사는 일반 도시가스사업의 허가를 각각 담당한다. 산업통상자원부 장관 또는 시 · 도지사는 도시가스 사업자가 일정 요건에 해당한 때에는 그 허가를 취소하거나 그 사업의 정지 또는 제한을 명할 수 있다.

산업통상자원부 장관은 가스의 수급 상 필요하다고 인정할 때에는 도시가스 사업자에게 필요한 조치를 명할 수 있다. 그리고 산업통상자원부 장관은 가스의 공급 및 사용과 관련한 공공의 안전 또는 위해 발생의 방지를 위해 가스 공급시설 또는 가스 사용시설의 각종 검사 등 안전관리 업무에 대해 시 · 도지사 또는 시장 · 군수 · 구청장을 지도 · 감독한다.

독일 가스산업의 규제기관과 자율규제 기구

■ 연방정부 규제기관

독일은 가스산업의 안전과 규제에 대한 고유의 법률이 존재하지 않고 전력산업 등과 함께 네트워크 산업의 일환으로 같은 법률에서 규율하고 있다. 가스 분야 안전에 대해서는 법률이 아니라 법규명령 차원에서 개별적으로 규율하고 있다. 가스산업의 규제와 관련된 주무부처로 연방경제기술부(Bundesministerium für Wirtschaft und Technologie)가 있으며, 실제 규제기관으로서 연방네트워크규제청(Bundesnetzagentur: BNetzA)은 전력, 가스 등 에너지뿐만 아니라 철도 등 네트워크의 형태를 가지고 있는 공익산업에 대해 규제를 담당하고 있다.

■ 자율규제 기구

독일은 가스안전과 관련하여 주무부처 및 규제기관이 직접 관여하는 부분이 제한적이고, 상세한 규정의 제정 등에 대해서는 자율규제 기관인 연방가스수도기술자협회에 위임하고 있다. 협회는 법적으로 권한을 위임받은 기술규율을 정립하는 기관이며, 아울러 가스기구, 배관 등 기기에 관한 심사 및 인증에 관해서도 일정 부분 협회에 업무위탁하고 있다. 협회는 수시로 개별적인 교육 및 재교육 프로그램을 운영하고 있어서 전문인력의 역량을 지속적으로 관리하고 있다는 점에서 정부 주도의 시스템에서 사업자 중심의 자율적 시스템으로 전환하고 있음을 알 수 있다.

자료: 산업통상자원부(2017: 180–251).

3) 규제의 내용

(1) 진입 규제

한국의 가스산업은 정부가 다른 신규 사업자의 진입을 허가하지 않는 강한 진입 규제 정책을 유지해 오고 있다. 가스 도매사업을 하고자 하는 자는 산업통상자원부 장관의 허가를, 일반 도시가스사업을 하고자 하는 자는 특별시장·광역시장 또는 도지사(시·도지사)의 허가를 받아야 한다. 허가 기준은 위해 방지와 재해발생 방지에 지장이 없을 것, 한국가스안전공사의 기술 검토 결과 안전성이 인정될 것, 설치를 금지한 지역에 해당 시설을 설치하지 않을 것 등이다. 이에 따라 상류 부문에서 한국가스공사와 하류 부문에서의 지역별 도시가스업체에 의한 이원적 독점 구조로 되어 있다. 공급의 모든 과정에서 경쟁이 없는 이러한 환경으로 인해 각 단계별 참여자는 모두 독점구매자 또는 독점판매자의 지위를 갖게 된다.

한국가스공사의 독점권 보장은 천연가스 보급 초기에 보편적 서비스의 제공을 목적으로 전국적인 단일 사업자에 의한 공급 체제가 불가피했기 때문이었다. 지역별 도시가스 사업자에 대한 독점판매권 보장 역시 가스의 안정적 공급을 유지하기 위해 지역배관망에 대한 대규모 초기 투자를 유도하고, 그 대가로 독점사업권의 보장이 필요했기 때문이다.

사업 양도, 합병 등으로 도시가스 사업자의 지위를 승계한 자는 산업통상자원부 장관 또는 시・도지사에게 신고해야 한다.

(2) 가격 규제

정부는 도시가스사업법 등을 통해 새로운 사업자의 진입을 제한하는 대신 각 사업자에 대해 강력한 가격 규제를 시행하고 있다. 현행 천연가스에 대한 요금 규제 실태를 보면 가스사업체들의 독점 이윤을 방지하기 위해 총괄원가제에 의해 도매 요금은 전국적으로 동일하게 적용되나 소매 요금은 지역별로 다르게 적용된다. 즉, 도매 요금은 산업통상자원부 장관이 기획재정부 장관과 협의하여 승인하고 소매 요금은 시・도지사가 승인한다.

도매 요금은 계절적으로 수요가 급변하는 등 부하의 불균등 문제를 해결하고, 도시가스의 배관 투자비가 많이 소요되는 점을 감안하여 발전용 가스 수요에 대해 가격을 인위적으로 높게 책정하는 정책을 지속하고 있다. 소매 요금 수준은 물가관리 차원에서 결정되고 있으며, 종별 요금은 원가에 기초하기보다는 전체 수지 균형 유지 차원에서 원가를 할당하는 구조로 되어 있다.

(3) 공급 규제

가스산업은 투자 회수 기간이 매우 길기 때문에 20년 이상의 장기적 전망 속에 공급계약이 이루어진다. 또한 공급 네트워크가 필요하기 때문에 규모의 경제성이 존재하며 대규모의 자본 동원력이 필요하다. 이 같은 특성으로 인해 가스산업은 정부의 하향식 공급 규제에 의해 운영되고 있다. 장기 천연가스 수급계획은 정부와 한국가스공사가 주도하여 중앙집중적으로 계획되고 집행된다.

정부는 매년 5년 간의 가스 수급계획을 수립하고, 2년마다 10년 이상의 기간에 걸친 장기 천연가스 수급계획을 수립하여 공고한다. 또한 가스의 공급 규정의 적합성에 대한 판단을 내리며, 거래 당사자들 간의 공급 조건이나 계약 내용이 적합한지에 대한 판단을 내린다.

가스도매사업자는 자가소비용 직수입자를 제외한 일반 도시가스 사업자, 도시가스 충전사업자, 기타 대량 수요자에게 공급하기로 한 천연가스의 공급을 거절하거나 공급이 중단되게 해서는 안 된다.

5 금융산업

1) 산업 개요

금융회사란 예금의 수입, 유가증권, 기타 채무증서의 발행에 의해 불특정 다수인으로부터 채무를 부담함으로써 획득한 자금을 대출하는 업무를 규칙적·조직적으로 영위하는 법인을 말한다. 금융회사는 이윤을 추구하는 상업성을 기본으로 하므로 금융회사 간의 경쟁을 통해 금융상품의 가격이 경쟁가격으로 형성되면, 자본 배분의 효율성이 유지되어 궁극적으로 시장 내에서의 후생 증대를 가져올 수 있다. 따라서 금융시장이 예상하지 못한 부정적 충격이 발생하거나 정부의 부적절한 시장개입이 일어나지 않는 한 금융시장은 효율적이고 시장참가자는 합리적이라고 보는 것이 일반적 전제이다. 그럼에도 불구하고 금융산업을 다른 산업에 비해 강하게 규제하는 것은 금융산업이 갖고 있는 공공재적 특성에서 기인한다(한국법제연구원, 2001).[12)]

첫째, 금융산업은 높은 공익성을 갖는다. 금융산업은 통화 창출 기능을 수행함으로써 산업 발전을 위한 기본적인 하부 구조 역할을 한다. 더구나 한국과 같이 아직 자본시장이 성숙하지 못한 경우에는 금융산업이 붕괴되면 기업의 투자자금 조달 창구가 없어 경제가 원활히 운영되지 못하게 된다.

---

12) 금융 규제는 소비자의 이익을 보호하기 위한 것이라는 점에서 소비자 보호 규제로 볼 수 있으나, 금융산업에 대한 본원적 활동의 규제라는 측면이 보다 강하므로 경제적 규제의 한 분야로 다루기로 한다. 다만 금융 규제 중 금융소비자 보호 규제에 대해서는 제7장 제3절 해당 부분에서 다루기로 한다.

둘째, 금융산업은 자산의 대부분이 요구불 예금이라는 특징을 갖는다. 즉, 예금자들은 언제든지 예치된 자금을 회수할 가능성이 있으므로 은행의 공신력은 은행 존립을 위한 전제가 된다. 또한 개별 은행의 지급 불능은 은행산업 전체의 지급 능력을 의심케 하여 결국 전체 금융 시스템의 붕괴를 초래할 수 있다.

셋째, 금융산업은 부채에 주로 의존하므로 다른 산업에 비해 자기자본 비율이 매우 낮다는 특성을 갖는다. 이러한 낮은 자기자본 비율은 의사결정이 조금만 잘못되어도 위험에 처할 수 있다는 구조적 취약성으로 이어진다.

넷째, 금융산업은 정보의 비대칭성으로 인한 시장실패가 나타날 수 있는 분야이다. 정보의 비대칭성은 상품시장에서 사업자와 소비자 간 또는 노동시장에서 사용자와 근로자 간에서만 발생하는 문제는 아니다. 금융시장에서 금융회사와 예금자는 물론 보험시장에서 보험업자와 피보험자, 증권시장에서 증권회사와 투자자 사이에서도 항상 발생하는 문제이다.

또한 정부는 은행 부문의 시장 기능이 잘 작동하도록 규제를 실시한다. 따라서 금융규제의 목적은 금융 체제의 보호와 투자자의 보호에 있다고 할 수 있다.

우선 다수의 예금자가 은행으로부터 예금을 동시에 인출할 경우를 가정했을 때 만일 해당 은행이 충분한 유동성을 확보하지 못하고 있다면 인출의 대열에서 제외된 예금자에게는 예측하지 못한 손실이 발생한다. 또한 한 금융회사의 파산은 은행산업에 대한 신뢰를 약화시켜 예금 인출 사태가 다른 은행으로 파급될 수도 있다. 이와 같이 은행 파산의 사회적 비용이 사적 비용을 초과하게 되는 금융 시스템 전체의 위기, 즉 외부효과를 방지하기 위해 금융 규제가 필요해진다. 이것은 금융 시스템 전체 또는 일부의 위기를 방지하기 위한 체제적 규제(systemic regulation)의 측면을 의미한다. 체제적 규제는 한 은행의 부실이 다른 금융회사의 위기로 확산되는 것을 막기 위한 방화벽으로서 지급준비금 제도, 최저 자본금 기준, 예금자 보호 제도 등이 대표적이다.

한편 금융 서비스는 고객의 요구에 맞추어 전문화된 정보를 제공하는 것으로서 서비스의 질을 평가하기가 쉽지 않다는 특성을 지닌다. 그런데 이와 같은 특성은 소비자가 자신의 문제를 처리하기 위해 금융회사에 대해 서비스를 요구할 경우 해당 사항에 관해 금융회사에 비해 전문적 지식이 부족한 문제를 불러일으킨다. 따라서 금융 서비스의 공급자와 수요자 사이에 존재하는 정보의 비대칭성은 금융 규제의 중요한 배경이 된다. 정보의 비대칭성을 감소시키기 위해서는 금융회사 및 대출 대상을 선별하고 감시하는 규제 장치를 필요로 한다(Mayer, 1995).

2) 규제기관

(1) 의 의

정부는 경제 안정의 책임자로서 각종 법령의 제・개정, 금융정책의 시행을 통해, 그리고 금융 규제기관은 감독 규정의 제・개정, 인・허가, 검사 및 제재 등 개별 시장 참가자들의 행위에 대한 직접적인 영향력 행사를 통해 금융시장의 안정을 도모한다. 종래에는 정부가 직접 인가권을 행사하는 나라가 많았으나 1970년대 이후 인가 결정에 정치적 영향력이 미칠 가능성을 없애기 위해 인가권이 정부에서 규제기관으로 이관되는 경우가 늘어나고 있다. 이와 같이 규제기관에 인・허가, 규제, 검사, 제재 등 감독에 수반되는 권한을 포괄적으로 부여하는 이유는 규제기관이 정치적 및 행정적 영향력으로부터 독립하여 금융 규제 기능을 중립적이고 일관되게 수행함으로써 금융 제도의 안정성을 유지할 수 있기 때문이다.

금융 규제는 규제기관의 규제 대상에 따라 크게 권역형과 기능형으로 나눌 수 있다. 권역형(institutional approach)이란 금융회사가 제공하는 상품이나 서비스의 유형에 관계없이 은행, 증권, 보험 등과 같이 금융 권역별로 별도의 기관이 규제를 하는 방식을 말하고, 기능형(functional approach)은 금융 권역과는 관계없이 금융회사가 제공하는 상품 및 서비스 유형에 따라 규제하는 방식을 말한다(강병호, 2005).

(2) 규제기관의 통합형과 쌍봉형

근래에 들어 금융의 자율화, 개방화, 세계화가 급속히 진전됨에 따라 건전성 감독 기준, 회계 및 공시에 관한 규칙 등 각종 감독 기준의 국제적 정합성이 요구되고 있다. 이러한 추세와 관련하여 금융회사의 업무 영역의 확대, 복합 금융상품의 출현 등 금융 업무의 겸업화(universal banking)가 진전됨으로써 이를 총괄할 수 있는 통합형(integrated approach) 규제 체계의 출현이 요청되기에 이르렀다. 즉, 금융 규제 기능의 전문성을 살리기 위한 기능별 규제와 규제 업무수행의 효율성과 책임성을 확보하기 위한 권역별 규제를 동시에 기대하기 위한 노력이 진행되고 있다. 특히 금융소비자 보호 기능이 중시되어 독립 영역으로 분리됨에 따라 규제 체계의 통합 과정에서 시장안정성을 위한 건전성 규제와 금융소비자 보호를 위한 영업행위 규제도 함께 통합되는 경향이 나타났다. 독일, 일본, 스위스 등은 통합형 규제 체계를 채택한 국가이다. 통합 금융 규제기관이 전체 금융회사에 대하여 건전성 규제와 영업행위 규제를 총괄한다.

이와 같이 많은 나라에서 금융 규제기관을 통합하여 통합 규제기관(umbrella supervisor)을 운영하고 있다. 예컨대, 영국은 1997년 금융서비스시장법(Financial Services and Market Act)을 통해 9개 기관의 규제 기능을 통합하여 금융감독청(Financial Services Authority: FSA)를 설립했고,[13] 일본은 1998년 대장성과 일본은행의 규제 기능을 통합하여 금융청을 설립했으며, 독일은 2002년 각 권역별로 분산되어 있던 금융 규제기관을 통합하여 연방금융규제청(Bundesanstalt für Finanzdienstleistungsaufsicht: BaFin)을 설립하였다.

한편 최근에는 통합형 규제 체계에 대한 대안으로서 금융회사의 건전성 규제와 금융

표 6-3 금융 규제기관의 유형

금융 규제 체계	채택 국가	특 징
권역형	중국, 멕시코	금융회사의 법적 성격에 따라 은행, 증권, 보험 등 금융회사 권역별로 별도의 규제기관이 담당
기능형	프랑스, 이탈리아, 브라질	금융회사의 종류를 불문하고 수행하는 상품 및 서비스 등 기능별로 별도의 기관이 담당
통합형	영국(1998~2012), 독일, 일본, 한국, 스위스	금융회사의 법적 성격과 수행 업무를 불문하고 하나의 통합 규제기관이 담당
쌍봉형	호주, 네덜란드, 캐나다, 영국(2013 이후), 미국(2011 이후)	금융 규제의 금융 시스템 보호 목적과 소비자 보호 목적을 서로 다른 기관이 나누어 담당

자료: Group of Thirty(2008: 23-24).

13) 그러나 2010년 보수당이 집권하면서 중앙은행과 규제기관 간의 정보 교류 등의 문제를 해소하기 위해 FSA를 해체하고, 2013년 건전성 규제를 전담하는 건전성규제청과 금융소비자 보호를 전담하는 영업행위규제청을 각각 설립함으로써 쌍봉형으로 전환하였다.

소비자 보호를 위한 영업행위 규제를 분리해 운용하는 쌍봉형(twin-peaks approach)의 도입이 확산되고 있다. 이 유형을 채택한 나라로는 영국(2013년 이후), 호주, 네덜란드, 캐나다, 미국이 있다. 쌍봉형은 건전성 규제 기능과 영업행위 규제 기능이 각각 별도의 규제기관에 의해 수행된다. 예컨대, 미국의 경우 금융 규제 체제는 건전성 규제를 담당하는 금융안정감시위원회(Financial Stability Oversight Council)와 영업행위 규제를 담당하는 금융소비자보호국(Consumer Financial Protection Bureau)으로 양분되어 있다.

(3) 한국의 금융 규제기관

한국의 경우 1997년 금융위기를 겪으면서 정부에 의한 직접적인 금융 규제 방식이 금융위기 초래의 한 원인이었다는 반성을 토대로 금융 규제정책의 근간이 기존의 효율성 중심에서 금융 부문의 건전성을 높이는 방향으로 전환하게 된다. 여기에 IMF와 IBRD로부터 통합 감독기관의 설립을 권고받고 1998년 4월 금융감독위원회가 설립되었고, 1999년 1월 은행감독원, 증권감독원, 보험감독원, 신용관리기금을 통합하여 금융감독원이 설립되었다. 이와 같은 금융감독 체계 개편으로 인해 금융정책 기능은 재정경제부, 감독정책기능은 금융감독위원회, 감독집행 기능은 금융감독원이 각각 분담케 되었다.

그러나 금융감독 업무의 중복과 혼선으로 인해 금융감독 체계의 개편 논의가 지속적으로 이루어졌다. 급기야 2008년 금융감독위원회가 금융위원회로 개편되면서 기획재정부가 보유하고 있던 금융정책 기능이 금융위원회로 통합되었다. 또한 감독 정책 기능과 감독 집행 기능을 명확히 구분하고 금융감독원의 권한 및 독립성을 강화했다. 따라서 현재 한국의 통합 규제기관은 행정기관인 금융위원회와 민간조직인 금융감독원으로 이원화되어 있다고 할 수 있다.

금융위원회는 합의제 행정위원회로서 위원은 위원장, 부위원장, 상임위원 등 9명으로 구성되어 있다. 근거 법률인 「금융위원회의 설치 등에 관한 법률」에 의하면, 금융위원회는 금융 정책·제도 기획, 금융회사 설립 등 진입 규제, 금융회사 경영 전반에 관한 포괄적인 규제·감독, 자본시장 감독·감시, 금융소비자 보호, 금융감독원에 대한 포괄적인 지도·감독 등이다.

한편 금융 업무의 공공성에 비추어 대부분의 나라에서 감독기관에 의한 은행 검사가 실시된다. 한국에서는 금융감독원이 금융위원회와 증권선물위원회의 지도·감독을 받아 정기적으로 금융회사에 대한 업무 및 재산 상황에 대한 검사와 제재를 실시하고 있다. 또한 금융감독원은 금융 분쟁 조정을 위한 기구를 설치하여 금융회사와 이해관계인 사이에 발생하는 분쟁의 조정에 관한 사항을 심의·의결한다. 금융감독원은 금융위원회의 감독을 받고 있으나 인사와 예산에 관해서는 정부로부터 상당한 수준으로 독립되어 있다.

3) 규제의 내용

앞에서 본 금융산업의 특성으로 인해 각국에서는 금융회사에 대해 일반 기업에 비해 강한 규제를 가하고 있다. 한국의 경우에도 은행법이 상법 등에 비해 우선하여 적용되며, 다양한 법률 규정이 예금자 보호(예금자보호법), 금융산업 경쟁력 제고(금융지주회사법), 금융회사의 효율성 제고(금융산업의 구조 개선에 관한 법률), 금융산업의 선진화와 금융시장 안정 도모(금융위원회의 설치 등에 관한 법률), 금융소비자의 권익 보호(금융소비자보호에 관한 법률)를 위한 규제의 근거로 작용하고 있다. 또한 「독점규제 및 공정거래에 관한 법률」은 금융지주회사와 비금융지주회사를 분리하여 산업자본의 금융 지배를 방지하고 있다.

(1) 진입 규제

일반산업과는 달리 금융산업은 설립의 자유화가 지나친 경쟁을 유발하여 금융회사의 건전성이 크게 저해될 우려가 있으므로 진입에 대한 규제가 일반적으로 실시되고 있다. 금융산업에 대한 진입 규제의 전형적 방식은 금융업의 설립, 전환, 합병, 지점 설립 등에 대해 규제기관의 인·허가를 받도록 하는 것이다. 인가는 금융회사의 진입, 퇴출, 합병, 정관 변경 등에 관한 사항으로 인가 신청자에 대한 사전적인 적격성 평가를 의미하나, 인가 후에도 인가 조건이 충족되고 있는가를 평가하는 것도 포함되는 것으로 본다. 이때의 규제는 투명한 기준에 의해 시장 상황 등을 고려하여 합리적으로 실시되어야 한다.

한국의 경우에도 금융업을 영위하고자 하는 자는 금융위원회의 인가를 받아야 한다.

이때 금융회사는 법인으로서 설립되어야 하며,[14] 자본금도 1,000억 원 이상이어야 한다. 은행이 은행업이 아닌 금융 업무를 직접 영위하고자 하는 경우에도 금융위원회의 인가를 받아야 한다. 또한 금융회사 간 과다경쟁의 방지, 경영 효율의 저하를 방지하기 위한 목적에서 금융회사가 지점, 대리점, 영업소나 사무소를 외국에 신설하거나 본점을 다른 시·도의 지역으로 이전하고자 하는 경우에는 사전에 그 계획을 작성하여 금융위원회와 협의해야 한다.

(2) 소유 규제

금융산업의 경쟁력 강화와 금융회사의 책임경영 체제 확립을 위한 대안으로서 은행 소유 규제의 철폐와 산업자본의 은행 지배 허용 문제가 주요 쟁점으로 논의되었다. 후진국은 물론 선진국의 법제를 보아도 산업자본의 은행산업 지배를 허용하는 경우는 흔하지 않다. 은행산업에서 소유 구조가 특히 문제가 되는 것은 은행이 민간기업이면서도 공공성이 매우 크기 때문이다.

은행산업의 소유 규제는 곧 산업자본의 은행 지배를 방지하려는 것과 동일한 차원에서 논의된다. 소유 규제의 논거는 다음과 같다(한국법제연구원, 2001).

첫째, 은행은 통화기관으로서 강력한 금융정책적 통제 범위 내에 있으며, 반대로 은행이 위급한 상황에 처하게 되면 중앙은행으로부터 최종적인 보호를 받는다. 그런데 은행을 개별 기업이 지배할 경우 위와 같은 공적 안전망이 특정 기업에 미치게 되므로 산업자본을 위한 보호벽으로 작용하는 결과가 된다. 이러한 경우를 방지하고자 은행의 소유 규제가 필요하게 된다.

둘째, 은행산업의 예금자는 다른 산업의 소비자와는 달리 자신의 이익을 직접 보호하는 것이 어렵다. 이러한 특성으로 인해 금융회사의 소유 집중은 예금자의 이익을 손상할 위험을 본질적으로 갖고 있다고 할 수 있다. 따라서 소유 규제는 은행의 소유자가 은행 경영에 미칠 수 있는 영향력의 크기와 범위를 제한함으로써 예금자 이익이 은행의 소유 구조에 의해 손상되지 않도록 보호하는 장치의 역할을 하게 되는 것이다.

---

14) 금융회사가 법인격을 갖추도록 하는 것은 자본 형성, 경영합리화, 공신력, 영속성 등의 측면에서 법인이 유리하기 때문이다(유훈, 2001).

셋째, 대기업이 은행을 사실상 소유할 경우 당해 기업에 대한 편중 대출 및 부당 대출, 경쟁 기업에 대한 대출 제한, 보유 정보의 부당 이용 등의 가능성으로 인해 경쟁질서가 훼손될 여지가 커진다. 은행의 이와 같은 사금고화는 해당 은행의 부실화와 파산 가능성을 높일 뿐 아니라 금융 시스템의 안정성까지도 위협하게 된다. 이러한 이유 때문에 소유 규제의 필요성이 커지는 것이다.

한국의 경우 1990년대부터 은행산업의 소유 구조 문제가 중요 쟁점으로서 부각되기 시작했다. 이에 따라 은행법에서는 원칙적으로 동일인은 금융회사의 의결권 있는 발행주식 총수의 10%(지방은행의 경우 15%)를 초과하여 보유할 수 없도록 하고 있다. 또한 산업자본인 비금융 주력자는 은행의 의결권 있는 발행주식 총수의 4%(지방은행의 경우 15%)를 초과하여 보유할 수 없다. 한편 「금융산업의 구조 개선에 관한 법률」에서는 대기업집단이 계열 금융회사가 보유한 주식을 통해 다른 기업을 지배할 가능성을 규제하기 위한 조항을 두고 있다.

(3) 자본 규제

금융자유화 및 통합이 세계적인 추세로 자리 잡은 가운데 금융회사 간의 경쟁 심화와 각종 리스크의 증대로 인해 금융회사의 건전성이 위협받게 될 가능성이 높아졌다. 특히 유동성 부채인 예금으로 자금을 조달하고 비유동성 자산인 대출을 보유하는 은행은 시스템 위험에 노출되어 있으므로, 이를 관리하기 위한 금융안전망이 필요하다는 인식이 형성되었다. 이에 따라 은행 자기자본 비율이 은행의 건전성 판단에 중요한 기준이 되었다. 은행의 자기자본 비율의 중요성은 우선 위험 발생에 대한 완충 장치의 역할, 지불 능력에 대한 대중의 신뢰 제고, 재무 안정성의 유지, 수익력의 제고 등에서 찾을 수 있다. 나아가 은행의 건전성은 해당 국가의 금융 제도의 안정성에 영향을 미침은 물론 한 국가의 금융 불안은 다른 국가로 빠르게 파급되는 경향까지 나타나게 되었다.

국제결제은행(Bank for International Settlements: BIS)은 금융회사의 자기자본을 "금융회사를 청산에 이르게 하지 않고 영업의 계속성을 유지하는 과정에서 발생 가능성이 있는 불특정 손실의 보전에 충당할 수 있는 자금"이라고 정의하고 있다. 금융환경의 급격한 변화로 은행이 직면하는 위험의 종류가 다양해지는 한편, 그 정도도 높아지고 있어 각국 정부는 금리 및 경영 규제를 완화 내지 폐지하는 대신 금융 시스템의 안정성을 유지하기 위해 은행에 대한 자본 규제는 오히려 강화하고 있다. 자본 규제의 논거는 자기자본을 일정 비율 이상으로 유지하면 과도한 재무 위험을 방지하고 예상하지 못했던 영업 손실 흡수 능력을 제고할 수 있어 궁극적으로 금융회사의 안정성을 지킬 수 있다는 데에 있다(이인실, 1999).

BIS의 은행규제감독위원회(Committee on Banking Regulations and Supervisory Practices: 바젤위원회)는 1988년 상업은행의 신용 위험의 효율적 관리를 통해 국제적 은행 시스템의 건전성과 안정성을 높이고 은행들 간 경쟁 조건의 형평성을 확보하기 위해 '자기자본 측정과 기준에 관한 국제적 합의(International Convergence of Capital Measurement and Capital Standard)'를 제정했다. 이 합의는 회원국에 대해 일정 비율의 자기자본 비율의 유지를 제시했고, 이에 따라 각국에서는 예금 또는 총자산의 일정 비율 이상의 자기자본을 보유할 것을 의무화하는 규제 조치를 취하게 되었다. 이후에도 기존의 신용위험 이외에 시장위험에 대해서 일정 수준 이상의 자기자본 보유 방안을 적용하고 있다.

한국에서도 1990년대 들어 금융자율화 및 개방화에 상응하는 건전경영 유지 의무를 부담하게 됨에 따라 1992년부터 BIS 기준 자기자본 규제 제도를 도입·시행하였다. 1998년에는 관련 법령 및 규정의 제·개정을 통해 금융회사의 BIS 기준 자기자본 비율이 일정 수준에 미달하는 등 재무 상태가 금융위원회가 정한 기준에 미달하는 경우에는 금융회사에 대해 임·직원 징계, 증자 또는 감자, 조직 축소, 관리인 선임, 영업 정지, 합병, 제3자 인수 등을 명령할 수 있도록 했다.

(4) 가격 규제

은행산업의 공공성으로 인해 금리 자유화의 의미는 정부가 금리 결정을 완전히 시장에 맡긴다는 것보다는 원칙적으로 금리가 시장에서 경쟁적으로 형성되도록 하지만 금리정책의 필요성이 존재할 경우 정부가 간접적으로 개입한다는 것으로 이해된다. 특히 금융의 국제화가 진전되어 금리가 환율 및 자본의 이동과 연계되어 있는 현재의 상황에서는 시장의 자율 조정 기능만 가지고는 시장의 효율성을 기대하기 쉽지 않다. 금융산업에서의 가격 규제는 각종 금리에 대한 규제를 의미한다. 금리가 적정 수준에서 크게 벗어난 경우 통화 규제기관은 재할인 금리의 변경, 공개시장 조작 등의 정책 수단을 통해 금리 수준이 적정하게 유지되도록 한다.

한국의 경우 실물 부문과의 구조적 불균형이 존재했고 금융시장 자체도 불완전하여 1980년대까지는 다양한 금리 규제가 실시되었다. 1990년대에 들어 금리 자유화의 내적 필요성 및 외국으로부터의 자유화 압력에 직면하여 여러 단계에 걸쳐 금리 자유화를 추진했고, 2004년 2월 완전한 선진국형 금리 자유화로 이행했다.

(5) 영역 규제

미국, 한국 등 많은 나라에서는 기본적으로 분업주의(specialized banking)를 원칙으로 하되 예외적으로 겸업을 허용하는 정책을 유지해 왔다. 그러나 1990년대 들어 금융산업은 전 세계적인 금융 통합화 경향으로 인해 겸업주의(universal banking)의 추세를 보이고 있다.

한국도 그동안 그때그때의 금융환경 변화에 맞추어 규제정책을 통해 금융산업 업무영역을 조정해 왔으나 금융 부문 간 업무의 중복이 발생하고 금융 업종 간의 불균형을 초래하는 등 금융산업의 왜곡된 성장을 야기했다. 이에 금융산업의 효율성을 제고하는 방향의 일환으로서 금융 영역의 겸업주의를 채택하게 되었다. 특히 2009년 시행된 '자본시장과 금융투자업에 관한 법률'에 의해 증권 관련 금융회사 간 겸업을 전면 허용하였다.

다만 2008년 글로벌 금융위기[15]의 원인 중 하나로 금융회사의 과도한 금융겸업 확대가 지목되면서 지나친 겸업주의를 우려하는 목소리가 커지고 있다. 그 결과 미국은

15) 미국의 오랜 저금리정책과 금융시장의 지속적 규제 완화는 미국의 금융 시스템에 과다한 리스크를 부담토록 하여 급기야 금융위기의 가장 큰 원인으로 작용하였다. 저금리 정책으로 미국의 주택시장이 활황세를 유지하자 위험한 투자상품으로 생각되었던 주택저당채권이 고수익 투자처로 각광받게 되었고, 금융회사들은 다양한 파생상품에 엄청난 규모의 자금을 투자하였다. 그러다가 저금리 시대가 저물면서 주택시장의 거품이 꺼지기 시작했고, 주택저당채권의 가치가 떨어지면서 2008년에 들어와서는 수많은 금융회사들이 부실화되어 파산, 매각되었다. 오바마(Barack Obama) 정부는 은행이 보유하고 있던 악성자산을 재정자금으로 인수하면서 금융위기를 잠재워나갔다. 그러나 미국 내에서 촉발된 금융회사의 부실화는 곧바로 글로벌 금융위기로 파급되었다.

은행이 헤지펀드와 사모펀드를 소유하거나 투자할 수 없도록 규제하는 볼커룰(Volcker Rule)[16]을 도입했으며, 영국은 예금이나 주택자금 대출과 같은 은행 업무를 증권 부문에서 분리하는 '소매은행업 격리제도'를 마련하였다. 한국도 현재는 은행, 증권, 보험 영역별로 고유 업무는 분업주의를 유지하면서 고유 업무와의 연계성이 큰 부수 업무의 상호 진출을 허용하는 방식의 단계적인 조치를 통해 겸영을 확대하고 있다.

16) 오바마 정부가 은행 등 예금취급기관 및 계열회사의 위험투자를 제한하고, 금융회사의 대형화를 억제하기 위해 도입한 금융회사 규제책이다. 전 연방준비제도이사회(FRB) 의장이자 오바마 정부의 경제회복자문위원회 위원장인 폴 볼커(Paul Volcker)의 제안이 대폭 반영되어 볼커룰이라 부른다.

Chapter

07 사회적 규제정책

제 1 절 사회적 규제정책의 개요

1 의 의

1) 개 념

사회적 규제정책(social regulatory policy)은 경제 주체의 경제 활동 과정에서 부수적으로 발생하는 사회적 문제의 해결을 위해 정부가 시장에 개입하는 것에 관련된 정책을 말한다. 여기서 사회적 문제란 환경의 오염, 소비자 권익의 침해, 작업장 안전의 위협 등과 같이 사회적 영향을 야기하는 전반적인 문제들을 말한다. 사회적 문제의 해결을 위해 정부가 규제해야 하는 상황은 제3자가 해당 경제 행위에 참여하고 있지 않은 상태에서 건강, 안전 및 환경에 관한 위험이 발생하여 제3자가 피해를 입을 수 있는 경우이다. 이와 같이 사회적 규제정책은 사업자의 경제 활동에 의해 발생하는 문제로부터 제3자, 즉 대중의 이익을 보호하기 위해 특정한 기준이나 조건을 설정하고 시행하는 정책이라 할 수 있다.

사회적 규제는 시장실패에서 기인하는 외부성을 제거하거나 사업자와 소비자, 사용자와 근로자 사이의 정보의 비대칭적 관계를 교정함으로써 궁극적으로 시장경제의 효율성을 제고하기 위한 것이다. 예를 들면, 환경 보호를 위한 규제는 외부 효과의 발생으로부터 환경오염을 예방하기 위해 이루어지며, 소비자 보호를 위한 규제는 소비자의 무지나 정보의 비대칭성을 악용하려는 기업으로부터 소비자를 보호하기 위해 이루어진다. 산업 안전에 관한 규제는 외부 효과 또는 정보의 비대칭성으로 인해 열악한 작업환경에 놓여 있는 근로자를 보호하기 위해 이루어진다.[1)]

2) 특 징

사회적 규제는 다른 유형의 규제와 비교해 볼 때 다음과 같은 특징을 갖고 있다.

첫째, 경제적 규제가 특정한 산업을 대상으로 하는 데 대해 사회적 규제는 독점 규제와 유사하게 원칙상 모든 산업을 대상으로 한다. 이에 따라 경제적 규제에서는 특정 피규제 사업자나 특정 피규제 산업에 의해 규제기관이 포획되는 현상이 종종 발생하는 데 비해, 사회적 규제는 거의 모든 산업을 대상으로 하므로 포획이 거의 나타나지 않는다.

둘째, 사회적 규제는 경제적 규제에 비해 그 영향분석이 어렵기 때문에 그 신설이나 강화에 대한 판단을 내리기가 매우 어려운 면이 있다.

셋째, 경제적 규제가 기업의 운영에 직접적으로 개입하는 데 대해 사회적 규제는 기준을 설정하고 사전 금지나 사후 감독 등을 통해 순응의 확보에 주력한다.

넷째, 경제적 규제나 독점 규제가 긴 역사를 가지는 데 비해 사회적 규제는 상대적으로 새로운 규제라 할 수 있다. 미국에서 사회적 규제에 대해 관심을 갖기 시작한 것은 20세기에 들어서부터이며, 미국을 포함한 선진 국가에서 사회적 규제가 본격적으로 시행된 것은 1960년대 이후이다.

다섯째, 사회적 규제는 정부, 기업, 시민사회단체 간의 의견 대립으로 인해 정치적 속성을 띠므로 정책의 범위와 정도는 그 사회의 민주화 수준과 밀접한 관련을 갖고 있다.

---

1) 사회적 규제정책의 적용 범위를 도덕적 · 심미적 가치의 유지, 예컨대 교육 및 고용에서의 차별이나 종교 · 예술 · 양성 평등에 관한 문제 등에까지 확장할 수 있겠으나, 이 책에서는 시장경제 활동의 결과로서 시장실패의 교정에 국한하기로 한다.

2 역사적 변천

1) 미 국

연방정부 차원의 사회적 규제의 예로는 1930년대에 제정된 철도안전법(Railway Safety Act), 식품의약품법(Pure Food and Drug Act)과 각종 항공안전 규제를 들 수 있다. 그 밖의 대부분의 사회적 규제정책은 주로 주정부나 지방정부가 전권을 가지고 운영했다.

미국 연방정부 차원의 대표적인 사회적 규제기관으로는 연방거래위원회(Federal Trade Commission: FTC)를 꼽을 수 있다. 원래 FTC는 FTC법에 의해 경쟁 제한 행위의 규제를 담당하도록 되어 있었으므로, 사회적 규제보다는 대기업의 독점적 행위를 규제하는 기능을 주로 담당했다. 그러다가 1938년에 제정된 휠러-리법(Wheeler-Lea Act)에 의해 중소기업 보호뿐만 아니라 소비자 보호를 위한 각종 거래 행위를 규제할 수 있는 권한을 갖게 되었다.

그러나 FTC는 1960년대 이전까지는 사회적 규제기관으로서의 위상을 갖추지 못했다. 그것은 미국의 정부와 의회가 시장 친화적 자세를 견지함에 따라 사회적 규제를 경시했기 때문이었다. 이에 따라 각종의 사회적 규제 조치는 주정부나 지방정부 차원에서 이루어지는 정도에 머물렀다(Vogel, 1981).

미국에서 새로운 형태의 규제가 연방정부의 주요 정책의제로 등장한 것은 1960년대 후반부터였다. 1960년대 중반 존슨(L. B. Johnson) 대통령의 당선과 취임으로 이른바 위대한 사회(Great Society) 시대가 개막되면서 그 이전까지는 연방정부가 거의 개입하지 않았던 환경, 소비자 보호, 근로자 안전 등의 문제에 대한 관심이 전국적으로 고조되어 사회적 규제를 강화해야 한다는 움직임이 일기 시작했다. 특히 흑인을 중심으로 한 민권운동과 베트남전쟁을 반대하는 반전운동으로 촉발된 참여민주주의의 확대 요구가 사회적 규제를 강화하는 데 일정한 역할을 했다. 1960년대까지는 주로 주정부와 지방자치단체가 사회적 규제를 담당했으나, 1960년대 이후에는 연방정부의 개입이 두드러지고 있다.

이와 같이 사회적 규제가 폭발적으로 증가한 이 시기를 전통적인 독점 규제나 경제적 규제와 대비하여 신규제(new regulation)의 시기라고 한다.[2] 이 시기에 미국 사회에서 사회적 규제가 급증한 이유로는 다음 세 가지를 들 수 있다(Bardach & Kagan, 1982).

첫째, 경제 회복 이후 경제적 잉여와 기술 진보가 삶의 질에 대한 관심을 불러일으켰다.

둘째, 산업화에 따른 질병 및 환경오염에 대한 시민 의식이 고조되었다.

셋째, 여론을 의식한 정치인들이 사회적 규제에 적극 동조했다.

이에 연방의회에서도 환경 보호, 소비자 보호, 직업 안전 등에 관한 다양한 사회 규제 법령을 제정하기 시작했다. 1970년대 초까지 이루어진 사회적 규제의 중요한 내용으로는 1966년 연방고속도로청(Federal Highway Administration) 및 연방철도청(Federal Railroad Administration)의 설립, 1969년 환경정책법(National Environmental Policy Act)의 제정, 1970년 환경보호처(Environmental Protection Agency) 및 직업안전보건청(Occupational Safety and Health Administration)의 설립, 1972년 소비자보호위원회(Consumer Product Safety Commission)의 설립 등이 있다.

사회적 규제의 양적 증가와 질적 강화로 인해 사업자들이 상당한 경제적 비용을 부담하게 됨에 따라, 사업자와 사업자단체들은 사회적 규제가 생산성을 저하시키고 신규 투자를 억제시키며 자유기업주의 원리를 파괴하는 것이라고 비판하고서 이를 완화하기 위한 로비를 강화하였다. 이에 1970년대의 닉슨(Richard Nixon), 포드(Gerald R. Ford), 카터(Jimmy Carter) 행정부는 사회적 규제를 위한 입법을 지속하는 한편, 이로 인해 야기되는 경제적 부작용을 최소화하기 위한 노력을 병행하는 이중적 정책을 실시했다. 그러나 1980년 자유기업주의의 회복과 작은 정부를 지향하는 레이건(Ronald W. Reagan) 행정부의 등장으로 인해 사회적 규제는 크게 위축되기 시작했다.

---

2) 미국에서 규제정책이 전개된 흐름을 시기적으로 나누어 보면 1910년대의 진보주의운동 시기에는 독점 규제가, 1930년대의 뉴딜 시기에는 경제적 규제가, 그리고 1960년대의 신규제 시기에는 사회적 규제가 본격적으로 발전했다(Vogel, 1981).

2) 한 국

한국의 경우 1963년 공해방지법의 제정을 시작으로 1977년 환경보전법, 1980년 소비자보호법, 1981년 산업안전보건법 등이 제정되면서 사회적 규제에 관한 법 체계가 형성되기 시작했다. 이에 따라 사회적 규제정책을 다루는 기관으로서 노동부(현 고용노동부), 식품의약품안전청(현 식품의약품안전처), 환경부 등이 잇따라 신설 또는 확대되었다. 이후 1980년대에는 자동차관리법, 원자력법, 식품위생법, 수산물검사법, 공산품품질관리법 등이 제정되었고, 1990년대에는 대기 · 수질 · 자연환경 등의 보전법을 비롯한 각종 환경 관련 법률들이 제정되었다.

제 2 절 환경 규제정책

1 의 의

1) 개 념

환경 규제는 환경오염으로 인한 질병, 재난 등을 예방하고 쾌적한 생활환경 유지를 위해 오염물질을 배출하는 시설과 행위를 제한하는 사회적 규제를 말한다(환경부, 2004). 환경오염은 시장경제의 운용 과정에서 외부불경제를 창출함으로써 자원의 효율적 배분을 저해하기 때문에 정부의 규제를 필요로 한다. 따라서 환경 규제정책은 이러한 외부성이 내부화(internalization)되었을 때의 모습과 유사한 시장 상태를 만들기 위한 정책이라고 할 수 있다.

이와 같이 환경 규제정책은 일단 환경의 파괴를 막고 오염을 축소한다는 긍정적 측면을 지니고 있으나, 반면에 피규제자에게 경제적 부담을 초래한다는 부정적 측면도 지니고 있다. 다시 말해, 환경 규제정책의 결과로 개선된 편익이 피규제자의 비용보다 크면 이 규제는 사회후생을 증대시키지만 그 반대일 경우에는 규제가 오히려 사회후생을 저해할 수 있다. 따라서 환경 규제정책은 규제로 인한 사회적 편익이 사회적 비용보다 커야 그 정당성이 인정되는 것이다(한기주 · 곽대종, 2002). 그러나 환경 규제정책은 다음과 같은 특수성으로 인해 사회적 편익과 비용이 일치되는 수준으로 규제의 정도를 설정하는 것이 용이하지 않다는 문제점을 안고 있다.

2) 특수성

환경 문제는 광범위한 지역에 확산되는 광역성과 장기간의 시간이 흐른 후에야 드러나게 되는 지체성을 보인다. 이에 따라 환경 규제정책은 불확실성과 여타 정책과의 상충성을 지닌다는 점에서 사회적 규제정책 중에서도 독특한 성격을 지닌다. 또한 환경 규제정책은 산업 안전 규제정책이나 소비자 보호 규제정책과는 달리 정책 효과를 받는 집단이 구체화되지 않으며, 비용 부담의 집중으로 인해 피규제자의 저항이 크다는 특성도 있다. 따라서 환경 규제정책은 다른 사회적 규제정책에 대해 다음과 같은 특수성을 갖는다(한국환경정책 · 평가연구원, 2002).

첫째, 본질적으로 불확실성을 기초로 한다. 환경 규제정책이 올바르게 수립되려면 정부는 물론 기업과 이해 당사자 모두 환경 문제에 관한 정확한 이해를 갖는 것이 전제되어야 한다. 그러나 환경 문제의 속성상 정확한 이해가 사실상 어려운 경우가 많으며, 기술적으로 가능하더라도 대부분 막대한 비용이 소요된다. 따라서 환경 규제정책은 불확실성을 기초로 하여 전개된다는 특수성을 가진다.

둘째, 정부의 다른 정책과 상충 관계에 놓이는 경우가 많다. 환경 규제정책은 에너지, 개발 등 다른 정책 분야에 비해 대부분 그 효과가 장기에 걸쳐 나타나며 비가시적이다. 이에 대해 여타 정책은 그 효과가 단기에 나타나며 예측성도 비교적 높다. 따라서 환경 규제정책은 정책 효과를 구체적으로 알리는 데 불리하며, 이에 따라 다른 정책과 상충 관계(trade-off)에 놓이는 경우가 대부분이다.

셋째, 정책의 수요자가 구체적이지 않다. 환경 규제정책의 수혜자는 불특정적인 의미에서의 시민이며, 그것도 미래 세대인 경우가 많으므로 정책을 능동적으로 요구하지 않아 정책 수요가 잘 시현되지 않는다. 그에 비해 환경을 오염하는 자는 상대적으로 소수이고 집중적인 이해관계를 가지고 있는 것이 대부분이다. 따라서 환경 규제정책은 정책의 대상 집단의 설정과 동원이 어려워지는 경우가 일반적이다.

넷째, 정책의 형성과 집행 과정에서 사업자의 완강한 저항에 직면하기 쉽다. 환경 규제로 인한 비용 부담은 피규제자에게 집중되는 반면, 수혜자가 받는 편익은 광범위하게 분산되는 특징을 갖고 있다. 따라서 피규제자는 규제정책의 형성과 집행 시에 규제 회피의 강한 유인을 가지게 되나 일반 대중은 정책의 성공을 위한 적극적인 유인을 갖지 않는 것이 일반적이다. 이로 인해 환경 규제정책이 사업자의 완강한 저항에 직면하여 그 형성과 집행이 매우 지연될 수 있으며 그 강도도 약화될 가능성이 크다.

2 연 혁

1) 선진국

환경 문제가 사회 문제화하고 그것이 규제정책을 통한 문제 해결의 필요성이 있다는 인식으로 점화된 것은 1962년 레이첼 카슨(Rachel Carson)의 『침묵의 봄(*Silent Spring*)』이 발간된 때부터이다. 해양생물학자이자 생태학자인 카슨은 그 당시 '기적의 살충제'로 불리던 DDT 등의 화학 살충제가 실제로는 야생 생물계를 파괴하고 결국 인류의 멸망을 초래할 수도 있음을 이 책을 통해 널리 알렸다. '침묵의 봄'이라는 제목은 살충제로 인해 생태계가 파괴되어 봄이 왔어도 새들이 지저귀는 소리가 들리지 않음을 상징하는 표현이다. 이 책이 발간된 직후 미국에서는 DDT 사용의 금지를 촉구하는 시민운동이 일어났으며, 많은 주 의회가 유기염소계 농약 사용 규제를 결의했다. 당시 케네디(J. F. Kennedy) 대통령 직속의 과학자문위원회가 1963년 「농약에 관한 조사보고서」를 발표하여 카슨의 주장을 수용했고, 1964년 미국 환경부는 DDT, BHC 등 9종류의 농약 사용을 금지했다.

선진국에서 환경 문제의 심각성을 깨닫고 이에 대한 정부의 개입이 적극화하기 시작한 것은 1970년대이다. 미국의 경우 1967년 유조선인 토리 캐년호(The Torry Canyon) 누출 사고와 해상유전 폭발 사고를 계기로 환경오염 문제의 심각성을 인식하게 되어

1969년 환경정책법(National Environmental Policy Act), 1970년 청정대기법(Clean Air Act), 1972년 연방수질보전법(Federal Water Pollution Act), 1974년 먹는물관리법(Safe Drinking Water Act), 1976년 자원보존복구법(Resource Conservation and Recovery Act) 등이 제정 또는 개정되었다. 이와 같이 많은 선진국에서 1970년대 초기에 대기오염 방지, 수질관리, 폐기물관리 등 오염의 치유에 중점을 두고 개별 법률의 제정을 통한 기술 기준의 설정 등 명령 지시적인 환경 규제정책을 추진했다.

그러나 초기의 환경 규제정책은 공장 등 오염원 관리에 치중하는 등 사후적이고 소극적 관리 방식에서 벗어나지 못했다. 1980년대에 들어서면서 물·쓰레기 등 전통적인 오염 문제는 상당 부분 치유되었으나 직접적 규제로 인한 규제의 비효율성 문제가 대두하였다. 이에 각국 정부는 기업과 함께 환경 문제를 해결해야 한다는 생각을 공유하기 시작했으며 새로운 규제 수단을 모색하게 되었다.

1980년대 중반 이후 환경 규제는 사전 예방과 시장 유인적 규제 수단의 발전이 본격화되었다. 우선 산업별로 오염원의 감소에 중점이 두어졌으며 환경영향 분석의 도입이 확대되었다. 또한 각종 부과금의 확대, 오염권 거래 제도의 도입 등이 추진되었으며, 정책 통합을 위한 환경 계획기법을 도입하는 정부가 늘어났다. 1990년대 중반 이후의 환경에 대한 새로운 인식의 변화는 환경 보호와 기업 이익의 동시 추구라고 할 수 있다. 이것은 기술적으로 기업의 생산 공정을 재조정하여 원료를 절감함으로써 환경오염을 감축하는 데에 중점을 두고, 정책적으로는 각종 정책 수단을 최적으로 혼합함으로써 규제의 효과를 증진하는 한편, 기업에 대한 새로운 인센티브 창출을 도모하는 것이다.

2) 한 국

한국의 경우 환경오염 방지를 위한 입법은 1963년 공해방지법의 제정에 의해 최초로 이루어졌다. 그러나 이 법은 예산이나 행정 조직의 뒷받침 없이 외자 유치를 원활히 하기 위한 형식적인 것이었다. 한국 정부는 1977년 공해방지법을 전면 개정하여 환경보전법을 제정함으로써 본격적인 환경 규제정책을 시행하게 되었다. 이 법의 제정으로 환경영향평가 및 배출 기준 설정의 근거가 마련되었다. 1980년대에 들어 산업화와 도시화에 따라 환경 문제가 심각화·다양화되자 1990년 환경법 체계는 환경정책기본법을 중심으로 하고, 대기, 수질, 소음 · 진동, 유해 화학물질, 환경분쟁 조정 등 분야별 개별법을 별도로 운영하는 복수법 체계로 이행하게 되었다.

한편 1970년대까지도 환경정책 주무부서가 당시 보건사회부 내의 공해과에 불과했으나, 1980년 보건사회부 외청인 환경청으로 확대됨으로써 비로소 환경 문제를 본격적으로 다루게 되었다. 1990년에는 여러 부처에 얽힌 환경 문제를 효율적으로 종합 · 조정하기 위해 국무총리 소속의 환경처로 승격되었고, 1994년에는 다시 환경부로 승격되어 독자적으로 정책을 결정할 수 있는 체제를 갖추게 되었다.

3 한국의 환경 규제정책

환경 규제정책의 수단으로서 가장 일반적인 것은 명령과 지시에 의한 오염물질 배출의 직접 규제이다. 이 유형은 규제 방법이나 그 효과가 나타나는 경로가 비교적 단순하고 동일한 기준이 적용되므로, 피규제자나 일반 국민들로부터 정치적 수용 가능성이 높은 동시에 정책의 집행이 용이하고 위기 상황에 효율적으로 대처하기 쉽다는 장점이 있다. 그러나 근래에 들어 시장 유인적 및 정보 공개적 방식에 의한 간접 규제가 크게 확대되고 있다. 그것은 이 유형이 시장 원리를 환경 문제에 적용함으로써 직접적으로 배출량을 규제할 때보다 환경오염을 저감하는 데 더욱 신축적으로 대응할 수 있으며, 기업이 스스로 가장 효율적인 오염방지책을 선택할 수 있기 때문이다.

환경정책기본법에 의하면, "정부는 국민의 건강을 보호하고 쾌적한 환경을 보호하기 위해 환경 기준을 설정해야 하며 환경 여건의 변화에 따라 그 적정성이 유지되도록 해야 한다." 이 목표를 구체화하기 위해 각 개별법에서는 해당 분야의 특성에 따라 정책목표와 환경 기준을 정하고 있다. 한국의 환경 규제정책은 명령과 지시를 중심 수단으로 하되 그 경직성을 경감하기 위해 시장 유인, 정보 제공 수단을 부분적으로 채택하고 있다(환경부, 2004).

1) 명령 지시적 수단

명령 지시(command and control)에 의한 정책 수단으로는 금지 및 격리, 기준 설정이 있다.3)

(1) 금지 및 격리

금지는 사회적 규제에서 공해물질을 배출하지 못하게 하는 가장 강력한 규제 수단이다. 쓰레기 투척 금지, 소음 금지가 대표적인 예이다. 그러나 경제 활동에는 어느 정도의 공해물질의 발생이 불가피하므로 오・폐수, 매연, 폐기물 등의 발생을 완전히 금지하는 것은 효율적이지 못한 경우가 대부분이다.

격리는 공해 발생 행위를 허용하되 다른 경제 활동에 영향을 미치지 않도록 공간적으로 격리하는 방법이다. 대표적인 예로는 공장과 주거지의 격리, 흡연자와 비흡연자의 격리 등을 들 수 있다. 이 방법은 비용이 크게 들지 않는다는 장점이 있으나 격리에 따른 재입지 비용이 들 수 있고, 공해의 영향이 광범위한 대기 및 수질 오염의 경우에는 채택할 수 없다는 한계가 있다.

(2) 기준 설정

현실적으로 가장 흔히 채택되는 기준 설정은 환경오염이 적정 수준으로 유지될 수 있도록 규제기관이 기준을 설정하고, 이를 강제하기 위한 규칙을 제정하여 환경에 영향을 주는 민간 경제 주체의 행위를 직접적으로 규제하는 방법을 말한다. 기준을 준수하지 못하는 오염 원인자에게는 벌금이나 징역과 같은 형벌, 개선명령・조업 정지나 과태료와 같은 행정적 제재가 부과된다. 설정되는 기준으로는 성과 기준의 한 유형으로서 배출 허용 기준과 기술 기준이 가장 일반적이다. 배출 허용 기준(emission standards)은 각 배출원이 준수해야 할 오염물질의 최대 배출량이나 정도를 정한 것으로서 배출률, 배출 농도, 배출 총량, 오염물질 제거율 등이 대표적인 기준에 속하는데, 이 기준을 준수하는 한 구체적 방법론은 피규제자에게 일임한다. 기술 기준(technological standards)

3) 규제정책의 수단으로서의 금지, 격리, 기준 설정에 관해서는 이 책 제4장 제1절 '정책 수단의 탐색・개발'을 참고할 것.

은 오염물질의 측정이 어렵거나 측정에 막대한 비용이 소요되는 경우에 오염물질 배출자로 하여금 특정 기술이나 설계의 사용을 의무화하는 것으로서, 예컨대 공해 업체의 환경오염 방지 또는 처리시설, 자동차 배기가스를 줄이기 위한 부착 장치 등에 관한 기준을 말한다.

한국의 경우 명령과 지시 수단으로서 가장 대표적인 것은 배출 허용 기준의 설정이다. 대기환경보전법, 수질환경보전법, 소음진동규제법, 「오수 · 분뇨 및 축산 폐수의 처리에 관한 법률」 등에서 규제 대상별로 배출 허용 기준을 설정하여 관리하고 있다. 그리고 시설규제도 다양하게 활용되고 있는데 대기환경보전법의 방지시설 설치 의무화가 대표적이며, 대기환경보전법 및 수질환경보전법에서는 시설 가동 시간, 유해물질 배출량, 시설관리 및 운영자 등을 기록 · 보존하게 하고 있다.

2) 시장 유인적 수단

시장 유인(market orientation)에 의한 정책 수단은 정부가 환경오염 행위를 직접 간섭하는 것이 아니라 부담금과 같이 경제적인 유인을 통해 간접적으로 환경오염을 규제하는 방법이다. 이 유형은 환경 문제 해결을 위한 엄청난 비용을 고려할 때 기업 활동과 환경보전이라는 상호 배반적인 활동 사이에서 균형을 취할 수 있다는 장점이 있다(문태훈, 1998). 그러나 정책의 도입 및 관리, 감시 · 감독, 순응 확보 등에서 명령 지시적 수단보다 훨씬 많은 비용이 소요될 수 있다는 문제점이 있다. 시장경제적 유인 방법을 사용할 경우 오염자는 오염 배출량을 자체적으로 저감하는 대안, 경제적 유인 방식을 채택하는 대안, 그리고 이들 간의 적절한 결합을 통해 최저 비용이 소요되도록 하는 대안 중에서 하나를 선택할 수 있다. 시장 유인적 방식에 의한 대표적인 환경 규제 제도로는 배출부담금 제도와 오염권 거래 제도가 있다.

(1) 배출부담금 제도

배출부담금(effluent charges, emission charges)은 가장 흔히 논의되는 시장 유인적 방식으로서 정부가 오염물질 생산자에 대해 오염물질의 배출량에 따라 경제적 부담을 과해 생산자가 스스로 오염물질을 적게 배출하도록 유도함으로써 환경오염을 방지하려는 것이다. 즉, 배출부담금보다 저렴한 비용으로 오염 방지 시설을 설치할 수 있는 기업은 스스로 오염 방지 시설을 설치할 것이며, 시설 설치보다 배출부담금을 부담하는 쪽이 더 유리하다고 생각하는 기업은 오염물질을 배출하고 부담금을 부담하는 쪽을 선택할 것이다. 따라서 피규제자가 합리적인 선택을 할 수 있도록 허용하므로 높은 경제적 효율성을 확보할 수 있다는 장점이 있다. 이 정책 수단은 정부가 공해 기업이 처리하지 못하고 그대로 방출하는 잔류 공해에 대해 부과하여 생산자의 개인적 생산 비용을 사회적 생산 비용과 일치시킴으로써 외부성을 해결하려는 시도 중의 하나이다. 또한 오염물질을 배출하는 기업으로 하여금 자기 노력으로 공해를 제거하도록 유도하는 유인도 동시에 부여하므로, 일정한 기준만 충족하면 배출되는 오염물질에 대해 책임을 지지 않는 기준 설정에 비해 윤리적 측면에서도 우월하다.

한국 정부는 시장 유인적 수단으로서 1983년 배출 허용 기준을 초과하여 오염물질을 배출한 사업자에 대해 벌과금 성격의 배출부담금 제도를 도입한 이래(대기환경보전법, 수질환경보전법, 오수 · 분뇨 및 축산 폐수의 처리에 관한 법률), 1993년 환경개선부담금 제도(환경개선비용부담법), 1995년 폐기물부담금 제도(자원의 절약과 재활용 촉진에 관한 법률), 2003년 생산자책임재활용 제도(자원의 절약과 재활용 촉진에 관한 법률)를 도입했다. 환경개선부담금은 생산 부문에 대한 규제와 형평을 이루기 위해 유통 · 소비 부문의 시설물이나 경유 자동차에도 환경오염 유발 정도에 따라 부담금을 부과하는 것이고, 폐기물부담금은 유해물질을 함유하고 있거나 회수 · 재활용이 곤란한 제품에 대해 그 처리비에 상당하는 비용을 제품 가격에 포함시키도록 하는 것이며, 생산자책임재활용은 제품이나 포장재 생산자에게 일정량의 재활용 의무를 부여하고, 이를 이행하지 않을 경우 재활용 부과금을 부여함으로써 제품의 설계 · 생산 단계에서부터 폐기물 발생량을 원천적으로 줄이려는 것이다.

(2) 오염권 거래 제도

한국에서는 아직 일반화되고 있지 않으나 시장 유인적 수단으로서 관심의 대상이 되고 있는 것이 오염권 거래 제도(markets in pollution rights)이다. 이것은 환경 기준을 감안하여 배출 가능한 오염물질의 총량 또는 특정 지역에서 허용되는 오염도를 사전에 결정하고, 이를 개별 오염원에 할당한 후 오염물질을 배출할 수 있는 권리를 시장에서 거래할 수 있도록 허용하는 것으로서 시장의 기능을 통해 규제의 효율성을 극대화하려는 제도이다(Dales, 1968; Montgomery, 1972).[4] 이 제도는 비교적 낮은 비용으로 환경의 일정한 질을 달성할 수 있으며, 오염 저감에 대한 기술 개발을 촉진하는 효과를 갖는다는 점에서 장점이 있다. 그러나 가격을 책정하여 오염 배출을 허용한다는 것이 도덕적으로는 정당화되지 못하며, 초기의 오염권 배분이 쉽지 않다는 점에서 비판을 받고 있다.

3) 정보 공개적 수단

정보 공개는 각종 개발 활동 또는 산업 및 생산 활동에 따른 환경영향에 대한 정보를 생산하여 정부 또는 일반에게 공개하도록 강제 또는 유인하는 것을 말한다. 환경정보 규제 수단으로는 환경영향평가 제도, 사전환경성검토 제도, 환경마크 제도가 있다.

환경영향평가 제도는 각종 개발사업의 시행으로 인한 환경오염을 사전에 예방하기 위한 것이고, 사전환경성검토 제도는 환경영향평가 대상 규모 미만의 중소 규모 사업 중 환경적으로 민감한 지역에서 시행되는 사업 및 환경과 관련되는 각종 행정계획 등

표 7-1 한국의 환경 규제정책 수단

유 형	정책 수단
명령 지시	배출 허용 기준, 시설 규제, 기술 규제
시장 유인	배출부과금, 환경개선부담금, 폐기물부담금, 생산자책임재활용
정보 공개	환경영향평가, 사전환경성검토, 환경마크

4) 미국의 청정대기법(Clean Air Act)은 배출권 거래 제도를 다음과 같이 세분하여 규정하고 있다. 상계 제도(netting)는 동일 공장의 한 부문에서 배출량이 발생하더라도 다른 부문에서 감축된 배출량만큼 새로운 배출을 허용하는 것이다. 상쇄 제도(offset)는 배출량을 감축한 만큼 배출권을 다른 기업에 대부하고 나중에 새로운 배출량이 발생할 경우 다른 기업으로부터 배출권을 상환받아 정산할 수 있도록 하는 것이다. 버블 제도(bubble)는 기존 배출원의 가상적 총괄 한계를 설정하여 이 버블 한계를 위반하지 않으면 이 한도 내에서 오염원을 자유롭게 변경시킬 수 있도록 하는 것이다. 저축 제도(banking)는 오염물질 감축량을 한 회사의 자산으로 간주해 예치해 두었다가 미래의 한 시점에서 인출해 쓸 수 있게 하는 것이다.

의 환경성을 사전에 검토하도록 하는 것이며, 환경마크 제도는 다른 제품에 비해 환경 오염을 적게 일으키거나 자원을 절약할 수 있는 제품에 대해 인증하거나 자연자원의 사용과 오염물질 배출이 지구환경에 미치는 잠재적인 환경영향을 표시하는 것이다.

한국의 정보 공개적 환경규제 수단으로 대표적인 것으로는 환경영향평가법에 의한 환경영향평가 제도, 환경정책기본법에 의한 사전환경성검토 제도, 「환경기술 개발 및 지원에 관한 법률」에 의한 환경마크 제도가 있다.

한국의 화학물질 규제 사례

■ 배 경

과거 한국의 화학물질 관리는 1991년에 시행된 유해화학물질관리법에 의해 이루어지고 있었다. 이 법은 신규 화학물질을 대상으로 유해성 위주의 평가를 실시할 뿐 기존 화학물질에 대해서는 관리를 하지 않았다. 반면 국제적 흐름은 화학물질 관리를 강화하는 추세를 보이고 있었다. 예컨대, EU는 2007년 3만종에 이르는 기존 화학물질을 등록·평가하도록 하는 REACH(Registration, Evaluation, Authorization, and restriction of CHemical)를 도입하였다. 당시 화학산업 규모가 세계 7위인 한국도 주요 교역국과 비슷한 수준의 관련법을 갖추는 것이 산업 경쟁력 확보 차원에서 필요한 상황이 되었다.

■ 입법 과정

2011년 2월 환경부는 「화학물질 등록 및 평가 등에 관한 법률(화평법)」 제정법률(안)을 입법예고했다. 주요 내용은 그동안 신규 화학물질에 대해서만 화학물질 유해성을 평가하던 것을 기존 화학물질까지 확대하는 것이었다. 입법예고 후 산업계와 산업부처는 절차가 까다롭고 비용이 과도하다는 주장을 펼쳤으며, 환경부는 조율 과정을 거쳐 법규 사항의 상당 부분을 시행령에 위임하는 식으로 법안을 수정하여 2012년 9월에야 화평법(안)을 국회에 제출하였다. 그러나 수정된 법안에서는 '제품'에 관련된 것은 산업부에 맡기고 '물질'에 대해서만 평가하기로 되었으며, 모든 기존 화학물질을 대상으로 하는 것이 아니라 유해 화학물질로 지정된 화학물질에 대해서만 조사 등록하도록 크게 완화되었다. 그러나 2011년 가습기 살균제 사고, 2012년 구미 불산 누출사고, 2013년 불산·염소 누출사고가 연달아 발생하였다. 이에 심상정 의원은 완화된 정부안으로는 국민의 안전을 확보할 수 없다고 판단하여 강화된 별도의 화평법 제정안을 대표 발의하였다. 정부(안)과 심상정(안)의 병합심사가 이루어지고 최종 입법안이 2013년 4월 30일 본회의를 통과하였다. 심상정(안)이 상당 부분 채택되면서 '제품'에 관련된 조항을 유지하게 되었으며, 등록 및 보고 기준에 신규 화학물질 모두를 포함하게 되었다.

■ 시행 과정

강화된 법안이 통과되면서 언론 등을 통해 많은 불만이 쏟아졌다. 이에 새누리당과 환경부는 당정협의를 통해 연구 개발 목적의 화학물질은 등록을 면제하고, 1톤 이하 소량의 화학물질은 등록 절차를 대폭 간소화하기로 하였다. 등록대상 기존 화학물질을 3년마다 지정하되 사전예고와 유예기간을 두기로 하였으며, 화학물질 정보제공 시 성분, 함량 등 영업 비밀에 해당하는 내용은 제외할 수 있게 하였다. 시행령은 2014년 12월에 국무회의를 통과하여, 2015년 1월 1일부터 시행되었다. 그 후에도 기업들은 너무 과도한 규제라며 이행이 힘들다는 불평을 지속적으로 제기하였는데, 이에 환경부는 중소기업에 대한 각종 지원책을 마련하였다.

자료: 이혜영(2016: 1-14).

4 환경 피해의 구제: 환경분쟁 조정제도

1) 재판 외 분쟁 해결 방식의 필요성

환경 문제는 흔히 오염 배출업자와 시민 또는 해당 근로자 간의 분쟁으로 귀결된다. 일반적으로 환경분쟁을 해결하는 방법으로는 당사자가 사적 접촉을 통해 해결하는 방법, 헌법소원 · 청원 등 민원 처리적 방법, 손해배상청구 · 중지청구 등 민사소송을 통한 사법상 방법, 행정쟁송 · 국가배상 · 손실보상 등 일반 행정구제법에 의한 방법이 있다.

그러나 환경분쟁은 그 원인과 내용이 복합적이어서 개인적 접촉이나 민원 처리 방식으로는 해결하기 어려운 경우가 많으며, 피해자에게 적정한 보상이 이루어지지 않는 등의 한계가 있다. 또한 법원에 제소할 경우 시간 · 비용의 문제 외에 인과 관계의 입증 책임의 문제로 피해구제 제도로서의 실효성이 떨어지는 문제점도 있다(설계경, 2011).

따라서 이에 대처하는 대안으로서 권위적이고 강제적인 분쟁 해결이 아닌 상호 합의적인 결과를 도출할 수 있는 '재판 외 분쟁 해결 방식(alternative dispute resolution: ADR)'이 흔히 채택되고 있다. ADR이란 화해 · 조정 · 중재 등 제3자의 관여나 당사자 간의 협의와 같이 법원의 소송 이외의 방식으로 이루어지는 분쟁 해결 방식을 의미한다(Edwards, 1986; 이달곤, 2005). ADR로서 가장 일반적인 것이 환경분쟁 조정제도이다.

2) 환경분쟁 조정제도의 의의

환경분쟁 조정제도란 환경 피해로 인해 분쟁이 발생했을 경우에 전문성과 독립성을 가진 행정기관에 의해 신속하고 효율적으로 분쟁의 해결을 주선하는 제도이다. 우리나라의 환경분쟁 조정제도는 피해자가 분쟁 조정을 신청하면 적은 비용과 간편한 절차를 통해 준사법적 분쟁 해결 기능을 가진 행정위원회에 의해서 신속하고 공정하게 해결하도록 하는 제도이다. 1990년 「환경오염피해분쟁조정법」이 제정되었고, 1997년 환경분쟁조정법으로 개정되어 현재 시행되고 있다.

환경분쟁조정법에 의하면, 환경분쟁조정위원회의 알선 · 조정 · 재정에 의해 환경 침해로 인한 피해에 대해 신속하고 간단한 해결을 피해자에게 제공하고 있다. 환경분쟁 조정의 대상은 환경 피해에 대한 다툼이나 환경시설의 설치 · 관리와 관련된 다툼이다. 여기서의 환경 피해는 사람의 활동에 의해 발생했거나 발생이 예상되는 대기오염, 수질오염, 토양오염, 해양오염, 소음 · 진동, 악취, 자연생태계 파괴, 일조 방해, 통풍 방해, 조망 저해, 진동이 원인이 된 지반 침하로 인한 건강 · 재산 · 정신에 관한 피해를 말한다. 그리고 여기서의 환경시설이란 환경오염을 방지하거나 이를 처리 또는 재활용하기 위한 기계 · 기구 등을 말한다.

환경분쟁 조정과 관련한 사무를 처리하기 위해 합의제 행정기관으로서 환경부에 중앙환경분쟁조정위원회를, 특별시 · 광역시 · 도에 지방환경분쟁조정위원회를 설치하고 있다. 각 환경분쟁조정위원회는 사무를 처리하기 위해 사무국을 둘 수 있고, 사무를 분장하게 하기 위해 심사관을 둔다. 각 위원회는 위원장 1인을 포함한 15인 이내의 위원으로 구성하며, 중앙조정위원회의 위원장은 고위공무원단에 속하는 별정직공무원으로 보한다.[5)]

5) 중앙환경분쟁조정위원회의 독립성을 강화하기 위해서는 환경부가 아닌 국무총리 소속으로 하는 것이 바람직하며, 위원장의 위상도 고위공무원단이 아닌 장관급으로 함이 요망된다. 이러한 조치는 다른 부처와의 업무 협력도 용이하게 이루어질 수 있게 할 것이다(설계경, 2011).

3) 조정의 유형

환경분쟁조정법상 조정(調整)은 환경분쟁에 대한 알선, 조정(調停), 재정으로 분류된다(박균성 · 함태성, 2010).

(1) 알 선

알선은 알선위원이 당사자의 의견을 듣고 분쟁이 공정하게 해결되도록 주선함으로써 분쟁 당사자의 합의가 이루어지도록 하는 절차이다. 알선위원은 알선으로는 분쟁 해결의 가능성이 없다고 인정하는 때에는 알선을 중단할 수 있으며, 알선 중인 분쟁에 대해 조정 또는 재정 신청이 있는 때에는 당해 알선은 중단된 것으로 본다.

(2) 조 정

조정은 제3자적 조정 기구가 당사자의 의견을 듣고 조정안을 작성하여 당사자에게 수락을 권고함으로써 분쟁을 해결하는 제도이다. 조정위원회는 분쟁의 해결을 위해 조정안을 작성하고 30일 이상의 기간을 정해 당사자에게 그 수락을 권고할 수 있으며, 당사자가 조정안을 수락하고 이를 조서에 기재함으로써 조정이 성립한다.

(3) 재 정

재정은 재정기관이 준사법적 절차에 따라 인과 관계의 유무, 피해액 등에 대한 법률적 판단을 내려 분쟁을 해결하는 제도이다. 재정은 객관적 판정을 내리는 것으로서, 대심 구조와 구술변론권이 보장된 준사법적 절차라는 점에서 알선 및 조정과는 구별이 된다. 재정위원회가 재정을 행한 경우에 재정문서가 당사자에게 송달된 날로부터 60일 이내에 당사자로부터 관련 소송이 제기되지 아니하거나 그 소송이 철회된 때에는 해당 재정문서는 재판상 화해와 동일한 효력이 있다.

위원회의 재정 결정을 수락하지 않는 당사자는 결과적으로 소송을 제기해야 재판상 화해와 동일한 위원회의 결정 효력을 막을 수 있는데, 통상 재정 결정에 대한 불복은 채무부존재 확인소송의 형식을 띤다(홍준형, 2010).

제 3 절 소비자 보호 규제정책

1 의 의

1) 소비자 문제

소비자가 상품과 서비스에 관해 사업자와 동등한 정보를 사전적으로 알 수 있다면 소비자는 시장에서 적정한 가격을 지불할 수 있게 된다. 그러나 사업자에 비해 소비자는 정보 및 거래의 측면에서 불리한 입장에 있으며, 사업자와 소비자가 동등한 힘을 갖는 완전경쟁 시장은 존재하기가 극히 어려워지는 한계에 쉽게 봉착한다. 소비 행위의 목적이라는 측면에서 볼 때 소비자는 "사적인 용도로 상품이나 서비스를 제공받는 사람"이라고 할 수 있다(권오승, 2001).[6] 여기서의 소비자는 합리적 소비자라기보다는 일반 대중으로서의 평균적 소비자를 의미한다고 보아야 한다.

소비자의 선택은 시장 기구가 효율적으로 작동하는 데에 중요한 의미를 갖는다. 소비자가 선택한 상품은 경쟁 과정에서 살아남은 것이며, 시장 기구는 이러한 상품을 생산하는 기업을 가려내는 역할을 한다. 즉, 소비자의 선택을 보호함으로써 시장 과정을 원활히 작동케 하고 사회후생을 높일 수 있는 것이다. 따라서 이 책에서 관심을 갖고서 논의하는 소비자 보호는 직접적인 소비자 시책을 통해 달성되는 것이 아니라, 시장실패를 교정하려는 규제정책의 성과가 간접적으로 소비자의 이익으로 연결됨으로써 달성되는 것에 한정된다.

소비자 정보는 시장 기능을 통해서는 적정량이 공급되고 소비되기 어려우므로 사업자와 소비자가 정보의 균형을 유지하기 어렵다는 것이 정보의 비대칭성 논의이다. 소비자 정보의 비대칭성은 전형적인 시장실패 유형의 하나이다. 소비자 정보가 시장을 통해 충분히 공급될 수 없는 이유는 소비자 정보가 일종의 공공재이기 때문이다. 즉, 민간재

6) 한국의 소비자기본법도 소비자를 "사업자가 제공하는 물품 및 용역을 소비 생활을 위해 사용하거나 이용하는 자"로 규정하여 소비 행위의 사적인 용도를 강조하고 있다.

와는 달리 소비자 정보는 일단 공급되면 모든 소비자가 불편이나 효용의 감소 없이 공동으로 이용할 수 있기 때문에 개별 소비자들은 스스로의 시간과 비용을 투입하지 않으려 한다. 즉, 무임승차자의 문제로 인해 소비자 정보는 제대로 제공되지 않은 상태로 남을 가능성이 크다.

이와 같이 소비자 문제는 사업자와 소비자 간에 상품이나 서비스의 거래로 인해 발생하는 문제이다. 소비자 문제의 궁극적 양태인 소비자 피해란 "소비자가 상품이나 서비스의 거래 조건과 거래 방법 등으로 인해 재산상의 손해 또는 신체상의 위해를 입은 경우"를 말한다. 현대 사회에서 소비자 피해는 보편적 발생, 피해의 광범화, 원인 규명의 곤란, 피해의 심각성의 특징을 보인다(유훈, 2001).

2) 소비자 보호 규제정책

소비자 문제를 해결함으로써 소비자를 보호하려는 정책적 개입은 궁극적으로 사업자와 소비자 간의 힘의 불균형, 즉 정보의 비대칭성을 교정하여 시장의 정상적인 운영을 회복시키려는 의도에서 출발한다. 일부 상품이나 서비스에 대해서는 소비자가 안전이나 질에 대해 평가하기 어려운 경우가 있는데 여기에 정부규제의 필요성이 존재한다. 특히 1962년 미국의 케네디(J. F. Kennedy) 대통령이 의회에 보내는 특별교서에서 소비자는 안전할 권리, 알 권리, 선택할 권리, 의견을 반영할 권리의 네 가지 권리를 갖는다고 선언한 이래 소비자의 권리와 소비자 문제의 해결을 위한 정책 방안에 관해 다양한 논의와 주장이 있었다.

시장 지배력을 악용하는 기업 또는 소비자의 무지(無知)를 이용하여 소비자를 기만하려는 사업자로부터 소비자를 보호하기 위해, 또는 소비자 스스로의 무지로 인해 불의의 피해를 당하게 되는 것을 방지하기 위해 정부의 개입이 필요해진다(최병선, 1992). 따라서 소비자 보호 규제정책이란 "소비자와 사업자 간의 거래 관계에서 발생하는 소비자 문제를 해결함으로써 궁극적으로 정보의 비대칭성에서 기인하는 시장실패를 교정하기 위한 규제정책의 영역"이라고 할 수 있다. 구체적으로는 사업자가 부당하고 기만적인 행위를 하지 못하도록 제지하고, 소비자에게 정보를 제공하고 교육을 함으로써 사업자와 대등한 능력을 갖도록 소비자를 지원하며, 소비자와 사업자 간에 분쟁이 발생했을 때 이를 조정하는 것이다.

2 연 혁

1) 미 국

미국 사회에서는 19세기 말부터 허위광고로 인한 소비자의 피해가 약품과 식품을 중심으로 급증하면서 이에 대한 규제의 필요성이 제기되었다. 소비자 보호 규제에 대한 진지한 관심이 생긴 것은 싱클레어(Upton Sinclair)가 1906년 발간한 소설 『정글(*The Jungle*)』을 통해 시카고 식육 가공공장의 실상을 폭로하고부터였다. 이에 동년에 식품의약품규제법(Pure Food and Drug Act)이 제정되고 식품의약청(Food and Drug Administration: FDA)이 설치되며, 1907년에 식육검사법(Meat Inspection Act)이 제정됨으로써 소비자 보호를 위한 정책적 변화의 큰 계기가 되었다. 즉, 그때까지 지배적 정책 정향이었던 소비자 스스로 허위광고나 부당광고에 속지 말아야 한다는 구매자 위험 부담 원칙이 폐기되고, 복잡한 시장 정보의 측면에서 크게 불리한 소비자를 보호해야 한다는 필요성이 제기되면서 판매자가 주의를 기울여야 한다는 판매자 위험 부담 원칙으로 변화하게 되었다.

미국의 경우 특히 1914년의 연방거래위원회(Federal Trade Commission: FTC)법이 소비자 보호를 위한 기본법으로서의 역할을 하고 있다. 즉, FTC법 제5조는 “불공정하거나 기만적인 상업적 행위나 관행(unfair or deceptive acts or practices in commerce)은 위법이다”라고 명시하여 소비자 보호에 대한 개념을 명확히 하고 있다. 1938년에 제정된 휠러-리법(Wheeler-Lea Amendment to FTC Act)에 의해 FTC의 권한은 더욱 강화되어 공정한 경쟁에 대한 침해가 아니더라도 광고가 기만의 경향이나 그 가능성만 존재해도 규제할 수 있게 되었다.

또한 미국 국민들이 실험동물처럼 취급되고 있음을 폭로한 『1억 마리의 기니피그(*100,000,000 Gunea Pigs*)』라는 책이 시판된 이후 1938년 FDA의 신개발 의약품의 사전검사 기능을 대폭 강화시킨 식품·의약품·화장품법(Food, Drug, and Cosmetics Act)

이 제정되었다. 한편 미국의 변호사로서 소비자 보호 및 반공해 운동의 지도자로서 활동하던 랠프 네이더(Ralph Nader)는 1965년 제너럴 모터스사(GM)의 결함 차를 고발한 『어떤 속도에서도 위험하다(*Unsafe at Any Speed*)』라는 책을 발간한 후, 자동차의 구조적 결함으로 인한 소송에서 승리했다. 네이더는 이후 소비자운동과 환경운동의 대변자로서 네이더리즘(Naderism)이라는 용어를 탄생시켰고, 젊은 변호사들의 그룹인 '네이더돌격대(Nader's Raiders)'를 이끌고 대기업과 정부의 부정을 고발하는 활동을 이어갔다.

2) 일 본

일본도 1968년 소비자정책을 체계화한 소비자보호기본법을 제정함으로써 소비자 보호의 기본틀을 갖추었다. 또한 「사적 독점의 금지 및 공정거래의 확보에 관한 법률」(독점금지법)에 소비자 피해 구제를 위한 민사 절차를 도입하여 경쟁정책과 소비자정책을 포괄적으로 파악하고 있다. 2000년에는 소비자와 사업자의 계약에 관계된 분쟁을 공정하고 원활하게 해결하기 위해 사법인 소비자계약법을 제정했다(성소미 · 신광식, 2003).

일본의 소비자 보호 규제정책은 다음과 같이 몇 가지 특징을 갖고 있다. 첫째, 미국이 사법 기능을 통해 소비자 문제에 접근하는 데 비해 일본은 중앙 및 지방의 다양한 행정 조직이 소비자 보호에 관한 정책 개발에서 상담에 이르기까지 광범위한 역할을 수행하고 있다. 둘째, 총리가 의장이 되고 각 성의 장관이 위원이 되는 소비자보호회의를 설치하는 등 행정부는 소비자 보호정책에 중요한 비중을 두고 있다. 셋째, 각 지방자치단체는 소비자 보호 부서를 설치하고 있으며, 이들 부서가 소비자 보호 규제정책의 집행적 역할을 수행하고 있다. 넷째, 소비자 분쟁의 효율적인 해결을 위해 당사자 간의 문제 해결과 이를 위한 조정 기능에 중점을 두는 '재판 외 분쟁 해결 방식'을 적극 활용하고 있다(성소미 · 신광식, 2003).

3) 한 국

한국의 경우 1980년에 시행된 소비자보호법은 소비자 보호를 위한 기본법이면서 실제적인 조항과 절차법적 조항을 많이 포용하고 있는 종합적인 성격의 법이다. 1998년 동법의 개정으로 중앙행정기관의 권한이 대폭 위임되어 지방자치단체에서도 소비자 보호 조례의 제정으로 소비자 보호 정책을 실행할 수 있게 되었다.7) 소비자보호법은 2006년 소비자기본법으로 전면 개정되면서 기존에 소비자 보호 위주였던 것을 중·장기적이고 체계적으로 소비자 권익을 증진하는 방향으로 전환하였고 소비자 피해 구제 제도를 강화하였다.

한편 공정거래위원회는 기업의 불공정 거래행위를 규제하는 「독점규제 및 공정거래에 관한 법률(독점규제법)」에 의해 부당 광고를 불공정 거래행위의 한 유형으로 규제해 오다가 1999년에 「표시·광고의 공정화에 관한 법률」을 제정함으로써 표시·광고 규제에 관한 규정을 분리했다. 그 밖에 다양한 소비자 보호 관련법을 통해 소비자 보호 규제정책을 수행하고 있다.

3 유 형

위에서 본 바와 같이 소비자 영역에서 시장실패를 교정하거나 완화하기 위해 정부의 규제가 정당화된다. 이 경우 논의의 초점은 상품의 안전성을 유지하는 데 정부가 취할 수 있는 적절한 수단이 무엇인가에 관한 것이다. 소비자 보호 규제는 크게 소비자 안전 규제, 표시·광고 규제, 그리고 금융소비자 보호 규제로 분류된다.

1) 소비자 안전 규제

(1) 소비자 안전 규제의 의의

소비자 안전 규제란 소비자들이 상품 정보에 무지하기 때문에 정부가 상품의 안전 기준을 미리 정해 기준을 충족하는 상품만 시장에서 유통되도록 하는 규제이다. 소비자

7) 현재 많은 자치단체의 소비자 보호 조례에서 사업자의 의무 사항을 규정하고 있으나, 이들은 대부분 추상적이고 선언적인 규정일 뿐 이를 근거로 사업자를 규제할 수는 없다. 그러나 관련 기준을 준수하지 않는 경우 사업자에게 상품과 서비스를 수거하도록 명령하거나 자치단체에서 직접 수거·파기할 수 있는 것은 직접적으로 사업자를 규제하는 사항이다(백병성, 2000).

안전의 대상으로는 식품, 의약품, 화장품, 전기용품, 자동차를 비롯한 공산품이 대표적이다. 의사·약사·변호사에 대해 면허 제도를 실시하는 것과 금융회사에 대해 규제하는 것도 소비자의 정보 상의 무지로부터 보호하기 위한 것이다.

한국의 경우 소비자 안전 규제의 예로는 의약품 안전성 시험관리 기준 설정 및 평가, 고압가스 안전관리 교육, 농약 안전 사용 교육, 부정 축산물 유통 방지, 농약 품질검사 및 부정 농약 단속, 전기용품 제조업자 공장검사 및 단속 등이 있다. 소비자 안전 규제의 대표적 유형으로서 품질인증 제도가 있다. 이것은 상품의 품질을 정부가 평가해 이에 대해 등급을 주는 제도이다. 예컨대, 한국에서는 산업통상자원부 소속 기관인 국가기술표준원에서 공산품 및 식품 등에 대해 KS 표시 생산 공장과 품자 표시의 품질관리 등급 공장의 허가 제도를 실시하고 있다.

(2) 소비자 안전 규제기관

미국 연방정부 차원의 소비자 안전 규제기관은 의약품 규제를 담당하는 기관으로서 보건복지부의 식품의약청(Food and Drug Administration: FDA)과 식품안전 규제를 담당하는 기관으로서 농무부의 식품안전검사청(Food Safety and Inspection Service: FSIS)으로 이원화되어 있다. FDA는 식품공장과 식품의 검사, 식품첨가물 규제, 식품표시 규제를 담당하며, FSIS는 육류에 대한 규제를 담당하고 있다. 그리고 교통부 소속의 전국고속도로안전처(National Highway Traffic Safety Administration)는 미국에서 판매되는 자동차의 안전에 관한 규제를 담당하고 있다. 기타 각종 소비자 제품의 안전에 관한 규제는 소비자제품안전위원회(Consumer Product Safety Commission)가 담당하고 있다.

영국의 식품안전기준청(Food Standards Agency)은 식품안전 규제와 소비자들의 건강 보호를 목적으로 2000년 설립되었다. 영국 내 식품안전에 관련한 연구 검토와 법적 규제 방향을 제시하는 것이 이 기관의 주요 역할이다. 그리고 주무부처가 존재하지 않기 때문에 독립적으로 행동할 수 있다.

2002년 설립된 독일의 '소비자 보호 및 식품안전연방청(Bundesamt für Verbraucherschutz und Lebensmittelsicherheit)'은 위해식품 및 사료에 대한 사전 경고 체계를 관리하고 국민 건강에 위해한 물질에 대한 식품 모니터링을 실시한다.

한국에서도 1998년 미국의 FDA와 유사한 식품의약품안전청(식품의약품안전처)을 설치하여 식품 및 의약품의 안전에 관한 규제를 담당하고 있다. 우선 식품의약품안전처(이하 식약처)는 의약품, 화장품, 위생용품 등의 규제에 관한 기준을 설정하고 일부 의약품에 대해서는 검정을 실시하거나 수거 및 폐기할 수도 있다. 식품과 첨가물은 보건복지부 장관(식약처)과 서울특별시장, 광역시장, 도지사가 규제를 담당한다. 축산물에 대해서는 농림축산식품부 장관과 특별시장, 광역시장 및 도지사가 담당하며, 수산물은 해양수산부 산하의 국립수산물품질관리원이 담당한다.

주요국의 전문의약품 대중광고 규제 사례

■ 배 경

현행 약사법은 국민들의 의약품 오·남용을 방지하기 위해 의사의 처방에 의해서만 투약이 가능한 전문의약품에 대한 대중광고를 전면적으로 금지하고 있다. 기획재정부, 공정거래위원회, 방송통신위원회를 포함하여 전문의약품 대중광고에 대한 규제를 완화하려는 시도들이 계속되었으나, 의사 고유의 처방권을 침해하는 행동이라는 이유로 의료단체와 보건복지부는 반대의 입장을 유지하고 있다. 전문의약품 대중광고 규제에 대한 선진국의 입장은 크게 전반적 허용, 제한적 허용, 원칙적 금지로 나뉘고 있다.

■ 전반적 허용: 미국

미국은 전문의약품의 대중광고를 허용하고 있는 대표적 국가이다. FDA에 의하면, 전문의약품 광고는 크게 세 가지 유형으로 구분된다. 진료권고(help-seeking) 광고는 대상질환에 대한 내용만을 전달하고 환자에게 의사로부터 진료를 받을 것을 촉구하면서 전문의약품에 대한 정보는 포함하지 않는 유형이고, 연상(reminder) 광고는 전문의약품의 제품명과 함께 효과·제형 및 가격을 포함하면서도 대상질환에 대해서는 언급하지 않는 유형이며, 제품주장(product claim) 광고는 전문의약품의 제품명과 대상질환을 모두 포함하면서 효능·효과와 안전성 정보까지 제공하는 유형이다. 미국은 사용 시 심각한 위험이 예상되는 경우를 제외하면 '진실한 언급'을 할 것을 의무화하면서 전문의약품 대중광고를 전반적으로 허용하고 있다.

■ 제한적 허용: 캐나다

캐나다는 의료소비자의 알권리와 거래상 지위 향상이라는 대중광고의 순기능은 최대화하면서 의약품 오·남용 가능성은 최소화할 수 있도록 미국과 EU의 장점을 취사선택하고 있다. 그 결과 진료권고 광고와 연상 광고는 허용하되 제품주장 광고를 금지하는 절충적인 방식을 취하게 되었다.

■ 원칙적 금지: EU

EU에서는 처방 대상이 아니거나 일반의약품의 경우에는 대중광고가 허용되나, 그 이외에는 대중광고가 원칙적으로 금지된다. 다만 소비자의 알권리와 실질적 선택권의 증대를 위해 전문의약품 대중광고 금지정책을 제고해야 한다는 주장이 지속적으로 제기되었다. 예컨대, 유럽집행위원회(European Commission)는 후천성면역결핍증, 천식, 당뇨 등 일부 질환에 한하여 인터넷 등에 광고를 허용하는 내용의 규제 완화안을 유럽의회에 제출하였으나 부결된 바 있다.

자료: 강한철(2013: 179-199).

2) 표시 · 광고 규제

(1) 광고의 의의

광고는 소비자들의 정보를 확대해 합리적 소비를 도모하는 정보적 특징을 갖는 동시에 불필요한 낭비를 조장하는 설득적 특징도 보유한다.

정보적(informative) 광고는 과거에 비해 훨씬 많은 소비 결정을 해야 하는 현대의 소비자로 하여금 정보 탐색 비용을 과도하게 들이지 않고 상품의 성격을 소비자에게 알려 주는 효과를 발생시키며, 나아가 사업자 간에 경쟁을 유발하는 기능을 한다. 그러나 설득적(persuasive) 광고는 자본력을 이용하여 자기 상품의 우수성을 반복적으로, 그리고 경우에 따라서는 과도하게 표현함으로써 합리적 소비를 저해하여 경제적 효율성을 저하시키는 부정적 효과를 초래한다. 나아가 과점적 시장 구조 하에서 기업의 경쟁자에 대한 우위를 확보하기 위해 행해지기도 하므로 독점력 증대의 수단으로 악용될 여지도 있다.

광고의 긍정적 측면이 정보 전달과 경쟁 촉진을 가능케 한다면, 부정적 측면은 소비자잉여를 감소시키고 시장의 독점도를 높이게 된다. 이와 같은 광고의 순기능과 역기능은 현대 소비사회에서 광고의 자유를 인정하는 동시에 광고의 내용에 대한 규제의 필요성을 강조하는 결과를 초래한다. 만일 정보 제공이 주목적이라면 광고는 정보의 비대칭 문제를 해결하는 좋은 수단이 되나, 광고가 소비자를 부당하게 설득하는 것이 주목적이라면 비대칭 문제는 더욱 악화된다.

(2) 표시 · 광고 규제의 의의

정보의 비대칭성 문제를 가장 직접적으로 해결하려고 하는 것이 정보의 공개와 관련된 규제이다. 즉, 사업자가 공개하려 하지 않는 정보를 강제적으로 공개하게 함으로써 소비자의 합리적 선택을 가능하게 하고 있다. 나아가 비록 정보적 광고라도 현실의 광고량이 사회적 관점에서 적정한지 여부도 검토되어야 할 문제이다(Netters, 1982). 다시 말해, 광고 규제는 소비자에게 전달되는 상품 정보의 양과 질을 합리화하고 동시에 광고의 상호 파괴적인 속성을 완화하기 위한 것이라 할 수 있다.

이를 위해 각국에서는 소비자를 보호하기 위해 부당한 표시 · 광고(false advertising)에 대한 규제를 엄격히 시행하고 있다. 여기서 표시 · 광고가 부당성을 갖기 위해서는 해당 표시 · 광고가 공정한 거래를 저해할 우려가 있어야 하고(공정거래 저해성), 표시 · 광고가 객관적으로 볼 때 사실에 반해 소비자로 하여금 잘못 인식하도록 교묘하게 만들어졌으며(허위성), 그로 인해 소비자의 허위 믿음을 야기해야 한다(오인 야기성).

흔히 말하는 부당한 표시 · 광고는 사실의 은폐, 축소, 누락을 뜻하는 기만적 광고(deceptive advertising)와 사실과 다르거나 부풀려 표현하는 과장광고(puffery)를 의미한다. 특히 기만적 광고는 소비자에게 큰 피해를 줄 수 있기 때문에 모든 나라에서 엄격한 규제의 대상이 되고 있다. 예컨대, 미국의 연방거래위원회(FTC)는 '무지한 소비자(ignorant person)'를 전제로 하여 광고의 전체적 인상, 중요한 사실의 생략, 모호한 표현, 잘못된 표시, 실질적 손해의 개연성 등을 기준으로 소비자를 오도할 우려가 있는 기만적 광고를 규제하고 있다.

미국의 소비자 기만행위 규제 사례

■ 스냅챗 사건

소셜네트워크서비스(SNS)인 스냅챗(snapchat)은 위치 정보를 추적하거나 수집하지 않는다고 주장해 왔으나, 실제로는 안드로이드 앱 사용자들로부터 위치정보를 전송받는 것으로 드러났다. 또한 스냅챗은 사용자가 일정한 시간이 지나면 올렸던 사진이 영원히 사라지도록 하는 SNS라고 홍보하면서· 크게 인기를 끌었지만, 실제로는 다른 앱을 쓰면 수신자가 사진 등을 무한정 보관하는 것이 쉽게 가능했다. 연방거래위원회(FTC)는 "사업자가 소비자에게 서비스를 홍보하면서 사생활 보호와 보안을 핵심 장점으로 삼는다면 이 약속을 지키는 것은 매우 중요하다"고 지적하면서, 해당 사례에서 스냅챗이 비밀 보장 기능을 자랑했던 점은 소비자 기만행위에 해당한다고 판정하였다. 스냅챗은 향후 엄격한 사생활 보호조치를 시행하고 20년 동안 FTC의 감시를 받도록 하는 내용의 합의 조건을 받아들였다.

■ 아마존의 인앱 결제 사건

아마존(Amazon)은 2011년 모바일 앱 안에서 결제가 이루어지는 인앱 결제(in-app purchases)를 도입하였는데, 그 내용을 홈페이지에 게시하면서 소비자가 해당 부분을 쉽게 인지할 수 없게 하는 'below the fold' 방식을 사용하였다. 또한 2012년 비밀번호 저장 시간을 초과하지 않은 동안에는 소비자도 모르게 비밀번호를 다시 입력하지 않아도 인앱 결제가 될 수 있었음에도 불구하고 이에 대한 설명을 하지 않았다. FTC는 2014년 아마존이 소비자 앱을 이용하는 과정에서 ① 인앱 결제가 있는지, 있다면 언제, 얼마나 결제가 이루어지는지에 대한 정보를 충분히 제공하지 않은 점, ② 계정 보유자인 소비자의 동의 없이 결제가 되거나 비밀번호 입력 후 일정 시간 동안 비밀번호 입력 없이도 결제가 되도록 한 점 등은 소비자 기만행위가 될 수 있다고 판단하여 조사에 착수하였다. FTC는 동 사건을 소비자 기만행위를 금지하고 있는 FTC법 위반을 근거로 연방법원에 제소하였다. 2017년 부모 동의 없이 아이들이 구입한 인앱 결제에 대해 7천만 달러를 환불해 주기로 합의하고 사건이 마무리되었다.

■ 오라클의 Java 보안 업데이트 사건

소프트웨어 전문회사인 오라클(Oracle)은 2010년 Sun회사로부터 인수한 Java의 표준배포판(Java SE)의 보안에 심각한 문제가 있음을 알고 이를 개선하는 업데이트 소프트웨어를 소비자에게 제공하였다. 그러나 이 소프트웨어도 보안 문제를 완전히 해결하지 못했는데, 오라클은 2011년 이것을 인지했음에도 불구하고 소비자에게 알리지 않았다. 이에 대해 FTC는 소비자 기만행위에 해당한다고 보았고, 오라클은 은폐 등 기만행위를 하지 않기로 하고 소비자가 보다 쉽게 보안을 강화할 수 있는 방안을 제시하기로 하였다.

자료: 한국소비자원(2018: 64-69).

과장광고도 많은 나라에서 규제의 대상이 되고 있으나, 브라운 대 캐슬(Brown vs. Castles) 사건 이후 미국의 법원은 과장광고는 합법이라는 판결로 일관하고 있다.[8] 이러한 경향은 "합리적 소비자는 과장광고를 믿지 않는다"는 전제를 법원이 인정했다는

8) 미국에서는 1853년 매사추세츠 주의 Brown vs. Castles 사건에서 광고주의 주장은 불신에 기초하므로 구매자는 상업적 광고를 무시하고 합리적 선택을 할 책임이 있다는 판결이 나왔다.

것을 의미한다. 현재도 best, superior, amazing, perfect, excellent 등의 표현을 사용하는 과장광고는 소비자의 불신을 전제하므로 합법으로 간주하여 규제의 대상에서 제외된다(Preston, 1994).

(3) 표시 · 광고 규제기관

미국에서는 부당 표시 및 허위 · 과장광고에 대한 규제를 독점 규제기관인 연방거래위원회(Federal Trade Commission)가 담당한다. 한국에서도 미국의 경우와 마찬가지로 표시 · 광고 규제를 독점 규제를 담당하는 공정거래위원회가 맡고 있다. 즉, 「독점 규제 및 공정거래에 관한 법률」에 의해 "상품 또는 용역에 관해 허위 또는 과장된 표시 또는 광고를 하는 행위"는 불공정행위의 하나로 규정되어 있다.

3) 금융소비자 보호 규제

(1) 금융소비자 보호 규제의 의의

소비자 보호라는 기본 명제 하에서 볼 때 금융소비자 보호 규제는 금융소비자를 보호하고 금융소비자 문제를 해결하기 위해 제도를 통해 금융시장에 직 · 간접적으로 개입하는 정부의 활동과 내용을 총칭한다. 금융소비자 보호는 금융소비자가 금융회사에 비해 교섭력, 정보, 상품 이해도 등에 관해 열위에 있는 등 정보의 비대칭성이 극심한 상황에 놓여 있다는 인식에 기반한다. 특히 금융산업의 겸업화 및 세계화 진행과 금융상품의 복잡 · 다양화로 인해 각국 정부는 금융소비자 보호가 전체 금융시스템의 안정에 필수적이라는 인식 하에 이를 강화하기 위한 노력을 취하였으며, 미국 · 영국 등은 발빠르게 별도의 금융소비자 보호기구를 설치하는 등 금융소비자 보호 기능 및 조직을 강화하였다. OECD도 글로벌 금융위기 이후 2011년 G20 칸 정상회의에서 '금융소비자 보호에 관한 10대 원칙'을 채택하여 규제 · 감독 체계, 공시와 투명성, 금융교육, 금융혁신 등을 강조하였다(한국금융연수원, 2021).

종래에 각국 정부는 금융산업을 규제의 대상으로 보고 개별 법률로써 진입 규제, 자본 규제, 업무 규제 등을 시행하였다. 금융소비자 보호는 이러한 금융산업 규제의 부수적 효과로서만 확보되어 왔다고 보아도 무방하였다. 이와 같이 금융소비자의 권리를 보장받을 수 있는 기반이 취약하였던 것을 고려할 때, 규제정책에 의한 금융소비자 보호의 의미는 크다고 할 수 있다. 특히 금융회사의 수익성 하락 추세와 핀테크 확대 등을 고려할 때 금융회사 간의 경쟁 심화로 인한 위험 추구행위는 금융소비자 보호 강화를 위한 정책적 개입의 필요성을 증대시켰다.

이하에서는 주요국의 금융소비자 보호 규제 체계를 살펴보기로 한다.[9]

(2) 미국의 금융소비자 보호 규제 체계

미국은 상품별 및 기관별 규제를 원칙으로 하는 금융 규제 체계로서 금융소비자 보호와 관련한 포괄적인 법률을 제정하지 않고, 금융소비자 보호를 위해 대부법(Truth in Lending Act, 1968), 증권투자자보호법(Securities Investor Protection Act, 1970), 저축법(Truth in Saving Act, 1991), 금융교육법(Financial Literacy Act, 2005) 등 다수의 개별법을 운영하고 있었다. 그러나 글로벌 금융위기 과정에서 신용카드, 모기지론 등에서 소비자의 피해가 속출하였음에도 많은 규제기관은 건전성 규제에 치중하고 있어 소비자 보호의 시급성 문제가 제기되었다. 소비자 보호 규제를 담당하는 규제기관이 분산되어 있어 규제의 사각지대가 존재하였던 점도 문제로 지적되었다. 2010년 도드-프랭크(Dodd-Frank)법이 통과한 후 2012년 7개 기관에 분산되어 있던 금융소비자 보호 기능을 하나로 통합하여 금융소비자보호국(Consumer Financial Protection Bureau: CFPB)을 설립하였다.

도드-프랭크법이 제정되기 이전에 금융소비자 보호와 관련하여 주요한 역할을 한 것은 연방거래위원회(FTC)와 소비자청(Office of Consumer Affairs)이었다. CFPB는 여러 규제기관에 분산되어 있던 금융소비자 보호 기능을 통합하여 19개 관련법 시행을 위한 규정 제정, 금융회사 검사·제재, 금융교육, 민원관리 등을 담당하고 있다. CFPB는 연방준비제도이사회(FRB) 산하에 설치되지만 예산·인사·업무 등에서 독립적으로 운영된다. CFPB의 장은 대통령이 상원의 제청과 동의를 받아 임명하며 임기는 5년이다.

9) 이 부분은 보험연구원(2019)과 이후록(2018)을 주로 참고하였음.

(3) 영국의 금융소비자 보호 규제 체계

영국은 1990년대 이후 금융겸업화의 진전의 결과 금융회사가 파산하는 등 금융소비자들이 큰 피해를 입게 되자 자율규제 중심의 규제 체제를 개선해야 한다는 요구가 대두하였다. 기존의 금융 규제 체제로는 금융소비자 보호가 미흡하다는 인식 하에 2000년 금융서비스시장법(Financial Services and Market Act)으로 관련 법률을 통합하여 일관적인 금융소비자 보호가 되도록 하였다. 이 법에 근거해 통합 규제기관인 금융감독청(Financial Service Authority: FSA)을 설립하였다. FSA는 금융소비자를 대상으로 한 영업행위준칙이나 피해구제준칙 등을 제정하여 법적 실행장치를 운영하였다.

영국의 금융 규제 시스템은 재무부-잉글랜드은행-FSA 삼각 체제로 운영되었으나 글로벌 금융위기 대응 과정에서 취약점이 노출되었다. 2010년 6월 영국은 FSA의 기능 대부분을 잉글랜드은행에 집중시키는 것을 골자로 한 금융개혁안을 발표하였는데, 기존의 금융 규제 체계의 미흡함을 보완하기 위해 쌍봉형 규제 체계를 채택하는 것이 주요 골자였다. 금융 규제 관련 통합법은 그대로 유지하였으나, 금융 규제의 주무기관은 건전성 규제기구와 소비자보호기구를 분리・운영하기로 하였다.

이 개혁안에 따라 2013년 FSA를 폐지하고, 건전성 규제는 잉글랜드은행의 내부 기구인 건전성규제청(Prudential Regulation Authority)이, 소비자 보호 규제는 영업행위규제청(Financial Conduct Authority: FCA)이 각각 나누어 담당케 하였다. 이 중 FCA는 모든 금융회사의 영업행위 감독・규제, 금융상품 개발 규제, 부적합 판매행위 제재 및 피해구제, 규제 위반 시 경고 및 혐의사실 공표 등의 기능을 수행한다. 다만 민원실무와 분쟁처리는 별도 기관인 금융옴부즈맨기구(Financial Ombudsman Service)가 담당한다.

(4) 호주의 금융소비자 보호 규제 체계

호주의 금융 규제 체계는 건전성 규제와 영업행위 규제를 분리한 쌍봉형 체계이다. 이미 1998년 건전성규제청(Australian Prudential Regulation Authority)을 설립하여 건전성 규제를, 영업행위규제위원회(Australian Securities and Investments Commission: ASIC)를 설립하여 금융소비자 보호 업무를 수행하고 있다. ASIC는 금융상품 정보공시 요건 설정, 금융상품 관련 사기행위 등 불공정거래 조사・감시, 금융상품에 대한 투자자문 또는 거래업무 인가, 금융회사의 영업 요건 제정 등 금융소비자 보호 정책수립 업무를 주로 담당한다. 그 밖에 민원상담, 금융정보 제공, 금융교육 업무도 담당하고 있다. ASIC에 의해 승인된 금융옴부즈맨기구(Financial Ombudsman Service)는 기존의 금융권역별 분쟁해결기구를 통합한 것으로 은행, 신용협동조합, 주택금융조합, 생명보험, 손해보험, 기업연금, 공제조합 등과 관련하여 공정하고 편리한 분쟁해결방법을 제공하고 있다.

호주는 회사법, 연금산업법, 퇴직저축법 등으로 나누어져 있던 금융시장 규제를 통합하기 위해 2001년 금융서비스개혁법(Financial Services Reform Act: FSRA)을 제정하였다. 이 법을 통해 자본시장의 영역별 칸막이를 없애면서 기본적인 금융소비자 보호 장치도 반영하였다. FSRA는 금융업종별 규제 체계의 통합보다는 금융시장의 영업행위 및 공시 기능에 대한 통합을 중시하였고, 인·허가 절차 및 기준 등과 같은 부분적인 업종별 규제 체계의 통합을 실시하였으며, 금융소비자 보호에도 초점을 두었다.

(5) 캐나다의 금융소비자 보호 규제 체계

캐나다에서는 별도의 금융소비자 보호 법률을 제정하지 않고 은행법, 보험회사법, '신탁 및 여신회사법', 신용협동조합법에 공시 및 광고, 대출비용, 불만처리절차 및 소비자 정보 등 소비자 보호 규정을 포함하는 방식으로 규제 체계가 구성되어 있다. 캐나다의 금융 규제 체계는 쌍봉형으로서 건전성 규제는 금융감독청(Office of Superintendent of Financial Institution)과 증권위원회가, 금융소비자 보호 규제는 금융소비자청(Financial Consumer Agency of Canada: FCAC)이 분리해서 전담하고 있다.

FCAC는 사전적 규제 업무로서 소비자 관련 법규 및 자율규제 시스템 감시, 금융상품 제공자에 대한 정보 공개, 금융소비자와의 소통증진을 위한 연간보고서 출간, 금융회사 수수료 등 정보공시를 담당한다. 그리고 사후적 규제 업무로서 소비자 보호 법규 위반에 대한 시정조치, 벌과금 및 제재를 부과하는 업무를 담당한다. 금융회사에 대해 불만이나 고충이 있는 소비자들은 먼저 금융회사 내부의 불만처리 절차를 거친 후 통합옴부즈맨기구(Financial Services Ombuds Network)를 활용하여 구제를 받을 수 있다.

(6) 독일의 금융소비자 보호 규제 체계

독일은 금융 겸업화를 배경으로 2002년 각 영역별로 나뉘어있던 금융 규제기관을 통합하여 연방금융규제청(Bundesanstalt für Finanzdienstleistungsaufsicht: BaFin)을 설립하였다. BaFin은 건전성 규제 기능과 소비자 보호 기능을 통합한 통합형 규제 체계에 속하며, 기능적이고 견고하며 통합된 금융 시스템을 보장하는 한편, 금융소비자가 금융 시스템을 신뢰할 수 있게 함을 목적으로 한다.

(7) 일본의 금융소비자 보호 규제 체계

일본은 1990년대 후반 금융 빅뱅 이후 투자신탁상품, 파생상품 등 다양한 금융상품이 보급되었으나 소비자의 지식과 정보 부족으로 금융 분쟁이 빈발하고 법률의 미비로 인해 소비자 피해가 심각한 실정이었다. 이에 일본 정부는 금융소비자 보호에 관한 기본법으로 2000년 금융상품판매법을 제정하였다. 금융상품판매법은 금융상품 판매 시 고객에 대한 설명의무 부여 및 위반 시 피해액에 대한 손해배상책임 부과, 판매업자에게 권유의 적정성 확보를 위한 방침 마련 및 공표 의무화를 부여하였다. 다만 독립적인 금융소비자 보호기관을 설치하는 형태가 아니라 소비자 보호 업무를 총괄하는 소비자청이 금융소비자 보호 기능까지 수행한다.

4 한국의 소비자 보호 규제정책

1) 개 관

한국의 소비자 보호에 관한 기본법인 소비자기본법은 소비자의 권리를 선언하고 이에 대한 소비자, 정부, 사업자라는 3주체의 역할과 책임에 대해 규정하고 있다.

우선 소비자는 ① 물품 또는 서비스로 인한 위해로부터 보호받을 권리, ② 물품 등을 선택함에 있어 필요한 지식과 정보를 제공받을 권리, ③ 거래 상대방, 구입 장소, 가격, 거래 조건 등을 자유로이 선택할 권리, ④ 국가·자치단체의 정책과 사업자의 사업활동에 대해 의견을 반영시킬 권리, ⑤ 소비자 피해에 대해 신속하고 공정한 절차를 통해 적절한 보상을 받을 권리, ⑥ 합리적인 소비 생활을 영위하기 위해 필요한 교육을 받을 권리, ⑦ 권익 증진을 위한 단체를 조직하고 활동할 수 있는 권리, ⑧ 안전하고 쾌적한 소비생활 환경에서 소비할 권리를 가진다고 규정하고 있다.

중앙정부 및 지방정부는 소비자의 권리가 실현될 수 있도록 관계 법령 및 조례를 제정 또는 개폐하고, 필요한 행정 조직을 정비하고 그 운영을 개선해야 한다. 또한 소비자 보호에 필요한 시책을 수립·실시하고, 소비자의 자주 조직을 지원·육성할 의무가 있다. 한편 사업자는 소비자의 합리적인 선택을 방해하거나 소비자의 이익을 침해할 우려가 있는 거래 조건이나 방법을 사용해서는 안 된다. 그리고 정부의 소비자 보호 정책과 그 업무 추진에 협력해야 하며 소비자단체 등의 정보 제공 요청에 협력해야 한다.

소비자 보호 규제정책을 집행하는 체계를 보면 기획재정부가 소비자기본법을 중심으로 소비자정책협의회 등의 기구를 통해 총괄적인 역할을 담당하며, 관련 부처에서 약사법, 식품위생법, 품질경영 및 공산품안전관리법 등 개별적인 사항을 규율하는 개별법을 집행함으로써 소비자 보호를 위한 종합적인 시책에 협조하고 있다. 한편 우리나라의 소비자 보호를 위한 규제적 장치는 주로 사전적 예방에 의존하고 있다. 이와 같은 사전적 규제 방식은 정부가 소비자 보호에 관한 제반 문제를 해결하기 위한 과학적 연구에 공공자원을 배분하고 있기 때문에 일반화되었다.

2) 식품안전 규제

소비자 안전 규제의 대상으로서 가장 중요한 것은 식품이다. 안전한 식품은 "부패 또는 변질되지 않은 것, 유독 또는 유해물질이 함유되지 않은 것, 병원 미생물에 오염되어 있지 않은 것, 그리고 이물질이 존재하지 않는 것"을 요건으로 한다. 식품안전 규제는 다른 상품의 안전 규제와 비교해 볼 때 위험에 대한 정확하고 객관적인 정보를 시장을 통해 공급받기가 어렵고, 또한 식품 관련 정보는 공공재적 성격을 띤다는 특징을 지닌다(엄영숙, 1999).

식품으로 인한 위해로부터 소비자를 보호하고 식품 영양의 질적 향상을 도모하기 위해 식품위생법이 1962년에 제정되었다. 식품위생법은 우선 식품 그 자체에 대한 규제를 강화하는 방법과 간접적으로 식품의 안전성을 보장할 수 있는 조건을 정비하는 방법을 규정하고 있다. 전자를 위해 "판매를 목적으로 하는 식품 또는 첨가물의 채취 · 제조 · 가공 · 사용 · 조리 · 저장 · 운반 및 진열은 깨끗이 위생적으로 행해야 하며, 안전하지 않은 것은 제조 또는 판매해서는 안 된다"고 규정하고 있다. 후자를 위해 보건복지부 장관은 판매를 목적으로 하는 식품 또는 식품첨가물에 대해서는 그 제조 · 가공 · 사용 · 조리 및 보존의 방법에 관한 기준과 성분에 관한 규격을 정하게 하여 이를 검사 · 승인할 수 있다.

3) 표시 · 광고 규제

소득 수준이 향상되고 상품이 고급화 · 복잡화 · 다양화되면서 소비자 입장에서 상품 구매에 관련한 다양한 정보에의 욕구가 증가하고 있다. 반대로 사업자들은 광고 등의 판촉 활동을 강화하며 새로운 정보 전달 기법과 판매 기법을 활용하여 소비자에게 일방적 정보를 제공하고 있다. 광고와 관련하여 흔히 일어나는 법적인 문제는 광고의 내용은 원칙적으로 계약의 내용에 포함되지 않으므로, 고객을 유인하기 위해 기만을 행했을 경우에는 소비자에게 많은 피해를 줄 수 있다는 점이다.

현대 사회에 살고 있는 소비자는 표시나 광고에 대한 신뢰를 전제로 상품을 구매하는 것이 일반적인데, 소비자는 대체로 상품의 판매자나 생산자에 비해 전문성 면에서 지식이 떨어지므로 이와 같은 상품에 대한 정보의 비대칭성에서 기인하는 부족하고 왜곡된 정보가 소비자에게 직접적으로 피해를 주는 요인이 된다. 다시 말해, 표시 · 광고로 인한 소비자의 피해는 사회 전체적으로 정보의 비대칭성에 의해 소비가 비효율적으로 이루어지는 시장실패 현상이라고 할 수 있다. 이 과정에서 개별 소비자들은 잘못된 정보로 인해 잘못된 선택을 하고 이에 따라 과다한 비용을 지출하게 된다. 나아가 허위 · 과장 광고는 동종 경쟁 업체에 대해 공정하지 못한 경쟁 수단으로 작용하여 경쟁 질서를 해친다.

이와 같이 광고를 통한 정보의 유통이라는 소비자 정보시장의 속성상 소비자를 기만, 오도할 우려가 있는 행위가 증가하여 정보의 비대칭성에 기인한 시장실패가 심화되는 것이 현실이다. 따라서 이러한 현상을 교정하기 위한 목적에서 소비자 보호의 필요성이 발생하며, 이를 위해 허위 · 과장 광고를 금지하고, 허위 · 과장 광고로 인해 생긴

표 7-2 부당한 표시·광고의 유형 및 그 내용

유 형	내 용
허위·과장의 표시·광고	사실과 다르게 표시·광고하거나 사실을 지나치게 부풀려 표시·광고하는 행위
기만적인 표시·광고	사실을 은폐하거나 축소·누락하는 등의 방법으로 표시·광고하는 행위
부당하게 비교하는 표시·광고	비교 대상 및 기준을 명시하지 않거나 객관적인 근거 없이 자기 또는 자기의 상품이 우량하다고 표시·광고하는 행위
비방적인 표시·광고	다른 사업자나 다른 사업자의 상품에 관해 근거가 없는 내용 또는 불리한 사실만을 표시·광고하여 비방하는 행위

자료: 공정거래위원회(2001).

정보 왜곡 현상을 시정하며, 정정 광고를 내도록 하는 등의 표시·광고 규제정책이 시행되고 있다. 나아가 소비자의 합리적 선택을 위해 필요한 정보를 적극적으로 제공할 수 있도록 표시를 의무화하는 하는 조치도 병행되고 있다.

한국의 표시·광고와 관련된 규정은 이미 여러 법규에 흩어져 있었으나 그 내용이나 역할이 체계적이지 못했고, 「독점 규제 및 공정거래에 관한 법률」만으로는 부당한 표시·광고를 제대로 규제하지 못했기 때문에 1999년 「표시·광고의 공정화에 관한 법률(표시광고법)」이 제정되었다. 표시광고법은 "상품 또는 서비스에 관한 표시·광고에서 소비자를 속이거나 소비자로 하여금 잘못 알게 하는 부당한 표시·광고를 방지하고 소비자에게 바르고 유용한 정보의 제공을 촉진함으로써 공정한 거래 질서를 확립하고 소비자를 보호함"을 목적으로 하고 있다.

표시광고법은 [표 7-2]와 같이 네 가지 유형의 부당한 표시·광고를 금지하고 있으며, 특히 소비자에게 바르고 유용한 정보를 제공하기 위해 부당한 표시·광고 행위의 금지, 표시·광고 내용의 실증 의무, 중요 정보의 공개 및 고시, 시정 조치 등을 규정하고 있다.

한국의 식품위생 표시 · 광고 규제 사례

■ **혼합음료 표시 · 광고**

다단계 판매조직 총판으로 활동하는 피고인이 혼합음료를 판매하면서, 당뇨 · 관절 · 고혈압 · 동맥경화 등에 효능이 있는 만병통치약이라 설명하고, 상담하는 방법으로 의약품과 혼동할 우려가 있는 광고를 하였다는 공소사실로 기소되었다. 식품위생법에서는 누구든지 식품에 관하여 의약품과 혼동할 우려가 있는 광고 등을 해서는 안 된다고 규정하고 있다. 이에 대해 원심은 위 설명하고 상담하는 방법이 식품에 관하여 의약품과 혼동할 우려가 있는 광고에 해당한다고 판단하였다. 그러나 대법원은 의약품과 '혼동할 우려가 있는 광고'라 함은 라디오, 텔레비전, 신문, 잡지, 음악, 영상, 인쇄물, 간판, 인터넷 등의 방법으로 식품의 품질, 영양가, 원재료, 성분 등에 대해 질병의 치료에 효능이 있다는 정보를 나타내거나 알리는 행위를 의미한다고 해석하였다. 본 사례와 같이 단순히 식품을 판매하면서 특정 구매자에게 그 식품이 질병의 치료에 효능이 있다고 설명하면서 상담하였더라도 이는 '광고'에 해당하지 않는다고 판단하여 원심을 파기하였다.

■ **기능쌀 표시 · 광고**

피고인은 인터넷 홈페이지에 자신이 판매하는 특정 상표의 백미가 다이어트 기능용 쌀로서 원료인 식이섬유가 체중감량뿐만 아니라 당뇨병, 변비, 고혈압, 동맥경화 환자에게 월등한 효과를 보였다는 실험 결과를 인용한 신문기사를 게시하였다. 그런데 이 행위가 의약품과 혼동할 우려가 있는 내용의 표시 · 광고에 해당한다는 이유로 기소된 사건이다. 원심은 질병의 치료에 효능이 있다는 내용 또는 의약품으로 혼동할 우려가 있는 내용의 표시 · 광고가 금지되고 있음을 근거로 위 행위가 식품위생법에서 금지하는 과장광고에 해당한다고 판단하였다. 그러나 대법원은 어떠한 표시 · 광고가 식품광고로서의 한계를 벗어나 의약품으로 혼동 · 오인하게 하는지는 사회 일반인의 평균적 인식을 기준으로 법 적용기관이 구체적으로 판단해야 한다고 전제하면서, 위 광고 내용은 위 상표의 백미가 위 질병들의 치료 · 예방을 직접적이고도 주된 목적으로 하는 것인 양 표현했다고 보기는 어렵다고 판시하였다.

자료: 강동근(2015: 41-49).

4) 금융소비자 보호 규제

(1) 배 경

글로벌 금융위기 이후 금융소비자와 금융회사 간 정보의 비대칭성은 심화되었고, 금융회사에 비해 정보력과 교섭력이 떨어지는 금융소비자의 피해는 계속 증가하였다. 한국도 2008년 외환파생상품 키코(KIKO) 사태를 시작으로 2011년 저축은행 연쇄 도산,

2013년 동양그룹 사태 등 금융 사고가 잇달아 발생하면서 금융권 전반에 대한 소비자의 신뢰가 크게 저하하였다. 이에 전 세계적으로 금융소비자 보호를 위한 움직임이 대두하였고, 한국에서도 금융소비자 보호의 필요성이 제기되면서 2011년 「금융소비자 보호에 관한 법률(금융소비자보호법)안」이 발의되었으나, 동 법안은 10년 가까이 국회 본회의를 통과하지 못하였다.

그러다가 2019년 해외금리연계파생결합펀드(DLF) 사태, 2020년 라임자산운용과 옵티머스자산운용의 펀드 환매 중단으로 인한 대규모 사모펀드 부실 사태의 발생은 금융소비자보호법 제정의 계기로 작용하였다. 결국 2020년 3월 금융소비자보호법이 국회를 통과하였고, 2021년 3월부터 시행되었다.

(2) 특 징

금융소비자보호법의 가장 큰 특징은 개별 금융업법으로 규율하던 기관별 규제 방식을 기능별 규제 방식으로 전환하였다는 것이다. 즉, 은행법, 「자본시장과 금융투자업에 관한 법률」, 보험업법, 상호저축은행법, 여신전문금융업법 등에서 규율하던 판매행위와 관련된 규정을 삭제하고, 금융상품 판매행위와 금융소비자 보호에 관하여 다른 법률에 특별한 규정이 없으면 금융소비자보호법의 규정이 적용되도록 하였다(KB금융지주경영연구소, 2021).

그리고 금융상품 판매 시 준수해야 할 6대 원칙을 모든 금융상품으로 확대 적용하였다. 6대 판매 원칙은 적합성원칙, 적정성원칙, 설명의무, 불공정 영업행위 금지, 부당 권유행위 금지, 허위 · 과장 광고 금지를 말한다.

(3) 구체적 내용

첫째, 청약철회권과 위법계약해지권 등 금융소비자의 권리를 명시하였다. 청약철회권은 일정 기간 내 소비자가 금융상품 계약을 철회하는 경우 판매자가 이미 받은 금전과 재화 등을 반환하도록 하는 권리이고, 위법계약해지권은 금융회사가 판매 원칙을 위반한 경우 소비자가 일정 기간 내 해당 계약에 대한 해지를 요구할 수 있는 권리이다.

둘째, 금융회사가 소송을 제기함으로써 분쟁조정 제도를 무력화하려는 시도를 방지하였다. 종래에는 일부 금융회사가 분쟁조정 과정에서 불리한 결정이 예상되면 소송을 제기하여 시간을 끌거나 조정절차에 따른 금융소비자 구제를 무력화하는 사례가 흔히 있었다. 금융소비자보호법은 2천만 원 이하 소액 분쟁 시 금융회사의 분쟁조정 이탈을 금지하고, 분쟁조정이 신청된 사건에 대해 소송이 진행 중일 경우 법원이 해당 소송을 중지할 수 있도록 제도를 마련하였다.

셋째, 금융 분쟁조정 소송에 대한 금융소비자의 부담을 완화하였다. 금융회사와 금융소비자 간 분쟁 발생 시 금융회사의 귀책 사유를 입증하는 데 필요한 자료는 대부분 금융회사 측이 보유하고 있음에도, 입증 책임을 금융소비자에게 부담시키는 것이 부당하다는 지적이 있었다. 이에 설명의무 위반에 따른 손해배상 청구소송이 제기되는 경우 금융회사가 설명의무에 관한 고의나 과실 입증책임을 부담토록 하였다.

넷째, 금융회사에 대한 징벌적 과징금 부여와 판매제한 명령 발동을 할 수 있게 되었다. 설명 의무, 불공정 영업행위와 부당권유 금지, 허위·과장 광고 금지 등 주요 판매 원칙을 위반할 경우 관련 수입의 50%까지 과징금을 부과할 수 있도록 하였다. 그리고 소비자의 재산상 현저한 피해가 발생할 우려가 명백할 때 금융위원회는 금융상품 계약 체결 제한과 금지 명령을 발동할 수 있게 되었다.

한국의 금융소비자 피해 발생 사례

■ 키코 사태

키코(KIKO)는 Knock-In, Knock-Out에서 따온 말로 약정환율과 환율변동의 상한과 하한을 정해 놓고 그 범위 안에서 환율이 변동한다면 미리 정해진 약정환율에 외화를 팔 수 있도록 한 파생 금융상품이다. 이 상품은 환율변동에 따라 발생할 수 있는 환차손을 줄이고 경우에 따라서는 환차익을 얻을 수 있게 한 일종의 환헤지(foreign exchange hedge) 상품이라 할 수 있다. 환율이 일정한 구간 안에서 움직인다면 약정환율을 적용받는다. 그러나 환율이 상한 이상으로 오르게 되면 약정액의 1~2배를 같은 약정환율에 매도해야 한다는 옵션이 붙어 손실은 눈덩이처럼 커지게 되며, 환율이 하한 이하로 떨어지면 계약이 해지되어 환손실을 입게 된다. 2007년과 2008년 초 한국씨티은행, 한국SC은행 등 외국계 은행과 신한은행, 외환은행 등 국내 은행이 국내 수출입 중소기업에 이 키코 상품을 대규모로 판매하였다. 그런데 2008년 원/달러 환율이 급등하면서 은행과 키코 계약을 맺은 738개 중소기업들이 2조 원 이상의 큰 손실을 보게 되었다. 같은 해 6월 8개 중소기업이 키코 약관에 대해 공정거래위원회에 심사를 청구하였으나, 공정거래위원회는 불공정계약이 아니므로 약관법상 문제가 없다는 결정을 내렸다. 이에 100여 개 피해업체들은 상품을 계약한 은행을 상대로 대규모 민사소송을 제기함으로써 대규모 집단소송으로 이어졌다. 2013년 9월 대법원은 은행이 상품에 대해 충분히 설명하였을 경우 피해 책임은 원칙적으로 가입자가 져야 한다고 확정 판결하였다.

■ 동양그룹 사태

자금에 어려움을 겪고 있던 동양그룹은 2004년부터 자금을 은행대출이 아닌 계열사인 동양증권의 전국 점포를 통해 부실 계열사의 회사채와 기업어음(CP)으로 조달하였다. 동양그룹의 비금융 5개 계열사의 차입금 총액의 거의 2/3가 개인과 기관투자가로부터 회사채와 CP 판매로 조달된 것이었다. 동양그룹은 법정관리 직전까지 회사채와 CP를 마구잡이로 판매하였고 9,942억 원을 지급불능 처리를 하는 사기행각을 벌였는데, 이에 금융소비자 피해 규모는 자본시장 사상 유례를 찾기 어려운 약 5만 명, 1조 원에 달하였다. 5개 계열사는 기업회생 신청을 하였는데, 금융감독원은 기업회생 절차를 앞두고 다른 계열사들에게 허위로 CP 판매를 독려한 사실을 포착하고 동양그룹 회장과 동양증권 사장을 사기 혐의로 검찰에 고발하였다. 결제능력이 없는 계열사가 발행한 CP와 어음 6천여 억 원을 다른 계열사가 매입하도록 사전에 계획하여 금융소비자들을 현혹시킴으로써 막대한 피해를 입힌 사례이다.

자료: 조남희(2019: 353-367).

5) 기타 소비자 보호 규제

공정거래위원회는 소비자 보호와 관련하여 소비자와 사업자 간의 거래를 공정하고 적정하게 할 수 있는 환경을 조성하는 역할을 하고 있으며, 소비자 보호 규제정책을 독점규제 및 거래 질서의 확립이라는 관점에서 집행하는 역할을 담당하고 있다. 이를 위해 독점규제법 외에 「할부거래에 관한 법률」, 「방문판매 등에 관한 법률」, 「약관의 규제에 관한 법률」, 「전자상거래 등에서의 소비자 보호에 관한 법률」을 시행하고 있다.[10]

(1) 할부거래 규제

할부거래란 소비자가 상품의 대금을 분할하여 지급하는 거래를 말한다. 예컨대, 매매의 경우 매수인이 대금을 수차례에 걸쳐 매도인에게 지급하고 매도인이 이를 수령하는 조건으로 거래가 이루어진다. 선진국에서는 이미 오래전부터 할부거래가 이루어졌으나,

10) 이 부분은 주로 성소미 · 신광식(2003)을 참고했음.

한국에서는 1950년대 후반부터 할부거래가 시작되었고, 1960년대에 전자제품, 의류, 자동차, 서적 등의 품목에서 매우 성행했으며, 최근에는 신용카드를 이용한 지불 조건의 다양화로 인해 거의 모든 거래 분야에서 할부거래가 이루어지고 있다.

대금의 분할 지급의 방식에 따라 할부거래는 2 당사자 구조의 직접 할부 계약과 3 당사자 구조의 간접 할부 계약으로 분류된다. 직접 할부거래는 판매신용이라고 부르기도 하는 것으로서, 물건을 제공하는 사업자가 대금 지급을 유예하여 주고 금융 부담을 자체적으로 해결하는 유형이다. 할부지급 특약을 제외하면 일반적인 계약 관계와 동일한 유형이다. 간접 할부거래는 금융신용이라고도 하며 카드회사 등 금융회사가 상품 대금을 사업자에게 지급하고 소비자에게 이자나 수수료와 원금을 약정된 조건으로 차후에 납입하도록 하는 유형이다.

할부거래는 신용에 의해 잠재 수요를 유효 수요로 전환하여 구매력의 증대를 도모할 수 있고, 금융 회사와 결합함으로써 할부 지급에 따른 사업자의 자금 부담을 경감할 수 있다는 순기능을 수행한다. 그러나 소비자의 충동구매와 불필요한 과잉 수요를 창출할 수 있고, 광고비의 과대 지출 등을 초래해 상품가격의 상승을 초래할 소지가 있으며, 매도인의 폭리 행위도 행해질 수 있다는 역기능도 있다.

한국의 경우에도 「할부거래에 관한 법률(할부거래법)」은 "할부계약에 의한 거래를 공정하게 함으로써 소비자 이익을 보호"하기 위해 1991년 제정되었다. 이 법에 의하면, 할부거래는 ① 상품이나 서비스의 매수인이 매도인에게 그 대가를 2개월 이상의 기간 동안 3회 이상 분할하여 지급하고 대금의 완납 이전에 상품 또는 서비스의 제공을 받기로 하는 계약이나, ② 매수인이 신용 제공자에게 대금을 2개월 이상의 기간 동안 3회 이상 분할하여 지급하고 대금의 완납 이전에 상품 또는 서비스의 제공을 받기로 하는 계약을 의미한다. 전자는 직접 할부 계약으로, 후자는 간접 할부 계약으로 볼 수 있다.

할부거래법은 소비자 보호를 위해 매도인에게 목적물의 내용이나 가격 등 거래 조건의 고지 의무를 부과하고, 서면계약주의를 적용하며, 구매자의 철회권·변제권·항변권을 보장하고 있다.

(2) 특수판매 규제

일반적인 의미의 판매는 소비자가 상품이나 서비스의 구매에 관한 결정을 하고 그것을 판매하는 상점을 방문하여 구매 계약을 체결하는 것을 말한다. 그러나 이러한 경우 이외에 소비자에게 구입 의사를 불러일으킴으로써 판매를 사실상 강요하는 경우가 있다. 예컨대, 구매 의사가 전혀 없는 소비자에게 방문 판매원이나 다단계 판매원이 권유하여 매매가 이루어진다든가, 통신매체를 통해 구매가 이루어지는 경우에는 처음에 의도했던 것과는 다른 상품을 구매하는 경우도 있다.

이와 같은 특수판매는 방문자나 다단계 판매원의 직접적인 광고나 광고에 의한 유인이 구입 동기가 되며, 가격 경쟁력을 앞세운 판매가 일반적이라는 점에서 공통성을 갖고 있다. 그러나 일정한 점포 없이 판매를 하는 경우가 많기 때문에 상품에 결함이 있는 경우 이를 항의할 수 있는 대상이 불명확하므로 판매 후에 문제를 해결할 수 있는 체제가 미흡하거나, 상품을 실제로 보거나 만지지 못하는 상황에서 결정을 하는 경우에는 잘못된 구매가 흔히 발생한다는 등의 문제점이 있다.

특수판매의 유형으로는 방문판매, 통신판매, 다단계판매가 대표적이다.

방문판매란 판매업자가 방문의 방법으로 영업장소 외의 장소에서 소비자에게 권유하여 상품이나 서비스를 판매하는 것을 말한다. 이 경우의 가장 큰 문제점은 소비자가 충분히 숙고하지 않고 권유에 못 이겨 충동구매하고 난 후, 구체적인 계약 조건에 대해 후회하는 경우가 많다는 점이다.

통신판매는 판매업자가 우편, 통신, 신문 등의 매체를 이용하여 상품이나 서비스에 관해 광고를 하고 통신 등의 방법에 의해 소비자의 청약을 받아 판매하는 것을 말한다. 이 유형의 문제는 실물을 보거나 만지지 못한 상황에서 계약이 체결된 경우 소비자의 실질적인 선택권이 제약되므로 소비자가 예상치 못한 불이익을 볼 수 있다는 점이다. 특히 한국 등에서 일반적으로 행해지고 있는 선불식 통신판매는 소비자의 무책임성을 크게 줄일 수 있으나 불량 업체로부터 소비자를 보호하기 어려운 점이 있다. 따라서 선진국에서는 통신판매가 대부분 후불식으로 되어 있다.

다단계판매란 다단계판매 조직을 통해 상품이나 서비스를 판매하는 것을 말한다. 다단계판매 조직은 소비자를 자신의 하위직 판매원으로 가입시켜 후원수당 등으로써 판매행위를 권유하고 이와 같은 판매원의 가입이 순차적, 다단계로 이루어진 조직을 말한다. 이 유형의 판매는 영업상의 이익이 주로 판매원의 신규 가입에 의존하고 있어 신규 가입이 한계에 봉착하면 거래의 하위 단계에 있는 자가 피해를 받게 된다는 문제를 안고 있다. 또한 흔히 인적인 연고 관계의 형태를 띠며, 조직원들이 판매원이면서 구매자가 되는 이중적 지위에 놓여 있으므로 피해 구제에도 어려운 점이 있다.

현행 「방문판매 등에 관한 법률(방문판매법)」은 "방문판매, 통신판매, 다단계판매에 의한 상품의 판매 및 서비스의 제공에 관한 거래를 공정하게 하여 소비자의 이익을 보호"하기 위해 제정되었다. 특수판매에서의 소비자 보호 규제정책의 중점은 사실상의 강요에 의해 이루어진 구매에 대해 일정 기간 내에 구매 계약을 철회할 수 있도록 하는 것과, 계약의 내용을 분명히 인식할 수 있는 기회가 보장되어야 한다는 것이다. 이에 방문판매법에 따라 특수판매에 대해 법적으로 서면계약주의가 적용되고, 구매자의 철회권이 보장되며, 사업자의 부당한 영업행위가 제한된다.

(3) 약관 규제

약관이란 계약의 일방 당사자가 다수의 상대방과 계약을 체결하기 위해 일정한 형식에 의해 미리 계약의 내용과 조건을 정해 놓은 것을 말한다. 약관의 현실적 필요성은 주로 사업자에게 존재한다. 즉, 소비자와의 거래가 대량화·정형화됨에 따라 사업자에게는 거래로 인해 구체적으로 발생할 수 있는 위험을 소비자에게 전가하기 위해 일정한 사항을 통일적으로 규정한 계약서를 마련할 필요가 크다. 특히 보험산업과 같이 상품의 조건이 소비자 상호 간에도 영향을 미칠 수 있는 경우에는 이 필요성은 더욱 커진다. 소비자 입장에서도 그 약관을 수락할 것인가 거절할 것인가 만을 결정하면 되므로 계약체결에 드는 많은 비용과 시간을 절약할 수 있게 된다.

그런데 소비자들은 전문 지식의 미흡과 약관에 대한 무관심으로 인해 그 내용을 정확히 인식하지 못한 채로 계약서에 서명하는 경우가 많다. 또한 사업자는 종종 자기에게 일방적으로 유리하고 소비자에게 불리한 위험전가나 면책 등의 조항을 삽입하는데, 소비자는 이러한 조항을 간과하기 쉽고 알았다 하더라도 개별적으로 수정하기가 어렵다. 여기서의 법적인 문제는 당사자가 전혀 인식하지 못한 내용을 그 당사자에게 구속력 있는 계약으로 인정할 수 있는가에 관한 것이다.

근대 민법의 기본 원칙의 하나인 계약 자유의 원칙은 사회구성원 모두가 합리적인 사고를 가지고 있고, 또한 자유로이 행동할 수 있다는 전제 하에 성립되는 것이다. 그러나 사업자와 소비자 간에 정보의 비대칭성이 존재하여 소비자는 사업자가 작성한 계약 조건을 받아들일 수밖에 없다면 이것은 사실상 계약 체결의 강제라 할 수 있다. 이와 같은 법정책적 문제에 관해 독일에서는 판례에 의해 개별적인 사안별로 계약 내용에서의 불공정한 조항들이 신의성실의 원칙에 의해 통제되다가 1970년대 중반에 민사특별법으로서 약관 규제에 관한 법률이 입법화되었다.

한국에서도 1986년 「약관의 규제에 관한 법률(약관규제법)」을 제정하여 "사업자가 그 거래상의 지위를 남용하여 불공정한 내용의 약관을 작성, 통용하는 것을 방지하고 불공정한 내용의 약관을 규제하여 건전한 거래 질서를 확립함으로써 소비자를 보호"하고 있다. 이에 따라 한국도 약관 규제에 관해 기본적으로 법원의 판결을 필요로 하는 사법적 방식과 추상적인 심사를 행정부에서 할 수 있도록 하는 행정적 방식을 함께 채택하고 있는 셈이다. 사법부에 의한 사안별 심사는 구속력은 있으나 사후적이라는 한계가 있는 데 비해, 공정거래위원회나 금융위원회에 의한 심사는 비용이 거의 들지 않고 사전적으로 이루어질 수 있다는 점에서 효율적이라는 장점이 있다.

약관규제법에서는 약관이 사업자와 소비자 사이에서 구속력 있는 계약으로 성립되었는지를 심사하는데, 이를 위해 명시의무, 교부의무, 설명의무에 관한 규정을 두고 있다. 우선 사업자는 약관의 내용을 소비자가 인식할 수 있도록 일반적으로 예상되는 방법으로 명시해야 한다. 그리고 사업자는 명시의무를 보장하기 위해 약관 열람을 위해 비치하고 약관 사본을 교부해야 한다. 또한 사업자는 약관에 정해져 있는 중요한 내용을 소비자가 이해할 수 있도록 구체적이고 상세하게, 그리고 반드시 구두로 설명해야 한다.

한국과 일본의 보험상품 약관 규제 사례

■ 배 경

보험상품 및 보험약관을 만든 보험회사와 단순히 상품을 구매하는 보험계약자 사이에는 정보의 비대칭성이 심화할 가능성이 있다. 보험상품의 판매 과정에서 이러한 정보의 비대칭성이 해소되지 않고 보험상품과 관련한 정보가 제대로 전달되지 않거나 잘못 전달되면 불완전판매가 되어 향후 분쟁으로 이어질 수 있고, 보험계약 취소, 보험회사에 대한 행정제재, 손해배상 책임의 문제가 발생할 수 있다.

■ 한국의 부당한 계약 전환

일부 생명보험사들이 과거에 판매한 저축성보험 등 고금리 보험상품에 의한 역마진을 줄이고, 사업비 수입을 높이려고 기존 계약을 해지하면서 신계약을 가입하도록 하였다. 생명보험사들은 이 과정에서 기존 계약 내용이 승계되는 것처럼 잘못 안내하고, 계약 전환 때 각서를 받아 보험가입자의 이의제기 가능성을 원천봉쇄하는 등의 방법을 사용하였다. 금융감독원은 계약자에게 변경된 계약의 중요한 사항에 대한 비교안내가 적정하게 이루어지지 않은 사실을 지적하였다.

■ 일본의 단체신용생명보험 불완전판매

일본의 단체신용보험은 채권자가 보험계약자로서 보험계약을 체결하고, 채무자가 피보험자가 되어 피보험자인 채무자의 사망 등의 보험사고에 따라 보험금으로 대출금을 변제함으로써 피보험자인 채무자나 채무자 가족 등이 채무의 위험에서 벗어날 수 있는 보험이다. 일본 금융청은 보험가입 동의서가 대출신청서와 일체가 되어 대부분의 채무자(피보험자)가 보험가입 사실을 알기 어려운 사실, 설명 없이 단체신용생명보험에 가입한 사실, 대부업체가 채무자의 사망 시 유족에게 동 보험에 가입한 사실을 알리지 않고 보험금을 청구한 사실을 적발하였다. 금융청은 불완전판매와 관련하여 단체생명보험 가입 시 동의 확인, 보험금 지급 시 유족 등에 확인을 받도록 하는 등의 제도개선을 하였다.

자료: 전승근(2011: 131-140).

(4) 전자상거래 규제

전자상거래란 상품이나 서비스의 거래에서 그 전부 또는 일부가 전자문서에 의해 처리되는 거래를 의미한다. 즉, 인터넷에 연결된 컴퓨터 단말기를 통해 매매가 이루어지는 것을 말하는데, 이것은 일방 당사자에 의해 상행위가 이루어지는 것을 뜻한다. 전자상거래는 넓은 의미의 통신판매에 속한다고 할 수 있으나 일반 광고물이나 신문・잡지 등의 매체를 통한 거래는 제외되며 전화를 통한 권유 판매도 제외된다.

「전자상거래 등에서의 소비자 보호에 관한 법률(전자상거래법)」의 목적은 "전자상거래 및 통신판매 등에 의한 상품이나 서비스의 거래를 공정하게 하여 소비자의 권익을 보호하고 시장의 신뢰도를 제고하는 데"에 있다. 전자상거래법에 규정된 소비자 보호를 위한 규제 내용은 부당한 통신판매의 금지, 중요 정보의 고지 및 서면주의, 철회권 보장, 손해배상 청구 금액의 제한, 사업자 규제, 시정조치 등이다.

한편 근래에는 스팸메일로부터 소비자를 보호하는 문제가 전자상거래 규제와 관련하여 이슈로 떠오르고 있다. 스팸메일은 그 폭주로 인해 정보통신망의 혼잡을 유발하고 망의 원활한 이용을 방해한다는 점에서 규제의 필요성이 있다. 그리고 스팸메일을 전파하는 과정에서 악성 바이러스를 유포할 수 있고 불법 정보의 유통 경로로 활용될 수 있다는 점에서 정보통신망 이용자 보호를 위한 규제의 필요성도 인정된다. 또한 허위·과장 광고의 방지라는 차원에서도 내용규제가 필요하다(김두진, 2008).

전자상거래법은 통신판매업자가 전화, 모사전송 또는 전자우편 등을 이용해 구매권유광고를 하는 행위로부터 소비자를 보호하기 위해 공정거래위원회는 광고수신거부의사 등록 시스템을 구축할 수 있게 하고 있다. 통신판매업자는 구매권유광고 수신거부의사를 등록한 소비자에 대해서는 구매권유광고를 송신할 수 없다. 이와 관련하여 「정보통신망 이용촉진 및 정보보호 등에 관한 법률」도 전자우편 등의 매체를 이용하여 수신자의 명시적인 수신거부의사에 반하는 영리목적의 광고성 정보를 전송할 수 없도록 규정하고 있다.

5 소비자 피해의 구제

1) 일반적 소비자 피해 구제

상품이나 서비스를 구매하여 피해를 입은 소비자가 사업자와의 상호 교섭을 통해 만족할 만한 보상이 이루어지지 않을 경우 소비자 피해 구제 절차가 시작된다. 소비자는 소비자보호단체, 한국소비자원, 지방자치단체 등에 피해 구제를 요청할 수 있다. 한국

소비자원은 소비자의 직접적인 피해 구제뿐만 아니라 국가, 지방자치단체 또는 사업자가 소비자 피해와 관련하여 의뢰한 것도 처리함으로써 소비자 피해 전담 기구로서의 역할을 담당하고 있다.

만일 위의 수단에 의해서도 적절한 보상이 이루어지지 않으면 한국소비자원에 설치된 소비자분쟁조정위원회에 조정을 의뢰하여 구제를 받을 수 있다. 이 조정에 의해서도 만족할 만한 구제를 받지 못하면 마지막으로 법원에 소(訴)를 제기하여 사법적으로 구제받는 방법이 있다. 또한 공정거래위원회는 주로 약관, 표시광고, 방문판매, 전자거래 등과 관련하여 부당・불공정한 거래행위를 근절하기 위해 시정명령, 과징금 납부명령, 고발 등의 시정조치를 취한다.

2) 금융소비자 피해의 구제: 금융분쟁 조정제도

(1) 분쟁 조정기구

한국도 금융분쟁 조정을 위해 '재판 외 분쟁 해결제도(ADR)'를 운영하고 있다. 과거 금융분쟁 해결기구로는 행정형 조정기구로서 금융감독원과 한국소비자원이, 자율형 조정기구로서 한국거래소와 금융투자협회 등이 있었다. 금융분쟁의 조정에 관한 사항을 심의・의결하기 위해 금융감독원에 금융분쟁조정위원회를 설치・운영하였는데, 금융감독원장은 신청한 내용이 분쟁 조정 대상으로 적합하지 않다고 인정되는 경우 조정위원회에 회부하지 않을 수 있다. 예외적으로 한국소비자원의 소비자분쟁조정위원회에서도 분쟁조정을 신청받아 처리하는 경우도 있었다.

영국, 호주, 캐나다, 미국 등 ADR의 모범국가에서는 금융 규제기관으로부터 독립된 별도의 기관에서 금융분쟁 조정 기능을 수행하고 있다. 한국도 금융소비자보호법 시행 이후 여러 기관에 분산되어 있는 분쟁 조정 기능을 금융감독원 산하 금융소비자보호처로 일원화하여 분쟁 해결 절차를 쉽게 진행할 수 있게 되었다(한국금융연수원, 2021).

(2) 분쟁 조정의 실효성 제고

분쟁조정위원회를 통한 분쟁 조정은 신속하고 저비용으로 금융소비자의 권리를 구제하는 제도이다. 그런데 기존의 분쟁 조정제도 하에서는 조정 신청 전 또는 조정 과정

중 어느 일방이 소송을 제기하는 경우 분쟁 조정 절차가 중단된다. 따라서 금융회사에 불리한 조정 결정이 내려질 것이 예상되면 금융회사는 채무부존재확인소송을 제기하기 일쑤였다. 금융소비자는 금융분쟁조정기관에 피해구제를 신청할 수 없고, 이미 접수되어 처리 중인 사건도 중단되는 상황에 직면하여 비용과 시간 소모가 큰 소송 절차에 의존할 수밖에 없는 구조였다(한국금융연수원, 2021).

이에 새로 시행된 금융소비자보호법은 일반 금융소비자가 신청하거나 2천만 원 이하의 소액 분쟁일 경우 분쟁 조정 절차가 시작되면 완료되기 전까지 소송 제기를 금지하도록 하였다. 또한 이 요건에 해당하지 않아도 분쟁 조정 절차와 소송이 경합하는 경우 해당 법원의 결정에 따라 조정이 있을 때까지 소송 절차를 중지할 수 있도록 하였다.

제 4 절 산업 안전 규제정책

1 의 의

1) 산업재해의 개념

산업 안전 규제의 주요 대상이라 할 수 있는 것이 산업재해 또는 직업재해이다. 미국의 「직업안전보건법(Occupational Safety and Health Act)」에 의하면, 직업재해란 "직업으로 인한 상해 또는 작업환경에 노출된 결과에 의해 발생된 절상, 골절, 염좌, 절단 등의 모든 상해"를 말한다. 한국의 「산업안전보건법」에 의하면, 산업재해란 "근로자가 업무에 관계되는 건설물 · 설비 · 원자재 · 가스 · 증기 · 분진 등에 의하거나 작업, 기타 업무에 기인하여 사망 또는 부상하거나 질병에 이환되는 것"을 말한다. 산업재해의 개념 요소로서 공통적으로 발견할 수 있는 것은 다음과 같다. 첫째, 재해가 업무수행과 관련되어 발생해야 한다. 둘째, 업무 과정에 투입되는 인적 · 물적 요소에 기인하여 발생된 것이어야 한다. 셋째, 업무와 재해 간에 상당한 인과관계가 있어야 한다. 이 중 업무와 재해 간 인과관계의 폭에 관해 논란이 지속되고 있으나 그 범위가 점차 확대되는 추세이다(강경식, 2002).

사용자는 사고가 발생할 경우 막대한 비용을 지불해야 하므로 위험성을 낮추고 안전 수준을 높이기 위해 상당한 투자를 하지 않을 수 없다. 그런데 다음에서 보는 바와 같이 산업 안전은 사용자와 근로자 간에 정보의 비대칭성이 존재할 뿐 아니라 외부성도 큰 서비스여서 정책 문제를 야기한다.

2) 산업 안전 규제정책의 필요성

시장 원리에 의하면, 근로자들은 안전에 관한 충분한 정보를 바탕으로 근로와 관련된 합리적인 의사결정을 하는 것으로 가정한다. 다시 말해, 근로자가 어떤 직업에 종사하려 할 때 충분한 정보를 토대로 하여 일에 수반되는 위험성을 파악할 수 있어야 사용자에게 위험수당을 요구하거나 다른 직업을 선택하는 등의 합리적 결정을 할 수 있을 것이다. 그러나 정보가 부족할 경우 근로자의 위험수당 요구액은 일정 수준에 비해 낮아지게 되므로, 산업 안전에 대한 사용자의 투자도 적정 수준에 미달하게 된다.

한편 사용자들은 산업재해에 관한 정보와 위험성을 제거할 수 있는 기술을 확보해야 하는데, 그렇지 못할 경우 재해 방지를 위한 투자의 규모가 과소하게 되는 결과가 초래된다. 또한 작업장에서의 안전에 관한 상세한 정보를 근로자에게 제공하지 않을 뿐 아니라 근로자의 보호에 드는 비용을 가능한 한 회피하려는 경향을 보이기도 한다. 이와 같이 산업재해에 관한 정보가 노동시장에 참여하는 주체들 간에 완전히 파악되지 않고, 또한 대칭적으로 공유되지 않는 현실 속에서 시장기구만으로는 사회적으로 적정한 산업 안전 수준의 달성이 어렵게 된다.

또한 산업 안전 서비스의 공급에서는 외부성이 나타난다. 우선 사업장에서 재해가 발생했을 때 산재보상비, 치료비, 간호비 등 직접적인 사고 비용은 주로 사용자가 부담하지만, 간접적인 비용은 근로자의 가족, 친지뿐만 아니라 사회복지 체계에서도 많은 부담을 지게 되므로 사회적 비용과 사적 비용이 불일치하는 현상이 나타난다. 또한 산업 안전 투자 규모는 주로 산출이 용이한 직접 비용에 기초하여 결정되므로 결과적으로 산업 안전 서비스는 시장 기능에 의해서는 사회적으로 바람직한 양이 공급되기 어렵다는 특징이 있다.

결국 산업 안전 서비스 공급에서 정보의 비대칭성과 외부성이라는 특성으로 인해 사회적으로 바람직한 정도의 산업 안전 수준을 유지하기 위해서는 경제 주체들의 행위를 일부 제한하는 정부의 규제가 필요하게 된다(Viscusi, 1983). 이에 따라 산업 안전 규제정책의 수단으로는 기본적으로 일정한 기준의 이행을 의무화하고 이를 위반했을 때 벌금 등의 제재를 가하는 기준 설정 방식이 활용되고 있다. 여기서 산업재해가 전혀 발생하지 않는 사회적 상태가 가장 바람직한 것이 사실이지만 이것은 기술적으로는 가능할지 모르나, 사회 · 경제적 차원에서 타당성이 극히 낮으므로 정책적으로 바람직한 목표가 될 수는 없다. 그것은 산업 안전의 수준을 최고로 유지함으로써 얻는 편익이 제아무리 크더라도 이 상태에 도달하기 위해 거의 무한정의 비용을 투입할 수는 없기 때문이다. 따라서 각국 정부는 산업재해 방지에 들어가는 사회적 비용과 그로부터 얻을 수 있는 사회적 편익이 조화되는 산업 안전의 적정한 수준을 모색하고 있다.

2 주요국의 산업 안전 규제 체계

1) 미 국

미국의 경우 산업 안전 분야에서의 정부개입은 1960년대까지는 주로 주정부 차원에서 산업재해보상보험 제도를 운영하는 데 역점을 두었다. 그러나 보상 금액이 소액이고 보험 급여 시까지 장기간이 소요되는 등 산업재해보상보험 제도의 한계가 나타나고, 특히 1968년 대형 광산사고의 발생을 계기로 산업의 안전과 보건을 위한 사전적인 규제의 필요성이 인식되었다. 이에 미국 연방정부는 1970년 직업안전보건법(Occupational Safety and Health Act)을 제정하고서 산업 안전과 보건을 위한 사전적인 규제 조치를 실시하기 시작했다.

미국의 경우 직업안전보건법 제정 이후 일관성 있는 산업 안전 규제정책을 추진하기 위해 노동부에 산업 안전 전담기관으로서 직업안전보건청(Occupational Safety and Health Administration: OSHA)을 설치했으며, 노동부 장관에게 안전기준 제정권을 부여했다. 또한 최고 정책기관으로서 직업안전보건심사위원회(Occupational Safety and Health Review Commission)를 연방 최고기관으로 설치했다. OSHA의 결정에 관해 불복하는 자는 결정 후 15일 이내에 이 위원회에 심사를 청구할 수 있다.

OSHA는 주정부와 함께 약 2,200명의 근로감독관이 800만 개소의 사업장을 감독하고 있다. 2011년의 경우 근로감독관이 조사한 사업장은 전체 사업장의 1%에 불과한 실정이다. 따라서 근로감독에 의한 규제집행 업무 이외에 상담, 현장컨설팅 등 다양한 지원 프로그램을 운영하고 있다(고용노동부, 2012).

2) 영 국

영국은 1974년 5개 부처, 9개 감독기관에 분산되어 있던 보건 안전 관계법을 일원화하여 산업보건안전법(Health and Safety at Work Act)을 제정하였다. 동법은 법규의 세부 규정에 근거하여 지도·감독을 강화하는 종래의 법규준거형에서 사업자의 자기책임에 의한 자발적인 대응을 중시하는 자율대응형으로 전환하였다. 이후 이해관계자의 의견수렴을 통한 산업보건 안전 활성화 전략을 수립하였는데, 이는 지속 가능한 산업 안전 규제의 수준 향상을 가져온 사례로 평가된다.

전 산업의 보건 안전과 관련한 감독은 보건안전청(Health and Safety Executive: HSE)이 통합 관리한다. HSE는 비정부 공공기관이지만 보건 안전에 관한 법적 기능을 수행하며 소속 직원은 공무원의 신분을 가진다. 사업장의 보건 안전관리를 비롯하여 농어업 현장 및 각급 학교의 공공안전뿐만 아니라 가정 안전까지도 관장하고 있으며 사업주와 근로자에 대한 지원 서비스도 수행한다. HSE의 일선 집행 기능은 총괄본부와 7개 지방청 및 25개 지방사무소를 통해 이루어진다(고용노동부, 2012).

3) 한 국

한국의 산업 안전 규제는 1953년에 제정된 근로기준법에서 그 연원을 찾을 수 있으나 체계의 제도화 미흡으로 본격적인 규제가 이루어지지 못했다. 1963년에 공포된 산업재해보상보험법에 의한 산재보험 제도가 근로자들의 업무상의 재해를 보상하는 데 기여했으나, 본격적인 산업 안전 규제는 1981년 산업안전보건법의 제정으로 시작되었다. 산업안전보건법은 사업주의 책무 명시, 안전관리 체제 강화, 안전 보건상의 조치 기준 명시, 유해물에 대한 규제 강화, 도급사업에서의 안전 보건 조치의 강화 등을 규정한 매우 강력한 근로자 보호 입법이다. 그러나 1990년대 들어 정부규제 완화 추세의 확대, 기업의 경제적 부담의 증가, 작은 정부의 표방 등의 이유로 1993년 「기업활동 규제 완화에 관한 특별조치법」이 제정된 이후 수차에 걸친 개정으로 산업 안전 규제가 완화되었다가, 근래에 들어서는 산업재해에 대한 인식의 제고로 인해 산업 안전 규제가 다시 강화되는 추세를 보이고 있다.[11]

산업 안전 규제의 집행은 고용노동부 산재예방보상정책국에서 총괄하며 산하에 6개 지방노동청과 41개 지청을 두고 있다. 지방노동관서의 근로감독관은 사용자가 법령을 준수·이행하는지 여부를 사업장 감독·점검을 통해 확인한다. 근로감독관은 과거 재해율 및 중대사고 발생 현황 등을 분석해서 재해 위험이 높은 사업장 위주로 감독을 실시하고 있다. 근로감독관은 사법기관의 직접 지휘를 받는 특별사법경찰관으로서 행정·사법 업무를 모두 수행하며 법령 위반자에 대한 수사권한을 보유한다.[12]

3 한국의 산업 안전 규제정책

산업안전보건법에 의해 작업장의 안전상의 조치 의무를 이행하지 않은 사용자와 유해물질의 사용 금지 조치를 위반한 사용자는 징역 또는 벌금에 처하도록 되어 있다. 그러나 이 제재가 지나치게 경미하고 정상적인 상황 하에서 법 위반으로 체형을 받은 사용자는 거의 없어 규제가 별로 실효를 거두지 못하고 있다는 문제점이 지적된다(유훈, 2001).

11) 2020년 1월 시행된 소위 김용균법(개정 산업안전보건법)도 하청 노동자의 산업재해에 대한 원청 사업주의 책임을 강화하는 등 산업현장의 안전 규제를 대폭 강화하였다.

12) 법령을 위반한 사용자에 대해서는 위반 내용에 따라 형사처벌·과태료 부과 등의 제재를 가하고, 안전·보건조치를 이행하지 않은 사항 중 개선이 필요한 경우 벌칙의 적용과 별개로 시정명령을 통해 개선하도록 한다. 중대한 법 위반사항이 있는 경우 행정·사법 조치와 병행하여 작업중지명령이나 사용중지명령 등 추가적인 조치를 할 수 있다.

또한 산업안전보건법의 제정 이후에도 별도의 규제기관을 설치하지 않았으며, 고용노동부와 그 지방조직이나 근로감독관의 기존 업무에 산업 안전 규제 업무를 추가하는 데에 그쳤다는 점에서 한계를 보였다. 따라서 산업 안전 규제의 점검을 지나치게 세부적인 규정 위주의 방법 대신 사용자 책임 하에 자체적으로 수단을 강구하는 성과 기준 방식의 확대를 추진할 여지가 있다(안전보건공단, 2016).

4 산업 안전 피해의 구제

산업안전보건법에 따라 고용노동부 장관이 행정처분(지정취소, 업무정지 등)을 할 경우 처분의 공정성과 적정성을 기하기 위해 청문 절차가 도입되어 있다. 아울러 규제기관의 결정에 대해서는 통상적인 행정쟁송 절차에 따라 권리구제를 받을 수 있다.

한편 우리나라의 산업재해보상보험법은 정부가 정하는 사업자가 의무적으로 보험에 가입하도록 되어 있으므로 일종의 책임보험의 성격을 지닌다. 따라서 산업재해의 발생 시 사용자의 과실 여부와 관계없이 보험금이 당연히 지급되며, 보상이 이루어진 한도에서 민법상의 손해배상 책임이 면제된다. 다만 민법상의 손해배상 책임이 재해보상 책임을 상회할 경우에 그 초과분은 사용자가 별도로 과실책임으로서 배상해야 한다.

규 제 정 책 론

PART 4

정부규제의 개혁

Chapter

08 규제정책의 개혁

제 1 절 규제정책 개혁의 논의

1 정부규제의 한계: 규제실패

1) 정부실패와 규제실패

(1) 정부실패

지금까지 살펴본 바와 같이 정부규제의 논리는 시장실패(market failure)의 교정에서 찾을 수 있다. 그런데 정치가나 관료들은 공익이 아닌 사익을 위해 규제정책을 운용하는 경우가 있다는 것이 입증되었다. 다시 말해, 정부도 인간의 조직인 이상 규제 문제의 인식, 규제정책의 결정 및 집행, 규제기관의 운영, 규제정책의 평가, 개선 방안의 모색 등 모든 과정에서 한계를 갖게 마련이다. 이로 인한 정부규제의 폐해가 시장실패의 폐해를 능가할 때 규제라는 반시장적 개입의 현실적 정당성은 소멸되는 것이 타당하다.

이와 같이 정부개입이 용인되었던 가정들이 비현실적임이 판명되고, 시장실패만으로는 정부규제의 정당성이 보장되지 않는다는 인식이 확산됨에 따라 정부실패를 논의하게 되었다고 할 수 있다. 정부의 시장개입이 의도한 결과를 초래하지 못하거나 기존의 상태를 오히려 악화시키는 경우를 정부실패(government failure)라고 한다.

(2) 규제실패

세계대공황의 극복 이후 세계적으로 지속되었던 정부 기구의 확대 및 정부 기능의 강화는 정부실패의 가능성을 더욱 높여 주었다. 여기에는 정부 영역의 확대와 더불어 정부 예산이 팽창하면서 정치인과 관료의 개인적이거나 집단적 이익 추구 행위도 강화된 영향이 컸다. 이에 따라 정부규제가 특정 이익집단의 이익을 위해 왜곡되어 시행되는 경우도 나타나게 되었다. 정부실패의 가능성은 규제의 내재적 한계를 설정한다. 즉, 시장실패는 정부규제의 필요조건은 될 수 있지만 충분조건은 되지 않는 것이다. 이것은 시장 기구의 불완전성에 대처하기 위한 규제정책을 결정 · 집행하는 데 충분히 인식해야 하는 중요한 전제이다(윤창호 · 이규억, 1999).

시장실패와 동시에 정부실패의 존재는 정부개입과 시장 운영 간에 적절한 조화가 필요하다는 것을 알려 주는 것이며, 이것은 민간 부문과 규제기관 간에 견제와 균형이 이루어질 때 가능하다. 다시 말해, 실제로 중요한 경제적 선택은 각각 나름대로의 결점을 가지고 있는 시장과 정부에 어느 정도 의존해야 하며, 어떤 가치 기준에 의해 양자의 상대적 우월성과 적합성을 평가해야 하는지를 판단하는 문제이다. 결국 이것은 불완전한 정부와 불완전한 시장, 그리고 양자의 다양한 조합 중에서의 선택을 의미한다.

정부규제의 논리는 시장실패를 직접적 계기로 하여 기업에 대한 정부의 불신에 기초하고 있다. 그러나 정부의 정책이 공익의 관점에서 항상 효율적이지 않는 한 시장 기구 내에서 충분히 해결하지 못하는 문제가 자동적으로 정부개입에 의해 해소될 수는 없다. 시장실패를 치유하기 위한 정부의 규제가 용인되기 위해서는 ① 정부가 시장실패의 정도를 계산할 수 있다는 가정, ② 정부가 시장에 효율적으로 개입할 수 있다는 가정, ③ 정부가 공익을 위해 최선을 다할 것이라는 가정이 필요하다.

그런데 정부는 해결해야 할 사회 문제 및 규제정책의 수행에 관련되는 비용과 편익을 정확히 알지 못하는 경우가 흔히 있다. 그리고 정보를 수집하여 규제의 목표와 수단을 정립하고 규제정책을 집행하기 위해서는 막대한 거래 비용이 발생한다. 나아가 정부규제로 인해 시장실패가 교정되기는커녕 자원배분의 비효율성을 심화시키는 경우도 나타난다. 이와 같이 정부의 규제가 의도한 결과를 초래하지 못하거나 기존의 상태를 오히려 악화시키는 경우를 규제실패(regulatory failure)라 할 수 있다. 규제실패의 가능성은 공공 부문의 내재적 한계를 설정한다. 시장실패에 대처하기 위해 정부의 규제가 용인되기는 하지만, 이것은 정부규제의 필요조건에 불과할 뿐 충분조건은 되지 않는다는 것을 의미한다.

2) 규제실패의 원인

(1) 내부성

규제 영역에서의 정부실패, 즉 규제실패가 발생하는 원인 중 가장 대표적인 것이 내부성이다. 내부성(internality)이란 정부기관 내부에서만 적용되는 조직 차원의 목적으로 설정한 내부적 기준을 말한다. 앞에서 본 바와 같이 정책의 궁극적 이념은 공익, 즉 사회후생의 극대화에서 찾을 수 있다. 이 이념을 실현하기 위해 정부는 규범적으로 사회의 공복으로서 활동한다.

그런데 내부성이 존재하게 되면 조직 내의 비용이나 편익, 즉 사적 목표가 정책결정자들의 계산을 지배한다. 따라서 내부성은 정부 활동에 영향을 주므로, 그 결과와 사회적으로 바람직한 결과 사이에 괴리를 발생시키게 된다. 정부 부문에서의 내부성은 현실적으로 정부기관의 예산 증대, 조직 확대 등으로 나타나므로 실제보다 높은 비용을 초래함으로써 비효율을 유발한다(Wolf, 1993; 전상경, 1997). 또한 정부조직의 실적과 목표에만 집착하여 행정 편의적으로 정부를 운영하고, 중복 행정이 발생하며, 법에 근거하지 않은 자의적인 정책 운용이 발생하기도 한다.

(2) 비용과 수익의 비대응

기업 등 민간 부문에서는 한계수익이 한계비용보다 많은가의 여부, 즉 효율성을 기준으로 생산량이 결정된다. 그러나 정부는 기업과는 달리 이윤을 목적으로 하지 않으므로 비용-수익 대응성을 고려할 필요성이 크지 않다. 이 때문에 정부의 예산은 주인 없는 돈으로 인식되면서 비효율적인 지출이 흔히 발생한다.

특히 정부규제의 대표적인 경우인 공공재가 가격 기구에 의해 그 수요가 시현되는 것이 아니기 때문에 실질적인 수요의 양은 제대로 측정될 수 없으며, 정부조직의 경쟁성 미흡으로 인해 국민의 요구를 받아들이는 것도 매우 비효율적이다. 더구나 개인들은 공공재를 자유재로 인식하고 필요 이상으로 소비하는 경향이 있다. 결국 정부에 의해 공급되는 공공재의 양은 적정 수준보다 과다하게 결정될 가능성이 크다. 시장에서 과소 공급되는 공공재를 정부가 공급함에 따라 거꾸로 과다 공급되는 규제실패 현상이 나타나는 것이다.

(3) 정책집행의 자의성

정부는 시장실패를 교정하기 위해 다양한 형태의 권한을 가지고 있다. 그런데 이 권한은 대체로 일부 기관에 집중되어 있기 때문에 잘못 행사될 가능성이 항상 잠재한다. 더욱이 경제 규모가 커지고 사회조직도 복잡해졌기 때문에 시장의 복잡한 이해관계를 정부가 일일이 간섭하는 것이 쉽지 않게 되었다. 예컨대, 권한을 보유하고 있는 소수 공식적 참여자의 결정으로 인해 일부 계층에게만 그 혜택이 미치는 경우가 발생할 수 있는 것이다. 시민사회의 감시 기능이 원활치 않을 경우 이 경향은 더욱 심해진다.

규제정책은 비록 신중하게 행사되고 또한 여러 장치에 의해 견제와 감시를 받는다 해도 실효성 있는 견제나 감시는 매우 어렵다. 특히 법률은 광범위한 대상에 대해 어느 정도 추상적으로 규정되는 속성을 가진 반면에, 법률의 실질적인 시행은 행정명령이나 규칙에 의해 이루어진다. 이 과정에서 어쩔 수 없이 권한의 남용이나 형평성에 크게 어긋나는 집행의 가능성이 있다. 예컨대, 관료나 정치인의 자의적인 판단에 의해 조직이 잘 되어 있는 유권자 집단에게 유리한 규제정책을 시행하는 것이 그것이다. 이 같은 정책집행상의 비형평도 규제실패의 원인이 된다고 할 수 있다.

2 규제정책 개혁의 배경

규제 개혁을 논의할 때 우선 인식해야 할 것은 규제정책의 수립 시에 고려했던 규제 환경이 크게 변했으므로 규제정책의 개혁도 이에 맞추어 논의해야 한다는 것이다. 우선 경제 · 사회적 환경이 변화함으로써 규제정책의 목표가 소멸되거나 변화하는 경우가 있다. 그리고 목표가 변화하지 않았더라도 규제정책의 운용이 지나치게 비효율적이거나 민간의 자율성을 지나치게 제약하는 결과가 되는 경우도 흔히 발생한다.

1) 규제 개혁의 의의

시장실패가 특정한 개인이나 집단의 직접적 의도와 관계없이 발생하는 비인격적 현상임에 반해, 정부실패는 대체로 정부기관 및 담당자가 갖고 있는 인격적 속성에서 기인한다. 그리고 일반적으로 시장 기구는 결점보다는 이점을 발휘할 수 있는 영역이 많은 반면에, 관료 기구는 이점보다는 결점을 수반하기 쉬운 영역이 많다는 것을 염두에 두어야 한다. 따라서 정부실패는 규제기관을 끊임없이 감시하는 시스템이 원활히 작용할 때 극복될 수 있다. 정부실패가 과다할 경우의 바람직한 방향은 불필요한 정부규제를 줄이고 시장경제가 자율적으로 운영될 수 있는 시스템을 지향해 나가는 것이다.

흔히 규제 비용의 과다 발생이나 규제의 비효율성과 같은 규제실패에 대한 대응으로서 규제 그 자체는 유지하면서 기존의 제도를 통해 개선하는 방향과 규제의 전부 또는 일부를 없애는 방향의 두 가지를 생각할 수 있다. 흔히 전자를 규제 개혁(regulatory reform)이라 지칭하며, 이에 대해 후자는 규제 완화(deregulation)라 하여 구별하는 경향이 있다. 이에 따라 규제 개혁을 규제가 사회에 초래하는 부담을 줄이기 위해 특정 규제를 없애거나 고쳐나가는 것으로 보기도 한다.[1)]

일반적으로 규제는 완화되는 것이 산업 운영의 효율화에 순기능적이라고 간주되지만 일부 분야의 경우에는 오히려 강화되어야 할 필요성도 발견된다. 따라서 규제 개혁은 사회에 초래하는 부담을 최대한 줄일 수 있도록 규제 완화와 규제 강화를 적절히 혼합하여 규제를 통해 추구하는 소기의 목적을 달성하기 위한 것이라 할 수 있다(Majone, 1990). 이것은 정부와 시장 양자의 본래적 위상을 재정립하는 것으로서, 규제 개혁은 시장실패와 정부실패를 동시에 제거하는 방향으로 추구되어야 함을 의미한다.

이와 같이 환경 변화에 대응하여 정부규제는 지속적으로 개선되거나 폐지될 필요가 있다. 특히 한국의 규제 개혁을 논할 때 우선 인식해야 하는 전제는 크게 두 가지이다. 하나는 정부는 본질적으로 비효율적이므로 이를 극복하기 위해서는 신공공관리 모형의 확대 적용이 불가피하다는 것이고, 다른 하나는 기존의 대의민주주의의 한계로 인해 보완적 모형으로서 대두하고 있는 참여민주주의를 감안해야 한다는 것이다.

---

1) 경제적 규제의 제거 또는 감소를 규제 완화로, 사회적 규제의 효율화를 규제 개혁으로 구별하는 견해도 있다(한국경제연구원, 1994).

2) 신공공관리의 적용

(1) 신공공관리의 개념

정치권에 의한 행정관료제의 통제가 대의제 정부에서의 전통적 관심사인 동시에 기존에 추진된 정부 개혁의 주요 과제였다면, 정책결정과 서비스 전달의 공식적 분리는 신공공관리와 관련된 제도 개혁의 주요 내용이다. 후자의 개혁 과정에서는 고객 서비스, 성과 기준 계약, 경쟁, 유인 체계, 규제 완화와 같은 민간적 관리 기법의 사용을 목격할 수 있다.

1970년대 들어 영국 등 선진국의 공공 서비스 분야에서 구조적·조직적·관리적 변화가 일어났는데, 그 개혁 조치의 접근 방법을 살펴보면 모두 공공관리(public management)에 의해 영향을 받았다는 공통점을 갖고 있다. 공공관리는 민간 부문의 관리 시스템과 기법을 정부 부문에 도입하고자 하는 주장으로서 정부 부문의 성과·실적을 중시하고, 관리자의 개인적 책임을 강조하는 사고방식을 말한다(Farnham & Horton, 1993). 다시 말해, 명확히 정립된 이론 체계라기보다는 행정 또는 관리 방식과 관련한 일련의 경향이나 개혁 아이디어를 통칭하는 개념들의 묶음으로 볼 수 있다.

폴릿(Pollitt, 1990)에 의하면, 공공관리는 "관리의 중요성을 전제하고, 민간 부문에서 활용되는 사고방식과 유용한 기업 관행을 채택함으로써 공공 부문의 관리를 개선하려는 것"이다. 일반적으로 손꼽히는 공공관리의 다섯 가지 핵심 요소는 ① 경제적 생산성, ② 다기능적 대규모 집행기관, ③ 생산성 지향의 인력, ④ 관리의 독자적 기능, ⑤ 관리 자율성이다.

이와 같이 공공관리는 1970년대에 관료모형의 결점을 극복하는 방안으로서 민간 기법의 도입에 의한 의사결정 능력의 향상을 기하기 위해 일선관리자에게 예산과 인사상의 권한을 위임해주는 형태로 도입되었다. 공공관리는 사회 문제 해결에 필요한 인간의 합리성에 대한 확신에 근거하여, 주로 중앙집권화된 관료제에 의한 합리적 기획을 강조하였으나, 결과적으로 관료제의 팽창을 초래하였다.

이후 공공관리는 공공선택론, 대리인이론, 거래비용이론 등과 결합하여, 신공공관리(new public management)라는 새로운 형태로 거듭나게 되었다. 신공공관리는 공공 부문에 폭넓게 적용되어 온 기존의 행정원리에 시장 메커니즘과 고객주의를 접목하여 공공관리에 있어 기업적 사고와 처방을 강조함으로써 혁신 활동을 추구하는 새로운 공공관리 패러다임이다. 시장이론에 대한 기대가 시대적 흐름으로 자리 잡은 1980년대에 영국과 미국의 정부개혁을 통해 정립되기 시작하였다. 신공공관리는 노젓기보다 방향 제시, 과정보다 결과, 정치보다 생산, 권력 행사보다 권한위임, 갈등보다 경쟁을 강조하였다.

공공관리가 민간기업에서 사용하는 권한위임에 의한 정부관료제의 의사결정 능력의 향상에 관심을 두었다면, 1980년대 이후의 신공공관리는 권한위임에 그치지 않고 정부성과의 향상을 기하기 위해 성과관리나 퇴출 메커니즘과 같이 시장의 대표적 압력장치들을 공공 부문 내에 도입하는 것을 기본적인 목적으로 설정하였다. 공공관리가 정부운영비용을 감축하는 데 혁신전략의 초점을 맞추었다면, 신공공관리는 전통적인 행정모형을 시장모형 또는 준시장모형으로 대체하고자 하였다. 그 결과 공공관리는 전통적인 공학적 모형에 따라 행정가를 정책집행의 수단으로 본 반면, 신공공관리는 행정가를 변화를 위한 혁신담당자로 파악하였다(Reed, 1999; 김판석 외, 2009).

표 8-1 공공관리와 신공공관리의 비교

구 분	공공관리	신공공관리
시기	1970년대	1980년대 이후
목적	관료제의 의사결정 능력 향상	정부성과의 향상
전략	정부 운영비용 감축	시장모형 도입
관리자의 역할	정책집행자	혁신담당자

(2) 신공공관리의 이론적 배경

신공공관리의 주요 이론적 틀은 관리주의와 공공선택론, 거래비용이론이다. 관리주의는 신테일러주의(neo-Taylorism)의 전통적인 효율성과 행정통제에의 관심을 유지함으로써 실적관리를 강화한다. 공공선택론은 상이한 동기 유발 유인 구조의 결과라고 할 수 있는 상이한 제도적 상황 하에서 행위자들이 어떻게 행동하는가를 설명한다. 거래비용이론은 경제학자들이 종종 무시하는 일련의 구조적 변수를 중시하여 기업 조직이나 형태는 결국 기업의 거래비용을 최소화하는 방향으로 효율성을 제고한다고 본다.

① 관리주의

대부분의 신고전주의 경제학자들은 기업 성과의 요소로서 관리와 의사결정에 별 관심을 두지 않았다. 그러나 조직경제학의 출현과 함께 일부 경제학자들은 관리에 대한 관심을 증가시켜 왔다. 이 학자들의 사고방식은 주어진 시장 맥락 속에서 특정의 지도자나 관리자가 기업의 내부 인센티브나 성과에 영향을 미칠 수 있다는 것, 즉 관리가 동일한 경쟁 상황 속에서 다른 기업보다 우월한 성과를 유발할 수 있다는 것이다. 이 가능성은 위험, 불확실성, 정보의 비대칭성, 고용 계약의 불완전성, 기업 내의 이익 갈등 등 복잡한 조직의 속성에서 기인한다(Lynn, 1998).

신공공관리는 효율적 관리 개념을 공공부문에 적용한 것이다. 신공공관리의 핵심은 일반적이고 도구적인 활동인 관리가 공 · 사 조직에 공통적으로 적용될 수 있다는 가정하에서, 사회경제적인 많은 문제를 관리의 개선으로써 치유할 수 있다는 것이다. 다만 민간관리가 재산권을 행사하는 기업 소유자의 선호에 의해 지배된다면, 공공관리는 국가의 강제력을 합법적으로 행사하는 권위적 정책결정자의 선호와 법령 · 예산 · 행정지침 · 감시 활동 등에서 나타나는 선호에 의해 지배되는 점이 다르다(Lynn, 1998).

이에 따라 신공공관리의 관리 구조의 기본개념은 성과관리로 요약된다. 성과관리는 관리자에게 관리에 관한 권한을 사전에 위임하고(letting managers manage), 그 다음에 계약과 평가 장치를 도입하여 관리권 위임에 대한 책임성을 확보하는 것(making managers manage)이라 할 수 있다.

② 공공선택론

신공공관리에 가장 큰 영향을 미친 이론은 공공선택론(theory of public choice)이다. 공공선택론은 비시장적 의사결정에 관한 경제학적 연구를 말한다. 즉, 공공 부문과 민간 부문 구별 없이 모든 개인은 자기 이익을 극대화하려는 경향이 있기 때문에, 공공부문에서도 정치가 · 관료 · 투표자 모두 동일한 경제논리에 의해 행위를 한다고 본다.

이에 따라 공공선택론은 미시적 측면에서 정부조직의 내부적 역동 과정에 초점을 둔다. 흔히 관료제 모형에서 공공 부문은 공익을 추구한다는 전제를 토대로 하였다. 그러나 공공선택론은 공공 부문에서 나타나는 행위를 미시적 차원에서 개인이익을 극대화하려는 구성원 개인의 합리적 선택으로 설명한다. 즉, 이익을 극대화하려는 정치인과 관료의 행태로 인해 정부실패의 발생이 불가피하다는 것이다.

따라서 공공선택론은 개인적 권익을 극대화하려는 정치인과 관료의 사익추구 행위를 최대한 방지할 수 있도록 정부개혁이 이루어져야 한다고 본다. 이에 따르면, 비효율적인 관료제를 개혁할 수 있는 유력한 수단은 퇴출 메커니즘(exit mechanism)인데, 이 메커니즘은 공무원들에게 시장과 유사한 압력을 행사한다. 퇴출 메커니즘이 작동하기 위해서는 관료적 경향에서 나타날 정치화를 제약해야 한다. 이에 따라 신공공관리는 탈관료화와 탈정치화의 이미지를 동시에 갖게 되었다(배용수, 2000).

③ 거래비용이론

시장에서 완전경쟁이 이루어지고 정보가 자유롭게 유통되면 가격 메커니즘이 시장 주체의 행동을 조정하는 전반적 기준을 제공한다. 이렇게 될 경우 정보탐색과 협상을 위한 거래비용이 발생하지 않는다. 그러나 현실적으로 개인과 환경의 제한된 합리성, 불확실성, 기회주의, 정보밀집성 때문에 시장실패가 일어나므로 이를 최소화할 수 있는 안전장치가 필요해진다. 이러한 안전장치를 확립하는 데 드는 비용이 거래비용이다.

거래비용이론(transaction cost theory)은 기업조직들이 일정한 구조를 갖는 이유를 상품이나 서비스를 구입하는 데 드는 거래비용을 최소화하려는 것에서 찾는 이론이다. 거래비용은 통제비용, 거래관계 유지비용, 정보비용 등과 같이 경제적 거래와 관련한 모든 비용을 말한다. 조직의 효율성을 기하다 보면 거래비용의 최소화를 가능하게 해주는 거대한 조직 구조의 출현이 불가피해진다.

시장실패의 관점에서 볼 때 시장에 비해 조직이 더욱 효율적인 것은 다음과 같은 이유 때문이다. 첫째, 조직이 적응적·연속적 의사결정을 용이하게 함으로써 인간의 제한된 합리성을 완화시킨다. 둘째, 구성원들의 기대를 어느 정도 수렴하므로 불확실성을 감소시킨다. 셋째, 소수 교환 관계에서 나타나는 기회주의를 희석시킨다.

이와 같이 거래비용이론은 거래의 비용을 줄이고 거래의 능률성을 증진시킬 수 있는 방안을 처방하는 데 초점을 두기 때문에 경영관리나 계약 분야에서 관심을 끌었다. 거래비용이론은 공공 부문에서도 마찬가지로 거래비용을 최소화할 수 있는 정부 구조의 개혁을 주장한다. 예컨대, 공공관리자들은 다른 조직과 합병하든지 감독하는 사람을 고용하여 거래비용을 줄일 수 있다. 다만 공공 부문의 관리는 정치적 기준, 책임성, 공익성 동기가 보다 중요하므로 거래비용이론의 적용에 문제가 있다는 비판도 적지 않다.

(3) 신공공관리의 실제적 배경

서구 자본주의 국가의 보수주의 정권에 의해 시작된 신공공관리는 곧 전 세계적으로 보편적인 추세가 되었다. 신공공관리의 등장은 신자유주의의 정착, 경제 위기의 경험, 그리고 관료 기구의 비대화에서 그 배경을 찾을 수 있다(배용수, 2000).

첫째, 1980년대 서구의 자본주의 국가에서 신공공관리가 등장한 데에는 1970년대 말부터 밀어닥친 신자유주의 조류가 가장 크게 작용했음은 말할 나위가 없다. 시장 기능의 정상화를 추구하는 신자유주의는 자생적 질서 체계를 중시함으로써 정부는 소유권·계약권 등 기본 규칙의 준수만을 감시하며 시장에 대해서는 개입을 줄일수록 좋다는 논리를 실천 전략으로 제시했다. 이에 따라 종전의 복지국가의 확대, 공익사업의 국유화, 경제적 규제는 근래에 들어 복지국가의 감축, 공기업의 민영화, 경제적 규제의 완화로 각각 전환되었다.

둘째, 영국, 뉴질랜드 등 신공공관리를 주도하고 있는 국가들은 거의 예외 없이 1970년대 후반부터 경제성장률 둔화, 경상수지 적자의 확대, 재정적자 증대 등 심각한 경제위기를 겪었다. 특히 서구의 복지국가들이 직면했던 재정의 구조적 위기는 신공공관리가 채택된 중요한 배경이다. 행정과 공공 서비스에 대한 국민의 요구가 계속 증대함에 따라 한정된 자원으로 서비스의 질을 지속적으로 제고하기 위해서는 서비스 공급의 효율성을 높이는 길밖에 없었다.

셋째, 1970년대까지의 큰 정부에 의한 국정 운영은 당연히 관료 기구의 비대화를 초래했다. 이것은 나아가 과다한 정부개입에 따른 민간 기능의 상대적 위축과 국가 경영의 한계 노정 등 정부실패라는 구조적 문제를 야기했다. 이에 따라 관료 기구의 규모 자체가 지양해야 할 과제로 되고 작은 정부의 논리가 새로운 인식으로서 확산되었다. 여기에다 경제 위기에 처한 각국의 정부는 민간 부문의 경쟁력 제고와 관리 개선을 요구하기 위해 스스로 모범을 보일 필요도 있었다.

(4) 한국의 신공공관리

신공공관리라는 개혁 기조가 한국에서도 적실성을 갖기 위해서는 한국의 제반 여건이 서구 자본주의국가에서의 실제적 맥락과 부합해야 한다.

첫째, 신자유주의가 한국 사회에도 부합하는 여건이 조성되었다. 1990년대까지도 한국 사회가 신자유주의적 체제를 구축하고 있는지에 대해서는 논란이 적지 않았다. 한국에서 작은정부론이 영·미의 경우와 유사하게 신자유주의적 성격을 본격적으로 띠게 된 것은 1997년 외환위기 발생 이후이다. 신자유주의가 구조적인 현상이라는 것이 명확해짐에 따라 이후 등장한 정부들도 경제의 지속적인 성장 잠재력을 키우기 위해서는 민간의 자율과 창의성에 바탕을 둔 시장 기능의 확장이 필요하다는 인식을 갖게 되었다.

둘째, 한국도 몇 차례 경제위기를 경험하였다. 물론 한국은 복지국가 단계를 거치면서 재정적자가 누적되는 유럽 선진국의 경험을 거치지 않았다. 이 때문에 국가발전 단계에 비추어 볼 때 한국 사회의 사회경제적 조건은 서구 사회에서 신공공관리가 등장했던 1980년대와 질적·양적으로 다르다는 것이 종전의 일반적 견해였다. 그러나 1990년대에 들어 이미 경기 침체와 저생산성이 심화되었으며, 특히 1997년 한국이 외환위기에 봉착한 이후 이 문제에 대한 시각은 크게 달라졌다. 나아가 2008년 글로벌 금융위기는 저성장 구조로 편입되는 직접적 계기로 작용하였다.

셋째, 관료기구의 비대화가 진행되었다. 한국의 경우 복지국가의 재정위기를 겪지 않았기 때문에 정부조직 감축이나 구조 개혁의 필요성이 그리 크지 않았다는 주장이 있다. 그러나 한국은 최근까지 복지부문의 성장은 미미하였던 반면, 중상주의적 발전주의의 결과 산업정책 관련 기구는 상대적으로 크게 팽창하였다. 선진국과 비교해 볼 때 정부 규모가 크다고 할 수는 없으나 작은정부론의 확산과 더불어 정부 팽창의 추세가 문제점으로 인식되기에 이르렀다.

요컨대, 현재의 한국적 상황은 서구에서 신공공관리 체제가 등장하게 된 현실적 맥락과 상당 부분 유사하다고 할 수 있다. 따라서 서구에서 탄생한 신공공관리 모형은 한국 사회에서도 그 타당성을 인정받을 수 있다는 주장이 가능해진다. 최소한 효율화를 지향하는 한국 행정 체제의 입장에서는 신공공관리 논의는 그 전략적 의의가 크다고 할 수 있다. 그리고 공공 부문에 기업의 경영 기법을 도입하는 신공공관리의 확대가 이루어지면서 정부 부문에도 생산성 개념이 본격적으로 적용됨으로써 규제 개혁의 필요성에 대한 공감대가 형성되었다고 할 수 있다.

3) 참여민주주의의 대두

(1) 참여민주주의의 의의

정부규제의 근거로서의 시장실패와 정부규제의 한계로서 정부실패 논의는 그 바탕에 모두 정부와 기업 간의 불신과 대립을 기반으로 한다. 그러나 한편 공공 부문과 민간 부문 간의 신뢰와 협조에 초점을 맞추고, 이를 정책결정에 반영하려는 움직임도 꾸준히 지속되어 왔다. 대표적으로 국가의 시장개입과 협조적 정부-기업 관계로 상징되는 시장주의는 1980년대 이후 유력한 정치경제 모형으로서 자리 잡고 있다(한국행정연구원, 2000). 이와 같은 시장주의 모형에서는 정부관료제, 의회, 사업자 및 사업자단체 등 주요 참여자들 간의 폐쇄적이고 안정적인 관계를 특징으로 하는 정책 체계가 특징이다. 그러나 정부실패에서 시장실패로 다시 정부실패로 반복되는 국정관리 실패의 악순환은 사회적 조정 양식을 변환하려는 노력으로 이어지게 된다.

근대민주주의는 대의민주주의이므로 정책결정 시에 입법부를 중심으로 하여 행정부, 정당, 이익집단 등이 가장 중요한 역할을 한다. 그러나 근래에 들어 정부실패와 시장실패로 표출되는 대의민주주의의 한계가 드러나는 한편, 정보화와 세계화가 급속하게 진전하면서 거버넌스 개념[2]을 기초로 한 참여민주주의가 확대되는 현상이 나타나고 있다. 특히 입법부에 대한 시민사회단체의 견제와 입법 제안 활동이 중요한 동향으로 떠오르고 있다.

참여민주주의(participatory democracy) 모형이 내포하고 있는 가정은 대의민주주의가 시민의 요구를 정책으로 전환하는 데 완벽하지 못하며, 직접민주주의에 근접할수록 복잡한 사회가 더 잘 작동할 수 있다는 것이다. 따라서 이슈를 조성하고, 여론을 형성

2) 거버넌스(governance) 개념의 출발은 시장실패, 정부실패와 더불어 비영리 부문 실패(voluntary sector failure) 이론에서 찾을 수 있다. 이 이론은 시민사회의 실패에 대응하기 위해 정부개입 및 지원이 필요해진다는 논리를 도출한다(Salamon, 1995). 결국 정부, 시장, 시민사회가 독자적으로 공공 문제를 해결하는 데에는 각각 한계가 있다는 점을 인식하여 3자 간의 상호 의존적 협력 관계에 기초하는 조정 양식으로서의 거버넌스가 강조된다.

하며, 정책의 결정과 집행에 더욱 광범위한 시민 참여가 필요한 것이다. 이 경우 정부의 역할은 신속한 결정의 필요성과 참여의 필요성 간의 조화를 이루며, 미래의 참여자들로부터 있을 투입의 적절한 기준을 미리 정하는 것이다(Peters, 1995).

참여민주주의 모형은 일부 한계와 문제점에도 불구하고 시장과 정부의 실패를 보완하는 기제로서 유용성이 있다. 참여민주주의가 대두함에 따라 정책 과정은 정책 참여자 간의 상호 견제와 투명하고 효율적인 정책의 결정과 집행이 가능하게 되었으며, 특히 인터넷을 통한 사회적 연대의 확대는 정책 참여 공간을 급속히 확대시키고 있다. 이와 같은 새로운 모형에서는 피규제자 이외에 다른 이해관계를 갖는 다양한 집단들이 적극적으로 참여하게 되며 그 결과 규제정책 과정이 매우 복잡해지고 다양한 갈등이 일어날 수 있다.

(2) 참여민주주의의 배경

한국을 포함한 많은 나라에서 참여민주주의가 대두하게 된 배경으로는 다음과 같이 민주화, 분권화, 정보화를 들 수 있다.

첫째, 참여민주주의를 가능하게 한 첫 번째 배경은 민주화이다. 민주화는 정책결정과정에서 소외된 계층의 참여를 확대하는 기능을 수행하므로, 특히 정치 발전이 미흡한 사회에서 중요한 의미를 가진다. 민주화 결과 각국의 정책결정 체제는 개방화되어 정책운용의 투명성이 강화되고, 관료의 독점적 지위가 약화되며, 관료 체계의 취약성을 유발한다.

1987년 이후 본격화되기 시작한 한국 사회의 민주적 이행은 정치 제도의 전반적인 개편을 가져왔고, 결사 및 표현의 자유의 확립, 사회 악법의 폐지가 일시에 이루어졌다. 이러한 민주적 제도 개편은 시민사회의 전례 없는 팽창으로 이어져 과거 권위주의 체제 하에서 통제되고 억압되었던 다양한 사회 조직들이 재구성되고 확대되기 시작했다. 이와 같은 정치 제도의 변혁과 시민사회의 팽창은 급기야 참여민주주의의 맹아가 싹트는 중요한 계기가 되었다(문정인, 1998).

둘째, 대의민주주의의 위상을 축소시키고 참여민주주의의 확산을 가능하게 한 요인으로서 민주화만큼이나 중요한 것은 지방자치단체로의 권력 분산, 즉 분권화이다. 일반적으로 분권화는 행정적 개념이므로 대체로 정부의 각종 프로그램이나 서비스 권한의 이양을 의미하지만, 동시에 정부 권위의 분산을 의미하기 때문에 정치적으로도 매우 중요하다. 또한 지방 차원에서 시민의 정책 과정 참여를 가능하게 하며, 지방정부의 투명하고 민주적인 결정을 유도하는 기능을 수행한다(주성수, 2003).

한국에서도 지방자치 실시는 권력의 지방 분산을 가시화했으며, 지방행정 분야에 자율성을 부여한다는 측면에서 지역 발전의 계기가 되었다. 그러나 실질적인 분권화는 지역산업의 진흥을 통해 지방자치의 경제적 기반을 강화함으로써 비로소 가능하다는 한계가 주어진다. 이에 지방정부는 지역 경쟁력을 제고하기 위해 기업 등 민간의 능력을 적극적으로 활용하는 것이 현명하다는 것을 인식하게 되었다. 즉, 지방정부와 지역기업 및 지역 주민은 지방화와 분권화라는 복합적인 현상에 대응하기 위해 적절히 역할 분담과 협력을 해야 하는 과제를 공동으로 안게 되었다.

셋째, 민주사회에서 정책의 형성은 정치인, 엘리트 그룹, 관료집단뿐만 아니라 정책에 의해 영향을 받는 모든 사람의 의지를 대변할 때 정당성을 인정받는다. 이것은 정책에 의해 잠재적으로 영향을 받는 모든 사람이 공영역(public sphere)에서 자신의 견해를 밝힐 수 있는 매체에의 접근 가능성이 높음을 의미한다. 최근 인터넷의 폭발적인 보급은 많은 시민이 서로 정보를 교환하고 세계와 접촉할 수 있는 기회를 제공했고, 그 결과 시민은 인터넷을 통해 세계 동향을 수시로 파악하고 과거에는 권위주의 정부가 독점했던 정보를 공유할 수 있게 되었다(주선미, 2002).

한국 사회에서도 정보화는 NGO를 중심으로 한 시민사회의 역할을 증대시키고 정치인 및 관료에 의한 대의민주주의 체제를 약화시켰다. 반면 사이버 네트워크를 통해 국민들의 직접 참여 욕구를 충족시키는 역할을 수행하기 시작했다. 이것은 정보화가 정부, 시장, 시민사회 등 국정관리 주체 간의 관계를 변화시켜 사회의 운영 틀의 기본을 바꾸는 새로운 변수가 되었음을 의미한다.

(3) 한국의 참여민주주의

1980년대 중반 이후 민주주의의 공고화라는 변화는 그때까지 파악해 오던 정부와 민간 간 관계의 도식화를 근본적으로 바꾸게 되었다. 통치 체제의 전환, 권력의 지방 분산, 자유권 및 사회권의 진전 등 민주적 제도 개편은 정치 제도의 전반적 재구성을 가져오는 한편, 다양한 사회 조직들이 재편성되고 활성화되는 계기를 제공했다. 특히 전례 없는 시민사회의 팽창을 초래하여 경제정의실천시민연합, 참여연대, 환경운동연합 등 각종 사회적 이슈와 관련된 시민사회단체가 급격히 성장했으며, 이들의 시민사회에 대한 영향력도 급격히 증대되었다.

정치 제도의 변화와 시민사회의 팽창으로 인해 정책결정 체제는 더 이상 사회적 압력으로부터 차단될 수 없게 되었다. 정책 과정의 투명성이 요구되었고, 관료의 독점적 지위도 약화되었으며, 행정부처 간 경쟁과 대립이 심화되었다(문정인, 1998). 특히 외환위기로 강요된 IMF 관리 체제는 한국의 발전국가적 전략을 민간 중심적 전략으로 전환하도록 했다.

다만 참여민주주의의 급격한 확대가 자칫 정치의 위기를 초래할 수 있다는 지적이 있다. 따라서 참여민주주의는 투명성과 책임성을 제고하도록 하여 대의의민주주의가 잘 운용될 수 있도록 하는 역할로 제한되어야 하는 한계를 지니고 있다.

3 OECD와 규제정책의 개혁

1) 연 혁

미국 등 일부 OECD 회원국들은 1970년대부터 규제 개혁을 추진하기 시작했는데, 비효율적인 규제가 경제 성장을 둔화시키고 회원국 간의 교역 관계도 어렵게 할 수 있음이 밝혀졌다. 이에 OECD는 1990년대 중반부터 경제적 효율성을 향상시키고 경제 성장을 지속할 수 있는 규제 개혁 방안을 연구하게 되었다. OECD는 기존의 이론적 접근 방법 외에 실질적인 접근 방법을 바탕으로 하여 회원국 정부의 실질적인 경험과 사례를 중심으로 연구를 전개했다. 그간의 연구의 교훈은 규제의 양을 감소시켜 기업 활동의 자유화를 촉진시키는 한편, 규제의 질을 향상시켜 소비자 보호, 안전 · 보건, 환경 보호 등 필요한 사회적 목표를 효율적으로 유지하라는 것이다(대외경제정책연구원, 2000).

OECD는 1995년 회원국들이 규제를 도입하거나 규제정책을 분석할 때 고려해야 할 체크리스트들을 제시했다.[3] 동년 OECD 각료회의는 규제 개혁의 필요성과 규제가 경제에 미치는 영향 등에 관한 연구를 실시하도록 사무국 및 산하 전문위원회에 지시했다. 각 위원회는 2년 후 연구보고서를 제출했는데, 각료회의는 이 연구 결과를 토대로 하여 규제 개혁의 기본 원칙과 정책 분야별 원칙을 제시했다. 이후에도 OECD 각 위원회는 자신들의 전문 분야에 관한 연구를 지속했는데 무역위원회에서는 규제 체제가 무역과 투자에 미치는 영향을, 산업위원회에서는 규제와 산업 능률 및 경쟁과의 관계를, 공공관리위원회에서는 규제 순응의 향상과 규제 체제의 효율성 제고 등에 관한 연구를 추진했다.

한편 OECD는 1998년부터 매년 수개국씩 회원국들의 규제 개혁에 대한 검토를 실시했다. 검토 분야는 규제 개혁이 경제에 미치는 영향, 공공 부문의 규제 개혁 역량, 경쟁정책과 규제 개혁, 시장 개방과 규제 개혁 등 4개의 제도 분야와 전기산업과 통신산업 등 2개의 산업 분야였는데, 각 분야에 대한 검토 및 보고서 작성은 각 전문위원회가 분담했다. 1998~1999년에는 미국, 네덜란드, 일본, 멕시코, 1999~2000년에는 스페인, 덴마크, 한국, 헝가리, 2000~2001년에는 아일랜드, 그리스, 체코, 이탈리아, 2002년에는 핀란드와 노르웨이의 국별 검토가 실시되었다.

표 8-2 OECD 규제 개혁 검토 분야 및 담당 전문위원회

검토 분야	담당 전문위원회
규제 개혁이 경제에 미치는 영향	경제연구위원회(ECO)
공공 부문의 규제 개혁 역량	공공관리위원회(PUMA)
경쟁정책과 규제 개혁	산업국 경쟁정책위원회(DAFFE CLP)
시장 개방과 규제 개혁	무역위원회(Trade)
전기산업 규제 개혁	CLP와 국제에너지기구(IEA)
통신산업 규제 개혁	정보 · 컴퓨터 · 통신위원회(ICCP)와 CLP
전체 평가 및 향후 과제	ECO와 PUMA

3) 정책 수단의 분석을 위한 체크리스트는 이 책 제4장 제1절 '정책 수단의 비교 · 분석'에서 소개하였다.

2) 규제 개혁의 원칙

OECD는 1990년대 중반 규제 개혁에 관한 포괄적인 작업을 진행하여 부문별·주제별 분석과 회원국의 규제 개혁 실적심사를 수행한 바 있다. 이 작업은 경쟁, 기술 혁신 및 성장에 불필요한 장애를 제거하고 사회적 목표의 달성에 효율적으로 대응할 수 있도록 각국의 규제의 질을 제고하는 데 도움을 주는 것을 목적으로 하고 있다. 규제 개혁의 원칙에 관한 OECD 각료이사회의 권고 내용은 다음과 같다(OECD, 1997a).

(1) 규제 개혁 프로그램의 정립

정치적 수준에서 명확한 목표와 집행의 틀을 확립하는 광범위한 규제 개혁 프로그램을 정립해야 한다. 이것은 '올바른 규제'의 원칙을 확립하는 데에서 출발한다. 그리고 정부 내 중복 규제를 피하기 위해 규제 개혁을 관리·조정하기 위한 효율적이고 신뢰할 만한 메커니즘을 갖추어야 한다.

올바른 규제의 요건은 다음과 같다. 첫째, 명확한 정책 목표에 기여하고 목표들을 달성하는 데 효과적이어야 한다. 둘째, 건전한 법적 기반을 갖고 있어야 한다. 셋째, 사회 전반에 미치는 효과의 분배를 고려하여 비용을 정당화하는 편익을 창출해야 한다. 넷째, 비용과 시장 왜곡을 최소화해야 한다. 다섯째, 시장 인센티브와 목표 중심의 접근 방법을 사용해야 한다. 여섯째, 규제는 피규제자에게 명확·단순·실용적이어야 한다. 일곱째, 다른 규제나 정책과 일관성을 가져야 한다.

(2) 규제의 체계적 검토

규제가 지향하는 목표가 지속적으로 추구되도록 규제를 체계적으로 분석·평가할 수 있어야 한다. 이것은 신설되는 규제뿐만 아니라 기존의 규제에 대해서도 적용되어야 하며, 나아가 일몰제와 같이 규제 정비를 위한 장치가 자동적으로 작동되어야 한다. 바람직한 규제 원칙에 준거하여 규제자가 아닌 사용자의 관점에서 모든 규제를 검토해야 한다.

이를 위해 중소기업 등 기업에 영향을 미치는 규제에 대해 우선적으로 검토한다. 그리고 규제에 대한 개발·검토·개혁 과정에 규제 영향분석을 포함하고, 일몰제 등 자동 검토 방법을 통해 규제를 갱신한다.

(3) 규제 과정의 투명성 · 비차별성 · 효율성 유지

규제와 규제 과정이 투명하고 비차별적이며 효율적으로 적용되는지 확인할 수 있어야 한다. 또한 규제 개혁의 목적과 전략이 경제 주체에게 분명히 전달되었는지 확인해야 한다. 그리고 규제의 목표와 접근 전략을 국민에게 명확하게 설명해야 한다.

이를 위해 규제를 개발 · 검토하는 과정에서 규제의 영향을 받는 내 · 외국인 당사자 모두와 협의해야 한다. 그 과정은 투명해야 하고, 피규제자들이 자신에게 영향을 주는 규제의 변화를 알 수 있도록 하는 제도 및 기구가 설립되어야 한다. 예컨대, 지속적으로 정비되는 규제의 공개, 기록 및 열람에 필요한 공공기록소의 설치를 고려할 수 있다. 그리고 규제에 대해 항의할 수 있는 절차를 도입하여 기업 활동을 지연하는 불필요한 규제가 도입되지 않도록 해야 한다.

(4) 경쟁정책의 강화

규제 개혁과 함께 필요할 경우 경쟁정책의 범위와 효과성, 그리고 그 이행을 검토하고 강화해야 한다. 그리고 담합행위, 시장 지배적 지위의 남용, 반경쟁적 합병이 개혁을 위협할 경우 경쟁정책을 적극적으로 시행해야 한다.

이를 위해 공익을 보장할 더 나은 방법이 없는 경우를 제외하고는 경쟁정책 적용 범위에서 영역별 차이를 철폐한다. 그리고 규제 개혁 추진 기관에 개혁을 수행할 수 있는 권한과 능력을 부여해야 한다.

(5) 경제적 규제의 완화

규제가 공익에 기여하는 최선의 방법이라는 확정적인 경우를 제외하고는 경쟁을 촉진하기 위해 모든 영역에서 경제적 규제를 개선해야 하며, 공익을 도모하기 위한 최선의 방안이라는 뚜렷한 증거가 없는 규제는 철폐해야 한다. 진입 · 퇴출 · 가격 · 생산 및 정상적 상업 관행이나 기업 조직 형태를 제한하는 경제적 규제를 주로 검토한다. 시장 지배력의 남용 가능성 때문에 경제적 규제가 계속적으로 필요한 경우 효율성을 제고하는 방안을 먼저 강구해야 한다.

이를 위해 공익산업에서 경쟁이 가능한 분야는 자연독점적인 요소로부터 분리시키고, 모든 시장진입자에게 투명하고 비차별적인 원칙 하에 자연독점적인 공익시설에 대한 접근을 보장하며, 경쟁으로의 이행 기간 동안 가격 규제가 필요한 경우 효율성과 이익을 촉진하기 위해 가격상한제 등 다양한 방안을 이용한다.

(6) 국제적 원칙의 준수

국제 협정의 이행을 증진하고, 국제적 원칙을 강화함으로써 무역·투자에 대한 불필요한 규제를 제거해야 한다. 특히 WTO 협정, OECD 권고 및 정책 가이드라인, 기타 협정에 포함된 대로 무역·투자를 자유화하기 위한 규범·원칙을 이행하고 이를 강화하기 위해 다른 나라들과 협력해야 한다.

이를 위해 국가 간 서로 상이하고 중복되는 요건으로부터 발생하는 무역·투자에 대한 규제를 줄인다. 그리고 의도한 정책 목표들을 효율적으로 달성하도록 국제 기준을 검토·개선하기 위해 다른 국가들과 협력하고, 국제적으로 합의된 기준들을 국내 규제의 여건에 맞추어 적용한다.

(7) 다른 정책 목표와의 관계 인식

다른 중요한 정책 목표들과의 상호 관련성을 인식하고 개혁을 지지할 수 있는 방법으로 그러한 목표들을 달성하기 위한 정책들을 개발해야 한다. 그리고 규제 개혁의 잠재적 비용을 줄이는 차원에서 관련 프로그램들을 정비해야 한다.

이를 위해 안전, 건강, 소비자 보호, 에너지, 안보 등의 영역에서 필요한 경우 건전성 정책 및 기타 정책 수단들을 활용한다. 그리고 보조금·조세·조달·관세 등 지원 정책들을 포함하여 비규제적 정책들을 검토하고 경쟁을 왜곡하는 요인들을 시정한다. 또한 근로자·기업들이 새로운 직업 및 사업 기회에 원활히 적응하는 방안을 강구한다.

3) 규제 개혁의 효과

규제 완화를 중심으로 한 규제 개혁은 주로 경제적 측면에서 볼 때 다음과 같은 효과를 초래한다(OECD, 1997a).

(1) 경쟁력의 증진

진입 규제 등 특정 산업이 속한 시장에서 경쟁을 제한하는 규제를 완화하면 경쟁이 촉진되어 기업들은 생산이나 영업의 효율화를 위해 노력하게 된다. 이러한 노력은 해당 산업에서는 자본 및 노동생산성을 향상시킨다. 생산성 향상은 상품이나 서비스의 가격을 인하하는 효과로 이어진다.

한편 규제 개혁은 민간의 창의력을 발휘하도록 함으로써 기술 혁신을 촉진한다. 기술 혁신은 다양한 제품의 생산을 통해 경쟁을 촉진할 수 있는 유인이 있을 때 왕성해지기 때문이다. OECD는 규제 완화가 효과적으로 이루어질 경우 통신 부문에서 기술 혁신 효과가 클 것으로 분석했다.

생산성 증대, 가격 인하 및 기술 혁신을 통한 경쟁력 증진 효과는 규제를 완화한 부문에만 국한되는 것이 아니라 다른 부문에까지 파급되는 경향이 있다. 즉, 경쟁력 증대로 인해 남는 자원과 노동력은 다른 부문으로 이전되어 다른 부문의 성장 잠재력을 높일 수 있다.

(2) 소비자 효용의 증대

규제 완화는 상품 및 서비스의 가격을 인하하므로 결국 소비자 효용의 증대 효과도 발생시킨다. 그리고 진입 규제의 폐지나 기술의 혁신 및 확산은 다양한 상품과 서비스의 생산을 가능하게 하므로 결국 소비자 선택의 범위를 넓혀 준다.

(3) 경제 성장

규제 완화로 인해 거시경제적으로는 경제 성장이 촉진되는 효과가 나타난다. 즉, 규제 완화에 따른 경쟁력 증진, 기술 혁신, 자본력 증대 등의 효과는 경제 전체의 효율성을 향상시켜 경제 성장의 잠재력을 높인다. OECD의 추산에 의하면, 일본이나 일부 유럽 국가들처럼 규제가 많은 나라의 경우 규제 완화가 성공적으로 진행되면 실질 생산이 10년 동안 3~6% 정도 증가한다.

(4) 고용 확대

규제 완화로 경쟁이 치열해지면서 효율성이 추구되면 역동적이고 혁신적인 경제에서는 전체적인 투자 기회와 고용 기회가 더욱 많이 창출될 수 있다. 한 부문에서의 생산성 증가는 다른 부문의 수요를 창출시키기 때문이다. 미국의 경우 통신 분야에서의 규제 완화로 지식산업에서는 고용 기회가 1977년 300만 명에서 1994년 590만 명으로 증가했다.

(5) 정부의 효율성 및 신뢰성 제고

앞에서 본 규제 개혁의 효과는 민간에만 영향을 미치는 것이 아니라 규제정책을 결정하고 집행하는 정부의 능력에도 영향을 미친다. 불필요한 규제를 축소하고 규제의 질을 향상하는 규제 개혁은 정부의 효율성을 제고한다. 또한 규제 개혁은 부패의 여지를 줄임으로써 정부의 신뢰성을 제고하는 데 크게 기여한다.

제 2 절 주요국의 규제정책 개혁 사례

선진국 규제 개혁의 가장 큰 특징은 규제정책의 개혁을 단편적인 규제 완화나 미시적이고 단기적인 행정 절차의 간소화가 아니라 정부 개혁이라는 큰 틀 속에서 접근했다는 점이다. 규제는 입법부 · 행정부 · 사법부 등 전 정부의 다양한 체계와 관련되어 있기 때문에 정부 개혁이라는 범정부적 차원에서 추진되어야 한다는 인식이 필요하다. 이하에서는 정부 개혁 차원에서 진행되었던 규제 개혁을 비교적 성공적으로 수행했던 영국 · 미국 · 독일 · 일본 · 뉴질랜드와 한국의 경험의 개요를 간략히 소개한다.[4)]

---

4) 주요국의 규제정책 개혁 사례에 관해서는 총무처 직무분석기획단(1997), 박희봉 · 김상묵(1998), 이혜훈(1998), 국회사무처 법제예산실(1999), 규제개혁위원회(2004)를 주로 참고했다.

1 영 국

1) 배 경

영국은 1979년 대처(Margaret Thatcher) 수상의 보수당이 집권한 이후 광범위하고 급속한 정치·행정적 개혁을 추진했다. 개혁의 추진 배경은 이른바 영국병이라 불리는 경제적 한계 상황, 공기업의 비효율에서 기인하는 재정적 압박, 공공지출의 급증 등이었다. 그리고 일반 행정가의 대표성·중립성·전문성에 대한 의문이 커짐에 따라 관료조직보다는 민간 부문의 전문가를 중시하는 분위기도 규제 개혁의 필요성을 인식하도록 작용했다.

보수당 정부가 채택한 개혁의 접근 방법은 신공공관리(new public management) 방식이었다. 기존의 공공관리(public management) 방식은 행정의 비효율성의 원인을 정부관료제를 제대로 통제하지 못했던 데에서 찾음으로써 이 문제의 해결을 위해 선출된 대표자들의 책임성과 대응성을 향상시켜야 한다고 했다. 이에 대해 신공공관리는 정부가 바람직한 성과를 내기 위해서는 행정의 역할 그 자체에 대한 기대와 관심을 줄이고 자원의 배분을 시장경제의 원리에 따라 관리하는 방향으로 제도와 절차를 개선해야 한다고 보았다.

2) 주요 내용

영국의 개혁의 주요 내용은 민영화를 통한 공공 부문의 재구조화 및 경쟁 원리 도입, 고객에 대한 책임, 비간섭적인 중앙정부와 기업가적인 책임운영기관을 통한 탈중앙집권화 등이다. 영국에서 규제 개혁은 국영기업을 비롯한 공공 부문의 효율성 저하를 극복하고 경기 침체에서 탈피하려는 경제 구조 개혁의 핵심적 요소라 할 수 있다. 규제 개혁의 근거는 1994년의 「규제 완화 및 민영화법(Deregulation and Contracting-out Act)」과 2001년의 「규제개혁법(Regulatory Reform Act)」에서 찾을 수 있다.

영국의 규제영향 분석 제도는 1985년 기업비용평가(Business Cost Assessment)에서 출발하여, 1996년에 규제평가(Regulatory Appraisal)로 발전하고, 다시 1998년에 규제영향평가(Regulatory Impact Assessment)로 발전했다. 2002년부터는 권한위임을 받은 책임운영기관이 증가함에 따라 공공 부문 내부의 규제도 규제의 범주에 넣어 규제영향분석을 하도록 했다.

영국 정부의 규제총괄기구는 총리실 산하의 실무기구인 규제영향심사국(Regulatory Impact Unit: RIU)이다. RIU는 전부처의 규제 개혁을 점검하고, 규제 관련 중요 기관의 사무국 역할을 수행하며, 규제영향평가 지침을 만들고 부처가 작성한 규제영향평가서를 검토한다. 부처별 규제영향심사국(Departmental Regulatory Impact Units: DRIUs)은 부처 내에 위치하지만 독립적으로 기능을 수행한다. DRIUs는 부처의 규제 개혁 활동을 조정하고, 규제자의 자문에 응하며, 부처의 규제영향평가서를 작성하거나 작성에 도움을 준다.

주요 부처에 대해서는 장관이 규제 개혁 장관(Regulatory Reform Ministers)을 겸임하도록 하여 부처의 규제 개혁을 독려한다. 규제 개혁 장관은 불필요한 규제는 폐지하고 규제의 질은 제고하도록 노력해야 한다. 그리고 2000년부터는 주무 장관이 법안을 규제심사국에 제출하기 전에 편익이 비용을 정당화함을 입증한다는 의미에서 각 규제 개혁 장관이 친필 서명을 하도록 하고 있다.

한편 영국은 금융 규제의 개혁에 관해서도 다른 나라를 선도하였다. 1997년 금융서비스시장법(Financial Services and Market Act)을 제정하여 통합 규제기관인 금융감독청(Financial Services Authority: FSA)을 설립하였으며, 2013년 FSA를 해체하고 건전성 규제를 담당하는 건전성규제청과 금융소비자 보호를 전담하는 영업행위규제청을 설립하였다. 이와 같은 쌍봉형 규제 체계는 이후 다른 나라에서도 채택하는 경우가 늘어나고 있다.

3) 특징 및 시사점

영국의 규제 개혁의 특징은 정책적 목표 달성을 지원하고 민간 부문의 필요성에 부응하기 위한 규제의 질 향상으로 요약될 수 있다. 그리고 그 접근 방법은 점진적이고 부분적인 수정의 형태를 뛰어넘는 정부 구조 및 관료 행태의 근본적 변화를 초래하는 획기적인 것이었다. 영국에서 일어난 개혁의 물결은 일부의 부정적인 비판에도 불구하고 고질적인 영국병을 치유한 성공 사례로 평가되면서 미국, 뉴질랜드, 호주 등 세계 각 지역으로 파급되어 개혁의 모형이 되었다.

20여 년 간 이어진 영국의 개혁운동은 정치 이념의 연속 범위상 좌파와 우파 모두로부터 옹호되었다. 물론 양측의 목표는 '서비스 전달의 개선'과 '작은 정부'로서 서로 달랐지만 국가가 잘못 운영되고 있다는 인식에는 일치했다. 따라서 영국에서 개혁은 별다른 가치 논쟁 없이 거의 20년에 걸쳐 지속적이고 단계적으로 확대·발전되면서 계속성을 유지해 왔다는 점에서 성공적인 전략의 조건을 제시해 주고 있다(Gray & Jenkins, 1995).

2 미 국

1) 배 경

1930년대부터 1970년대까지 미국에서는 각종 경제·사회적 문제를 해결하기 위해 각종 정부규제가 활발히 시행되었다. 그러나 이와 같이 민간 부문에 대한 정부개입이 지나치게 확대되는 데 대한 비판이 제기되면서 정부규제에 대한 견제 움직임이 나타났다. 1970년대 중반부터 규제 완화 움직임이 나타나게 된 데에는 다음과 같이 세 가지 요인이 주로 작용했다(Derthick & Quirk, 1985).

첫째, 가장 중요한 요인은 1960년대부터 미국 최고의 연구기관을 중심으로 규제 개혁에 관한 이론적·실증적 연구가 시작된 데에서 찾을 수 있다. 이들은 많은 규제가 사회에 득이 되기보다 오히려 해를 끼치며 규제 방식도 효율화의 여지가 크다는 것을 밝혀내었으며, 연구 결과는 정치적·행정적 차원으로 점차 수렴되었다.

둘째, 대통령, 의회 지도자, 연방거래위원회(Federal Trade Commission) 위원장 등 정계와 관계의 지도력이 중요한 역할을 했다. 이러한 친개혁적 사고는 소비자 후생을 강조하는 민주당과 정부의 부담을 감축하기를 바라는 공화당 양자에서 뒷받침되었다.

셋째, 피규제 산업의 이질성이 규제 완화에 대한 저항의 힘을 약화시켰다. 점진적인 규제 완화 정책이 지속되면서 급기야 피규제 산업들도 적극적으로 호응할 수밖에 없었다.

한편 1980년대 중반 동서 냉전이 종식되면서 각국은 규제를 축소하는 작은 정부의 구현에 관심을 갖게 되었었는데, 그 중에서도 미국은 가장 과감한 규제 개혁을 실시했다. 또한 그간 연방정부의 우월주의적 법규나 지원 제도로 인해 주정부와 지방정부가 연방정부의 일선기관과 같은 역할에 머물러 있었다는 자각을 하게 되어 각종 권한을 주정부나 지방정부로 이양하는 조치도 병행되었다. 1930년대에 도입되었던 많은 규제들이 1980년대 제거되기 시작했는데, 여기에는 시장의 자유로운 활동을 보장하고 정부 개입을 가능한 한 배제한다면 사회후생은 극대화할 것이라는 믿음이 크게 작용하였다.

그렇지만 2008년 금융시장에서 발생한 글로벌 금융위기는 시장 중심적 사고에 변화를 요구한 대사건이었다. 금융시장에서 시스템적 위험의 원천은 정부의 개입이 만연하고 내재적 취약성도 있는 은행 부문이며, 시장원리가 보다 잘 적용되는 자본시장은 이러한 문제점이 없다는 인식이 일반적이었다. 그러나 부동산대출자산을 기초자산으로 한 증권화(securitization) 상품의 확산과 리스크관리 목적의 각종 파생상품의 출현이 미국 금융시장에 위기를 촉발하였고, 곧바로 전 세계로 파급되면서 금융 부문의 규제 필요성을 다시 인식하게 되었다.

2) 주요 내용

미국의 규제 개혁 정책은 국민적 지지를 획득하여 의회의 입법 절차를 거쳐 제도화되었고, 범정부적 차원에서 종합적으로 추진되었다. 특히 경쟁의 도입을 목적으로 진입규제의 완화를 제도화한 의회 입법 중 중요한 것으로는 1976년의 철도재건개혁법(Railroad Revitalization and Reform Act), 1978년의 항공규제완화법(Airline Deregulation Act), 1980년의 화물자동차운송법(Motors Carrier Act), 1980년의 유선방송규제완화법(Deregulation of Cable TV Act)이 있다.

미국의 규제 개혁 실적 중 가장 대표적인 것은 항공산업의 규제 완화이다. 미국의 항공산업은 민간항공위원회(Civil Aeronautics Board: CAB)가 1938년 결성된 이래 주(州) 사이를 운항하는 항공사에 대한 진입 규제, 가격 규제 등을 유지해 온 까닭에 새로운 항공사의 신규 면허는 거의 없었고 가격경쟁도 이루어지지 않고 있었다. 1978년 규제 완화에 착수한 이후 1983년까지 안전성 규제를 제외한 모든 규제가 철폐되었으며, 1985년에는 막강한 규제기관이던 CAB도 해체되었다. 규제 완화와 함께 신규 진입이 활발해지고 기존 항공사도 다른 노선에 진입함으로써 과점적 시장은 곧 경쟁적 시장으로 변모했다. 경쟁이 도입됨에 따라 가격 경쟁이 격화되고 항공 회사의 경영 개선 진전, 비용 삭감, 생산성 상승 등의 성과가 나타났다. 그리고 항공산업에서의 규제 완화는 규제 완화에 대한 우호적인 정치·사회적 분위기를 조성하는 데 중요한 역할을 함으로써 철도, 트럭산업으로 파급되었고, 이어 통신·전화산업, 금융산업 등으로 계속 이어졌다. 그리고 이들 산업에서도 오래지 않아 생산성 향상, 가격 인하 등의 긍정적 효과가 나타났다(Derthick & Quirk, 1985; Noll & Owen, 1983).

철도산업은 철도재건개혁법에 의해 주간통상위원회(Interstate Commerce Commission: ICC)의 규제가 완화되었다. 철도에 대한 진입 규제와 퇴출 규제가 크게 완화되었고 일정 범위 내에서 철도회사는 철도 요금을 인상하거나 인하할 수 있게 되었다. 화물자동차 운송산업은 철도산업과의 경쟁을 막을 목적으로 1930년대에 ICC에 의해 규제되었다. 그러나 화물자동차 운송산업은 작은 고정 비용과 낮은 진입 장벽이 특징이었으므로 처음부터 규제의 대상이 되는 것은 적절치 않은 것이었다. 이에 화물자동차운송법에 의해 화물자동차 운송사업에 대한 진입 규제와 퇴출 규제가 크게 완화되었으며, 요금 규제의 신축성이 제고되었다.

1970년대의 규제 완화 정책이 소비자의 후생을 증가시켰다는 데에 대한 이견은 별로 없다. 그러나 항공산업의 경우 규제 완화와 동시에 항공사의 시설 기반을 신속히 확장하지 못함으로써 시설 운영의 체증과 요금 인상을 막지 못했고, 경쟁 체제에 반하는 항공사 간의 합병을 허락한 것은 정책 실수인 것으로 지적되었다. 또한 유선방송산업에 대한 신규 진입을 허용하지 않은 상태에서 유선방송 요금에 대한 규제가 완화됨으로써 수년 뒤 CNN 시청자들의 강력한 항의와 재규제를 초래하기도 했다(Joskow & Noll, 1994).

1981년 레이건(Ronald W. Reagan)이 대통령에 취임하면서 본격적인 규제 개혁이 시작되었다. 레이건의 규제 개혁 정책에서 가장 특징적인 것은 규제 과정에서 강력한 중앙통제 시스템을 성공적으로 구축했다는 점과 규제영향 분석을 의무화함으로써 수많은 규제 간에 우선순위를 매겼다는 점이었다(Executive Order 11291). 이를 위해 문서감축법(Paperwork Reduction Act)에 근거하여 관리예산처(Office of Management and Budget: OMB) 내에 실무 조직으로서 강력한 권한을 가진 정보규제관리실(Office of Information and Regulatory Affairs: OIRA)을 설치하여 각 규제기관에서 입안한 모든 규제 관련 법령을 세밀히 검증했다.

미국의 정부개혁은 클린턴(Bill Clinton) 정부에 들어서도 지속되었다. 고어(Al Gore) 부통령은 국가성과검토팀(National Performance Review: NPR)이 작성한 보고서에서 고객을 우선시하기 위해 공공기관은 기업과 경쟁하고, 정부 독점을 기업가적 성격으로 전환하며, 많은 기능을 민간으로 이전하도록 권고했다. 특히 규제를 체계적으로 검토하여 40%에 달하는 규제를 폐지 또는 개선했다.

클린턴 정부는 레이건식 규제 완화 정책이 안고 있는 여러 가지 문제점을 파악하고서 이를 치유・완화하는 데 치중했다(Executive Order 12866). 즉, 규제기관 간의 갈등, 규제기관과 OIRA 간의 마찰, 독립규제위원회와 규제기관 간의 중복 또는 불일치를 해소하고자 했다. 이를 위해 OIRA를 규제의 방법론과 절차 등 규제에 관련된 모든 규제 문제를 총괄하는 전문기관화함으로써 NPR, OMB, OIRA를 축으로 하는 규제 개혁 집행 체계를 갖추었다. 또한 부통령으로 하여금 기존의 규제 검증 시스템을 재정비하도록 하여 규제는 최소한에 그치고 효율성, 개방성, 공정성을 제고하도록 했다.

한편 금융산업에서는 글로벌 금융위기의 치유와 구조적 방지를 위한 재규제 정책이 도입되었다. 특히 자본시장은 통화시장과는 달리 시스템 위험과는 거리가 있으므로 가능한 한 규제의 영역에서 배제되는 것이 바람직한 것으로 간주되었으나, 금융위기로 인해 자본시장의 시스템 위험관리를 위한 장치도입의 필요성이 인정되었다. 이에 파생상품의 거래소 거래 의무화, 일반투자자에 대한 금융상품 판매 규제 등의 조치가 취해졌다. 오바마(Barack Obama) 행정부는 금융회사의 부실화로 인한 사태의 재발을 막기 위해 2009년 6월 대공황 이후 가장 광범위한 수준의 금융개혁안을 제안하였다.

금융위기의 원인인 대마불사의 부작용을 예방하기 위해 2010년 7월 통과된 금융개혁을 위한 법안은 의안 제출자인 의원들의 이름을 반영하여 'Dodd-Frank Wall Street Reform and Consumer Protection Act(도드-프랭크법)'로 명명되었다. 도드-프랭크법은 ① 시스템 리스크를 관리하기 위해 여러 금융 규제기관들을 통합하여 금융안정감시위원회(Financial Stability Oversight Council) 신설, ② 여러 기관에 분산되어 있던 금융소비자 보호 기능을 통합하여 금융소비자보호국(Consumer Financial Protection Bureau) 신설, ③ 상업은행과 투자은행을 분리하고 상업은행이 주식·채권에 단기로 투자하거나 헤지·사모펀드에 투자하는 것을 금지, ④ 연방준비제도이사회(FRB)에게 주요 금융회사 감독 권한을 부여함과 동시에 감사원 및 재무부 장관의 통제를 받게 함을 주요 내용으로 하고 있다(허성욱, 2015).

3) 특징 및 시사점

미국의 정부 개혁의 특징은 장기간에 걸친 정부 업무 진단을 통해 점진적인 개혁을 유도하고, 개혁에 동참하는 부서에게는 권한을 위임함으로써 행정조직 전반에 자발적인 개혁의 분위기를 확산시켰다는 것이다. 특히 규제 개혁에 관련해서는 영국과는 달리 정치사회적 보수주의 이념이 크게 부각되지 않고, 경제적 효율성의 증진이라는 실용주의의 관점에 기초하고 있어 정치성은 크지 않았다.

미국 규제 완화 정책의 또 하나의 특징은 행정부, 입법부, 사법부가 모두 적극적인 역할을 했다는 것이다. 즉 통신산업은 사법부의 판결에 의해, 항공산업은 규제기관인 CAB의 자발적 해산에 의해, 화물자동차 운송 및 철도산업은 ICC의 자율화 방침에 따라, 그리고 석유산업은 대통령의 행정명령에 따라 각각 규제 완화가 촉진되었다.

미국의 규제 완화가 긍정적 성과만 있었던 것은 아니다. 가장 큰 문제는 기업 간 성과의 차이로 인해 인수·합병(M&A)이 빈번해지고 지배적 기업의 계열화 전략으로 집중 현상이 확대된 것이다. 특히 자본시장의 자유화는 20세기 이후 세계가 경험한 최초의 자본시장 위기를 초래하였다. 요컨대, 미국의 규제 완화 경험은 경쟁의 도입을 통해 기업의 자유로운 활동을 보장하고 그 영역을 확대한다는 원칙 아래 사회적으로 필요한 정도의 규제를 남겨 두거나 경우에 따라서는 규제를 신설함으로써 부작용을 최소화하는 노력을 병행해야 함을 시사한다.

미국 전력산업 구조 개편 실패 사례

■ 배 경

전력산업의 구조 개편은 경쟁의 도입을 통한 효율성 제고와 규모 및 범위의 경제를 통한 효율성 확보 간의 조화를 통해 전체 시스템을 최적화하는 방향으로 추진되어야 한다. 발전 부문에서의 자연독점성은 상당히 축소된 반면, 송・배전망의 운영과 투자에 있어서는 규모 및 범위의 경제가 여전히 존재한다. 따라서 규모의 경제가 희석된 발전 부문은 송・배전 부문에서 수직 분리하여 경쟁을 도입하지만, 송・배전 부문에 대해서는 기존의 독점 체제에 대한 규제를 보완하는 정도로 산업 구조의 개편이 이루어지고 있다.

■ 캘리포니아 전력 사태

2000년에 미국 북서부에서 강수량이 줄어들어 워싱턴 주・오리건 주 등에서 캘리포니아로 공급되는 전력량이 감소하자 민간발전 사업자들은 독점력을 활용하여 발전소의 가동을 중단함으로써 현물시장에서 거래되는 전력의 도매가격이 급등하였다. 민간사업자들은 발전소 유지・보수 등을 핑계로 자신들의 행동을 정당화했지만, 발전소 가동 중단으로 인한 전력공급 감소분은 2001년 4월 현재 전체 발전용량의 30% 수준에 이르렀다. 또한 1999년 여름 MWh당 평균 30달러 정도에 불과하던 도매 전력가격은 2000년 여름에는 130달러 수준을 상회했고 비수기인 12월에 385달러까지 치솟았다. 캘리포니아 주정부는 급기야 전력산업 자유화 중단을 선언하였다.

■ 시사점

캘리포니아 전력 사태는 실질적인 경쟁이 확보되지 않은 상태에서 규제가 완화될 경우 초래되는 폐해가 얼마나 심각한지 잘 보여주고 있다. 규제 완화 과정에서 수직 분리된 부문에 대한 규제는 철폐되었지만 경쟁이 도입되지 않을 경우 민간사업자는 독점력을 활용하여 비용을 훨씬 초과하는 수준으로 가격을 책정할 가능성이 높다. 전력과 같은 네트워크산업의 구조 개편이 소기의 성과를 거두기 위해서는 규모의 경제가 감소된 부문에서 실질적인 경쟁이 이루어지도록 환경이 조성되어야 한다. 만약 실질적인 경쟁이 확보될 수 없다면 규제 체계를 개선하는 수준에서 멈추는 것이 오히려 현명할 수 있다.

자료: 임원혁(2014: 1-4).

3 독 일

1) 배 경

독일의 규제 개혁은 민간 경제 중심의 미국과는 달리 행정권이 강한 전통으로 인해 정부 개혁의 큰 틀 속에서 이해할 수 있다. 특히 1990년대 초 통일 과정에서 가중된 재정 위기를 계기로 행정부 주도로 조직·기능의 축소, 예산의 효율적 집행 등 작은 정부를 지향하고 운영의 효율성을 추구했는데 그 일환으로서 규제 완화를 논하였다. 독일의 정부 개혁은 경제적 효율성에 입각한 기업가적 경영, 분권 및 책임을 강조하는 계층제의 완화, 새로운 사회 요구에 대한 행정의 적응력 향상 등을 지속적인 과제로 인식하고 있다.

2) 주요 내용

1983년 독일 정부는 탈관료화와 행정 절차의 간소화를 추진하기 위해 내무부 내에 연방법령·행정절차간소화위원회를 설치했으며, 경제부 내에는 규제완화위원회를 설치했다. 한편 1996년 광범위한 정부혁신 작업을 추진하기 위한 독립 전담 기구로서 정부감축자문회의를 설치했다. 자문회의는 일정한 심사 기준을 마련하여 규제의 시행 시 예상되는 영향을 분석하고 그 결과를 의회 및 국민에게 공개하도록 했다. 이를 위해 수상책임 하에 내무부, 법무부, 재무부, 경제부 등이 참여하는 평가기관을 설치하여 법안의 입안 시부터 분석을 수행하도록 했다. 이것의 전제 조건으로 각 법령의 제정 시에 미리 시간적 제한을 명시하는 일몰제를 도입할 것을 건의했다.

1995년 연립내각이 출범한 이래 독일 정부는 독일 기업의 경쟁력 강화, 고용 창출 등을 목적으로 한 재정·세제 분야나 사회보장 분야의 개혁을 위해 민영화와 규제 완화를 포함한 종합적인 구조 개혁 작업에 착수했다. 특히 정부조직 감축과 규제 완화를 통해 행정의 효율성을 극대화하고 행정비용을 대폭 감소함과 아울러 민간의 자율성과 경쟁력을 제고하는 노력을 계속하고 있다. 최근에는 서비스 제공의 성격이 강한 행정부 산하조직 업무의 민간위탁을 조직 간소화 차원에서 추진하고 있으며, 산업 활동의 활성화를 위해 그간 추진해 온 공기업의 민영화 대상 폭을 확대했다.

3) 특징 및 시사점

독일의 규제 개혁은 행정과 경영의 무차별성을 주장하거나 관료제 조직의 공공성·권력성을 무시하는 것이 아니라, 기본적으로 관료제적 조직관리의 범주 내에서 실행되었다는 점이 특징이다. 따라서 규모의 감축이나 조직합리화가 이루어지더라도 핵심적인 관료제의 구성과 작동 방식이 수정되지는 않는다(김성수, 1998). 이러한 한계 속에서도 독일 정부는 정부기관 간 유사 기능을 통합하고, 산출 및 사업 중심의 조직으로 전환하며, 민영화가 가능한 기능을 과감히 정리했다.

한편 각국의 규제 업무는 대부분 여러 기관에 분산되어 있어 규제 개혁의 실효성이 극대화되지 못하는 경우가 일반적이다. 이러한 측면에서 독일의 정부감축자문회의와 같은 독립 기구는 규제 완화와 정부 개혁을 위한 전담 기구 설치의 유용성을 증명하고 있다.

4 일 본

1) 배 경

일본은 1980년대 초반 이후 지속적인 연구와 논의를 거치면서 규제 완화의 방향을 정립했다. 일본 정부의 규제 개혁을 포함한 정부 개혁 추진은 국제적으로 세계화 진전에 따른 무한경쟁 시대 돌입과 상호 의존의 심화, 일본의 주체적 역할에 대한 국제 사회의 기대가 크게 작용했다. 그리고 국내적으로는 경제 발전 단계의 성숙화, 경제·사회 활력 저하, 재정적자 누적과 경제적 위기 우려, 고도정보화 사회에 대한 대응 지연 등이 복합적으로 작용했다.

특히 1990년대 초반 거품 경제가 꺼지고 불황이 장기화되면서 전통적으로 수용되어 왔던 정부의 개입에 대한 긍정적 평가가 한계에 이르렀다. 이에 따라 작은 정부, 효율화, 민간 주도라는 목표를 중심으로 1994년 발족되어 3년에 가까운 논의를 거친 행정개혁위원회의 행정개혁안이 1997년 최종적인 합의에 도달했다. 이와 같은 경제 구조 조정을 위한 문제 해결 과정에서 규제 개혁이 우선적인 정책의제로 등장했다.

2) 주요 내용

행정개혁위원회는 작은 정부를 통해 정부의 재정적자를 줄이고, 부처의 기능을 축소함으로써 규제의 가능성을 최소화하기 위해 1998년 산하에 규제완화위원회를 설치했다. 규제완화위원회는 독립적인 감독기관으로서 총리가 의장을 맡고 산업계・학계・언론계 등의 민간 전문가를 참여시켜 투명성을 확보하고 있다. 이 위원회의 중요한 역할은 '규제 완화 프로그램의 연차보고서' 작성인데, 이 보고서를 통해 규제 개혁 추진에 관한 객관적인 반응을 확인할 수 있다. 또한 각 부처로부터 규제 개혁 프로그램의 추진 상황에 관한 보고를 받고 검토한다.

1998년에는 내각에 의해 "규제 완화 촉진을 위한 3개년 사업"이 시작되었다. 또한 수상의 권한을 강화하여 부처 간의 갈등과 정책 조정의 어려움을 해소하고 장기적 기획을 도모하도록 했다. 아울러 경제 부처의 인・허가권을 축소하고, 외곽단체의 기능을 하고 있는 특수법인을 합병하거나 축소하며, 행정지도와 같은 모호한 간섭을 획기적으로 제한하도록 했다.

3) 특징 및 시사점

일본의 개혁 조치는 상당히 의미 있는 작업임에 틀림없으나 일본 관료제의 특성을 감안할 때 개혁안이 소기의 성과를 거두기 힘들 것이라는 예상이 적지 않다. 일본은 전통적으로 부처별 권한이 강하고 각 부처가 각자의 영역에서 개혁 수행을 담당하고 있기 때문에, 각 부처로부터 독립적인 상설 규제완화위원회의 설립은 초창기부터 회의적인 전망을 갖게 했다. 특히 일본 경제의 운영을 사실상 주도해 온 재무성(과거의 대장성)과 경제산업성(과거의 통상산업성)의 경우 분할이나 획기적인 기능 축소가 이루어지지 못했고, 오히려 경제산업성은 더욱 거대한 조직으로 변모하는 등 개혁의 전략에 상당한 한계를 드러냈다.

이와 같이 규제 개혁을 포함한 정부 개혁은 관료 조직의 저항을 극복하지 못할 경우 성과를 거두기 어려운 것이 사실이므로, 규제 개혁의 성공을 위해서는 단계적 추진 전략을 수립하여 장기적인 성과를 도모하는 방식이 필요할 것으로 보인다. 특히 상호 간의 이해관계가 얽혀있는 행정적 특징으로 인해 총리의 개인적 관심과 책임성이 규제 개혁의 성과를 결정한다고 해도 과언이 아니다.

일본의 전력산업 경쟁 체제 도입 사례

■ 배 경

과거 수차례의 전력시장 경쟁 도입 노력에도 불구하고 지역독점의 폐해가 심화되자 2016년 4월 일본 정부는 일반 가정용 전력 소매시장의 개방을 추진하였다. 이 사업의 목표는 소비자선택의 범위를 확대하기 위해 탈원전, 재생에너지 등 발전원의 다각화를 모색하는 한편, 전력회사의 효율성 제고에 따른 전기요금의 하락을 기대하기 위함이었다.

■ 내 용

전력 소매시장 전면 개방으로 소비자는 최적의 전력선택권을 확보할 수 있다. 즉, 소비자는 전기요금, 발전원별 포트폴리오, 경영성과, 사회적 활동 등 다양한 정보를 종합하여 최적의 전력회사를 선택할 수 있다. 이 소비자선택권의 확대는 전력회사의 경영 방식과 사업 구조를 변화시키는 촉발제로 작용하므로, 전력회사들은 고객을 자사로 유치해야 하는 격한 경쟁에 돌입하게 된다. 이에 전력회사들은 고객을 확보하기 위해 저렴한 전기공급과 함께 새로운 부가가치 창출을 위해 통신, 가스, 철도 등 다른 업종과의 협력을 모색하고 있다. 예컨대, 전력회사가 통신회사인 소프트뱅크와의 협력으로 전기＋휴대전화＋인터넷 상품 패키지를 공급하고, 철도회사인 도류그룹과 더불어 전기+케이블TV＋전철정기권을 공급하는 것이다.

■ 시사점

전력산업에의 경쟁도입은 시대적 요구이므로 전력회사는 경영효율성 제고, 다른 업종 간 결합을 통한 다양한 상품 출시로 안정적 수익원을 확보해야 하는 과제에 직면하고 있음을 인식해야 한다.

자료: 포스코경영연구원(2018: 1–11).

5 뉴질랜드

1) 배 경

1984년 집권한 노동당 정부는 그 전까지 9년 간 집권했던 국민당 정부의 정부 주도적이고 폐쇄적인 경제 운용정책을 비판하고 그로 인한 외환위기를 극복하기 위해 1985년부터 시장 지향적 정부 개혁을 추진하기 시작했다. 개혁의 청사진은 당시 재무장관이던 더글러스(Roger Douglas)에 의해 마련되었으며, 이 개혁 작업은 1990년 다수당이 국민당 정부로 교체된 이후에도 계속되었다.

뉴질랜드 정부의 정부 개혁 작업은 상업화, 기업화, 민영화로 요약할 수 있다. 상업화란 정부조직의 상업적 요소와 비상업적 요소를 분리하여 상업적 업무를 담당하는 정책집행 및 사업 부서와 비상업적 업무를 담당하는 순수 정책결정 부서로 재편성하는 것이다. 기업화는 정부부처나 사업 부서 등에서 기업 조직으로 전환할 수 있는 부분을 최대한 분리하여 공기업 조직으로 전환하는 것이며, 민영화는 정부조직의 일부나 공기업을 민간에 매각하는 것이다.

지방은행, 해운, 보험 등은 민영화의 대표적인 사례이다. 그리고 대부분의 경우 정부사업 부서의 공기업화가 민영화의 중간 단계로 이용되었다. 즉, 정부 사업 부서 형태로 운영되고 있던 취업, 석유, 통신은 일단 공기업 형태로 전환된 후 최종적으로는 민영화되었다. 그리고 현재 공기업 형태를 유지하고 있는 철도, 항공, 토지, 우편, 석탄, 전력도 부분적으로 민영화가 이루어졌거나 민영화를 검토하고 있다.

2) 주요 내용

뉴질랜드에서 규제 완화 정책은 금융 부문부터 시작되었는데, 금융 규제 완화의 방향은 금리 자유화, 외환 자유화, 금융 자율화로 요약할 수 있다. 우선 금리 자유화를 위해 금리 동결 조치를 즉각 해제했고, 모든 예금과 대출 금리 규제를 폐지했다. 외환 자유화 조치로서는 자유변동 환율 제도로 변경했고, 외환위기 등 꼭 필요한 때에만 정부가 중앙은행을 통해 외환시장에 개입할 수 있도록 했다. 그리고 금융 자율화 조치로서 은행 설립을 자율화하고 외국인의 금융회사 주식 소유 제한을 폐지하고 비은행 금융회사의 은행 전환을 허용하는 등 은행 설립 요건을 대폭 완화했다.

한편 기업화를 활성화하기 위해 공기업이 가지고 있던 모든 독점적 권한을 제거하고 민간기업과 경쟁하도록 했으며, 이에 따라 공기업은 민간기업과 동일한 자본 구조를 가지고 세금을 납부하고 주식 배당을 하는 등 민간기업과 같은 원리에 따라 운영되었다. 이러한 경쟁 도입을 위한 규제 완화정책은 매우 성공적이어서 전기 및 통신 서비스의 가격은 하락한 반면 생산성 및 이윤은 상승했고, 우편 · 철도 · 항만 · 석탄 · 삼림 등 경쟁이 도입된 분야에서 비용 절감과 서비스 향상 효과가 뚜렷이 나타났다.

3) 특징 및 시사점

뉴질랜드의 개혁 조치의 효과가 나타나기 시작한 것은 개혁이 착수된 지 약 8년이 지난 시점이었다고 한다. 이러한 점을 고려하면 개혁의 성과에 대한 성급한 기대는 바람직하지 않다고 할 수 있다. 그리고 뉴질랜드 개혁의 성공요인은 집권당의 교체에도 불구하고 개혁의 추진이 지속되었다는 점에서도 찾을 수 있을 것으로 평가된다.

6 한 국

1) 연 혁

1980년대 초 세계적 경제 불황이 닥쳤을 때 한국도 종래의 성장 전략에는 한계가 있음을 인식하였다. 이에 1982년 성장발전저해요인개선위원회가 발족되었는데, 이때 최초로 규제 완화가 정책 과제로 채택되었다. 1988년 민관합동경제법령정비협의회를 운영하면서 전국경제인연합회 등 민간 경제단체들이 건의하는 각종 경제 법령 개선 과제를 수집했다. 1980년대의 규제 개혁은 1970년대 경제통제 체제 하에서 우후죽순, 중구난방으로 늘어난 규제를 찾아내는 것에 초점이 맞추어졌다.

그러나 규제 개혁이 체계적인 면모를 갖추기 시작한 것은 1990년 국무총리를 위원장으로 하는 행정규제완화위원회를 설치하고 그 산하에 실무위원회를 둔 때부터이다. 1991년에는 규제 완화 시책에 대한 민간의 의견을 수렴하기 위해 행정규제완화민간자문위원회를 한시적으로 설치했다. 1993년에는 경제부총리를 위원장으로 하는 경제행정규제완화위원회와 상공자원부 산하의 기업활동규제심의위원회 등 여러 개의 유사 기능을 가진 규제 완화 추진 기구가 동시에 설치되었다.

1994년에는 '행정규제 및 민원사무기본법'이 제정되어 신설 규제 심사제도 등이 규정되었고, 1997년 제정된 행정규제기본법이라는 법적인 근거를 모태로 하여 규제 개혁을 제도적으로 다룰 수 있는 규제개혁위원회가 1998년 발족했다. 한국의 체계적인 규제개혁은 이 법에서 비롯되었다 할 수 있다. 규제개혁위원회의 목적은 불필요한 규제를 폐지하고 규제의 신설을 억제함으로써 사회경제 활동의 자율과 창의를 촉진하는 것이다. 2004년에는 규제개혁위원회와 별도로 국무조정실에 규제개혁기획단을 설치하였으며, 2008년 국가경쟁력강화위원회 내에 민관합동규제개혁추진단을 설치하였다.

2) 시기별 개혁 활동

김영삼 정부는 집권 기간 동안 규제 완화를 주요 정책 목표로서 추진했다. 예컨대, 경제행정규제완화위원회를 비롯하여 행정쇄신위원회, 규제개혁추진회의, 기업활동규제심의위원회, 행정규제합동심의회의 등을 설치함으로써 규제 개혁 추진을 구체화했다. 그러나 규제 완화를 위한 노력에도 불구하고 기업 활동 정상화에 관한 성과는 크지 않았으며, 규제 완화의 성역이라 불리는 영역도 여전히 존재했다. 이에 기업들은 정부가 보여 준 '규제된 규제 완화(regulated deregulation)' 정책에 대해 비판적인 입장을 보였다.

김대중 정부는 다원화되어 있었던 규제 개혁 추진 체계를 규제개혁위원회로 일원화하여 규제 개혁의 체계성과 효율성을 도모하였다. 특히 당시 IMF의 외부적 요구와 정부의 자체적 개혁 의지가 결합하여 많은 규제가 철폐되었다. 다만 민간 위원장과 민간위원은 비상근으로서 규제 개혁 업무에만 전념하는 구조가 아니므로 사실상 자문위원회의 성격에서 벗어나지 못하는 한계가 있었다. 또한 규제 개혁이 대통령의 의지에 따라 규제 완화 위주로 급격히 추진됨으로써 등록제와 같은 양적 측면에 치우치는 경향이 있었다. 또한 피규제자인 기업의 의사가 제대로 반영되지 못하는 문제도 지적되었다.

노무현 정부는 기업 활동을 위해서 여러 부처로부터 수많은 인·허가를 받아야 하는 문제점을 해결하기 위해 원스톱 서비스를 마련하였다. 그 밖에 규제일몰제와 규제총량제를 도입하였으나, 시행 2년 만에 규제총량제가 폐지되고 규제의 총량은 오히려 증가하는 등 실질적인 성과는 미미하였다.

이명박 정부는 규제 개혁을 핵심 국정과제로 채택하여 각종 규제를 철폐하기 위해 노력하였다. 대기업 규제 및 수도권 규제 완화, 세제 개편, 창업 절차 간소화, 기업 출자총액 제한 완화, 금산분리 규제 완화 등 시장친화적 정책을 위해 상당히 많은 규제 개혁 정책을 펼쳤다. 그리고 행정규제기본법 제정 시 도입되었던 규제일몰제는 그간 다분히 형식적으로 운영되었는데, 기존의 효력상실 유형 외에 재검토 유형이 신설되면서 현재와 같은 제도적 틀이 정비되었다. 그밖에 한시적 규제유예, 미등록 규제의 등록, 규제정보 시스템 구축 등 다양한 규제 개혁 조치를 시행하였다(이혁우, 2012; 최진식, 2010).

박근혜 정부에서 도입한 대표적인 규제 제도는 규제비용총량제와 규제신문고제도이다. 그리고 규제 체제를 네거티브 방식으로 전환하기 시작하였고, '국민부담 경감을 위한 행정규제 업무처리지침'을 개정하여 기존의 규제일몰제를 확대 적용하였다. 그렇지만 정치적 여건의 급변으로 인해 계획한 규제 개혁은 지속되지 못하였다.

문재인 정부 시기에는 제4차 산업혁명 등 새로운 흐름에 대응하기 위하여 최근에 선진국에서 채택한 규제 개혁 조치들을 도입하였다. 네거티브 규제 방식을 확대하여 규제 샌드박스를 포함한 '포괄적 네거티브 규제 방식'을 행정규제기본법에 명시하였다.

3) 특 징

한국 규제 개혁정책의 특징으로 볼 수 있는 것은 규제의 개혁을 위한 전담기구로서 대통령 소속으로 규제개혁위원회를 설치·운용하고 있다는 점이다. 과거의 규제 개혁 추진 기구가 민관 합동 또는 민간 명망가 중심의 한시적 자문위원회의 성격이 강했던 반면에, 규제개혁위원회는 법적 근거를 확고히 하여 기구의 한시성을 극복했으며, 의결권을 보장하고 국무총리와 민간 인사가 공동위원장을 맡음으로써 그 권한과 위상이 높아졌다.

그러나 한국의 규제 개혁 성과는 그리 긍정적 평가를 받지 못하면서 규제 개혁의 필요성은 여전히 강조되고 있는 실정이다. 그것은 규제 개혁이 질적 개선이 아니라 양적 증가에 주안점을 두었기 때문이다. 한국의 규제 개혁은 상당히 많은 건수가 집계되어 있으나 실제 기업 활동과 개인생활의 질적 개선에 미친 효과는 미미한 편이라 할 수 있다. 그것은 개혁 추진 시 감축된 규제의 수보다 그 후 더 많은 규제가 새로 만들어지기 때문에 전체적으로는 더 많은 규제가 존속하기 때문이다. 거기다 새로운 정부가 출범하면 전 정부에서 추진하였던 개혁 조치가 상당수 사장되기도 하였다. 그렇지만 최근에 들어 과거 정부에서 도입한 규제총량제, 규제일몰제, 규제등록제, 네거티브 규제 등이 더욱 구체화되어 개선을 거듭하고 있음은 향후 규제 개혁의 전망을 밝게 하고 있다.

4) 주요 규제 개혁

(1) 방송산업의 규제 개혁

최근까지도 대부분의 국가에서는 방송과 통신을 분리하여 규제하는 정책을 채택해 온 결과 방송과 통신은 별도의 영역으로 고정되었다. 이에 따라 통신산업은 주로 컴퓨터산업과 연계를 강화한 반면, 방송산업은 주로 인문사회과학과 연결되어 신문, 출판 등 다른 언론 부문과 연계를 맺는 경향이 강했다. 그러나 방송의 특수성을 인정해 온 기반이 되었던 환경에 많은 변화가 일어나고 있다. 무엇보다 획기적인 것은 기술적 환경 변화라 할 수 있다.

이에 다양한 미디어 매체들이 발전을 거듭하고 있고 방송 이외에 통신과 컴퓨터 분야 등 정보산업을 구성하는 분야들의 구분이 모호해짐에 따라 방송에 대한 특별한 규제는 정당화되기 어렵게 되었다. 이에 따라 방송에 대해 더 많은 규제를 인정하는 것에 대한 타당성이 의문시되었으며, 모든 매체에 공통적으로 적용할 수 있는 포괄적이고 통일적인 기준의 필요성이 대두되었다. 이에 더해 전적으로 자국의 차원에서 방송을 규제한다는 것이 용이하지 않게 되면서 방송에 대한 규제 완화가 불가피하다는 인식이 커지고 있다.

한편 우리나라의 현행법상 방송 프로그램과 정보통신 콘텐츠 사이의 중간에 해당하는 유사방송 콘텐츠 영역은 인정되지 않는다.[5] 규제 체계와 방식 등이 모호하기 때문에 플랫폼 사업자나 크리에이터, 이용자 모두에게 명확한 기준을 제시하지 못하고 있다. 따라서 급속히 증가하고 있는 인터넷 개인방송과 같은 융합 영역을 합리적으로 규제할 수 있는 제도의 마련이 시급하다 할 수 있다.

(2) 통신산업의 규제 개혁

자연독점은 어떤 산업이 갖는 본질적인 특성이 아니라 수요와 공급의 가격 조건에 따라 결정되는 유동적인 특성이라 할 수 있다. 산업 발전의 초기 단계에서는 기술 수준이 낮고 시장 수요는 작아서 자연독점의 조건이 충족되기 쉽지만 기술이 발달하고 수요가 확대됨에 따라 자연독점적인 시장은 점차 '구조적으로 경쟁적인(structurally competitive)' 시장으로 변하게 된다. 통신산업은 이러한 구조적 변화의 대표적인 산업으로 평가받고 있다(김재홍, 1995).

1990년 이전까지 정부는 통신산업에 대해 독점 체제를 유지하는 정책을 유지했으나 1990년대 들어 경쟁 도입, 규제 완화 및 KT 민영화를 추진하기 시작했다. 이것은 1988년 미국이 한국을 통신 분야 우선 협상 대상국으로 지정한 이래, 단순 DB 정보 처리 서비스 부문 개방, 고도통신 서비스업(부가통신 사업자)에 대한 외국인 소유 지분 제한 철폐 등 국내 통신시장의 개방이 불가피해진 데에서 크게 기인했다. 이후 1991년부터 데이콤이 참여하게 되면서 국제 전화사업 경쟁이 시작되었으며, 통신시장 개방에 대비하여 1994년 데이콤을 시외전화 사업의 제2사업자로 선정하고 1996년부터 시외전화 경쟁 체제에 돌입함에 따라 경쟁이 불가피해졌다. 1999년 시내전화까지도 신규 진입이 허용되었고 정보통신의 새로운 분야에도 기존 KT의 독점적 지위가 해소되면서 대기업뿐만 아니라 중소기업도 경쟁 구조에 편입하게 되었다.

한편 1997년 「공기업의 경영구조 개선 및 민영화에 관한 법률」이 적용되는 등 민영화가 진행됨에 따라 KT는 정부투자기관에서 정부출자기관, 즉 주식회사 형태로 경영 체제가 전환되었다. 이에 따라 정부로부터 경영상의 간섭을 받지 않게 되었고, 민간 주주와 전문경영인 책임의 자율경영 체제로 운영되기 시작했다. 특히 소유와 경영의 분리라는 경영 구조가 확립되었고 동시에 기업의 지배 구조가 선진화되었다. 1998년 이후

5) 독일의 경우 방송과 통신이 융합하며 전통적인 방송 관련 법률이 융합 서비스에 대한 사항을 규제할 수 없게 되자 2007년 텔레미디어법을 제정하였다. 인터넷 개인방송은 방송과 통신의 융합인 컨버전스 영역으로 간주되어 텔레미디어법을 적용받는다.

수차례에 걸친 전기통신사업법의 개정으로 외국인 총지분 한도가 크게 확대되었고, 2002년 민영화 이후에는 모든 공법의 적용 대상에서 제외되어 감사원 감사를 받지 않게 되었으며, 주식 취득 및 지분 구조에 대한 제한도 철폐되었다.

(3) 철도산업의 규제 개혁

1980년대에 철도청에 의한 철도산업의 운영에 문제점이 지적되면서 철도산업 구조 개혁이 논의되었다. 전두환 정부는 1985년 2월 철도청의 공사화를 목표로 설정하였으나 실제 추진하지는 않았으며, 노태우 정부는 1989년 2월에 한국철도공사법을 제정하였으나 정부의 재정 부담과 노조의 강력한 반대에 부딪히면서 철도청의 경영개선 쪽으로 철도산업 운영의 방향을 재정립했다. 김영삼 정부는 철도공사법을 폐기하고 1996년 '국유철도의 운영에 관한 특례법'을 제정하고서 건설 관련 예산지원과 운영 관련 예산지원을 분리하였다. 김대중 정부는 1999년 상 · 하 시설을 분리하여 하부시설은 공단이 담당하고 상부시설은 민영화하기로 결정하였다. 2000년 철도구조개혁심의위원회의 건의에 의해 철도산업 구조 개혁이 다시 추진되어 철도산업 운영의 주식회사 방식이 검토되어 2001년 12월에 국회에 법률안을 제출하였으나 심의가 보류되었다.

노무현 정부는 2003년 6월에 '철도구조 개혁에 관한 법률'을 제정 · 시행하면서 다시 운영조직 형태로서 공사 방식을 유력하게 논의하기 시작했다. 2003년 6월 철도산업발전기본법과 한국철도시설공단법이 통과되었고, 2003년 12월 우여곡절 끝에 한국철도공사법이 의결되었다. 이들 법률에 의해 2004년 한국철도시설공단(현재의 국가철도공단)과 2005년 한국철도공사가 각각 출범했다.

이명박 정부는 철도시설은 국가가 건설 · 소유하고 운송사업은 철도공사 외에 민간사업자가 선로를 임대하는 형식으로 경쟁을 유발하기 위한 경쟁 체제의 도입을 시도하였으나, 민간투자사업에 대한 불신과 대기업에 대한 특혜 논란이 확대되면서 실현되지 못하였다. 박근혜 정부는 공영 체제로 운영하는 한도에서 경쟁을 도입하기 위한 정책을 추진하였으나 탄핵 정국이 심화되면서 추진동력을 상실하였다.

이와 같이 미흡하나마 철도 구조 개혁이 추진되었으나 시장진입 및 가격에 대한 규제는 거의 변화를 보이지 않고 있다. 일반철도 노선 운영은 사실상 철도공사가 독점을 유지하고 있으며, 일반철도 요금의 경우 계속적으로 정부에 의해 엄격히 통제되고 있다. 이러한 규제로 인해 기존 철도 서비스의 서비스 수준이 낮아져 수요가 감소하고 있고, 신규 철도 서비스의 수요창출도 기대했던 것만큼 나타나지 않으며, 엄격한 요금 수준과 비합리적인 요금체계로 운영 적자가 누적되는 문제가 고착되었다(한국개발연구원, 2016).

(4) 전력산업의 규제 개혁

전 세계적으로 1990년대 중반부터 전력산업의 구조 개편은 큰 흐름으로 인식되었다. 통신산업에 비해 수요 변화나 기술 변화의 속도가 상대적으로 느린 것으로 인식되어 온 전력산업에서도 최근에는 기술 진보가 이루어지고 수요의 규모가 크게 확대됨에 따라 네트워크 부문을 제외한 부문에서 자연독점의 특성이 사라지는 추세가 나타나고 있다. 또한 전력산업의 수직적 통합이 비효율성의 주요 원인이 되고 있다는 인식이 확대되었다. 이는 기존의 규모의 경제에 기반을 둔 수직적 통합 체제가 적어도 전력산업의 발전 부문에서는 더 이상 존재하지 않거나, 비록 규모의 경제 효과가 존재하더라도 발전회사 간의 경쟁을 통해서 규모의 경제 효과보다 큰 비용 절감이 가능하다는 믿음에 근거를 두고 있다(김대욱 · 이유수, 2010).

한국 전력산업 구조 개편은 1993년 '장기 전력 수급계획'에서 발표된 민자 발전사업의 추진으로부터 본격적으로 시작되었다고 할 수 있다. 1997년 경제규제개혁위원회는 전력산업에서 민자 발전의 폭을 확대하고 특정 전기사업 제도를 도입하고, '전력산업구조개편위원회'를 구성하여 전력산업 구조 개편 방안을 본격적으로 검토하기 시작했다. IMF 금융위기 이후 정부는 에너지산업 구조 개편 정책의 일환으로 네트워크산업의 수직 분할을 통한 구조 개편 방안을 추진했는데, 전력산업에 관해서는 발전 · 송전 · 배전 부문의 수직 · 수평 분할 방안과 분할된 발전사의 민영화 구상을 수립했다.

2000년 12월 한국전력공사(한전)를 7개로 분할하는 내용이 담긴 「전력산업 구조개편 촉진에 관한 법률」이 제정되었다.[6] 이 법률에 따라 2001년 4월 한국전력과 남부, 남동, 서부, 동서, 중부발전 및 한국수력원자력이 독립 법인으로 출범했다. 다만 이러한 분할

6) 동법은 2009년 12월 말 효력이 만료되었다.

에도 불구하고 6개 회사가 한전의 자회사로 남아 있어 사실상 수평·수직 통합 체제가 유지되고 있다. 2002년 4월 남동발전회사를 첫 매각 대상으로 확정하고 2003년 초 매각을 시도했으나 무산되었다. 마침 당시 구조 개편이 진행되었던 미국 8개주, 캐나다 2개주, 이탈리아, 영국 런던 남부지역에서 민영화로 인한 설비관리 미흡 등의 원인으로 대규모 정전사태가 속출하였다. 이러한 국외의 문제점 발생을 기화로 한국 전력산업 구조 개편을 처음부터 다시 검토하자는 주장이 제기되었다(오성은, 2013).

한편 전기사업법을 개정하여 전력 시장의 개설과 운영을 담당하는 비영리 특수법인인 전력거래소와 전력 시장의 공정 경쟁 여건을 조성하고 소비자 보호 기능을 수행하는 전문 규제기관인 전기위원회에 대한 규정 등 새로운 경쟁환경에 관련한 상세한 기틀을 마련했다. 전기위원회는 산업통상자원부 산하기관으로서 전기사업 면허와 전기사업 판매자의 공급약관을 인가한다. 경쟁 촉진 및 불공정행위 규제를 담당하며 소비자 권익보호와 독점력 남용을 규제하고 전력시장 및 전력계통 운영을 감시한다.

전력거래소는 한전으로부터 독립된 별도의 기관으로서 그 회원은 발전사업자, 배전사업자, 판매사업자 및 직거래를 할 수 있는 대용량 수용가로 구성된다. 전력거래소는 전력 거래에 따른 도매시장 운영을 담당하고 이에 따른 계량과 정산 업무를 담당한다. 아울러 급전 우선순위를 결정하고, 각 발전소에 급전을 명령하며, 전력 계통의 안정을 유지하는 계통 운용 업무까지도 담당하고 있다.[7] 또한 미래의 전력시장에 대한 설계를 맡고 있으며 전력수급기본계획의 사무국 역할을 담당하고 있다.

2008년까지의 2단계는 도매 경쟁 시기로서 배전 및 판매 부문도 여러 개의 회사로 나누고 양 방향 입찰 시장을 개설하여 유통 단계에까지 경쟁 도입을 확대한다는 것이었다. 그렇지만 2004년 노사정위원회가 배전 분할추진 중단과 독립사업부제 도입을 권고하고 이를 정부가 수용함으로써 전력산업 구조 개편은 전면적으로 중단되었다. 2006년 한전의 배전 및 판매 부문의 독립사업부제를 시행한 이후 전력산업은 외형적인 성장을 제외한다면 거의 개혁이 멈춘 것으로 볼 수 있다(에너지경제연구원, 2018).

7) 전력거래소에 이러한 역할을 부여한 것은 아직도 송·배전 업무를 담당하고 있는 한전에 유리한 방향으로 계통 운용이 왜곡될 가능성을 미연에 방지하기 위한 것으로 볼 수 있다.

(5) 가스산업의 규제 개혁

전 세계 가스산업은 가스 개발 기술 및 액화 기술의 지속적인 발전으로 도입 비용이 감소하고 복합화력 가스터빈 등 가스 이용 기술의 혁신으로 다른 에너지원에 비해 천연가스의 경쟁력이 강화될 것으로 전망된다. 이와 같은 가스 관련 기술의 발전은 가스산업의 대폭적인 구조 개혁을 초래하고 있다. 구조 개혁을 실시한 국가에서는 중·장기적으로 가격이 하락하는 등 효율성 제고 효과가 나타나고 있다.

한국의 가스산업도 전국 배관망이 완공되는 등 기본 인프라가 확충됨으로써 이제는 경쟁 도입에 의해 생산성을 제고하고 정부규제에 의한 시장 왜곡을 최소화하는 구조 개혁이 필요한 시점에 도달했다. 특히 환경 문제의 부각과 함께 세계 가스 시장은 장기적으로 높은 성장이 예상되고 있으며 이것은 한국에도 해당되는 것이다(에너지경제연구원, 2003).

과거 우리나라 가스산업에서 규제 개혁이 논의되었던 배경은 도입·도매 부문을 한국가스공사가 독점하고 있어 낮은 가격으로 LNG를 도입할 유인이 낮다는 데서 출발한다. 도입·도매 부문이 독점 체제이고 정부가 요금 규제를 통해 적정원가를 요금에 반영하여 보상해 주므로 도입원가를 낮추기 위한 유인이 없다는 것이다.

이러한 이유로 오래전부터 민영화나 경쟁도입 등의 시장 지향적 방식을 통한 효율성 제고를 위한 정책적 시도가 있었다. 김대중 정부에는 이러한 노력이 주로 복수 자회사 설립 및 분할매각을 통한 민영화 계획으로 나타났고, 노무현 정부 시기에는 경쟁도입을 통한 시장 효율성 제고로 그 강도가 다소 약화되었다. 이명박 정부 시기에 제3차공공기관선진화계획에 따라 천연가스의 도입·도매 부문에 경쟁도입을 추진하기로 방향을 설정하였다.

경쟁도입을 위한 규제 개혁 내용은 도매 부문에 신규 판매사업자(발전용가스사업자) 진입을 허용함으로써 한국가스공사 독점 체제를 해체하는 것이었다. 이러한 가스산업의 경쟁 확대는 정부규제 하에서 적용 중인 도매공급비용과의 비교 대상이 다수 출현하게 됨을 의미한다(한국가스공사, 2011). 2009년(제18대 국회) 관련 법안이 국회 지식경제위원회에 상정되었으나 찬반 양론이 치열하게 맞서다가 결국 제18대 국회가 2012년 5월 종료되면서 임기만료에 의해 자동 폐기되었다. 이명박 정부는 제19대 국회 개원 이후에 시행령 개정을 통해 입법부를 우회하여 가스산업 구조 개편을 시도하였으나 신중한 논의를 요구하는 국회에 의해 국정감사에서 지적을 받고 제동이 걸린 이후 현재에 이르고 있다.

가스산업 구조 개편이 진행된다면 가스산업 운영 주체의 변화와 더불어 산업 내 경쟁의 도입으로 소비자들의 선택권이 확대될 뿐만 아니라 장기적으로 가스산업의 효율성이 제고될 수 있다. 또한 현재와 같이 계절적으로 가스 수요가 크게 변하는 경우 시장 원리에 의한 용도별 요금 결정은 올바른 소비를 유도하여 에너지 절약 및 환경 보호에 대한 긍정적 효과를 가져올 수 있을 것이다.

Chapter

09 한국 규제 개혁의 방향

규제 개혁은 정부 내의 규제 비용·방식·기관 등의 효율적 운영을 주요 내용으로 하고 있으나 근래에 들어 이에 못지않게 강조되는 것이 규제 과정에의 참여 확대 및 투명성 제고이다. 따라서 여기에서는 한국의 규제정책이 나아가야 할 방향을 크게 규제의 완화, 규제의 강화, 규제 체계의 효율화, 규제 방식의 다양화, 규제 과정의 민주화로 보고, 이들을 포괄적으로 규제 개혁이라 지칭하기로 한다.

제 1 절 한국 규제 개혁의 관점

정부개입의 필요성 및 적정성 여부는 규제 개혁의 필요성을 가늠하는 기준이 된다. 다시 말해, 시장 기능이 제대로 작동하고 있다면 정부규제를 완화하거나 폐지하는 등의 개혁 조치를 시작해야 한다는 말이다. 그런데 이 판단은 국가의 역할에 대한 인식, 경제의 구조 및 발전 단계, 관료와 시민의 의식 등에 따라 크게 달라진다. 따라서 한국 정부의 역할에 관한 논의는 경제적 자유화의 지속과 국가 발전 체제의 전환을 위한 방법론의 정립에서 시작되어야 한다.

1 경제적 자유화의 지속

1) 한국 경제적 자유화의 전개

국가 주도의 발전전략은 발전의 수준이 낮았던 초기 단계에는 매우 효과적이었으나 경제의 규모가 커지고 구조가 복잡해진 후기 단계에는 부정적 결과를 산출하는 경향을 보였다. 특히 1997년 외환위기의 발발은 동아시아 발전 모형을 찬미의 대상에서 온갖 잘못의 원인으로 바꾸는 계기가 되었다. 따라서 동아시아 발전 모형을 둘러싼 논의로부터 경제적 자유화로 불리는 발전전략의 조정 과정에서 무엇이 잘못되었는지를 살펴보는 것이 중요하다.

(1) 경제적 자유화의 논리

국민경제의 규모가 작고 기업의 재원 동원 능력이 부족할 때에는 정부 주도에 의한 시장경제의 운용이 효과적일 수 있으므로 산업화의 일정 단계까지는 국가개입이 유효할 수가 있다. 그러나 그 단계를 벗어나면 원칙적으로 새로운 시스템을 구축하여 시장기구를 활용함으로써 국가의 변혁 능력을 제고하는 이행이 불가피해진다(이제민, 1998).

경제적 자유화(economic liberalization)란 정치 변화와 더불어 시장 자율 메커니즘을 통해 국제 경쟁력을 향상시키려는 정책 사고를 말한다. 다시 말하면, 시장 경쟁을 촉진하고 경제 거래에서 발생하는 비용을 줄이기 위해 금융 · 조세 · 정부규제 · 산업조정 등 기존의 국가개입을 위한 정책 수단을 완화 내지는 폐지하는 방향으로 경제 제도를 재확립하는 것이다. 역사적으로 보아도 후발국의 산업화에는 국가가 주도적 역할을 할 수밖에 없지만 어느 단계가 되면 시장경제로 이행하는 것이 보편적이었다.

이와 같은 경제적 자유화의 진전이 이어지면서 종래의 발전국가 전략으로는 궁극적으로 성장에 한계가 있고, 정부의 개입이 장기화될수록 경제적 비효율이 증가한다는 것을 경험적으로 깨닫게 되었다. 한국 등 동아시아 국가들에서도 정부의 역할은 시장 강화적(market-enhancing)일 수밖에 없는 것이다. 특히 세계화가 일시적인 것이 아닌 구조적인 현상이라는 것이 명백해짐에 따라 경제의 지속적인 성장잠재력을 키우기 위해서는 민간의 자율과 창의력에 바탕을 둔 시장 기능의 회복이 시급하다는 인식이 싹트게 되었다.

(2) 경제적 자유화의 구체화 - 노태우 정부

전두환 정부에서도 수입 부문과 금융 부문을 중심으로 시장자유화 정책이 추진되었지만, 한국에서 경제적 자유화가 구체화되고 본격화된 것은 1980년대 중반 이후이다. 이 시기에 통제 중심의 경제 체제에서 시장 중심의 경제 체제로 전환하는 시도를 시작했는데, 1988년 민관합동경제법령정비협의회 구성도 이것을 위한 장치였다. 산업육성도 정부가 특정 산업을 선별하는 것이 아니라 기업이 스스로의 판단에 의해 새로운 분야에 진입하면 수출·연구개발 등 기능별로 지원하는 방식으로 바뀌었다. 1980년대 후반부터는 그동안 국가에 의존하여 해외 차입을 했던 재벌들이 규모의 경제를 토대로 독자적인 해외 생산기지와 금융망을 구축하기 시작했다. 1980년대 내내 금융자유화가 계속되었으나 그것은 순서와 속도에서 신중하고 완만한 것이었다.

한편 1980년대 들어 기업 부문이 크게 성장함에 따라 관료제의 자율성이 점차 약화되면서 이익집단에 포획되기 시작했다. 시장과 이익집단의 성장에 중추적 역할을 담당했던 국가가 오히려 대규모화된 기업 부문에 의해 밀려나기에 이른 것이었다. 급기야 1989년에는 석유화학산업에 대한 정부의 투자조정 계획이 재벌들에 의해 거부되는 초유의 사태가 발생했다.

(3) 자유화의 과잉과 외환위기의 발생 - 김영삼 정부

김영삼 정부 시기에는 금융실명제가 실시되는 등 앞서의 군사정권이 시도하지 못한 다양한 개혁 조치가 이루어졌다. 그렇지만 김영삼 정부는 시장만능주의 사고와 재벌의 저항 등으로 인해 재벌에 대한 통제력을 상실한 이후 재벌들의 사업 확장에 대해 방임적 태도를 견지함으로써 결국 경제적 부작용의 예측에 실패했다(이연호, 1998).[1] 국가

1) 김영삼 정부는 상당 부분 재벌에 포획되었고 이것이 재벌들의 모험적 과잉 투자를 초래한 것이다. 이와 같이 국가의 규제 능력이 약화됨에 따라 기존의 강력한 사회 세력들이 자유화를 자신들의 이익에 맞도록 왜곡하고, 국가를 대신하여 시장에 대한 통제력을 행사하게 되는 것을 '자유화의 포획(capture of liberalization)'이라고 한다(Haggard, 2000).

의 규제 능력이 크게 약화되고 금융에 대한 감독 체계가 거의 붕괴된 가운데 이루어진 자본시장 개방으로 인해 많은 기업이 높은 채무 비율을 유지한 채 무모한 해외차입을 확대했으며 그 결과는 대기업의 수익률 하락으로 나타났다.[2)]

한편 미국을 비롯한 선진국들이 자본시장 개방을 계속 요구하여 한국 경제는 국제 단기자본 이동에 노출되었다. 동아시아 경제의 리듬이 외국 자본의 유출입에 의해 좌우되는 현상이 초래되었으며, 이것은 고부채 모형(high debt model)을 통해 경제 성장을 이룩한 한국에게는 매우 위험한 것이었다(정진영, 2000; Wade & Veneroso, 1998).

요컨대, 김영삼 정부는 목적으로서의 시장 주도에 몰입한 나머지 경제자유화 전략의 단계별 중요성을 깨닫지 못했다. 나아가 규제 완화에 필연적으로 수반되는 재규제(re-regulation)의 필요성을 인지하지 못하고 영미식 시장 주도 체제의 자유화 유형에만 몰입했으며(이종찬, 1998), 재벌과 금융권의 방만함을 묵인하는 등 정책적 및 도덕적 오류를 범했다. 결국 재벌의 차입 요구가 거세지고, 대내적 자유화는 진척되지 않으며, 개방 압력에 따라 단기자본 이동이 급속히 진행되는 와중에서 외환위기가 발생했다(이제민, 1998).

(4) IMF 관리 체제와 강요된 경제적 자유화 - 김대중 정부

초창기 김대중 정부의 개혁정책은 직접적으로는 당면한 위기를 수습하기 위한 것이었지만, 그 장기적 방향은 개방적 자유시장의 구축이었다. 영미의 신자유주의가 시작된 것은 1980년대이지만 한국에 본격적으로 영향을 미친 것은 2000년대부터라 할 수 있다. 김대중 정부는 신자유주의를 받아들여서 경제자유화의 방향으로 삼았다.

외환위기를 극복하기 위해 가장 중요한 것은 외자유치였으므로, 외국 기업의 직접투자를 유치하기 위해 금융자유화를 확대하는 한편, 기존의 발전국가 체제에서 탈피하기 위해 재벌기업에 대한 지원과 보호를 축소하려 하였다. 또한 의약분업에서 나타났듯

2) 남미 금융위기의 원인이 주로 과다한 정부 차입에 있었다면 아시아 외환위기는 주로 방만한 민간 차입에서 그 원인을 찾을 수 있다(Wade & Veneroso, 1998). 외환위기가 발생했던 1997년의 경우 국내 금융회사와 민간기업의 해외채무가 한국 총외채의 73.8%에 달하였다(재정경제부, 1999). 결국 외환위기가 발생하기 전에 이미 30대 재벌기업 중 8개 기업이 부도를 내었고, 이에 따라 금융권은 대규모 부실채권을 안게 되었다.

이 정책 추진에서 이익집단의 영향력에 크게 좌우되는 등 국가자율성을 유지했던 전통적인 발전국가에서 상당히 유리된 모습을 보이기도 했다.

그러나 김대중 정부의 개혁이 궁극적으로 신자유주의적 규제국가를 지향했는지는 확실치 않다. 연금 제도 등 사회정책은 신자유주의적인 것과는 다소 궤를 달리했다. 또한 재벌 구조의 개혁을 위해 정부가 개입하는 것이 좀 더 효율적일 뿐만 아니라 정당하다고 인식하는 등 정부-기업 관계도 상당 부분 발전국가적 모형에 근접해 있었다(이연호, 1999).

또한 김대중 정부는 재벌 개혁을 위해 상호 지불보증 해소, 재무 구조 개선, 경영투명성 제고, 핵심 업종 전문화, 경영책임 강화, 변칙 상속 차단, 제2금융권 소유 지배 제한, 순환 출자 및 부당 내부거래 억제 등 8대 과제를 제시했다. 이러한 반자유주의적 현상이 과도기적인 것인지 아니면 한국이 발전국가적 성격에서 본질적으로 탈피하지 못한 데에서 기인한 것인지는 확실하지 않다.

(5) 경제적 자유화의 혼란과 정체 - 노무현 정부

노무현 정부의 개혁 이념과 목표는 김대중 정부의 그것과 크게 다르지 않다고 보는 것이 일반적이다. 그러나 그 전략과 방식에 관해서는 상당한 차이를 보였다. 김대중 정부는 발전국가주의의 유습에서 완전히 자유롭지 않았던 것이 사실이지만 기본적으로 신자유주의의 개혁 논리를 따랐다고 할 수 있다. 이에 비해 노무현 정부는 개혁의 사조나 이론적 기초가 신자유주의에서 크게 벗어나 있지 않았지만 전략적으로는 이전 정부들에 비해 시장 지향적인 모형에 훨씬 덜 의존적이었다. 그리고 김대중 정부가 작고 효율적인 정부를 지향했던 데 비해, 노무현 정부가 더 좋은 정부를 지향했던 것은 시장성보다는 공공성에 더 큰 비중을 두었던 것을 반영하는 것이었다.

노무현 정부는 정부의 효율성을 강조하지만 아직 복지 등 사회적 인프라의 구축 과정에서 정부의 역할을 강조했으므로 감축관리의 논의는 제한되었다. 더구나 외환위기의 발생과 그 극복을 계기로 공공 부문의 권한과 역할, 규모 등에 관한 논의가 다시 촉발되었으나 아직 한국 사회에서는 이에 대한 합의 과정이 불완전하다고 보았다. 나아가 한국의 상황이 선진 서구 국가들과 다른 정치사회적 요인을 지니고 있다고 인식했기 때문에 시장 지향적 모형을 적극적으로 채택하기는 더욱 쉽지 않은 상황이었다(박수경, 2007).

결국 노무현 정부에서 경제적 자유화의 논의는 축소될 수밖에 없었고, 오히려 부동산 관련 정책 추진, 재벌정책 논의, 한미 FTA 협상 과정 등을 거치면서 경제적 자유화에 대한 사회적 합의는 혼란에 빠지게 되었다. 그리고 철도청의 민영화 방침은 공사화로 축소되었고, 한국전력공사와 한국가스공사의 민영화 논의는 전면 중단되었다.

(6) 글로벌 금융위기와 시장 친화적 경제적 자유화 – 이명박 정부

노무현 정부 시기에 경제성장률이 상대적으로 저조하였다는 비판 속에서 출범한 이명박 정부는 경제 살리기를 위한 시장 친화적 정책을 적극적으로 시행하였다. 이것은 이명박 대통령 자신의 의지뿐만 아니라 국민들의 경제 활성화에 대한 요구가 컸기 때문에 경제 자유화를 위한 다양한 정책을 펼칠 수 있었던 것으로 볼 수 있다(박기묵 · 김성철, 2020). 여기에 2008년 발생한 글로벌 금융위기를 신속하고 과감한 재정정책으로 극복함으로써, 한국 경제는 전 세계적으로 유례가 없을 정도로 빨리 회복하였고 그 피해도 매우 작은 편이었다.

국가경쟁력강화위원회를 설치하여 많은 경제적 자유화 정책을 전개하였음에도 불구하고 평균 경제성장률은 전임 노무현 정부 때보다도 낮게 나타나는 등 별 성과를 거두지는 못했다. 이것은 한국 경제가 이미 자본집약적 산업 구조로 바뀌었음에도 불구하고 정부의 정책은 노동집약적 시대에 머물러 있어 고용과 국민소득의 증가로 이어지지 못했음을 의미하는 것이었다.

(7) 정치 여건의 급변으로 인한 경제적 자유화의 중단 – 박근혜 정부

박근혜 정부가 출범하던 때는 이명박 정부의 왜곡된 시장 친화적 정책으로 인해 자본과 노동 간의 빈부 격차의 심화가 우려되던 시기였다. 이런 여건 하에서 박근혜 정부는 경제 활성화를 위한 경제적 자유화와 함께 일부 복지제도의 강화를 추진하였다. 그렇지만 세월호 침몰사고의 발생과 탄핵 정국이 전개됨에 따라 규제 개혁을 포함한 대부분의 경제정책은 소기의 계획대로 실행되지 못하였다.

2) 경제적 자유화의 적실성

근래에 이르기까지 한국은 아직 신자유주의적 체제를 구축할 여건이 충분히 성숙되지 않았다는 인식이 지배적이었다(이종범, 1995; 김병섭, 1996). 그러나 이러한 상황은 IMF 위기 극복을 계기로 크게 달라졌다. 김대중 정부는 신자유주의를 본격적으로 도입코자 했고, 작은 정부 등 이를 실행하기 위한 정부 개혁도 주로 경제적·재정적 관점에서 추진했다. 김대중 정부는 지난 수십 년 간 한국의 중상주의적 산업화를 이끌어 온 발전 체제를 해체하고, 영미의 경험을 수용하여 시장의 자율성과 효율성을 제고하기 위한 개혁, 즉 신자유주의적 개혁을 적극적으로 추진했다(이연호, 1999).

경제적 자유화는 국가의 강제에 의해 운영되던 시장을 민간의 자율적인 힘에 의해 운영되도록 하는 것이다. IMF 외환위기 이후 한국 정부는 외적 요인에 의한 것이기는 하나 외자를 유치하고 금융자유화를 추진했다는 점에서, 그리고 재벌기업에 대한 지원과 보호를 축소했다는 점에서 경제 운영이 자유주의적으로 진전된 것으로 평가할 수 있다. 그러나 정부는 개혁을 추진하는 과정에서 금융 부문에 대한 감시와 사전통제를 오히려 강화하는 모습을 노정했다. 그리고 정부-기업 관계에서도 종래의 발전국가적 성향에서 완전히 탈피하지 못했기 때문에 재벌 구조 개혁에 정부의 직접적 개입이 간헐적으로 지속되었다.

즉, 한국에서는 적지 않은 정책 분야에서 국가의 간섭을 통해 개혁이 추진되고 있다는 점에서 경제적 자유화의 제반 여건이 다소 빈약하다고 볼 수 있다. 다만 이론적 보편성을 갖는다고 주장되는 선진 제국의 신자유주의는 실질적 정착이 실현되는 한도 내에서 경제적 자유화의 확대는 한국에서도 그 적실성이 인정된다고 할 것이다(배용수, 2000).

2 신발전 체제의 대두

1) 발전국가의 논의

(1) 동아시아 발전국가의 성격

발전국가론은 강한 국가의 산업 지원 및 시장 보호를 통해 시장의 발전이 조속히 달성될 수 있다고 믿는다. 발전국가(developmental state)는 전략적 시장개입을 통해 경제발전을 위한 결정적 역할을 수행하며 국민적 발전을 추진하는 국가이다. 발전국가는 시장개입을 통해 시장의 제도화와 확대를 추구하지만 결과적으로 시장 메커니즘이 정상적으로 작동할 수 있도록 유도한다는 점에서 자유주의 국가와 공통점을 갖고 있다. 그러나 시장의 발전을 위해 자유주의 국가는 시장 규칙을 수립하여 운영하나, 발전국가는 강한 국가의 효율적 시장개입을 수행한다는 점에서 커다란 차이를 보인다. 즉, 선진 자본주의 국가들이 경쟁의 유지나 소비자 보호 등과 같은 규제적 기능(regulatory function)을 주로 수행함에 비해 후발 국가들은 산업화를 주도하는 발전적 기능(developmental function)을 통해 산업화 과정에 직접 개입한다(Johnson, 1982).

역사적으로 볼 때 발전국가는 제2차 세계대전 이후 후기적 자본주의 산업화 과정에서 형성된 국가의 특수한 모형을 말한다. 한국이나 대만 등 동아시아 국가의 전략은 한 사회 내에 존재하는 사회경제적 자원을 발전이라는 목표를 향해 권위주의적 방식으로 재배치하는 것이었다. 동아시아 발전국가는 대체로 높은 가계저축률, 높은 기업부채 비율, 은행-기업-국가 간 협력 체제, 국가 차원의 산업정책, 국제 경쟁력을 위한 투자 유인책 등을 특징으로 한다(Wade & Veneroso, 1998).

발전국가론에서 지적하는 정부와 시장 간의 관계는 권위주의적 통치 방식과 중상주의적 경제 모형이라는 두 가지 제도의 산물로서 파악할 수 있다. 전자가 국가의 정치 능력에 대한 구조적 기반을 보장해 주는 것이라면, 후자는 경제에 관한 국가의 포괄적 개입과 경제의 비정치화를 정당화해 주는 것이라 할 수 있다(문정인, 1998). 따라서 국가의 개입이 성공하기 위해서는 기업의 지대 추구 행위를 막아 자본이 산업 발전에 원활히 활용되도록 하는 규율 메커니즘을 만들어야 한다. 또한 발전국가는 사회에 대한 자율성과 능력을 바탕으로 그 정당성 원리를 경제 성장에 두며, 재벌이 경제적 실적을 낳도록 규율을 행사하고, 세계 경제로의 편입을 추진한다.

한국 발전국가도 경제개발 5개년계획을 수립 · 시행한 이후 1980년대 중반에 이르기까지 고도성장을 달성하기 위해 국가 자원을 정부가 직접 동원하고 투자의 우선순위를 결정하는 국가 주도 발전전략을 채택했다. 그리고 그 과정에서 수많은 규제가 양산되었던 것은 당연한 현상이었다.

(2) 한국 발전국가의 경제적 자유화

발전국가는 효율적 정책 수단, 일련의 관료의 힘, 정치적 능력 등의 구조적 · 행태적 힘을 통해 시장을 관리 · 통제하고 시장을 국가의 발전을 위해 동원 · 활용하였다. 그러나 다른 발전도상국가와 마찬가지로 동아시아 발전국가에서도 고도 성장기 동안 확대되고 고착되어 온 정부의 개입은 다양한 정부실패를 초래하는 등 심각한 문제점을 낳는 원인이 되었다. 특히 발전국가 체제에서는 시장 메커니즘의 통제력을 국가가 장악하고 있기 때문에 국가의 규율이 문란해지면 경제 전체의 규율도 문란해지는 구조를 가지고 있다(이병천, 2000).

한국 발전국가에서도 진입 규제, 신용 할당, 수량 제한, 조세 감면, 재정 보조 등은 정부와 재벌들 간에 정경 유착의 가능성을 내포하고 있었다. 그 존립과 확장이 정부의 손 안에 있는 상황에서 재벌은 생산 활동이나 기술 혁신보다는 정경 유착을 통해 성장하려는 유인을 갖게 되었다. 특히 금융은 그에 접근할 수 있는 것 자체가 중요할 뿐만 아니라 공금리가 거의 제로인 상태에서 공금융은 가장 큰 이권(利權)의 원천이었다.

종래 한국을 포함한 동아시아 제국의 경제 성장을 설명하는 데에는 발전국가론이 그 이론적 타당성을 인정받았으나 외환위기 이후를 설명하는 데에는 시장중심론이 더 자주 원용되고 있다. 한국 발전국가가 자유주의 국가로 이행하는 문제가 화두로 등장한 것이다.

현재 시장주의자의 개혁의 전망은 신자유주의 세계화 체제에 적극적으로 가담함으로써 생존을 도모하는 것이다. 그런데 발전국가의 경제적 자유화에서 주의해야 할 점은 자유화 전략도 시장 주도적일 수도 있고 국가 주도적일 수도 있음을 인식하는 것이다.

2) 한국 발전국가의 전환과 규제 개혁

(1) 외환위기와 발전국가 논쟁

동아시아 금융위기 발생 이후 동아시아 발전 모형에 관한 논쟁은 주로 위기 발생의 원인과 관련해서 이루어졌다. 이 논쟁이 주는 시사점은 발전국가를 어떻게 평가하든 그것이 효과적으로 작동할 수 있었던 여건들이 변했다는 것이다. 따라서 한국 등 발전국가가 전환을 모색할 시점에 왔다는 사실에 대해서는 대부분 의견을 같이한다. 그러나 그 방법론에 대해서는 외환위기의 원인에 관한 논쟁과 관련하여 견해가 엇갈리고 있다.

우선 내인론(內因論)은 동아시아 국가들이 위기를 맞게 된 것은 이들이 공통적으로 갖고 있는 발전국가적 특성에서 기인한다는 것을 주장한다. 즉, 동아시아 국가들이 대체로 국가의 강력한 경제개입, 수출 주도형 발전전략, 권위주의적 정치 체제, 정실 자본주의, 미숙한 금융시장, 부정부패 등 기초 경제 여건상의 문제들을 공통적으로 안고 있었고 이것들이 위기 발생의 근본적 요인이라는 것이다. 이 입장에 의하면, 그 극복을 위해 경제 구조를 시장 주도 체제로 바꾸어야 한다는 것이다. 즉, 제반 여건의 변화로 인해 발전국가는 그 특성을 상실했으므로 자유주의 국가로 전환해야 한다는 것이다.3)

외인론(外因論)은 동아시아 위기의 원인을 주로 외부에서 찾는 것으로서 국제 금융거래의 급속한 자유화와 이에 따른 불안정성이 외환위기를 촉발했다는 것이다. 즉, 외환위기는 한국을 제외하고는 동아시아 발전국가가 아닌 동남아시아 국가에서 시작되었으며, 게다가 일본과 대만의 경우 위기로부터 안전했으므로 발전국가의 내적 요인을 위기의 주 원인으로 볼 수는 없다는 것이다. 이 견해에 의하면, 내적인 변화 요인은 크지 않으며, 오히려 국제 금융 질서가 불완전하므로 국제 금융 질서를 개편해야 한다고 본다.

요컨대, 동아시아 발전국가의 위기는 내・외부적 요인을 종합적으로 연결한 관계로 설명해야 한다. 내부적으로는 재벌 및 관료가 주도한 어설픈 시장주의 개혁의 실패와 더불어 발전국가 체제에 내재한 문제점이 결합했다. 여기에 외부적으로 경제 강대국의 개방 압력에 따라 성급한 금융・외환 자유화를 실시한 상태에서 정부의 보증 능력을

3) 이 시각은 'IMF-월스트리트-미 재무성'이 갖고 있는 신자유주의적 정책 사고에 기초하고 있다 (Wade & Veneroso, 1998).

불신하게 된 외국 채권자의 자본 철수가 외환위기의 공포를 유발함으로써 결국 자충적 위기를 초래한 것이다.

따라서 발전국가의 전환의 절충적 방법론으로서 전통적인 발전국가가 약화하고 있는 것은 사실이나 그 특성이 완전히 소멸된 것은 아니라고 보는 '제한적 발전국가론(limited developmental state)'이 등장한다(Weiss & Hobson, 1995). 이 견해에 따르면, 한국에서 시장 자율적 기능이 제대로 작동되지 못하는 한 영·미식 경제 모형의 적용이 시기상조라 할 수 있다. 결국 정부는 시장경제의 제도화를 실천해 나가되 신자유주의적 질서가 정착되기까지는 조정 역할을 지속하는 방식의 채택이 불가피하다. 여기서 말하는 국가는 발전국가론이 상정하는 국가가 아닌 경제적 자유화 관점에서 보호와 지원에 익숙해진 시장을 자립시켜 효율성을 제고하고 일탈자를 감시할 수 있는 자율성을 확보한 국가이다(이연호, 1998).

(2) 발전국가 논쟁의 규제정책적 함의

한국은 외환위기 극복 과정에서 기업 지배 구조 및 금융 시스템의 효율성과 투명성이 제고되었으며, 경제의 세계화 과정에서 무엇이 참된 경쟁력의 원천이며 또 유의해야 할 점이 무엇인지 배울 수 있었다. 나아가 국제 경쟁력의 제고에 모든 사회적 목표를 종속시키는 신자유주의 국가가 전후의 타협 체제적 복지국가를 대체하고 있음도 목격했다. 그러나 한편 영국 등에서 볼 수 있듯이 시장 메커니즘의 원활한 작동을 위해 국가의 규제정책이나 전략적 영역에서의 산업정책은 오히려 강화되고 있음도 알 수 있다(장훈 외, 2000). 이것은 국가 활동의 주요 영역에서 국가의 약화와 동시에 과거와는 다른 차원에서 국가 영향력의 강화가 동시에 진행되는 등 국가 기능이 재편되고 있음을 의미한다.

결국 일반론적으로 볼 때 정부의 역할을 가급적 줄여 나가 민간의 자율성과 책임성을 확립해야 하나, 발전국가의 유습이 잔존하고 있는 체제의 경우 시장의 정상적인 작동을 위해서는 자유주의적 질서의 정착 시까지 중립적인 국가의 역할이 필요하다고 할 수 있다. 따라서 경제적 자유화 과정에서 규제 개혁의 성공을 위해서는 정부와 기업들 사이에 지속적인 협의가 유지되어야 하는 한편, 대기업의 압력을 차단할 수 있는 국가

권위도 필요한 것이다.

발전국가의 전환에 관한 이와 같은 인식은 규제정책의 영역에서도 상호 이질적인 정책 방향의 진전을 초래한다. 우선 정부개입의 실패를 극복 내지는 보완하기 위해 규제의 완화를 촉진하는 동시에 시장실패가 지속되는 영역에서는 규제의 강화를 가속시켜야 하는 것이다. 이와 같이 발전국가에서 경쟁국가로 이행하는 과정에서 정부의 역할은 시장의 경쟁 기능을 촉진하는 한편, 규제 강화 또는 규제 완화의 부작용을 최소화하기 위한 재규제의 영역을 발견하는 것이다.

제 2 절 정부규제의 완화

1 배경 및 의의

정부규제의 완화가 본격적으로 논의되기 시작한 것은 1970년대 중반 이후이다. 규제의 완화가 중요한 정책적 쟁점으로 등장하게 된 배경은 선진국과 개발도상국 간에 다소의 차이가 있으나 공통되는 배경으로는 다음의 것을 들 수 있다.

1) 논의의 배경

첫째, 공공 부문의 비효율성이 극심했다. 과다한 정부개입의 원인은 정치가나 관료의 행태와 비효율성에서 찾을 수 있는데, 정치가나 관료는 정책결정 과정을 통해 그들의 예산을 극대화하려 하기 때문에 지나친 정책 프로그램을 계획하며 정부 기구를 확대한다는 것이다. 또한 정부의 공공 서비스 전달 기구는 지나치게 분화되고, 독과점 상태를 유지함으로써 경쟁력이 저하되고 자원배분의 비효율성을 야기했다는 비판에 직면하였다. 특히 조직 내부의 효율성과 관련하여 이윤 동기의 결여 및 지대 추구 경향으로 인해 공공 부문이 민간 부문보다 비효율적이라는 X-비효율성 개념이 제시되었다.

특히 이와 같은 행정의 부정적 속성으로 인해 시장 경쟁이 제한되고 비효율적 기업이 정부규제의 보호로 인해 온존하고 있다는 비판이 나오기 시작했다. 이러한 문제점을 극복하기 위해서는 단순한 행정의 합리화를 넘어서서 규제 완화라는 새로운 시각의 도입이 불가피했다. 다만 이것은 시장이냐 정부냐 하는 이원론적 사고보다는 양 부문 모두 개혁적 사고에 의해 효율적으로 운영될 수 있다는 일원론적 사고에서 유래하였다(Osborne & Gaebler, 1992).

둘째, 공공 부문이 지나치게 성장했다는 인식이 지배적이게 되었다. 공공재의 필요성과 규모의 경제 및 외부 효과의 존재는 시장실패를 초래하고 이 문제를 해결하기 위해 공익을 추구하는 공공 부문의 개입이 정당화된다. 특히 정부의 역할과 기능을 확대시키는 계기가 된 1930년대의 세계적 대공황 이후 공공 부문은 날로 확대되고, 공공정책은 개인들의 생활에 많은 영향을 미치게 되었다. 그러나 1970년대 이후 세계 경제가 장기 침체를 경험하면서 공공 부문의 크기에 대한 의문이 제기되기 시작했으며, 이윽고 공공 부문의 규모가 지나치게 크다는 인식이 지배적이게 되었다(Smith, 1983). 1980년대 들어 미국과 영국에 보수주의 정부가 들어서면서 민영화와 규제 완화를 통한 공공 부문의 축소는 세계적인 추세로 확산되었다.

공공 부문의 지나친 성장은 재정위기와 생산성 저하를 가져왔으며, 나아가 과다한 정부개입에 따른 민간 기능의 상대적 위축과 국가 경영의 한계가 드러나는 등 정부실패라는 구조적 문제를 야기했다(Wolf, 1993). 이에 따라 공공 부문의 규모 자체가 지양해야 할 과제로 되고 작은 정부의 논리가 새로운 인식으로서 확산되었다. 작은 정부 개념이 의미하는 정부의 '크기'에는 예산이나 조직 · 인력 등 명목적인 크기와 함께 영향력의 범위나 방법 같은 실질적인 크기도 포함되므로 정부조직의 재검토, 정부 영향력의 축소, 민간 이양 분야의 선정 등이 주로 논의된다.

셋째, 재정정책의 한계가 드러났다. 1970년대 두 차례에 걸친 석유 위기 이후 지금까지 케인스(John M. Keynes)의 이론에 입각하여 이루어져 온 전통적인 재정정책의 유효성에 관한 회의가 일어났다. 이로써 정부규제로 인해 경제 구조가 경직화되고 경쟁력이 취약해졌을 뿐 아니라 민간 경제의 활력이 저하되었다는 인식이 확산되기에 이르렀다. 미국에서는 1970년대 들어 스태그플레이션(stagflation) 등으로 인한 경기 침체를 탈피해야 한다는 국민적 요구가 활발해졌다. 그때까지의 거시경제 정책을 통한 경기 부양은 오히려 인플레이션(inflation)만 초래하는 등 정책의 한계를 보이자 경기 부양과 물가 안정을 동시에 달성하기 위해 미시경제학적 정책인 규제 완화가 본격적으로 실행에 옮겨지게 되었다. 특히 스태그플레이션의 원인으로서 환경 규제 등 사회적 규제가 과중하다는 지적이 산업계에서 나오기 시작하면서 정부규제의 불합리성 극복이 중요한 정책 과제로 등장했다.

넷째, 기술환경이 급격히 변화했다. 최근의 급격한 기술 변화에 따라 새로운 기법과 서비스가 개발되면서 종래의 정부규제가 새로운 산업의 발전을 가로막는 제약 요인으로 지적되고 있다. 이러한 새로운 경향에 따라 정부규제의 대표적 대상인 공익산업 중에서도 통신산업에서와 같이 기술 개발에 따라 최적의 규모가 감소하고 시장 수요가 증가하여 자연독점성이 사라지는 경우가 나타난다. 또한 오늘날 기술의 급격한 발달에 따라 고정 투자의 규모도 줄고 있고 고정 투자의 성격도 매몰비용이 아닌 경우가 늘어나고 있다.

이러한 기술환경상의 변화가 나타남에 따라 규제로부터의 편익은 감소할 뿐만 아니라 오히려 규제 이전보다 편익이 작아질 수 있다. 따라서 공익산업 중에서도 가격이나 진입에 대한 규제를 완화하고 시장 기능에 맡기거나, 기존의 가격 규제를 유지하되 신규 기업의 진입을 허용할 여지가 커지게 되었다(Waterson, 1988; Kaserman & Mayo, 1995).

2) 의 의

시장의 경쟁 및 시장의 신뢰가 점점 중요해지면서 정부규제의 비합리성이 문제되고 있다. 예컨대, 규제기관의 독립성 문제, 피규제 기업으로부터의 포획, 규제 목표의 모호성, 규제 수단의 부적절성, 과다한 규제집행 비용 및 순응 비용, 규제 공무원의 비합리적 행태 등 광의의 규제 비용은 규제 도입 시 예상한 편익을 능가하였고, 시장의 경쟁을 저해하면서 규제의 비합리성이 문제되기 시작했다.

한편 경제적 규제의 주원인이었던 전통적인 자연독점성은 두 가지 측면에서 변질되었다. 우선 자연독점성은 기업의 평균 비용이 하락하는 구간에서 발생하는데, 외부적인 요인으로 인해 수요가 크게 증가하면 사회적 적정 생산량은 기업의 최소 효율 규모를 초과하게 되어 기업은 더 이상 자연독점을 유지할 필요성을 상실하였다. 또한 기술 진보로 인해 평균 비용의 하락으로 사회적 적정 생산량이 증가하여 기업의 최소 효율 규모를 초과하는 경우에도 역시 자연독점의 필요성이 소멸한다(Viscusi et al., 2000).

경제적 규제정책은 대부분 기존 독점을 계속 유지시키고 신규 기업의 진입을 저지하는 경향을 가지므로, 일반적으로 경제적 규제가 확대될수록 기업의 이윤 추구 활동에서 정부의 영향력이 커져 자원배분이 오히려 비효율적으로 이루어질 가능성이 있다. 또 기업의 내부 비효율성의 심화나 규제 비용의 증대 등 규제정책 자체에 내재하는 문제점도 무시할 수 없는 지경에 이르렀다. 나아가 규제정책 과정에서의 정치적 영향력을 논외로 한다고 해도 경제적 집단 간의 소득재분배 효과를 간과할 수는 없다.

규제 완화(deregulation)는 기존의 규제를 폐지하거나 강도를 약화시키는 것이다. 규제 완화는 일반적으로 경제적 규제에 해당되며, 시장에 경쟁을 도입하는 데 사용된다. 예컨대, 통신산업이나 전력산업과 같이 자연독점적 특성이 상실된 공익산업의 구조를 개편하거나 민영화함으로써 궁극적으로 이들 산업 부문에 경쟁을 도입하는 것이 대표적인 규제 완화이다. 이와 같이 규제 완화는 가격, 진입, 생산량, 투자, 퇴출 등 여러 규제 조치를 줄이거나 철폐하는 것을 말한다. 이것은 기본적으로 규제 산업에 경쟁을 도입하고 촉진함으로써 가격의 인하와 상품의 다변화를 목적으로 하나, 나아가 새로운 서비스의 창출과 기술 혁신의 촉진까지도 가능하게 한다.

3) 경합시장이론

1980년대에 대두된 경합시장이론(theory of contestable market)은 규제 완화의 이론적 뒷받침이 되었다(Sharkey, 1982; Baumol, Panzar, & Willig, 1982). 이 이론은 이미 시장 내에서 영업 활동을 하고 있는 기존 기업과 아직 시장 내에 들어와 있지 않지만, 언제든지 들어와 적극적인 경쟁 상대가 될 수 있는 잠재적인 진입 기업 사이의 잠재적인 경쟁 상황을 분석 대상으로 하며, 잠재적 경쟁이 실제적 경쟁보다 중요할 수 있다는 인식을 갖고 있다. 경합시장이란 독점·과점·완전 경쟁 등 어느 것에 해당하든지 진입과 퇴출이 비용 없이 자유롭게 이루어지고, 기존 기업과 잠재적 진입 기업 간에 비용 조건이 동일하며 매몰 비용이 존재하지 않는 시장을 말한다. 진입 및 퇴출 장벽이 전혀 존재하지 않는 완전 경합시장에서는 잠재적인 경쟁이 실제적인 경쟁과 똑같이 시장 구조, 시장 행위, 시장 성과에 영향을 미친다고 한다.

경합시장이론은 시장의 경합성이 작용하면 시장 참여자의 수에 관계없이 자유로운 시장진입에 의해 경제적 효율성이 달성될 수 있다는 것을 강조하고 있다. 즉, 구조적으로 자연독점적인 산업에서도 시장 외부로부터 신규 진입의 위협이 존재하기 때문에 기존 기업은 독점적으로 행동할 수 없게 되고, 완전 경쟁 하에서와 동일한 결과가 나타날 수 있다는 것이다. 그 결과 시장 규모의 협소나 규모의 경제 등으로 인해 독점적인 시장 구조 하에 있는 산업도 시장이 경합적이면 완전 경쟁과 같은 자원배분의 효율이 달성된다는 것이다.

이 이론이 시사하는 바는 비록 경쟁이 완전하지 않더라도 '규제된 독점(regulated monopoly)'보다는 유리하다는 것이다. 다시 말해, 어느 산업이 자연독점에 의해 지배된다고 해서 무조건적으로 규제정책을 시행하는 것보다는 필요하면 독과점을 인정하면서 반경쟁적 행위만을 규제하는 등 잠재 경쟁(potential competition)이 보장되는 시장 여건을 조성하는 것이 중요하다는 것이다(Viscusi et al., 2000; Mankiw & Whinston, 1986).

결국 대부분의 공익산업에서 진입 제한은 산업의 자연독점성을 근거로 행해지고 있지만 실제 생산 과정에서 자연독점성을 충분히 보장하기 위해서는 진입 규제를 완화하여 외부의 잠재적 경쟁을 허용해야 기존의 독점사업자의 배분적 효율성의 증진도 가능해지는 것이다. 그리고 실제로도 항공운송 · 통신 · 소프트웨어 · 전력 등의 산업은 경합시장이론이 적용되는 것으로 평가되고 있다.

그러나 경합시장이론은 기존 기업과 잠재 기업 사이의 상호 의존적 변이를 완전히 고려하지 않은 정태 모형이라는 비판이 있다. 또한 진입이 완전히 자유롭고 퇴출 비용이 전혀 없는 시장이 현실적으로 존재할 수 없다는 점도 이 이론의 한계이다. 그럼에도 불구하고 이 이론은 진입 장벽의 영향을 극명하게 보여 줌으로써 시장 구조에 대한 규제 없이도 완전 경쟁과 같은 효율을 달성할 수 있음을 입증했다는 점에서 중요한 기여를 했다고 할 수 있다.

2 규제 완화의 영역

시장에서 실패가 나타나지 않는 경우에는 정부규제를 지속할 필요가 없어진다. 따라서 규제가 완화되어야 할 대표적 영역은 경제적 규제 분야라 할 수 있다.

1) 진입 규제

초기에는 자연독점이었으나 시간이 지남에 따라 기술이 발전하고 수요가 확대되면서 자연독점성이 사라진 경우가 있다. 이러한 경우에는 규제를 철폐하여 경쟁적인 구조로 전환하거나 또는 기존의 가격 규제를 신축성 있게 유지하되 신규 기업의 진입을 허용할 수 있다. 즉, 협소한 시장 규모 등으로 인해 시장이 고도로 집중되어 있는 상황에서 진입 규제를 철폐하는 것은 잠재 경쟁을 활성화하고 시장 경합성(market contestability)을 제고하여 시장 성과를 제고할 수 있는 유력한 방법이다. 시장이 경합적으로 발전하기 위해서는 과다한 매몰 비용이 인위적으로 부과되어 진입이나 퇴출 장벽으로 작용하지 않도록 배려해야 한다.[4)]

특히 진입 규제가 과당 경쟁의 방지를 위해 사용되고 있는데 여기서의 '과당'은 자유로운 경쟁이 오히려 자원배분의 효율성을 저하시키는 경우만을 의미한다. 따라서 특정 사업자나 특정 산업이 논리적 타당성 없이 과당 경쟁을 이유로 진입 규제를 주장하는 경우는 배제되어야 한다.

규제행정적으로 볼 때 허가 · 등록 · 신고제를 폐지한 경우는 물론이고, 허가제를 등록제나 신고제로 또는 등록제를 신고제로 각각 변경하는 경우도 진입 규제 완화의 사례로 볼 수 있다. 또한 사업자단체에 위임되어 있는 다양한 규제 권한(인 · 허가권, 추천권 등)을 대폭 축소하고 본연의 정보 수집 기능만을 수행하도록 하는 것도 여기에 해당한다.

---

4) 매몰 비용이 진입 장벽으로 작용하는 것을 방지하기 위해 초기 고정투자는 정부가 하고, 경영은 민간에 위탁하는 방안을 통해 자연독점의 피해도 없애고 동시에 공기업 운영으로 인한 정부실패도 방지할 수 있을 것이다.

2) 가격 규제

공익산업에 대한 가격 규제는 전통적으로 원가에 일정한 마진을 허용하는 방식으로서, 기업의 효율적인 투자와 가격의 정상화를 위해 불가피하게 실시되는 것이다. 그러나 이러한 가격 규제가 비합리적으로, 그리고 과다하게 시행될 경우 가격 구조의 왜곡을 가져올 뿐만 아니라 가격이 시장 상황에 신축적으로 반응하지 않고 경직화되는 효과를 초래한다. 나아가 가격 규제의 방법으로서 가장 일반적으로 채택되고 있는 공정보수율 방식은 본질적으로 생산 비용을 소비자에게 전가할 수 있으므로 생산효율성을 달성할 수 없고, 피규제 기업은 투자에 대한 보수를 보장받고 있으므로 자본의 과도한 이용 현상이 나타난다는 문제점이 있다.

규제정책의 집행 측면에서 볼 때 규제기관의 인력과 예산이 제한되어 있을 경우 피규제 기업이 제시하는 비용의 타당성을 확인하는 것이 쉽지는 않다. 기업 측에서도 경쟁의 압력이 없으므로 비용 최소화를 게을리하고 비용을 과다하게 보고하려 하며, 새로운 서비스나 제품을 개발하려는 노력을 미약하게 하는 유인을 가진다. 더욱이 한국과 같이 부당이득의 방지를 위해 종종 이용되는 가격 규제는 '부당'이라는 주관적인 개념을 사용함으로써 특정 이득의 성격을 자의적으로 규정지을 우려가 있다.

가격 규제를 실질적으로 축소시킬 수 있는 방법으로서 가격 규제를 존속시키되 정부 규제 하에 있는 기업이 신규 기업들과 경쟁하면서 비용을 절감하도록 가격 규제를 신축성 있게 운영하는 것을 생각할 수 있다. 이것은 규제 대상 기업에게 제한된 범위 내에서 가격 설정의 자율성을 부여함으로써 생산성 향상의 혜택을 사업자가 어느 정도 누릴 수 있도록 하여 원가 절감의 유인을 제공하는 규제 방식이다. 여기에는 가격상한 규제(price cap regulation)와 가격변동폭 규제(price band regulation)가 있다. 전자는 가격의 상한만을 규제하고 시장에서의 경쟁 가격이 상한가격 이하로 형성될 경우는 이를 허용하며, 만일 비용의 상승 요인이 발생하면 물가 상승률과 생산성 증가율 등을 미리 감안한 공식에 따라 가격을 인상하는 것이다. 후자는 규제되는 가격이 상하 일정한 범위 내에서 변동하도록 허용하는 것이다. 독점기업의 입장에서는 가격의 한도 내에서 비용 절감이 곧바로 이윤 증가로 연결되므로 생산효율성 향상의 유인이 생기게 된다.

이와 같은 신축적인 가격 규제는 제한된 범위에서나마 피규제 기업이 가격을 자유롭게 결정할 수 있으므로 가격 경쟁을 활성화할 수 있고 다양한 요금 제도를 가능하게 하는 효과를 가지고 있다. 또한 규제 대상 기업이 제출한 가격의 허용 범위 충족 여부만 판정한 후 자동적으로 승인되는 것이므로 규제의 투명성이 크게 개선되는 장점이 있다.

한편 한국의 공익산업의 가격, 즉 공공요금의 규제는 「물가 안정에 관한 법률」에 근거를 두고 물가를 안정시키고 서민을 보호하기 위해 이루어지는 경우가 많다. 그러나 물가 안정 문제를 규제정책으로 해결하려는 것은 바람직하지 않으며, 특히 규제를 통한 가격 안정을 사회정책의 일환으로 다루는 것도 규제 제도의 취지에서 벗어난다. 그리고 공공요금 규제의 효과가 서민에게만 귀속되는 것은 아니며, 가격 규제가 중산층에게 더 큰 실익을 주는 경우도 있다. 따라서 물가 문제는 규제가 아닌 시장에 맡기는 것이 합당하다. 시장에서 경쟁을 통한 가격 기능이 정상적으로 작동될 때 소비자와 생산자의 편익에도 유리한 결과가 된다. 가격 규제는 기획재정부 등 물가 관련 부서가 담당하기보다는 독립적인 규제위원회를 설치하여 이 위원회가 담당하도록 함이 바람직하다.

한편 교차보조(cross-subsidization)는 보편적 서비스의 공급을 위해 불가피한 측면이 있으나, 독점 부문의 이윤을 경쟁 부문에서의 손실에 대한 보조로 이용함으로써 경쟁을 저해한다는 데에 치명적인 문제가 있다.[5] 따라서 전력이나 가스 산업 등에서의 경쟁형 요금 제도가 정착되기 위해서는 교차보조와 같은 가격 규제에의 의존을 지양하고 교차보조의 해소를 통해 왜곡된 가격 체계를 바로 잡아야 한다. 서민이나 중소기업을 위한 형평성의 제고는 보조금 등 재분배정책을 통해 달성하는 것이 타당하다.

3) 정치적 규제

정치적 규제란 정부의 정치적 목적 달성을 위해 정당화되고 있는 규제를 말한다. 한국의 경우 행정 절차적 규제를 제외할 경우 정부규제 중 가장 높은 비중을 차지하고 있는 규제 유형은 주택 임대료 인상 억제, 수도권 인구 집중 억제, 경제력 집중 억제, 과소비 억제 등 정치적 목적에서 도입된 정치적 규제인 것으로 추정된다.

---

5) 교차보조에 관해서는 제6장 제2절 '진입 규제'를 참고할 것.

그런데 국민적 관심이 높거나 정치적 목적의 측면에서 불가피한 것이라도 이의 달성을 위해 사용되는 정치적 규제는 시장실패의 존재와 같은 경제적 논리와 관계없이 도입되는 것들이 많으며, 사후적으로도 규제 완화의 대상에서 제외되는 경우가 많다는 데 문제가 있다. 그리고 정치적 규제에 대해서는 정부부처나 규제개혁위원회와 같은 자문기관에서도 그 폐지나 완화를 위한 시도가 불발에 그치는 경우가 대부분이다(고동수 · 강신일, 2000).

원칙적으로 정치적 규제가 해결하고자 하는 정책 목표들은 규제정책보다는 조세 제도 등 다른 정책 수단에 의존하는 것이 바람직하다. 규제정책의 활용이 불가피할 경우에도 정책의 도입과 평가에 매우 엄격한 기준이 적용되어야 하며, 정치적 규제라 하여 치외법권적인 특권을 부여해서는 안 된다.

제 3 절 정부규제의 강화

1 의 의

규제 강화는 정치 · 사회적 환경 변화와 국민 의식의 향상을 반영하여 기존의 규제의 강도를 강화시키는 것을 말하며, 규제의 질을 향상시키는 것도 여기에 포함된다. 특히 경제적 규제와는 달리 생산 과정과 상품 자체에서 나타나는 건강 · 안전 · 환경에 대한 위험을 규제하는 사례가 증가하는 경향이 있다.

미국의 경우 1970년대 이래로 사회가 복잡해지면서 각종 사회적 규제 및 독점 규제가 더욱 늘어나는 경향이 있다. 즉, 1960년대까지는 이익집단이라고 하면 대체로 농민, 근로자, 기업집단으로 크게 나누었으나 이후 환경 보호, 소비자 보호 등을 주장하는 쟁점 집단이 증가하여 이익집단 구조와 패턴상에 변화가 나타나기 시작했다. 이에 따라 의회의 상임위원회 구조가 이들의 정치적 영향력을 반영하는 쪽으로 변하는 한편, 상임위원회 산하의 고객집단의 구성도 바뀌었다. 그 결과 현상 유지에 대한 정치적 지지가 약화되고 기존 체제 하에서 이익을 누리던 집단의 영향력이 약화되면서 경제적 규제의 완화가 나타나게 된 반면에, 사회적 규제는 급증하게 된 것이다(최병선, 1998a).

한편 일반적으로 규제 개혁은 국가 기능의 약화를 내포하는 규제 완화를 의미하고 있으나, 적지 않은 나라에서 자유화 정책의 실효성을 높이기 위한 방편으로 기존 규칙을 변경하거나 새로운 규칙을 제정하는 재규제를 늘리고 있다. 재규제(re-regulation)란 시장 기능의 회복 또는 강화를 위해 필요한 규제를 도입하고 재정비하는 것을 말한다(Vogel, 1996; Kay & Vickers, 1990). 재규제는 통신, 금융, 전력 등 민영화된 공익산업 분야에서 흔히 나타나고 있다. 영국의 경우 규제 완화가 추진되는 한편, 이를 대체할 수 있는 좀 더 개선된 규제가 새로 도입되었다.

세계화와 정보화가 진전되어 시장의 개념과 범위가 확대된다면 논리적 결과로서 수평적 기업 결합과 부당한 공동 행위가 경쟁 제한에 미치는 효과도 점차 약화된다. 이렇게 될 경우 독점 규제정책도 신축적이어야 할 필요성이 제기될 수 있다. 그러나 한국처럼 아직 독점 규제 및 규제 완화의 관행과 경험이 일천한 경우 각종 경쟁 제한 행위를 인정하는 것은 독점의 형성을 돕고 독점 구조를 고착화하는 데 기여할 수 있다. 이러한 경쟁의 결핍은 앞에서 본 경제적 규제의 완화와 더불어 시장 집중의 방지, 경쟁의 촉진, 그리고 경쟁 강화의 부작용 치유 등을 통해 해결될 수 있다.

2 규제 강화의 영역

시장실패가 여전히 존재하는 경우 정부규제의 유지 또는 강화가 불가피해진다. 규제가 강화되어야 할 대표적 영역이 사회적 규제와 독점 규제라 할 수 있다. 그러나 경제적 규제의 영역이라 할지라도 규제 문제를 획일적인 이념적 차원에서만 논의하는 것은 위험할 수 있다. 경제적 규제 중에서도 민영화된 공기업과 금융산업의 경우에는 오히려 규제가 강화되어야 할 필요성이 발견된다.

1) 사회적 규제

경제적 규제의 실시 및 경쟁의 격화에 따른 부작용을 최소화하기 위해 사회적 규제를 위한 정책 영역을 확대해야 한다. 사회적 규제정책의 강화는 시장실패에 따르는 시장 교란을 방지하고 생산 과정이나 생산품에 관한 불완전한 정보 시스템을 시정함으로써 결과적으로 사회후생을 제고할 수 있다.

거시적으로 볼 때 사회적 규제는 시장에서의 경쟁이 심화되는 상황에서 그 필요성이 더욱 부각된다. 경쟁의 심화는 경영 상태가 양호하지 못한 기업으로 하여금 근로자의 안전 유지와 환경 보존에 대한 비용을 크게 부담하게 하므로, 결국 작업 안전 및 환경 오염의 위험성을 크게 높이도록 하는 영향을 미친다. 따라서 사업자가 생산 활동에서 일어나는 부차적 효과를 무시하는 상황이 발생할 때 사회적 규제 강화의 필요성이 커진다.

한편 공익산업의 경우 대부분의 공공 서비스는 보편적 서비스로 간주되었던 결과 이제 대부분의 시민이 서비스를 향유하고 있으나 아직도 기본적 수혜가 이루어지지 않는 경우가 있을 수 있다. 따라서 예컨대, 정보통신의 경우 시내전화의 적자 부분을 기존 사업자뿐만 아니라 경쟁 사업자의 매출액 등에 비례해 능력에 맞추어 부담하도록 하는 경쟁 중립적 서비스 제도를 도입하여 시장 왜곡을 최소화하는 방안을 검토할 만하다(정보통신정책연구원, 2000).

2) 독점 규제

역사적으로 볼 때 시장 경제 발전의 선행 조건인 자생적 규범이 충실히 정립되어 있지 못한 경우에 국가가 공정한 규칙을 제정하고 집행하는 것은 경제의 틀을 정립하기 위한 필수 과제이다. 나아가 독점 규제정책은 기업의 구조와 행태, 시장의 작동 등을 규율하는 과정에서 국가와 시장의 역할, 정부-기업 관계, 경제적 형평과 자유 등에 대한 국민의 인식과 태도에 강력한 교육적 영향을 미친다(신광식, 1998). 따라서 정부는 경쟁의 원칙이 원활히 운용되도록 독과점을 막기 위한 적절한 규제를 재생산함으로써 시장 경제 체제를 확립해야 한다.

한편 현재 한국의 「독점 규제 및 공정거래에 관한 법률(독점규제법)」은 미국 등과 달리 구조·행위·성과의 체계에서 구조보다는 행위를 주로 규제하는 특징을 갖고 있다. 따라서 이미 독점화되어 있는 시장에 대해서는 미국과 같이 독점기업을 분할할 수 있는 조치를 취할 수 없고, 단지 독점적 사업자가 경쟁 제한 행위를 한 경우에만 시정명령이나 과징금을 부과할 수 있을 뿐이다. 그 결과 동일한 기업에 의해 독점적 구조가 계속 유지될 수 있게 되어 있다.

독점규제법의 내용 중 실제 독점을 구조적으로 금지하거나 시장 구조를 개선하기 위한 항목은 합병의 금지이다. 그러나 이것도 독점기업을 구조적으로 금지하는 것이 아니라 신규 독점 구조의 형성을 금지하는 것을 의도하는 것이며, 그것도 공정거래위원회의 판단에 따라 예외를 허용할 수 있는 한계를 내포하고 있다. 그리고 독점적 사업자의 남용과 부당한 공동 행위의 금지는 모두 행위를 규제하는 것이다. 따라서 한국의 독점 규제정책은 미국의 그것과는 많은 차이가 있다.

이러한 폐해규제주의는 폐해의 원인이 되는 독점을 강력하게 금지하지 않기 때문에 규제정책의 성과가 크게 제한될 수밖에 없다. 수평 합병의 규제와 같이 경쟁을 실질적으로 제한하는 행위를 금지하는 것은 대부분 구조를 경쟁적인 것으로 유지하기 위함이다. 따라서 독점화된 이후에 경쟁 제한 행위를 금지하기보다는 시장 구조적 차원에서 독점 규제정책의 일관성을 유지할 여지가 있다. 또한 합병으로 인해 경쟁이 활성화되지 못하는 경우에 기업 분할은 경쟁을 도입하여 독점의 폐해를 막을 수 있는 사실상 유일한 정책 수단이 될 수 있다. 따라서 독점기업의 위반 행위가 발생할 때 기업 분할의 명령을 허용할 수 있게 하는 것도 검토할 필요가 있다.

3) 민영화된 공익산업의 재규제

최근까지 한국에서는 독점공기업의 민영화가 꾸준히 이어졌다. 이러한 공기업의 민영화가 경제적 규제 완화를 수반한다고 해도 그 결과가 곧 경쟁적 시장 구조를 의미하는 것은 아니며, 계속해서 경쟁이 제한될 가능성이 존재한다. 다시 말해, 독점공기업의 민영화가 진입 규제의 폐지에 의한 규제 완화를 수반한다 해도 자연독점의 성격이 강하게 남아 있는 경우에는 상당 기간 유효 경쟁이 이루어지지 못할 가능성이 높다. 특히 자연독점의 성격이 강하게 남아 있는 분야에서는 단기적으로는 활발한 경쟁이 일어나지 못해 기존의 독점 공기업이 계속해서 독점력을 유지할 우려가 있다.

이와 같이 공기업에 의해 운영되던 공공 서비스를 시장 기구에 맡길 때에는 현실적으로 그 기능이 효과적으로 작용할 수 있도록 하는 조건의 정비 내지 확보가 필요하다. 이것은 공익산업의 특성상 외부성이나 자연독점성을 지니는 경우가 많기 때문에, 민영화되어도 경쟁이 도입될 수 없거나 부분적으로만 도입되어 여전히 불완전 경쟁 상태에 머무는 것이 불가피하기 때문이다. 따라서 경쟁 도입 초기에 신규 사업자들은 경쟁상 불리한 위치에 놓여 있으므로 경쟁 여건의 정착이 필요한 것이다. 이것은 공기업의 민영화 이후에도 일정 기간 동안은 독점 규제가 계속 지속되어야 함을 시사한다. 다만 이 경우의 독점 규제는 시장 경쟁이 완전히 정착할 때까지 경쟁을 대신하는 과도기적인 것이어야 한다.

이와 같이 대부분의 공기업이 독점 상태에 있기 때문에 민영화 과정에서 일반 독점으로 전환될 가능성이 높으므로 적절한 재규제를 통해 이 문제를 완화해야 한다. 우선 경제적 규제의 완화는 공기업 경영 효율성의 증진을 위해 불가결하지만 규제 완화 시 없어지는 감시·감독 기능을 대체하기 위해서는 '공정하고 유효한(fair and effective)' 경쟁을 보장하는 정책이 필요하다. 따라서 민간으로의 소유 이전과 함께 해당 산업에 대한 실질적인 경쟁 체제를 도입함은 민영화의 궁극적인 목적인 효율성 제고에 필수적이다. 이것은 법적 독점산업에 대한 법적 진입 장벽이 철폐되어야 하는 것으로는 부족하고, 신규 진입 기업이 동등한 대우를 받도록 각종 재규제 정책이 도입되어야 함을 의미한다(Thatcher, 1998).[6] 또한 공기업 체제 하에서는 중요한 정책 이슈가 되지 않았던 보편적 서비스 제공 의무가 이윤 동기 하에서 운영되는 민영 체제 하에서는 어떻게 무리 없이 유지되도록 할 것인가 하는 것도 중요한 정책적 과제가 된다.

특히 네트워크산업이 경쟁 체제로 이행한 후에는 새로운 규제가 더욱 필요하다. 예컨대, 기존 사업자와 신규 사업자 간에는 서비스 종류의 선택, 서비스 메뉴의 개발, 서

6) 이를 위해서는 적절한 규제기관의 설립 또는 기존 기관의 기능 강화가 필요하다. 영국의 경우 민영화 이후에도 지속적으로 시장 지배력을 갖게 될 것으로 예상되는 영국통신(British Telecommunication)에 대한 효과적인 규제를 위해 독립규제기관인 OFTEL(the Office of Telecommunications)을 설립했다.

비스 지역의 분할 등에 관해 동등한 조건이 부여되어야 한다. 여기서 한 걸음 더 나아가 경쟁 구조의 조속한 정착을 위해 비대칭 규제(asymmetric regulation)를 실시하는 경우가 있다. 비대칭 규제는 기존 기업과 신규 기업 간에 규제의 정도를 차별하여 기존 기업에 대해 보다 엄격한 규제를 실시하는 것이다. 기존 기업에 대해 정상 이윤만을 보장하는 가격 규제를 실시하는 반면, 신규 기업에 대해서는 자유로운 가격 결정을 인정하는 것이 가장 전형적인 예이다. 비대칭 규제를 실시하는 이유는 경쟁 도입 초기에는 민영화된 기업이 다른 경쟁 기업에 비해 절대적 우위를 가지고 있으므로 공정한 경쟁의 장을 보장하기 위해서이다(산업연구원, 2002b).

그러나 원칙상 경쟁의 도입을 위한 규제는 '경쟁자'의 보호가 아니라 '경쟁' 자체의 보호에 중점을 두는 것이어야 한다. 즉, 공익산업의 민영화가 독점 사업자의 독점 행위를 간과해서는 안 되겠지만 동시에 비대칭 규제가 후발 사업자의 경쟁력을 확보해 주기 위한 것이어서도 안 되는 것이다. '관리된 경쟁(managed competition)'은 대기업과 중소기업 간의 소득분배에는 기여할지 모르나 효율성의 향상은 저해하기 때문이다. 따라서 비대칭 규제는 독점에서 경쟁으로 이행하는 과도기에 일시적으로 실시되어야 하며, 경쟁자 사이에서 담합이 발생할 수 있다는 것을 염두에 두어야 한다.

호주의 공항 민영화 이후 가격 규제실패 사례

■ 배 경

호주는 연방정부 소유의 주요 공항들의 경영권을 50년의 장기 임대로 민간에 민영화하였다. 민영화 이전에 공항은 연방공항공사(Federal Airports Corporation)에 의해 운영되었는데, 이 시기에는 직접적인 가격 규제 없이 가격감시청(Price Surveillance Authority)에 의해 가격감시를 받았다. 민영화 이후에는 효율성 증진에 강한 관심을 가진 재정부의 권고로 인센티브 규제인 가격상한제가 채택되었다. 이를 위해 산업 전반에 걸친 규제정책과 경쟁업무를 관장하는 일반 규제기관인 경쟁소비자위원회(Australian Competition and Consumer Commission: ACCC)가 공항의 가격 규제와 서비스 규제를 담당하였다.

■ 가격 규제의 혼란

당초 호주 정부는 재정 절감이라는 민영화 성과를 올리기 위해 ACCC로 하여금 가격 규제를 실시하도록 압박하였다. ACCC는 가격상한제를 도입하여 공항운영자로 하여금 비용 절감과 시설

투자를 촉진하려 했다. 그러나 민영화 이전에 책정된 원가에 미달하는 낮은 사용료를 기준으로 가격상한이 설정됨으로써, 공항운영자들은 투자는커녕 비용충당도 못하게 되는 상황이 되었다. 가격상한제 하에서 재정난에 허덕이는 상황에서 9·11 테러의 발생으로 전 세계적인 운송량 급감 현상이 나타남에 따라 호주 민영 공항 중 일부가 도산하는 사태가 발생하자 가격 규제는 의미가 없어졌다. 이에 ACCC는 가격상한제를 크게 완화된 가격모니터링제로 전환하여 사실상 가격 규제를 폐지하였다. 가격모니터링제로 전환한 이후에 공항운영자는 공항 사용료와 주차료를 크게 인상하였다.

■ 시사점

공항 시설투자에 관해 전문성이 떨어지는 일반 규제기관인 ACCC가 가격상한선을 설정하는 것은 한계가 있었다. 공항 소비자인 항공사의 요구로 ACCC는 뒤늦게 공항 주차료도 규제 대상에 포함하는 등 공항운영자의 독점력을 제어하는 데 한계를 드러냈다. 결국 민영화 이후 호주 공항의 가격 규제의 실패는 통제할 수 없는 외부 요인을 제외한다면 규제기관의 전문성 및 독립성 저조와 정치논리의 개입에서 찾을 수 있다. 특히 공사 체제 하에서 지나치게 낮게 형성되어 있는 사용료를 미리 현실화하는 것이 중요하다. 이것은 민영화 이후 공항운영자의 재무적 안정성에 대한 위협 요인을 제거하는 결과가 되어 민영화 성공의 기초가 된다는 점은 우리에게도 시사하는 바가 크다.

자료: 권용실(2011: 68-97).

4) 금융산업의 재규제

과거 한국의 금융 규제는 금융시장의 안정성 및 효율성 보장보다는 발전국가 체제하에서 개발정책의 효과성을 제고하기 위한 정책 수단으로서 시행된 경향이 강했다. 따라서 금융 규제는 산업정책적 목적의 달성을 위해 또는 재벌기업에 유리하도록 이루어졌으며(홍영기, 1998; Kroszner, 2000), 그 결과 금융 규제는 체제 보호와 투자자 보호라는 본연의 목적에서 크게 벗어났다(Woo, 1991). 또한 법령상 근거가 박약한 훈령, 예규, 지침, 고시, 창구 지도 등에 상당 부분 의존하여 금융 규제가 자의적으로 이루어지는 경우가 많았다. 따라서 현재의 한국의 금융산업, 특히 은행산업에는 자율적인 금융산업의 발전을 위한 규제 완화가 매우 중요한 과제로 인식되고 있다. 그러나 한편으로는 정상적인 금융 시스템의 복구와 건전한 금융 관행의 정착을 위한 규제 강화도 동시에 요청되고 있다.

금융산업 규제 강화 또는 재규제의 가장 큰 특징은 건전성 규제 체계의 확립이다. 건전성 규제(prudential regulation)는 금융 부문의 외부 효과나 정보의 비대칭성을 완화하기 위한 것이다. 과거 정부가 금융회사의 경영에 직접적으로 개입하여 규제하던 때에는 은행 위기의 위험을 관리하기 위한 건전성 규제의 필요성이 사실상 없었다. 그러나 '규제의 관대화(regulatory forbearance)'와 그로 인한 경영의 자율성이 이루어지면서 금융체제 및 투자자 보호를 위한 건전성 규제가 중요해진 것이다. 건전성 규제는 경제적 규제와는 달리 금융회사의 의사결정에 직접적으로 영향을 미치는 것은 아니며, 개별 금융회사의 건전성과 금융산업의 건전성에 대한 대중의 신뢰를 유지하기 위해 최소한의 기준을 정하는 것이다. BIS 자기자본비율 규제가 대표적인 건전성 규제라고 할 수 있다(이혜영, 2004).

건전성 규제는 주로 리스크 관리 위주의 방식으로 전환하는 것이 최근의 추세이다. 이 방식은 금융시장 내에서의 리스크를 완전히 제거함을 목적으로 하는 것이 아니라, 금융회사가 직면할 수밖에 없는 리스크의 인식, 측정, 통제, 감시의 체제를 갖추는 것이 목적이다. 구체적으로 규제기관은 개별 금융회사가 스스로 채택한 리스크 관리 체제를 허용하되, 그것이 적정하지 않을 경우 시정을 요구한다(김종선 외, 2004).

금융산업의 재규제 논의는 2008년 글로벌 금융위기를 계기로 확대되었고, 이것은 2010년 미국에서 도드-프랭크법(Dodd-Frank Act) 제정으로 체계화되었다. 이 법에 의거해 팽창적 통화정책을 시행함으로써 금융위기가 심화되거나 경기위축이 지속될 수 있다는 우려를 해소하기는 했지만, 다시 자본시장과 부동산시장의 빠른 회복을 자극함으로써 금융시장 전반의 불안정 요인은 여전히 잠재해 있다. 또한 도드-프랭크법을 구체적으로 실행하는 과정에서 일부 조항의 시행이 유예되고 시행규칙에서 많은 예외 조항들이 도입됨으로써, 규제 강화에 대한 반대가 다시 힘을 받는 모습이 나타나기도 한다. 그렇지만 금융산업 규제 강화는 이제 세계적인 추세가 되고 있다. 장기적으로 국민경제의 안정적이며 지속적인 성장을 도모하려면 금융시장의 전반적 비용 상승에도 불구하고 금융산업에 대한 투명성, 책임성 제고를 위한 규제의 지속은 불가피할 것으로 보인다(조윤제, 2015).

제 4 절 규제 체계의 효율화

1 의의 및 필요성

1) 의 의

앞에서 본 바와 같이 규제 개혁의 핵심은 규제 완화이다. 그러나 규제 완화가 현실적으로 어려울 경우 그 대안은 규제는 유지하되 규제에 따르는 비효율을 감소시키기 위해 규제의 체계를 개선하는 것이다. 이것은 특히 한번 만들어진 정부규제가 완화되지는 않고 계속 강화되는 톱니 효과(ratchet effect)가 지속되거나, 외부의 압력에 의해 완화된 규제가 규제기관의 대응 전략에 의해 다시 회복되는 현상이 나타날 때 그 중요성이 커진다(Bardach & Kagan, 1982; 최성모 · 소영진, 1993).

특히 규제정책의 집행 과정에서는 명확한 효율성과 형평성에 의한 기준을 파악하기 어려우므로 관료에 의한 자의적 선택이 흔히 이루어진다. 규제산업이나 해당 기업은 특혜적 규제를 계속 확보하기 위해 적지 않은 비용을 투입하는 경우가 많다. 이와 같이 정부의 규제라는 보호적 지위를 확보하기 위해 기존 기업이 지출하는 비용은 '지대 추구적 사회(rent-seeking society)'를 유발하는 비용으로서 이것을 흔히 털럭 비용(Tullock cost)이라 부른다(Tullock, 1967). 그 결과 시장 조건과 기술 조건이 변해 규제 완화가 필요함에도 불구하고 규제정책이 관성적으로 지속되는 경우가 나타난다.

따라서 규제의 개혁을 논의할 때 요구되는 또 하나의 과제는 규제 체계를 효율적으로 개편하는 것이다. 규제 체계의 효율화는 규제기관에 의해 규제를 실시하는 목적이 효율적으로 달성되도록 하는 것이다. 최근에 선진국을 중심으로 규제영향 분석(regulatory impact analysis)을 강화하는 것도 기존 규제의 효율성을 평가하든가 가장 효율적인 규제를 선택하고자 하는 것이다. 특정 규제의 완화 또는 폐지에 따르는 비용과 편익을 수량화함으로써 규제 실시 목적과 비교할 수 있기 때문이다(하병기 외, 2000).

2) 필요성: 중복 규제의 축소

규제기관을 운영하기 위해서는 인력과 시설을 유지해야 하는 등 적지 않은 비용을 수반한다. 이러한 비용은 조세의 증가를 가져오고 국민의 부담을 증가시키는 결과를 초래한다. 또한 기업은 규제에 순응하기 위해 예산과 인력을 투입해야 하는데, 이것은 기업의 비용을 상승시킴으로써 판매 가격의 상승을 유발할 수 있다.

규제 비용의 축소를 위해 가장 먼저 추진해야 하는 것이 중복 규제의 축소이다. 중복 규제란 특정 사안과 관련된 규제에 대해 2개 이상의 규제기관이 각기 자신의 소관 법령에 규정을 두고 있는 것을 말한다.[7] 관료제에서 흔히 나타나는 조직 상호 간 관할권 존중 행태가 중복 규제의 원인으로 작용한다. 다부처 관련 중복 규제로 인해 피규제자인 기업은 다른 법령에서 규정하고 있는 유사한 규제를 이행해야 한다.

이중적 자료의 작성 및 보고, 현장점검 시 공장 가동 중지, 개발사업의 사업 추진 기간 장기화, 용역평가 비용 과중, 유사 목적의 세금 및 부담금 부담, 법 적용의 비형평성 발생 등을 중복 규제의 폐해로 들 수 있다. 이와 같은 중복 규제는 대부분 정부부처 간의 업무 영역 확대에서 기인한 것으로서 시급히 해결되어야 할 과제이다(고동수 · 강신일, 2000). 이를 위해서는 동일 부처 내 규제를 일원화하고, 부처 간 규제는 주관 부처에서 담당하도록 하며, 다른 부처는 주무부처와 자료 및 검사 내용을 공유하도록 해야 한다.

2 규제기관의 통합

규제기관의 통합은 전통적으로는 서비스가 분리되었으나 사후적으로 통합된 산업의 경우에 나타나는 현상이다. 통합적 규제 모형은 금융산업에서 가장 대표적으로 나타나고 있다. 즉, 각국에서는 은행, 보험, 증권에 대해 각각 별도의 규제기관을 두었지만, 독일 · 스위스 · 한국 등에서 이들을 통합하는 조치가 취해졌다. 또한 공익사업의 경우 규

7) 예컨대, 산업 안전 규제와 관련된 법령을 취급하고 있는 정부부처로는 고용노동부, 산업통상자원부, 국토교통부, 행정안전부 등이 있다.

제의 통합에 따른 시너지 효과, 즉 규모의 경제(economies of scale)를 통한 행정 비용의 절감 효과가 크기 때문에 여러 산업 부문을 한 기관이 규제하는 것을 고려할 수 있다.

한편 전력이나 가스 등 에너지산업의 구조 개편을 효과적으로 추진하고 전환기를 적절하게 관리할 추진 체계를 정비할 필요성이 대두되고 있다. 이 방안의 하나로서 생각할 수 있는 것이 에너지 시장의 효율적인 운영과 경쟁 도입의 활성화를 위한 전문 규제기관으로서 기존의 전기위원회를 확대 발전하여 가칭 에너지위원회를 신설하는 것이다(박수혁, 2004; 신정식 · 최성호, 2004). 전기와 가스 분야는 고급, 청정 에너지를 공급하며, 특히 소비자 그룹이 사실상 동일하여 보완적 관계뿐만 아니라 경쟁적 관계를 가지고 있기 때문에 양 부문의 관리 체계를 결합하는 것이 적절하기 때문이다.

독일의 연방네트워크규제청 운영 사례

■ 배 경

독일에서는 전기, 가스, 통신, 우편, 철도 등 네트워크 산업을 통일적으로 규제하기 위해 2005년 독립적 규제기관으로서 연방네트워크규제청(Bundesnetzagentur: BNetzA)을 설립하였다. 기존에 관할하던 통신 및 우편 시장의 규제 권한 이외에 전기, 가스와 같은 에너지 시장의 규제와 철도 시장의 감독 권한을 부여함으로써 국가기간시설로서의 네트워크를 통해 제공되는 공공 서비스에 관하여 하나의 규제기관에서 규제를 담당하도록 한 것이다.

■ 권 한

BNetzA은 네트워크 산업과 관련하여 연방경제기술부(Bundesministerium für Wirtschaft und Technologie) 하에서 관련 업무를 수행하고 있으나, 설치법에서 BNetzA에게 결정권을 부여한 사항에 대해서는 연방경제기술부도 침해할 수 없다. 설립 초기에는 통신 네트워크의 무차별한 접속 방지 등 망 감독을 주요 업무로 하였으나, 2011년부터 망 발전계획 및 망 구축계획을 수립하고 인가 절차를 수행하였으며, 2013년부터는 원자력전기망 폐지 업무도 관할로 되어 원자력발전 시설 및 송전망 폐기 절차를 감독하고 있다.

■ 조 직

연방경제기술부 산하에 있지만 기관장과 부기관장을 대통령이 임명함으로써 직무상 독립성이 보장된다. BNetzA의 주요 조직은 자문위원회, 심결위원회, 정책국이다. 이 중 가장 중추적 역할을 맡고 있는 11개의 심결위원회는 준사법적 절차에 따라 규제 처분과 관련된 사항을 관장하는 데 경쟁 당국의 사후 규제와 큰 차이가 없다. 의사결정 방식은 심결위원회별로 3명의 위원이 합의제 방식을 채택하며, 최종결정 사안에 대해서는 연방경제기술부에서도 번복이 불가하다. 심결과 관련된 정책사항 내지 시장분석을 정책국에서 충분히 검토하게 하여 심결이 법률적, 경제적, 기술적으로 전문성을 갖추도록 하고 있다. 통신, 우편, 에너지, 철도, 지역사무소 등 각종 정책수립 업무를 담당하는 정책부서로서 10개의 정책국이 있다.

자료: 한국법제연구원(2014: 37-43).

3 규제기관의 독립성 강화

규제기관의 조건으로서 가장 중요한 것은 독립성과 자율성이다. 그런데 우리나라의 경우 규제정책의 집행은 거의 예외 없이 정부부처나 그 하부 조직에서 담당하고 있다. 이것은 동일한 행정기관이 어떤 산업으로의 배분을 추진하는 업무와 그 산업을 규제하는 업무를 동시에 수행함을 의미하는 것이다. 이와 같이 규제기관이 규제정책 기능뿐만 아니라 대부분 배분정책 기능을 동시에 수행하고 있어 양 기능 수행 간의 혼란이 초래될 우려가 생긴다. 특히 규제 업무가 배분 업무에 비해 경시되는 경우가 많아 규제기관이 제 역할을 다하기 어려운 실정이다. 또한 독립된 경우에도 정부부처 산하에 소속되어 있어 독립성과 자율성이 확보되기 어렵게 되어 있다.

한편 공익산업에 해당하는 공기업에서 민영화된 기업의 경우 기존의 공적 독점 보호를 위한 진입 규제 등 각종 규제로부터 경쟁 도입을 위한 새로운 규제로 성격이 바뀌어야 하므로, 그에 걸맞은 새로운 규제기관의 설립 또는 형태의 변화를 모색할 필요도 있다. 규제기관의 독립성 강화는 규제기관이 동시에 산업 진흥에 관한 업무를 병행할 경우 발생할 수 있는 이해관계의 충돌을 방지할 수 있다. 미국의 규제기관들이 대부분 독립규제위원회 형태로 되어 있는 것도 이와 같은 이해관계의 충돌을 방지하기 위해 독립성을 최대한 보장하기 위한 것이었다. 규제기관의 독립성 확보를 위해 가장 중요한 것은 규제기관의 제도적 지위를 법적으로 규정하는 것이며, 특히 기관장의 임면이 공정하게 이루어지도록 하고 임기 보장과 더불어 예산의 독립성 등이 보장되어야 한다.

현재 규제정책에 관한 전 세계적인 추세 중의 하나는 산업별 규제정책을 집행하는 권한을 독립규제위원회에 부여하는 경우가 늘어나고 있다는 것이다. 특히 1990년대에 들어선 이후 OECD 회원국의 경우를 살펴보면 통신 분야는 20개국에서, 에너지 분야는 11개국에서 독립규제위원회를 각각 설치했다(OECD, 2002). 따라서 가장 바람직하기로는 독립규제위원회를 설치하여 독립성과 자율성을 최대화하는 것이다. 또한 규제기관의 장의 임기를 현행보다 장기로 설정함으로써 간접적으로 규제기관의 독립성을 제고할 수 있다.

그렇지만 우리나라 대표적 규제기관인 산업통상자원부 산하의 전기위원회가 공공성, 대규모 투자 소요, 급격한 기술 발전 등의 해당 산업의 특성에 부응할 수 있는지는 의문이다. 한국의 전기위원회는 경쟁환경 조성에 관한 심의와 분쟁 재정을 위해 행정부처 내에 설치된 행정위원회일 뿐 독립규제위원회로 보기는 어렵기 때문이다. 더구나 2001년 1국 4과의 규모로 출범하였으나 현재 1개 과의 규모로 축소되어 그 위상이 크게 위축되어 있다. 따라서 과도기적으로는 최소한 규제기관이 공정하고 객관적인 규제 기능을 수행할 수 있도록 전문성과 독립성을 강화해야 한다. 위원장 및 위원의 임기를 보장하고 전기요금 인가 등을 전기위원회가 자율적으로 결정할 수 있도록 해야 한다(에너지경제연구원, 2019).

4 규제 관할의 명확화

규제기관의 관할 범위에 의해 규제기관을 분류한다면 일반형과 전문형으로 구분된다. 일반형(통합형)은 정부규제를 둘러싼 문제의 본질이 유사하고 규제의 통합에 따른 행정 비용의 절감 효과가 크기 때문에 여러 부문을 한 기관이 규제하는 유형이다. 이 유형은 규제 부문 간에 규제 행위의 조정이나 규제정책의 일관성 유지를 용이하게 한다. 또한 단일 기관에 의한 통합 규제는 특정 산업의 포획을 차단할 수 있다는 장점을 가진다. 다음으로 전문형(분리형)은 규제기관을 피규제 산업 또는 부문별로 분리함으로써 규제의 전문성 확보가 용이해진다. 다만 행정력의 낭비와 전문 인력의 부족 문제가 제기된다.

한국의 경우 규제 관할의 혼란은 각 부처 내의 규제기관과 공정거래위원회가 각 산업에 관한 규제의 권한을 공유하는 것에서 주로 기인한다. 예컨대, 통신산업의 경우 기술적 규제를 제외한 필수설비에의 접근에 관한 규제, 반경쟁적 행위에 대한 규제, 경제적 규제 권한을 일반 규제기관인 공정거래위원회와 전문 규제기관인 방송통신위원회가 공유하여 행사하고 있다. 이와 같은 현상은 대부분의 산업에서 공정거래위원회라는 일반 규제기관의 개입이 증대하고 있다는 데에서 기인한다. 즉, 산업별 전문규제기관을 통한 경제적 규제와 일반 규제기관의 독점 규제가 중첩되는 영역이 생기고, 이로 인해 규제의 관할권 충돌의 문제가 발생한 것이다.

전문 규제기관과 일반 규제기관 간에 공익산업에 대한 관할권 분쟁이 발생할 경우 일차적으로는 공정거래위원회가 판단 권한을 행사하는 것이 논리적이긴 하다. 그러나 사법적 판단에서 기술적인 사항이 포함될 경우 등과 같이 합당한 이유가 있을 경우에는 전문 규제기관의 판단을 우선시하는 것이 타당하다(최종원, 1998). 특히 기술적 규제뿐만 아니라 경제적 규제에 관련한 권한의 행사는 원칙적으로 전문 규제기관에서 담당하는 것이 보다 유리할 수 있으며, 필수설비에의 접근에 관한 규제의 경우에는 규제 문제의 성격(정보의 양, 비용, 감독 체계 등)에 따라 일반 규제기관과 전문 규제기관이 관할을 분할하는 것이 타당하다.

또한 만일 문제의 시장이 유효 경쟁의 상태로 신속하게 발전할 것으로 기대될 경우에는 일반 규제기관에게 규제 권한을 집중하는 것이 바람직하다. 그러나 독점적 구조가 당분간 유지되거나 규제 개혁의 성과가 신속하게 나타날 것으로 기대되지 않는 분야는 전문 규제기관이 규제 개혁을 포함한 규제 업무를 담당하는 것이 나을 것이다(정보통신부, 2002).

제 5 절 규제 방식의 다양화

1 의 의

21세기 각종 과학기술의 발달과 주로 그로부터 기인하는 사회적 다원성 증대는 정부로 하여금 명확하고 획일화된 규범을 통해 사회 전반을 규율하기보다는 사회적 자율성을 존중하는 방향으로 규제를 하도록 요구한다. 비록 법이 가지는 강제성이 대부분 없어지는 것은 아니나 법이 규제하려는 사회로부터 고립되지 않기 위해서는 강제적 방식만이 아닌 좀 더 다양하고 부드러운 방식이 불가피하다(홍석한, 2008).

앞에서 살펴본 규제 체계의 효율화는 규제 비용을 축소하고 규제 관행을 억제하기 위해 중요한 규제 개혁의 처방을 제시한다. 이에 못지않게 관심의 대상이 되어야 할 사항이 규제 방식을 다양화하는 것이다. 이것은 정부-시장 간 관계의 합리적 조정을 바탕으로 하여 규제정책 과정이 이에 적합하게 운용되도록 함에 주안점이 있다.

이를 위해서는 규제기관의 직접적 규제에만 의존하는 것이 아니라 규제 권한의 분권화, 사후적 및 네거티브 방식의 확대 등과 같이 규제 운용 방식을 다양화하는 방안을 강구해야 한다.

2 규제 권한의 분권화

1) 자율규제의 확대

현대 사회에서는 정부-기업 관계에서 대립보다 협조 측면을 강조하는 추세가 두드러진다. 서구 자유주의 체제 내에서도 국가에 따라 규제의 방식이 차이가 있으며, 이것은 주로 정부-기업 관계의 차이에서 기인함은 여러 연구에서 이미 드러난 바와 같다(Vogel, 1996; Wallace, 1995). 그런데 전통적으로 정부-기업 관계가 대립적·적대적인 특징을 보였던 미국이나 독일에서도 대부분의 정책 영역에서 정부와 기업 간에 타협과 협력이 증가하고 있다.8)

규제 수단도 지금까지는 명령 지시적 규제 방식을 중심으로 하되 시장 유인적 규제 방식으로 보완하는 식으로 이루어졌다. 그런데 위와 같은 정부-기업 간의 협력적 움직임을 반영하여 선진국을 중심으로 기존의 강제적 방식을 대체할 수 있는 정책 수단으로서 논의되는 규제 방식이 자율규제이다. 자율규제(self-regulation)란 "규제 목표를 달성하는 데 정부와 조직화된 집단이 자율적인 협약을 통해 상호 간 협력 관계를 구축하고, 그 구성원의 행위를 스스로 규제하는 것"을 말한다(Baram, 1982). 이것은 개념적으로 엄격하게 독립된 규제 방식이라기보다는 민간 부문에 공식적으로 책임을 부여하는 것으로 이해된다. 자율규제 방식에 의하면, 피규제자는 자신의 의사에 따라 규제에 스스로 종속되므로 준수 의지가 상대적으로 크다고 할 수 있다. 그리고 자율규제 기구가 시장의 상황을 가장 잘 알고 있기 때문에 규제기관의 명령 지시적 규제에 비해 규제 기준 등 규범제정 과정에서 시장 상황을 보다 잘 반영할 수 있는 것도 장점이다. 또한 효율성, 전문성, 유연성 등의 측면에서도 자율규제가 유리하다고 볼 수 있다(이원우, 2010).

정부의 간여가 없는 순수한 경우를 제외한다면 자율규제는 기업이나 단체에 대한 정부의 개입 정도를 기준으로 크게 세 유형으로 구분된다(Price & Verhulst, 2000). 기준위임형 자율규제(mandated self-regulation)는 정부가 설정한 틀과 내용의 범위 안에서 민간이 구체적 준수 기준을 제정하고 집행하는 경우이다. 정부승인형 자율규제(sanctioned self-regulation)는 민간이 자체적으로 규제 내용을 정할 수 있으나 정부의 승인을 요하는 경우이다. 집행보장형 자율규제(enforced self-regulation)는 민간이 자체적으로 규제를 운영하지만 해당되는 자율규제 내용이 없다면 정부의 규제가 적용되는 경우이다.

기본적으로 정부규제는 민간 부문의 자율성에 대한 불신에서 비롯되지만 자율규제는 시장의 능력을 신뢰하는 시장 친화적 관점이 배경을 이룬다. 이에 따라 자율규제의

8) 자율규제의 요건으로서 정부-민간 간의 협력에 관한 논의는 한국행정연구원(2000)에서 상세히 다루었다.

가장 큰 특징은 그 질서의 영향을 받는 당사자들 스스로가 질서의 조성과 관리에 깊이 참여한다는 데 있다. 자율규제는 정부와 민간 주체 간의 신뢰와 협력 관계의 형성이 필수적이어서 아직 광범위한 분야에서 적용되지 못하는 실정이다.

다만 1990년대 이후 국제환경 협력의 중요성이 증대됨에 따라 국내·외 환경 문제를 효율적으로 해결하기 위해 환경 규제 참여자들의 자율적 협력을 중심으로 하는 자율규제가 강조되고 있다. 즉, 환경 규제는 1980년대 오염물질 배출시설에 대한 인·허가 및 단속 등 지시와 명령에 의존하는 방식을 중심으로 운영되어 왔고, 1990년대에는 환경개선부담금, 폐기물예치금 등 오염자 부담 원칙에 의한 경제적 유인 방식이 대폭 도입되었으나, 근래에는 환경친화기업지정 제도,[9] 재활용 목표율 설정 제도, 사업장 폐기물 감량화 제도, 자율환경관리협약 제도 등 자율규제 방식의 확대가 논의되었다(한국행정연구원, 2000).

자율규제의 장점으로는 첫째, 해당 집단으로 하여금 실정에 적합한 규제 방법을 선택하게 함으로써 순응 비용을 감소시킬 수 있고, 둘째, 정부의 감독에 소요되는 집행 비용이 감소되며, 셋째, 규제를 둘러싸고 일어날 수 있는 규제기관과 피규제기관 간의 갈등을 크게 줄일 수 있으며, 넷째, 전문성이 높아 규제기관이 감당하기 어려운 분야의 경우 해당 부문에 대하여 가장 잘 아는 집단에 의해 규제가 시행되므로 타당성이 높다는 것을 들 수 있다. 반면에 자율규제는 책임성을 확보하기 어렵고, 집행 및 감시하는 데 어려움이 크며, 정책의 운영 과정에서 기득권을 보유하고 있는 기업의 이익을 대변할 가능성이 크다는 문제점이 지적된다. 또한 자율규제는 잠재적 경쟁자의 신규 진입을 제한할 수 있기 때문에 불공정의 가능성이 내재되어 있다. 따라서 현재로서는 자율규제가 기존의 규제 방식에 대한 대안은 될 수 없으며, 당분간은 규제 수단의 융통성을 증대하기 위한 목적의 범위 내에서 지시와 명령에 의한 방식 또는 시장 유인적 방식과 연계하여 보완적으로 사용되는 것이 바람직하다(강형신, 2001).

---

9) 환경친화기업지정 제도란 기업이 자율적으로 사업 활동의 전 과정에 걸친 환경영향을 평가하고 구체적인 환경 목표를 설정하여 지속적으로 환경 개선을 도모하는 자율규제 제도이다. 해당 기업에 대해서는 정기 지도점검을 원칙적으로 면제해 준다. 이 제도의 특징은 자율규제와 성과기준 규제의 성격을 혼합함으로써 기업이 자율적으로 환경성과를 향상시키도록 유인 구조를 마련하는 것이라 할 수 있다.

2) 공동규제의 확대

자율규제의 실시는 정부와 사업자 간의 신뢰 형성을 전제로 하여 신중하게 시도될 필요가 있다. 자율규제의 방식으로서 사업자나 사업자단체가 조직 내 모든 구성원을 구속하는 일정한 기준을 정해 스스로 집행하는 순수한 형태보다는, 규제기관이 관련 법령에 사업자의 준수 사항을 규정하고 필요시 규제기관이 직접 관여함으로써 자율규제의 강력한 집행력을 보장하는 형태가 현실적이라 할 수 있다. 이것은 앞에서 본 자율규제 유형 중 집행보장형(enforced) 방식에 해당하는 것으로서 공동규제로 구분하여 표현한다.

공동규제(co-regulation)는 정부는 최소한의 인력과 조직만을 가지고 기획·조정·감독에 주력하고, 구체적인 규제 및 집행 업무는 민간 부문에 맡기는 것이다. 예컨대, 피규제자들이 수립한 규제 기준을 제출받아 사전적으로 검토하고 그것이 타당하다고 인정되면 승인이나 인가하는 것이다. 사후적으로는 기준이 제대로 준수되고 있는지, 기준 위반에 대한 자율규제 기구의 규제집행 기능이 제대로 작동하는지 등을 주기적이고 지속적으로 감독한다(정보통신정책연구원, 2014).

호주의 방송·통신 규제기관인 호주통신미디어공사(Australian Communications and Media Authority: ACMA)는 방송·통신 산업에 대한 규제를 2단계에 걸쳐 공동규제 방식으로 실시한다. 일차적으로 사업자단체인 호주통신협회(Australian Communications Access Forum: ACAF)로 하여금 산업자율규약(industry codes)을 스스로 제정하여 자율적으로 규제를 하도록 하고, 만일 자율규약으로 부족한 부분이 있으면 ACMA가 제정하는 산업 기준(industry standards)이나 법령을 통해 보완한다. 산업자율규약의 준수는 자발적이나 산업 기준의 준수는 의무적이다. 규제의 집행도 산업자율규약에 마련된 소비자 민원처리 절차, 사업자 간 분쟁해결 절차 등을 통해 사업자의 의무 이행을 장려한다. ACAF가 자발적 방식으로 자율규약 및 의무를 이행하지 않는 경우 ACMA가 산업 기준을 기초로 규제를 집행한다(윤혜선, 2012).

공동규제가 성공하기 위해서는 몇 가지 조건이 충족되어야 한다. 우선 구조적 측면에서 공동규제 기구는 보편성 및 대표성과 함께 규제될 회원기업들로부터 압력을 받지 않을 수 있는 독립성을 갖추어야 한다. 그리고 재정, 인력, 전문 지식 등 충분한 자원을 가지고 있어야 한다. 또한 내부통제 시스템의 구축을 통해 회원 기업과의 이익충돌 문제의 발생을 사전에 예방할 수 있어야 하며, 공동규제 기구에 폭넓은 의견이 수렴될 수 있는 메커니즘을 갖춤으로써 궁극적으로 공익을 실현하는 데 지장이 없어야 한다(곽관훈, 2008; 홍석한, 2009).

공동규제의 실질적 내용을 구성하는 규약은 정부와 산업조직 또는 직능단체 사이의 협의로써 성립된다. 협의의 결과 제정된 규칙을 불이행하는 회원에 대해서는 산업조직이나 직능단체 내에서 효과적인 처벌이 이루어진다. 즉, 내부 규율에 의해 규칙에 대한 순응을 높이는 것이다. 공동규제는 대다수의 관련 단체를 회원으로 보유하는 강력한 연합체가 존재할 때, 산업평가(industry assessment)가 쉽게 이루어질 때, 산업 간 기술의 공유가 많이 이루어질 때, 연합체나 회원의 입장에서 볼 때 규칙을 준수하는 것이 이득이 된다고 생각할 때 성공 가능성이 커진다(한국행정연구원, 1999).

다만 민간단체 스스로 규제를 운영할 경우 공익보다는 집단의 이익을 옹호하는 방향으로 흘러갈 가능성이 있다. 또한 공동규제를 위반하는 것에 대한 벌칙이 비현실적인 경우 구성원들이 규제 의무 사항을 제대로 준수하지 않는 등 공동규제의 실효성이 보장되지 않는 수가 있다. 따라서 정부는 공동규제의 기준 정립과 그 운영 과정을 꾸준히 감시하여 규제의 이행 여부를 지속적으로 확인해야 한다(김용우, 2010).

3) 지방분권화의 확대

지방자치는 지방정부에 상당한 자율성을 부여함으로써 일극집중 또는 수직적 형태의 권력 구조가 지속되기 어렵게 한다. 자율적인 지방자치의 실시는 중앙 위주의 권력 구조로부터의 이탈을 의미한다. 이에 따라 지방의회를 포함한 대부분의 지방정부는 자율성을 갖고 지방정부를 운영하기 위해 각종 행정 권한의 지방 이양을 요구하고 있다. 그러나 현실적으로 제도 개선의 권한을 갖고 있는 중앙정부는 뚜렷한 유인이 존재하지 않는 한 기능 이양에 대해 대체로 소극적이다.

지방자치의 실질적 운영과 관련하여 규제 권한의 분권화는 지방자치 발전의 차원에서뿐만 아니라 규제 개혁의 차원에서도 중요한 정책과제가 될 수 있다. 아직 지방분권화의 본격적 실행에 관해 논란의 여지가 있는 사회적 규제 영역은 제외하고라도 경제적 규제 영역에 관해서는 지역복지 증진과 지역경제 활성화 측면에서 대폭적인 규제 권한의 지방분권화가 이루어질 수 있을 것이다(최병선, 1992).

다만 규제 권한의 분권화가 지역경제나 지역복지라는 추상적인 개념 하에서 무분별한 개발이나 지역정치에 휘둘리는 일을 사전에 방지할 수 있도록 하는 장치의 마련이 필요하다. 또한 규제 개혁을 위한 규제분권화가 오히려 지역경제 규제의 강화를 초래함으로써, 결국 지역 민간 부문의 자율성을 침해하는 일도 미연에 방지해야 한다.

3 사후적 방식 및 네거티브 방식의 확대

1) 사후적 방식의 확대

한국의 규제정책은 사전적 규제 방식에 과도하게 의존해 왔다. 이것은 한국의 규제기관이 사전 규제의 사회적 비용에 대해 과소평가한 결과라고 생각할 수 있다. 특히 사전적 규제 방식은 순응 비용이 크다는 특성이 있는데, 순응 비용이 크다는 것은 기업의 인센티브를 왜곡할 가능성을 높인다. 필요한 규제라 할지라도 규제 비용이 크게 소요된다면 그 규제는 비효율적이 될 수밖에 없으므로, 규제 대상에 따라서는 규제 방식의 전환을 검토해야 한다. 나아가 사후적 규제 방식으로 전환한다면 규제의 투명성을 제고하는 효과도 기대할 수 있다.

2) 네거티브 방식의 확대

한국에서도 2018년 이후 포지티브 규제 방식을 네거티브 규제 방식으로 전환하기 위한 노력을 기울이고 있다. 다만 일부 분야를 제외하면 실질적으로 네거티브 규제로 바뀐 실적은 많지 않은 실정이다. 이것은 법률 규정 방식과 더불어 사고방식의 전환이 필요하기 때문이다.

과도기적으로 영국에서 2014년 채택한 규제 샌드박스(regulatory sandbox)를 활성화할 필요가 있다.[10] 규제 샌드박스란 새로운 제품이나 서비스가 출시될 때 일정 기간 동안 기존 규제를 면제・유예시켜 주는 제도를 말한다. 규제가 없는 환경을 주고 그 속에서 다양한 아이디어를 마음껏 펼칠 수 있도록 한다고 해서 규제 샌드박스라고 부르게 되었다.

그 내용을 살펴보면 사업자가 새로운 특정 기술 또는 서비스에 대해 규제 샌드박스 적용을 신청하면 법령을 개정하지 않고 심사를 거쳐 시범사업, 임시허가 등으로 규제를 면제・유예해 준다. 이것은 그동안 규제로 인해 출시할 수 없었던 상품이나 서비스를 빠르게 시장에 내놓을 수 있도록 한 후 문제가 있으면 사후 규제하는 방식이다. 규제 샌드박스 시행을 통해 사업자는 신제품 및 서비스의 조기 시장진입을 촉진시킴으로써 새로운 부가가치를 창출하고, 정부는 보다 합리적인 규제 재설계를 진행할 수 있다.

이론상 기존에 네거티브 방식을 도입하고 있는 국가에서는 신기술을 도입하는 경우 굳이 규제 샌드박스를 적용할 필요가 없으며, 기존에 금지되어 있는 사항이 있을 때 이에 한해서 규제 샌드박스를 적용하면 된다. 이에 비해 포지티브 방식에서는 신기술을 큰 부담 없이 도입하기 위해서는 규제 샌드박스 제도의 적용이 매우 유용하다. 다시 말해, 한국처럼 포지티브 방식 위주로 규제가 이루어지고 있는 나라에서 규제 샌드박스의 필요성이 크다고 할 수 있다.

한국 정부도 2019년 행정규제기본법 개정을 통해 규제 샌드박스의 제도화를 기하고 '선허용-후규제' 방식을 도입하였다. 혁신성이 강조되는 시대에 이를 반영하지 못하는 규제 체계는 한계에 직면할 수밖에 없다. 이 점에서 볼 때 규제 샌드박스는 법령상의 규제가 산업혁신 속도에 맞춰 개선되지 않는다는 문제점을 해결할 수 있어 규제 개혁을 위한 새로운 규제 패러다임으로도 볼 수 있다(한국과학기술기획평가원, 2019). 다만 안정적인 사업추진을 위해서는 특례기간 경과 후 사업 중단의 우려를 불식할 수 있도록 하고, 반대로 뒤늦게 문제가 발견되어 필요한 경우 사후에라도 규제를 용이하게 도입할 수 있는 장치를 마련하는 등 제도의 안정화를 추구해 나감으로써 네거티브 방식

10) 어린이들이 자유롭게 뛰노는 모래 놀이터에서는 넘어지더라도 크게 다치지 않는다. 샌드박스란 주어진 한도 내에서 활동하도록 함으로써 사고나 그로 인한 피해를 최소화할 수 있는 영역이다(한국과학기술기획평가원, 2019). 당시 영국은 미국에서 시작된 핀테크(Fin-Tech) 금융 방식을 위험부담을 최소화하면서 시도하기 위해 규제 샌드박스 제도를 채택하였다.

으로의 이행을 실천해 나가야 한다.

제 6 절 규제 과정의 민주화

규제정책의 형성을 주도하는 것은 결국 사회 일반의 가치 판단이며 이를 수렴·반영하는 정책형성 과정이 얼마나 민주적인가에 따라 규제의 유효성이 달라진다. 규제 과정의 민주화는 규제정책 과정에서 관련 시민사회단체나 기업의 참여를 확대하고 초기에 규제 자체를 명확히 규정하는 것을 말한다.

1 민주적 절차의 강화

1) 시민감시 체제의 도입

시민과 시민사회단체는 사회의 감시자로서 정책의 비효율성과 역효과 등의 문제를 지적, 보완하는 역할을 할 수 있다. 특히 시장경제는 정부와 시장에 대한 신뢰가 성숙될 때 잘 운용될 수 있다는 인식이 있음을 감안해 볼 때 시민 및 시민사회단체의 활동은 시장에서의 정책 운영에도 간접적인 기여를 한다고 볼 수 있다. 특히 언론기관이나 연구기관 등 종래 정치적으로 중립성을 유지하면서 각종 정책의 평가 및 감시 역할을 수행했던 기관들이 정치적 편향성을 띨수록 시민사회 부문의 감시자로서의 필요성은 그만큼 증대된다고 할 수 있다(주성수, 2003).

실제로 시민사회단체들은 각종 모니터링과 세미나 등을 통해 상시적으로 정책 감시 활동을 벌이고 있다. 그리고 대부분의 나라에서 일반 시민들은 공평성과 공익성을 유지하는 한 시민사회단체의 감시자로서의 역할을 신뢰하는 경우가 많다. 따라서 규제정책의 결정 과정에서 정부뿐만 아니라 기업, 시민(사회단체), 전문가 등이 공동으로 참여하는 감시 체계를 구축해야 한다. 예컨대, 규제의 수준과 감시에 관해서는 규제의 시민

(사회단체)의 비중이 강조되는 한편, 규제 수단을 선택할 때에는 피규제자의 견해를 최대한 반영한다.

미국에서는 민간과의 협력 체계 구축은 기업형 정부의 지나친 경제성의 강조에 대응하여 민주성을 제고할 수 있다는 측면에서 중요성이 인정되고 있다. 정부 개혁을 위한 고어위원회(Gore Committee)인 NPR은 출범 당시 정부성과검토반(National Performance Review)을 의미했으나 제2기에는 '정부 재창조를 위한 파트너십(National Partnership for Reinventing Government)'으로 그 의미를 전환할 정도로 민간과의 협력을 강조했다. 멕시코의 최고 규제기관인 경제규제완화위원회(The Council for Economic Deregulation)도 관료 이외에 기업 · 학계 · 노조 등 다양한 집단의 대표로 구성함으로써 민간과의 협력을 적극 모색하고 있다.

한국도 공정거래위원회를 비롯한 규제기관은 정부 일변도의 규제정책에서 탈피해 기업 및 시민과의 협력적 규제 시스템을 구축함으로써 규제의 효율성을 제고할 수 있음을 인식해야 한다. 즉, 규제 과정의 민주화를 위해 규제기관뿐만 아니라 소비자를 비롯한 일반 국민도 규제정책의 감시자로 끌어들이는 노력이 필요하다. 이 방안의 하나로서 일정한 요건 하에 소비자단체를 비롯한 시민사회단체가 「독점규제 및 공정거래에 관한 법률」 등 규제 관련법의 위반 행위를 고발할 수 있는 창구를 운영하는 제도를 도입할 수 있을 것이다.

2) 규제영향 분석의 객관성 · 투명성의 확보

정부규제에 대한 지지와 합의를 도출하고 시민에 대한 대응성과 민주성을 제고하기 위해서는 규제영향 분석의 과정을 공개함으로써 규제정책의 투명성과 객관성을 확보함이 필수적이다(산업연구원, 2002a; 김태윤, 2003).

우선 규제 순응을 향상시키기 위해서는 피규제자들에게 규제의 필요성과 당위성을 설득해야 한다. 그 방안으로서 규제영향 분석 과정에 피규제자나 이해관계인을 참여시키는 것을 생각할 수 있다. 즉, 분석의 과정을 공개함으로써 국민들은 정부가 규제를 신설하거나 강화할 때 규제기관이 충분히 각 문제점을 검토하고 있음을 이해할 것이고, 규제에 대한 필요성과 당위성도 인정하게 될 것이다. 그리고 피규제자와 이해관계자들이 규제 형성 과정에 참여하게 됨으로써, 규제기관과 국민 간의 상호 대화가 촉진되어 규제의 집행도가 제고될 수 있을 것이다. 따라서 규제영향 분석을 실시하는 과정에서 더욱 강조되어야 하는 것은 투명성의 확보이다.

규제영향 분석의 공개와 투명성의 확보가 규제집행을 용이하게 하는 데에 어떻게 긍정적인 역할을 할 수 있는지를 살펴보면 다음과 같다(대외경제정책연구원, 2001).

첫째, 분석의 과정이 공개되면 규제의 필요성과 정당성이 논의되고, 분석의 결과를 논의하는 과정에서 여러 이해관계 집단의 견해와 제안이 정책집행 시에 반영될 수 있으므로 규제의 신뢰성 향상에 도움이 될 수 있다.

둘째, 분석을 공개함으로써 규제에 대한 이해도를 높일 수 있고, 규제를 이해하기 쉬우면 임의적인 해석이 어려워지므로, 규제에 대한 신뢰도를 제고하는 데에도 기여할 수 있다. 이때 분석보고서를 절차보다는 목표와 원칙을 위주로 알기 쉽게 작성하는 것이 규제에 대한 이해를 용이하게 하는 데에 도움이 된다.

셋째, 분석 과정의 공개는 규제의 집행을 용이하게 할 수 있다. 피규제자들은 규제의 집행에 대한 실제적 문제점들을 지적할 것이며, 규제 심사자는 이러한 문제점을 고려하고 여기에 대한 대책을 미리 수립할 수 있다.

넷째, 분석의 공개는 어떠한 규제가 논의되고 있음을 널리 홍보하는 것이므로, 규제에 대한 인지도를 높이는 데에도 긍정적인 역할을 수행할 수 있다.

한편 규제영향 분석의 객관성을 제고하기 위해서는 규제영향 분석의 신중한 실시와 외부평가제의 도입이 필요하다. 우선 규제개혁위원회가 문제점을 발견하여 그것을 수정·보완하고 개선 사항을 개발하기 위해서는 현행의 심사 절차가 좀 더 신중해질 필요가 있다.

예컨대, 규제영향 분석 사전 검토제를 도입함으로써 규제기관이 규제 입안 단계부터 규제의 내용 등에 관해 규제개혁위원회가 충분히 협의하도록 함으로써 충분하고 신중한 검토가 이루어지도록 해야 한다. 또한 분석의 성과에 관한 외부평가 제도를 도입함으로써 분석의 객관성을 제고할 수 있다(김정렬 외, 1998).

2 민관 협력의 강화

1) 민주적 협력 체계의 구축

참여민주주의 개념의 특징은 행정기관을 중심으로 한 제도적이고 공식적인 관계보다는 행정기관, 기업, 시민사회단체 간에 각자의 전략적 목표와 이해관계를 비공식적인 네트워크를 통해 반영 · 조정 · 통합해 나가는 데 있다. 특히 시민사회단체는 자율과 참여를 통해 개인의 주체성을 일깨우고 공공성을 인식시키는 중요한 역할을 한다. 이러한 시민사회단체를 정책결정과 집행의 합리화를 위한 협력의 대상으로 파악하는 것이 현대 행정의 기본 시각이다. 즉, 정부 기능의 확대는 관료주의의 경직성과 비효율성을 초래하므로, 시민사회단체를 지원하여 정부나 시장의 힘이 미치지 못하는 영역을 보완하도록 하는 것이다.

한편 시민 참여를 활성화하기 위해서는 참여 주도 집단의 형성과 이들 간의 유기적인 협조 관계를 유지할 필요가 있다. 즉, 시민 참여를 위해 지역 언론, 지방의회 의원, 자생 조직, 농민단체, 환경단체, 자원봉사단체 등을 유기적으로 연계시키는 네트워크를 구축하는 것이 중요하다. 또한 시민사회단체와 정부 간의 협력 모형이 제대로 작동하기 위해서는 중앙정부 및 지방자치단체가 행정적 및 재정적 지원을 제공해야 한다. 지원의 내용으로는 각종 사용료 · 수수료의 할인, 정보 인프라 구축 지원, 공공시설 이용 배려 등이 있을 수 있다.

2) 규제정책 과정에서 시민사회 역할의 확대

앞에서 본 바와 같이 민주적 협력 체제가 구축될 경우 시민사회단체를 중심으로 한 시민사회는 규제정책의 개발 단계부터 실질적인 주체로 참여할 수 있게 된다. 구체적으로 시민사회 부문은 아래와 같이 입법 자문, 정책 제안, 갈등 조정, 정당성 부여 등의 역할을 통해 정책 과정에서 크게 기여할 수 있다(주성수, 2003).

첫째, 시민사회단체는 규제정책 결정자들이 각종 사회 이슈에 관심을 갖도록 하고 이를 공식적인 정책의제로 채택하도록 할 수 있다. 이를 위해 시민사회단체는 특정 사회 문제에 대해 조사, 연구 등 대안 개발에 도움이 되는 입법 자문을 제공한다.

둘째, 소비자, 환경, 여성, 사회복지 등 전문화된 영역에 관해 정부는 정책 개발의 역량을 발휘하기에 역부족인 경우가 적지 않다. 이러한 분야에서 시민사회단체는 창의적인 정책 대안의 개발을 제안하는 역할을 할 수 있다.

셋째, 시민사회단체는 사회적 갈등의 조정과 협력 창출의 역할을 수행한다. 즉, 각종 집단 간의 또는 지역 간의 이기주의에 해당하는 문제에 적절히 개입하여 조정과 협력을 이끌어 냄으로써 규제정책의 원활한 집행에 도움을 줄 수 있다.

넷째, 시민사회단체는 규제정책의 내용이 적절하다고 판단할 경우 공론화와 여론 확산을 통해 정책의 정당성을 부여하는 역할을 한다. 그 결과 정책결정 및 집행의 실효성이 증대될 수 있다.

미국의 민관 협력적 규제입법 사례

■ 배 경

현대 행정의 전문성·복잡성 심화로 인해 행정규칙 등 행정입법의 확대가 불가피해졌으나, 한편 사회 문제 또한 전문화·다양화되어 이제 행정부의 역량만으로는 사회 문제를 적절히 해결하기 어려운 분야가 나타나고 있다. 또한 전통적인 일방적 규칙제정 절차는 이해관계자의 공감대를 얻지 못해 행정규칙에 대한 수용도가 낮아지고 불복소송을 제기하는 등 행정규칙의 집행을 어렵게 한다. 이에 민간 부문과의 협력을 통해 규제입법 등 공적 과제를 수행하는 국정운영 방식이 필요해졌다. 미국에서는 행정기관이 행정입법의 주체로서 입법안의 작성을 주도하면서 민간 부문과의 협상을 통해 행정규칙을 함께 제정하는 제도를 시행하고 있다.

■ 내 용

행정규칙의 제정에 대한 새로운 협력방식은 하터(Philip J. Harter) 교수의 제언과 미국행정협의회의 권고가 계기가 되었다. '협상에 의한 규칙제정(negotiated rulemaking)'이란 연방 행정기관의 공무원과 민간부문의 이해관계자 및 전문가들이 대등한 당사자의 지위에서 상호작용 및 조정을 통해 규칙안에 대한 합의를 이끌어내는 것을 의미한다. 부시(George H. W. Bush) 대통령은 1990년 '협상에 의한 규칙제정법(Negotiated Rulemaking Act)'을 6년 한시법으로 제정하였고, 그 후 클린턴(Bill Clinton) 대통령 재임 시기인 1996년 한시적 성격이 폐지되었다. 이 방식에 의한 일반적인 규칙제정 절차는 다음과 같다. ① 행정기관의 장은 공익에 부합한다고 판단하면 '협상에 의한 규칙제정' 방식을 제안할 수 있다. ② 관보와 기타 매체를 통해 특정 규칙의 제정을 협상위원회를 통해 추진한다는 사실을 일반 국민에게 고지한다. ③ 행정기관은 이해관계를 적절히 대표할 사람들로 협상위원회를 구성하며, 협상위원회는 국민들의 의견수렴과 규칙안 초안 마련을 위한 토의를 진행한다. ④ 협상위원회는 합의가 이루어진 경우 해당 규칙안을 행정기관에 제출한다. 만장일치에 도달하지 않을 경우에는 '전체 합의안에 대해 이의제기하지 않으나 동의하지 않음(disagree without dissenting from the entire agreement)'과 같은 창조적인 만장일치 개념을 적용하기도 한다.

■ 평 가

미국의 민관 협력적 방식에 대해서는 규칙개발 소요시간의 단축이나 소송 제기율의 감소와 같은 성과를 가져오지 못했다는 비판과 행정규칙의 품질 제고와 절차적 정당성의 증진이라는 목표가 보다 중요하다는 찬성이 교차하고 있다. 이 방식은 규칙 제정의 초기 단계부터 협상을 공식화하는 것이어서 이해관계자에게 정책 참여의 기회를 열어주고 민관 간에 실질적 협력 관계를 형성할 수 있게 한다는 점에서 의의를 찾을 수 있다.

자료: 채향석(2017: 31–38).

참고문헌

국내 문헌

강경식(2002). 『산업안전보건기준의 정책집행에 영향을 미치는 요인의 분석과 개선』. 명지대학교대학원 박사학위 논문.

강근복(2000). 『정책분석론』. 서울: 대영문화사.

강동근(2015). 식품안전 관련 규제 및 분쟁 사례의 유형별 분석. 『영남법학』, 41.

강병호(2005). 우리나라 금융감독 및 자율규제에 관한 연구. 『규제연구』, 14(1).

강한철(2013). 전문의약품 대중광고 규제완화 논의에 대한 소고 –미국, 캐나다 및 유럽연합의 사례를 중심으로–. 연세대학교 법학연구원. 『법학연구』, 23(1).

강형신(2001). 『한국의 환경규제정책에 관한 연구: 규제 수단의 선택과 전환을 중심으로』. 단국대학교대학원 박사학위 논문.

고동수・강신일(2000). 『21세기 경쟁정책과 규제정책』. 서울: 을유문화사.

고토 아키라・스즈무라 고타로. 정병휴 역주(2000). 『일본의 경쟁정책』. 서울: FKI미디어.

공병호(1997). 『시장경제란 무엇인가』. 서울: 한국경제연구원.

곽관훈(2008). 증권시장에 있어서 자율규제기관의 이익충돌문제. 『경제법연구』, 7(2).

권오승(2001). 『소비자보호법』(제3판). 서울: 법문사.

권용실(2011). 『공항 민영화 이후 규제정책에 관한 연구–가격규제 실패사례를 중심으로』. 서울대학교대학원 석사학위 논문.

국회입법조사처(2016). 『스마트 미디어 시대 인터넷 개인방송 규제체계 정비』. 정책연구용역보고서.

김기수(1999). 영국의 공기업 민영화와 정부규제. 『국제지역연구』, 3(1).

김나영(2015). 『항공안전 규제감사 사례분석 및 시사점: 한국・미국・호주의 사례』. 감사원 감사연구원.

김대욱・이유수(2010). 기업의 소유권과 효율성에 관한 연구 –전력산업을 중심으로–. 『규제연구』, 19(1).

김대호(2007). 방송・통신 융합 규제체계로서 수평적 규제체계의 쟁점. 『정보통신정책연구』, 14(1).

김도형(2011). 『시장지배적 지위 남용행위에 관한 법적 연구: 포스코 사건의 분석을 중심으로』. 성균관대학교대학원 석사학위 논문.

김두진(2008). 전자상거래의 소비자보호. 『경제법연구』, 7(1).
김미현(2017). 『한국 영화시장의 불공정행위 유형분석: 공정거래위원회의 규제 사례를 중심으로』. 서울: 영상미디어센터.
김병섭(1996). 기업가적 정부혁신의 길. 『한국정책학회보』, 5(2).
김성수(1998). 독일의 행정개혁과 관료제. 『한국행정학보』, 32(4).
김세원(2004). 『EU경제학: 유럽 경제통합의 이론과 현실』. 서울: 박영사.
김세원 · 안세영(1996). 『산업정책론: 산업구조 조정을 중심으로』. 서울: 박영사.
김승욱 · 김재익 · 조용래 · 유원근(2004). 『시장인가? 정부인가?』. 서울: 부키.
김안호 · 이의영(2003). 『산업조직론』. 서울: 도서출판 두남.
김영룡 · 전용덕(1992). 시카고학파의 경제학과 한국 경제를 위한 시사점. 『한국경제연구』, 6(1).
김용우(2010). 『정부규제와 규제행정』. 서울: 대영문화사.
김일중(1994). 효율적인 규제 방식으로의 전환을 위한 경제이론. 『규제완화』, 3(4).
김재홍(1995). 공익산업의 경제논리. 『규제연구』, 4(3).
김정렬 · 김태윤 · 노현종(1998). 규제영향 분석제도의 정착을 위한 조건과 과제. 『한국정책학보』, 7(3).
김종선 외(2004). 『금융제도론』. 서울: 한국방송통신대학교출판부.
김태윤(2003). 김대중 정부 규제개혁의 평가와 과제. 『규제연구』, 12(1).
김판석 · 홍길표 · 김완희(2009). 영국과 일본의 공공 거버넌스 비교연구: 거버넌스 구성형태와 부문간 관계를 중심으로. 『지역발전연구』, 18(2).
김해영(2018). 『방송 통신 기업결합 규제와 공익 논쟁-SK텔레콤과 CJ헬로비전의 인수 · 합병 심사과정을 중심으로』. 고려대학교대학원 박사학위논문.
노화준(2001). 『정책평가론』. 서울: 법문사.
마인섭(2001). 선진국 첨단산업정책의 신중상주의적 성격과 한국의 대응 방향. 『한국정치학회보』, 35(4).
문정인(1998). 한국의 민주화, 세계화, 정부-기업 관계. 문정인 편. 『민주화 시대의 정부와 기업』. 서울: 오름.
문태훈(1998). 『환경정책론』. 서울: 형설출판사.
박균성 · 함태성(2010). 『환경법』. 서울: 박영사.
박기묵 · 김성철(2020). 규제개혁 이슈의 생존주기 유형과 규제개혁 성과: 김대중 정부에서 박근혜 정부까지. 『한국거버넌스학회보』, 27(2).
박상인 · 이봉의 · 홍명수 · 신영수(2007). 『시장지배적 지위남용행위 규제활성화를 위한 용역 -외국사례분석-』. 서울대학교 행정대학원.
박세일(1995). 『법경제학』. 서울: 박영사.

박수경(2007). 노무현 정부 행정개혁의 특징. 『정부학연구』, 13(2).

박수혁(2001). 전기사업법제도에 관한 규제 완화. 『규제연구』, 10(1).

박희봉 · 김상묵(1998). 외국 행정개혁과 김대중 정부의 행정개혁 비교연구. 『한국행정학보』, 32(4).

배귀희 · 김권식 · 이광훈(2016). 진입규제의 제3종 오류 분석: 항만용역업 등록규제 사례를 중심으로. 『분쟁해결연구』, 14(2).

배용수(2000). 신관리주의의 한국적 적실성. 『한국행정학보』, 34(2).

백병성(2000). 소비자보호조례에 관한 연구. 『지방행정연구』, 14(1).

사공영호(1998). 『가부장적 행정문화와 규제관료의 포획에 관한 연구』. 서울대학교대학원 박사학위 논문.

사공영호 · 강휘원(2001). 사업자단체의 조합주의적 이익대표 체제와 그 비용. 『한국행정연구』, 10(1).

서원우(1985). 공공소송에 관한 연구(Ⅰ). 서울대학교 법과대학. 『법학』, 26(1).

설계경(2011). 환경분쟁조정제도에 관한 소고. 인하대학교. 『법학연구』, 14(1).

성소미 · 신광식(2003). 『공정거래 관련 법령의 개선 방안』. 서울: 한국개발연구원.

손양훈(2003). 가스산업 구조개편의 현황과 정책 방향. 『산업논총』, 15.

신광식(1998). 경제위기와 경쟁법 · 정책. 『KDI정책연구』, Ⅰ · Ⅱ.

신영근(2010). 『부당한 공동행위의 성공적 규제집행요인에 관한 연구』. 동국대학교대학원 박사학위 논문.

신정식 · 최성호(2004). 에너지 네트워크 산업의 구조개편 현황과 정책과제. 『규제연구』, 13(1).

안병영 · 정무권 · 한상일(2007). 『한국의 공공부문: 이론, 규모와 성격, 개혁 방향』. 춘천: 한림대학교출판부.

양준철(2002). 『새로운 거버넌스(Governance) 환경에서의 규제정책 결정과정 연구: 인터넷 내용 등급표시 정책을 중심으로』. 중앙대학교대학원 박사학위 논문.

엄영숙(1999). 식품위험 규제에 대한 법경제학적 이해. 『규제연구』, 8(1).

염용섭 · 이명호 · 김민철(2005). 국내 통신서비스 사업 및 정책: 연혁과 현황. 『정보통신정책 핸드북1: 통신서비스 정책의 이해』.

오성은(2013). 『전력산업의 경쟁도입에 따른 독점규제에 관한 연구』. 한양대학교대학원 박사학위 논문.

오준근(1997). 『규제행정의 투명성 제고를 위한 법제 정비 방안』. 국회사무처 법제예산실.

유영철(2006). 『정부와 기업』. 서울: 삼영사.

유진희(2003). 유럽 경쟁법상 기업결합의 규제. 『서강법학연구』, 5.

유　훈(2001). 『행정권과 경제』. 서울: 법문사.

______(2016). 『정책집행론』. 서울: 대영문화사.
윤성식(1993). 경제대리인이론과 조직의 효율성. 『한국행정학보』, 27(2).
윤창호 · 이규억(1999). 『산업조직론: 경쟁정책과 구조조정의 경제학』. 서울: 법문사.
윤혜진(2012). 방송통신규제 개선방향에 관한 소고: 호주의 사례에서 본 협동규제의 의의와 방식을 중심으로. 『경제규제와법』, 5(1).
이달곤(2005). 『협상론: 협상의 과정, 구조, 그리고 전략』(제3판). 서울: 법문사.
이문지(1999). 불공정거래행위의 규제와 경제적 효율성. 『규제연구』, 8(1).
______(2003). 전력시장의 경쟁 촉진을 위한 효율적인 규제 체제. 『기업법연구』, 12.
이민창(2019). 미국 규제관리체계의 제도적 함의. 『한국행정연구』, 28(2).
이병천(2000). 발전국가 체제와 발전 딜레마: 국가주의적 발전동원 체제의 재조명. 『경제사학』, 28.
이상식(2014). 『방송통신 융합과 규제기구』. 서울: 성공회대학교 사이버NGO자료관.
이상헌(2017). 『방송 · 통신 융합형 기업결합 규제에 대한 행정법적 고찰: SK텔레콤의 CJ헬로비전 인수 · 합병 사례를 중심으로』. 고려대학교대학원 박사학위 논문.
이수복(2001). 『산업조직론: 경쟁과 규제의 경제학』. 서울: 율곡출판사.
이슬기(2017). 『네거티브 규제 전환에 따른 정부 역할의 변화에 관한 연구: 폐기물 재활용 규제 사례를 중심으로』. 광운대학교대학원 석사학위논문.
이승철(1992). 정부규제의 근거로서의 시장실패에 관한 연구. 『한국행정연구』, 1(2).
이연호(1998). 경제적 자유화에 있어서의 국가의 역할: 경제규제의 정치학. 『한국정치학회보』, 32(3).
______(1999). 김대중정부의 경제개혁과 신자유주의적 국가등장의 한계: 동아시아 개발도상국의 한 사례. 『한국정치학회보』, 33(4).
이용규 · 이성로(2002). 관료와 규제개혁: 공익이론의 적용가능성. 『행정논총』, 40(2).
이용상(2004). 철도산업의 발전 방향에 관한 기초 연구. 『한국철도학회지』, 7(4).
이원우(2010). 『경제규제법론』. 서울: 홍문사.
EU통상연구회(2000). 『EU의 통상정책과 법』. 서울: 율곡출판사.
이인실(1999). 자기자본 비율 규제와 은행의 자본정책. 『규제연구』, 8(2).
이재우(1997). 『경쟁과 담합: 제도적 경쟁 저해 요인에 대한 분석』. 서울: 한국경제연구원.
이정전(2005). 『경제학에서 본 정치와 정부』. 서울: 박영사.
이제민(1998). 한국의 경제발전모형: 기적, 위기와 대전환. 『경제발전연구』, 4(2).
이종범(1995). 기업형 정부의 구축방안. 『한국행정연구』, 4(1).
이종수(2013). 『한국 행정의 이해』. 서울: 대영문화사.
이종찬(1998). 한국의 경제자유화 개혁을 위한 정치경제적 방안. 국민대학교. 『사회과학연구』, 11.

이혁우(2012). 이명박 정부의 규제개혁 평가. 『규제연구』, 21(2).

이혜영(2004). 『한국의 금융부문 규제개혁에 관한 연구: 재규제의 관점에서』. 서울대학교대학원 박사학위 논문.

______(2016). 화학물질 규제정책(‘화평법’) 사례 연구: ‘적정’ 규제인가? 디테일의 악마인가? 『한국정책학회 전자자료』.

이혜훈(1998). 기업식 정부의 개념, 목표, 전략. 『한국행정연구』, 7(2).

이후록(2018). 금융소비자보호법 및 금융혁신에 따른 소비자보호 체계에 대한 연구. 『금융감독연구』, 5(1).

임보영(1998). 『규제완화 과정에 있어서의 규제기관과 관료의 행태에 관한 연구』. 서울대학교대학원 박사학위 논문.

임원혁(2014). 『전력산업 구조개편: 가격정상화, 민영화, 경쟁과 규제 [전자자료]』. 서울: 성공회대학교 사이버NGO자료관.

임한솔(2019). 『국내외 인터넷 개인방송 규제 현황과 규제 방향성 제언』. 연세대학교대학원 석사학위 논문.

장훈 · 강원택 · 김영순 · 구갑우(2000). 영국에서 국가성 변화의 이중성에 대한 연구. 『국제정치논총』, 40(3).

전상경(1997). 『정책분석의 정치경제』. 서울: 박영사.

전승근(2011). 보험상품의 불완전판매와 관련한 규제 및 사례연구. 연세글로벌비즈니스와 법센터. 『YGBL』, 3(2).

정갑영(2001). 『산업조직론』. 서울: 박영사.

정인숙(2002). 『방송산업과 정책의 이해』. 서울: 커뮤니케이션북스.

정정길(1997). 『정책학원론』. 서울: 대명출판사.

정준희(2011). 영국 방송부문의 신규 융합서비스에 대한 경쟁규제 방식. 『방송통신전파저널』, 34.

정진영(2000). 외환 · 금융위기와 동아시아 발전의 미래: 발전모델, 구조조정, 지역협력을 둘러싼 논쟁을 중심으로. 경남대학교. 『한국과 국제정치』, 33.

조남희(2019). 『금융소비자보호: 금융 전문가가 제시하는 소비자보호 사례와 이론』. 서울: 현암사.

조윤제(2015). 『세계금융위기 이후 금융부문에 대한 시각 및 규제의 변화』. 서울: 한국금융연구원.

주선미(2002). 『공론장과 지방정치: 고양시 ‘러브호텔’ 건립 저지 사례를 중심으로』. 이화여자대학교대학원 박사학위 논문.

주성수(2003). 『공공정책 가버넌스』. 서울: 한양대학교출판부.

차성민(2003). 경쟁사업자 간의 협력행위에 대한 규제. 『규제연구』, 12(2).

채향석(2017). 행정입법 과정에서 협력적 거버넌스 구현에 관한 연구. 『규제와법정책』, 5.
최난설헌(2018). 디지털 시장에서의 독과점 규제 적용 가능성에 대한 검토 -독일의 Facebook 사례를 중심으로-. 『법학논총』, 42(2).
최병선(1992). 『정부규제론: 규제와 규제 완화의 정치경제』. 서울: 법문사.
______(1998a). 규제완화의 정치: 사상, 이해관계, 제도의 역학. 진창수 편. 『규제완화의 정치-비교연구』. 서울: 세종연구소.
______(1998b). 정부규제와 재정정책의 관계에 관한 소고. 이달곤 외. 『한국의 재정과 재무행정』. 서울: 박영사.
최성모 · 소영진(1993). 사회 규제 완화와 풍선 효과: 규제 완화 조치에 대한 규제기관의 대응전략을 중심으로. 『한국행정학보』, 27(4).
최종원(1998). 통신위원회와 공정거래위원회 간 관할권 배분에 관한 연구. 『행정논총』, 36(2).
최진식(2010). 규제개혁정책의 적합성 평가에 관한 연구: 이명박 정부 2년을 중심으로. 『정부학연구』, 16(1).
하병기 외(2000). 『규제개혁의 경제효과분석』. 서울: 을유문화사.
한규훈 · 문장호(2015). 국내 간접광고 규제의 개선방향에 관한 고찰: 해외의 간접광고 규제 사례분석을 토대로. 『광고연구』, 104.
한기주 · 곽대종(2002). 환경 분야 규제개혁 추진 방향. 『지식기반 성장시대의 규제개혁 추진방안(Ⅱ)』. 서울: 산업연구원.
한현옥(2002). 전자상거래 시대의 공정거래정책. 『규제연구』, 11(1).
허성욱(2015). 『미국금융규제개혁법의 주요내용과 한국에의 시사점 -규제패러다임 논의를 중심으로-』. 서울대학교 금융경제연구원.
홍석한(2009). 『국가 역할의 변화에 따른 규제된 자율규제에 관한 연구』. 성균관대학교대학원 박사학위 논문.
홍영기(1998). IMF체제 하 금융개혁과 은행-기업 간 관계. 『입법조사연구』, 251.
홍준형(2010). 환경갈등과 조정: 쟁점과 대안. 『환경법연구』, 32(3).

[정부 간행물 기타]

감사연구원(2009). 규제개혁의 실효성 제고를 위한 규제감사 방향. 『Executive Report』, 2009-08.
고용노동부(2012). 『산업재해예방 정책의 성과와 과제: 산업 · 고용구조 변화에 따른 발전방향 모색』.
공정거래위원회(2001). 『시장경제 창달의 발자취: 공정거래위원회20년사』.
과학기술정보통신부(2019). 『방송미디어 규제개선 제도화 방안 연구』.

국회도서관 입법전자정보실(2002). 방송・통신 융합과 규제기구 정비. 『입법정보』, 제87호.
국회사무처 법제예산실(1999). 『규제개혁의 추진 현황과 정책적 과제』, 정책분석자료.
규제개혁위원회(2004). 『규제개혁백서』.
대외경제정책연구원(2000). 『OECD의 권고이행 평가 및 향후과제: 규제개혁』, OECD 연구시리즈 00-01.
______(2001). 『OECD 규제개혁 연구: 규제순응과 효율성』, OECD 연구시리즈 01-01.
방송통신위원회(2018). 『방송통신분야 네거티브 규제전환 방안 연구』, 방송융합정책연구 KCC-2018-04.
보험연구원(2019). 『금융소비자보호법의 도입과 정책과제』, 연구보고서 2019-9.
산업연구원(2001). 『네트워크산업 민영화 과정에서의 경쟁과 규제』, 연구보고서 451.
______(2002a). 『경제효율 향상을 위한 규제순응도 제고 방안』, 정책자료 239.
______(2002b). 『기업활동의 자유와 규제』, 연구보고서 471.
산업자원부(1999). 『가스산업구조개편기본계획』.
______(2002). 『가스산업 현황 및 구조개편 추진 상황』.
산업자원부 전기위원회(2003). 『전력산업 구조개편 추진 현황 및 계획』.
산업통상자원부(2017). 『가스안전분야 중복규제 정비방안 마련 연구』.
안전보건공단(2016). 『산업안전보건의 규제제도에 관한 연구』.
에너지경제연구원(2003). 『한국의 LNG: 성장의 기회』.
______(2019). 『에너지 전환시대 전력산업 규제 및 경쟁정책의 개선방안』, 정책 이슈페이퍼 19-04.
재정경제부(1999). 10월 말 현재 총대외지출부담 현황. 『KDI경제전망』, 16(4).
정보통신부(2002). 『통신시장에서의 전문규제기관과 일반규제기관의 역할 및 관계 정립』, 정보통신학술 연구과제 01-32.
정보통신정책연구원(1999). 『방송통신 융합에 대비한 방송발전 방안 수립: 방송기술 발전방안』, 연구보고서 99-25.
______(2000). 『공익재산업(Public Utilities) 규제이론 연구』, 연구보고 00-27.
______(2014). 『방송통신 분야에서의 규제재량권 확보와 규제불확실성 해소방안』, 기본연구 14-06.
총무처 직무분석기획단(1997). 『신정부혁신론: OECD를 중심으로』. 서울: 동명사.
포스코경영연구원(2018). 『우리나라 전력산업 경쟁체제 도입 현황 및 향후 전망 [전자자료]』.
한국가스공사(2011). 『경쟁도입에 대비한 천연가스 요금제도 개선방안』, 산학협력 연구과제 용역보고서.
한국개발연구원(1995a). 『경쟁정책의 국제비교: 미국, 일본, 독일』, 연구보고서 94-08.
______(1995b). 『법경제연구(Ⅱ)』, 연구보고서 95-03.

______(1999). 『사업자단체와 경쟁정책』.

______(2016). 『물류산업의 선진화와 규제개선 방안』.

한국개발연구원 · 시장경제연구원(2012). 『시장경제의 재발견』.

한국경제연구원(1993). 『정부규제의 평가 및 개선 방안』.

______(1994). 『민영화와 규제 완화: 세계의 경험과 한국의 선택』.

______(2001). 『세계화 · 정보화 시대의 경쟁정책』, 연구보고서 2001-12.

______(2002). 『전력산업 구조개편에 따른 전력시장 역할의 검토』, 연구보고서 2002-10.

한국과학기술기획평가원(2019). 『제도 · 규정 분석을 통한 국내 규제 샌드박스 법제 개선 연구』.

한국금융연수원(2021). 『금융소비자 보호』.

한국무선국관리사업단(2004). 『통신과 방송 융합에 따른 정책 및 규제기구 개편 방향 연구』, KORA연구 2003-01.

한국방송광고진흥공사(2017). 『방송 개념 재정의를 통한 규제체계 개선방안 연구』.

한국법제연구원(2001). 『은행산업의 소유구조 규제에 관한 법제 개선 방안 연구』, 연구보고 2001-11.

______(2014). 『네트워크산업 법제 연구: 전력 및 철도산업을 중심으로 [전자자료]』.

한국소비자원(2018). 『소비자 기만행위 규제방안 연구』, 정책연구 18-03.

한국언론진흥재단(2010). 『미디어 시장집중 규제체계 및 적용사례 연구-EU 사례』.

한국행정연구원(1999). 『시장유인적 규제 방식의 개발』, KIPA연구보고서 99-05.

______(2000). 『정부-기업 간 파트너십: 환경규제 정책사례』, KIPA연구보고서 00-11.

______(2003). 『선진국 규제영향분석제도 비교 연구』, KIPA연구보고서 03-30.

한국환경정책 · 평가연구원(2002). 『지속가능한 사회를 향한 환경규제정책의 발전 방향』, 정책보고서 WO-02.

환경부(2004). 『환경백서』.

KB금융지주경영연구소(2021). 『금융소비자보호에 관한 법률 제정과 금융권 과제』.

국외 문헌

Aaker, D., P. Batra, & J. Myers(1992). *Advertising Management*(4th ed.). N.J.: Prentice-Hall Inc.

Almond, Gabriel A. & G. Bringham Powell, Jr.(1966). *Comparative Politics: A Developmental Approach*. Boston: Little, Brown & Co.

Appleby, P.(1952). *Morality and Administration in Democratic Government.* Louisiana University Press.

Audretsch, David(1989). *The Market and the State: Government Policy Towards Business in Europe, Japan and the United States.* New York: Harvest Weatsheaf.

Averch, Harvey & Leland Johnson(1962). Behavior of the Firm under Regulatory Constraint. *American Economic Review*, 52.

Bain, Joe S.(1959). *Industrial Organization.* New York: John Wiley.

Baram, Michael S.(1982). *Alternatives to Regulation.* Lexington, Mass.: Lexington Books.

Bardach, Eugene & Robert A. Kagan(1982). *Social Regulation: Strategies for Reform.* San Francisco: Institute for Contemporary Studies.

Baumol, William J., John C. Panzar, & Robert D. Willig(1982). *Contestable Markets and the Theory of Industry Structure.* New York: Harcourt Brace Jovanovich.

Becker, Gary S.(1983). A Theory of Competition among Pressure Groups for Political Influence. *Quarterly Journal of Economics*, 98(3).

Bernstein, Marver(1955). *Regulating Business by Independent Commission.* Princeton: Princeton University Press.

Bernt, P. & J. W. McClure(2001). *Balancing Competition and Universal Service: The Role of the Regulator Five Years after the Telecommunications Act.* Columbus, Ohio: The Ohio State University.

Bork, Robert H.(1967). The Goals of Antitrust Policy. *American Economic Review*, 57.

Breton, Albert(1993). Toward a Presumption of Efficiency in Politics. *Public Choice*, Vol. 77.

Buchanan, James(1991). *Constitutional Economics.* Cambridge, MA: Basil Blackwell.

Coombs, F. S.(1981). The Base of Noncompliance with a Policy, in John G. Grumm & Stephen L. Wasby(eds.). *The Analysis of Policy Impact.* Lexington: Heath.

Dales, J. H.(1968). *Pollution, Property and Prices.* Toronto: University of Toronto Press.

Daly, Harman & John Cobb(1989). *For the Common Good: Redirecting the Economy toward Commitment, the Environment, and the Sustainable Future.* Boston: Beacon Press.

Derthick, Martha & Paul J. Quirk(1985). *The Politics of Deregulation.* Washington D.C.: The Brookings Institution.

Downs, Anthony(1962). The Public Interest: Its Meaning in a Democracy. *Social Research*, 29.

Dunn, William N.(1981). *An Introduction to Public Policy Analysis.* Englewood Cliffs, N.J.:

Prentice-Hall.

Edwards, H. T.(1986). Alternative Dispute Resolution: Panacea or Anathema? *Harvard Law Review*, 99(3).

Edwards, G. C.(1980). *Implementing Public Policy*. Washington, D.C.: Congressional Quarterly Press.

Farnham, David & Sylvia Horton(1993). Public Service Managerialism: A Review and Evaluation, in David Farnham & Sylvia Horton(ed.). *Managing the New Public Service*. London: Macmillan.

Fiorina, Morris P.(1988). Legislative Choice of Regulatory Forms: Legal Process or Administrative Process? *Public Choice*, 39(1).

Frazer, T.(1988). *Monopoly, Competition and the Law*. N.Y.: St. Martin's Press.

Fugate, Wilbur L.(1982). *Foreign Commerce and the Antitrust Laws*. Boston; Little, Brown and Co.

Garrett, Geoffrey(1998). *Partisan Politics in the Global Economy*. New York: Cambridge University Press.

Gray, Andrew & Bill Jenkins(1995). From Public Administration to Public Management: Reassessing a Revolution. *Public Administration*, 73(1).

Greer, Douglas F.(1993). *Business, Government, and Society*. London: The Macmillan.

Haggard, S.(2000). *The Political Economy of the Asian Financial Crisis*. Washington, DC: Institute for International Economics.

Hogwood, Brian W. & Lewis A. Gunn(1984). *Policy Analysis for the Real World*. N.Y.: Oxford University Press.

Jensen, Michael C. & William H. Meckling(1976). The Theory of the Firm: Managerial Behaviour, Agency Costs & Ownership Structure. *Journal of Financial Economics*, 305.

Johnson, Chalmers(1982). *MITI and the Japanese Miracle*. Stanford: Stanford University Press.

Jordan, William A.(1972). Producer Protection, Prior Market Structure and Effects of Government Regulation. *Journal of Law and Economics*, Vol. 15.

Joskow, Paul & Roger Noll(1994). Economic Regulation. Martin Feldstein(ed.). *American Economic Policy in the 1980's*. Chicago: Univ. of Chicago Press.

Kalt, Joseph P. & Mark A. Zupan(1990). The Apparent Ideological Behavior of Legislators: Testing for Principal-agent Slack in Political Institutions. *Journal of Law and Economics*, 33(1).

Kaserman, David & John Mayo(1995). *Government and Business: The Econmics of Antitrust and Regulation*. The Dryden Press.

Kau, James B. & Paul H. Rubin(1979). Self-interest, Ideology, and Logrolling in Congressional Voting. *Journal of Law and Economics*, 22(2).

Kay, John & John Vickers(1990). Regulatory Reform. Giandomenico Majone(ed.). *Deregulation or Reregulation?: Regulatory Reform in Europe and the United States*. London: Pinter Publishers.

Keefe, William & Morris S. Ogul(2001). *The American Legislative Process: Congress and States*(10th ed.). University of Pittsburgh.

Kelso, William A.(1984). Benefit-Cost Analysis and Program Evaluation. Lloyd Nigro(ed.). *Decision Making in the Public Sector*. New York: Dekker.

Kohlmeier, Louis M.(1969). *The Regulators: Watchdog Agencies and Public Interest*. New York: Harper & Row.

Kouwenhoven, V.(1993). Public-Private Partnership: A Model for the Management of Public-Private Cooperation, in J. Kooiman(ed.). *Modern Governance: New Government-Society Interaction*. London: Sage.

Kroszner, Randall S.(2000). The Economics and Politics of Financial Modernization. *Economic Policy Review*, Oct.

Lande, R. H.(1989). Chicago's False Foundation: Wealth Transfer(Not Just Efficiency) Should Guide Antitrust. *Antitrust Law Journal*, 58.

Leibenstein, H.(1966). Allocative Efficiency versus X-Efficiency. *American Economic Review*, 56.

Lipsky, Michael(1980). *Street-Level Bureaucracy: Dilemmas of the Individual in Public Services*. New York: Russell Sage Foundation.

Lowi, Theodore(1972). Four Systems of Policy, Politics, and Choice. *Public Administration Review*, July-August.

Lowi, Theodore & Alan Stone(eds.)(1978). *Nationalizing Government: Public Policies in America*. Beverly Hills, CA: Sage.

Lynn, Laurence E.(1998). The New Public Management: How to Transform a Theme into a Legacy. *Public Administration Review*, 58(3).

Majone, Gaindomenico(1990). *Deregulation or Regulation: Regulatory Reform in Europe and the United States*. London: Pinter Publishers.

Mankiw, G. B. & M. D. Whinston(1986). Free Entry and Social Inefficiency. *Rand Journal of Economics*, 17.

Mason, Edward S.(1957). *Economic Concentration and Monopoly Problem*. Cambridge: Harvard University Press.

Mayer, Colin(1995). The Regulation of Financial Services: Lessons from the UK for 1992, in Mattew Bishop, John Kay & Colin Mayer(eds.). *The Regulatory Change*. Oxford: Oxford University Press.

McChesney, Fred(1987). Rent Extraction and Rent Creation in the Theory of Economic Regulation. *Journal of Legal Studies*, 16.

McKenzie, Richard B. & Hugh H. Macaulay(1980). A Bureaucratic Theory of Regulation. *Public Choice*, 35.

Meier, K. J.(1985). *Regulation: Politics, Bureaucracy and Economics*. New York: St. Martin's Press.

Mitnick, I. P.(1980). *The Political Economy of Regulation: Creating, Designing and Removing Regulatory Forms*. New York: Columbia University Press.

Montgomery, W. D.(1972). Markets in Licences and Efficient Pollution Programs. *Journal of Economic Theory*, 42.

Mood, A.(1983). *Introduction to Policy Analysis*. New York: Elsevier.

Morrison, Steven A.(김제철 · 이재림 공역)(2005). 『운송산업의 규제완화 효과』. 한국운수산업연구원.

Nakamura, Robert T. & Frank Smallwood(1980). *The Politics of Policy Implementation*. New York: St Martin's Press.

Nef, Jorge & Wider Robles(2000). Globalization, Neoliberalization, and the State of Underdevelopment in the New Periphery. *JDS*, 16(1).

Netters, J. M.(1982). Excessive Advertising: An Empirical Analysis. *Journal of Industrial Economics*, June.

Noll, Roger G. & Bruce M. Owen(1983). *The Political Economy of Deregulation*. Washington, DC: American Enterprise Institute.

Osborne, David & Ted Gaebler(1992). *Reinventing Government: How the Entrepreneurial Spirit is Transforming the Public Sector*. Reading, Mass.: Addison-Wesley.

Pautler, P. A. & R. P. O'Quinn(1993). Recent Empirical Evidence on Mergers and Acquisitions. *Antitrust Bulletin*, 34(4).

Peltzman, S.(1976). Towards a More General Theory of Regulation. *Journal of Law and Economics*, 19(2).

Peters, G.(1995). *The Future of Governing: Four Emerging Models*. Lawrence, Kansas: University Press of Kansas.

______(1996). *American Public Policy*. N.J.: Chatham House.

Pollitt, Christopher(1990). *Managerialism and the Public Service: The Anglo-American Experience*. Cambridge, MA: Basil Blackwell.

Posner, Richard A.(1974). Theories of Economic Regulation. *The Bell Journal of Economics and Management Science*, 5(2).

Preston, I.(1994). *The Tangled Web They Weave: Truth, Falsity, and Advertisers*. The University of Wisconsin Press.

Price, Monroe E. & Steffan G. Verhulst(2000). The Concept of Self-Regulation and the Internet Content. Jens Walterman and Marcel Machill(eds.). *Protecting Our Child on the Internet: Toward a New Culture of Responsibility*. Bertelsmann Foundation Publishers, Gutersloh.

Reed, Christine M.(1999). Managerialism and Social Welfare: A Challenge to Public Administration. *Public Administration Review*, 59(3).

Reynolds, L.(1981). Foundations of an Institutional Theory of Regulation. *Journal of Economic Issues*, September.

Ripley, Rindal B. & Grace A. Franklin(1986). *Policy Implementation and Bureaucracy*. Chicago: Dorsey Press.

Rodrick, Dani(1996). Why Do Open Economies Have Bigger Governments? *NBER Working Paper*, 5537.

Rothenberg, Lawrence S.(1994). *Regulation, Organization, and Politics: Motor Freight Policy at the Interstate Commerce Commission*. Ann Arbor, Michigan: The University of Michigan Press.

Rubin, Paul H.(2001). The State of Nature and the Evolution of Political Preferences. *American Law and Economics Review*, Spring.

Salamon, L. M.(1995). *Partners in Public Service: Government-Nonprofit Relations in the Modern State*. Baltimore: The Johns Hopkins University Press.

Scheffman, D. T.(1992). The Application of Raising Rivals' Costs Theory to Antitrust. *Antitrust Bulletin*, 37(1).

Schlager, Edella(1999). A Comparison of Frameworks, Theories, and Models of Policy Processes, in Paul A. Sabatier(ed.). *Theories of the Policy Process*. Boulder, Colorado: Westview Press.

Sharkey, William W.(1982). *The Theory of Natural Monopoly*. Cambridge: Cambridge University Press.

Shavell, Steven(1993). The Optimal Structure of Law Enforcement. *Journal of Law and*

Economics, Vol. 36.

Singer, E. M.(1968). *Antitrust Economics: Selected Legal Cases and Economic Models.* Englewood Cliffs, N.J.: Prentice-Hall.

Smith, Bluce L. R.(1983). Changing Public-Private Sector Relations: A Look at the United States. *ANNALS*, 466(3).

Stigler, George J.(1971). The Theory of Economic Regulation. *Bell Journal of Economics*, Spring.

______(ed.)(1989). *Studies in Chicago Political Economy.* Chicago: University of Chicago Press.

Thatcher, Mark(1998). Institutions, Regulation, and Change: New Regulatory Agencies in the British Privatised Utilities. *Western European Politics*, 21(1).

Thompson, Fred & L. R. Jones(1981). Reforming Regulatory Decision Making: The Regulatory Budget. *Sloan Management Review*, Winter.

Tullock, Gordon(1967). The Welfare Cost of Tariffs, Monopolies and Theft. *Western Economic Journal*, 5.

Viscusi, W. Kip(1983). *Risk by Choice: Regulating Health and Safety in the Workplace.* Cambridge: Harvard University Press.

Viscusi, John M. Vernon, & Joseph E. Harrington(2000). *Economics of Regulation and Antitrust*(3rd ed.). Cambridge: MIT Press.

Vogel, David(1981). The "New" Social Regulation in Historical and Comparative Perspective, Thomas K. McCraw(ed.). *Regulation in Perspective: Historical Essays.* Cambridge, MA: Harvard University Press.

______(1986). *National Styles of Regulation: Environmental Policy in Great Britain and the Unites States.* Ithaca: Cornell University Press.

Vogel, Steven K.(1996). *Freer Markets, More Rules: Regulatory Reform in Advanced Industrial Countries.* Ithaca: Cornell University Press.

Wade, R. & F. Veneroso(1998). The Asian Crisis: the High Debt Model versus the Wall Street-Treasury-IMF Complex. *New Left Review*, 228.

Wallace, D.(1995). *Environmental Policy and Industrial Innovation: Strategies in Europe, the USA and Japan.* London: Earthscan.

Waterson, Michael(1988). *Regulation of the Firm and Natural Monopoly.* Oxford: Basil Blackwell.

Weaver, K. & J. McGann(2001). Think Tanks and Civil Societies in a Time of Change. J. McGann & K. Weaver. *Think Tanks and Civil Societies.* New Brunswick: Transaction

Publishers.

Weiss, Linda & John M. Hobson(1995). *State and Economic Development: A Comparative Historical Analysis*. Cambridge: Polity Press.

Williamson, Oliver E.(1987). *Antitrust Economics: Merger, Contracting and Strategic Behavior*. New York: Blackwell.

Wilson, J. Q.(1974). The Politics of Regulation, in James W. McKie(ed.). *Social Responsibility and the Business Predicament*. Washington, D.C.: Brookings Institution.

______(1980). *American Government: Institutions and Politics*. Lexington, Mass.: D.C. Heath and Co.

Wiseman, Colin(1978). Selection of Major Planning Issues. *Policy Sciences*, Vol. 9.

Wolf, Charles, Jr.(1993). *Markets or Governments: Choosing Between Imperfect Alternatives* (2nd ed.). Cambridge, Mass.: MIT Press.

Woo, Jung-en(1991). *Race to the Shift: State and Finance in Korean Industrialization*. New York: Columbia University Press.

Wood, B. Dan(1988). Principals, Bureaucrats, and Responsiveness in Clean Air Enforcements. *American Political Science Review*, 82.

[정부 간행물 기타]

Group of Thirty(2008). *The Structure of Financial Supervision*.

OECD(1995). *Recommendation of the Council of the OECD on improving the Quality of Government Regulation*. Paris: OECD.

______(1996). *The Essential Facilities Concept*. Paris: OECD.

______(1997a). *OECD Report on Regulatory Reform: Synthesis*. Paris: OECD.

______(1997b). *Regulatory Impact Analysis: Best Practices in OECD Countries*. Paris: OECD.

______(1998). *Relationship between Regulators and Competition Authorities*. DAFFE/CLP(98)6. Paris: OECD.

______(1999). *The State of Regulatory Compliance: Issues, Trends and Challenges*. PUMA/REG(99)3. Paris: OECD.

______(2000). *Reducing the Risk of Policy Failure: Challenges for Regulatory Compliance*. PUMA(2000)4. Paris: OECD.

______(2002). *Regulatory Policies in OECD Countries: From Interventionism to Regulatory Governance*. Paris: OECD.

찾아보기

ㄱ

ㅇ

ㅈ

저자 소개

배용수

[약 력]

- 연세대학교 상경대학 경제학과 졸업(경제학사)
- 서울대학교 행정대학원 행정학과 졸업(행정학 석사)
- 서울대학교 대학원 박사과정 졸업(행정학 박사)
- 내무부 지방재정발전기획단 공기업위원회 위원
- 한국자치경영평가원 전문위원
- 행정자치부 중앙투자심사위원회 위원
- 조달청 조달업무평가위원회 위원
- 한국행정연구원 규제연구센터 객원연구위원
- 기획재정부 공기업・준정부기관 경영평가단 평가위원
- 공공기관 성과 평가위원
- 현, 공주대학교 행정학과 교수

[주요 저서]

- 지방재정학(공저)(박영사, 1997)
- 지방자치경영론(법문사, 2000)
- 지방정부 개혁(공저)(대영문화사, 2001)
- 행정학(공저)(공주대학교출판부, 2004)
- 규제정책론(대영문화사, 2006)
- 공기업론(공저)(법문사, 2010)
- 공공기관론(대영문화사, 2015)

제3판

규제정책론

펴낸날 제1판 제1쇄 2006년 1월 20일
제2판 제1쇄 2013년 1월 10일
제3판 제1쇄 2021년 8월 16일

지은이 배용수

펴낸이 임춘환

펴낸곳 도서출판 **대영문화사**

주소 (본사) 사무실: 경기도 고양시 일산서구 주화로 70
우신프라자 307호 (㊐ 10387)
(본사) 물류센터: 경기도 고양시 일산서구 덕산로
107번길 68-50 (㊐ 10205)

등록 1975년 12월 26일 제3-16호

전화 (031) 913-3062, (031) 914-3884~5

팩스 (031) 913-3839

홈페이지 http://www.dymbook.co.kr

ISBN 978-89-7644-787-6

값 28,000원